I. Allgemeiner Teil

EINIGE BEMERKUNGEN ZUR SOZIOLOGIE DER GEMEINDE

Von René König

Wenn der Begriff „Gemeinde" (und Gemeindesoziologie) erwähnt wird, so pflegt neuerdings sofort unterstrichen zu werden, daß dieser Begriff äußerst kontrovers ist. Meist wird dabei eine Abhandlung von *George A. Hillery jr.* zitiert, die 94 Definitionen anführt, und es wird der Anschein zu erwecken gesucht, als seien diese mehr oder weniger verschieden voneinander[1]. Abgesehen davon, daß sehr viel über die Zuverlässigkeit der Auswahl von Hillery gesagt werden könnte, indem man seiner Bibliographie noch mindestens genau so viel weitere wichtige Quellen anhängen könnte, möchten wir sagen, daß seine Aufstellung, wie sie nun einmal dasteht, im Grunde *viel mehr Übereinstimmungen verrät* als das Gegenteil. Das soll wohl auch noch durch den Untertitel „Areas of Agreement" ausgedrückt werden.

Allerdings müssen wir uns darüber klar sein, daß wir trotz dieser relativen Einigkeit nicht erwarten dürfen, eine *einfache* Definition des Begriffs Gemeinde vorgesetzt zu bekommen. Wenn wir uns damit abfinden, Gemeinde als eine „globale Gesellschaft" anzusehen, wird es uns nicht schwer fallen, einen *komplexen Typ von Definition* für sie anzuwenden, von dem etwa Hillery drei Elemente erwähnt: lokale Einheit, soziale Interaktionen und gemeinsame Bindungen. Damit würde auch die von uns vorgeschlagene Definition durchaus übereinstimmen[2]. Selbst wenn wir davon die spezielle Aufgabe absondern, den Begriff der „globalen Gesellschaft" zu definieren, wobei wir uns etwa *Georges Gurvitch* anschließen oder auch eigene Wege wählen können, müssen wir doch ins Auge fassen, *daß die drei erwähnten Elemente nicht in jedem Falle als hinreichend angesehen werden könnten*. Dieser Gesichtspunkt wird übrigens ebenfalls von Hillery im Anschluß an *P. A. Sorokin, C. C. Zimmermann* und *C. J. Galpin* hervorgehoben[3]. Damit wird unmittelbar eine alte Streitfrage der Logik aufgerollt, welche aus dieser mehr oder weniger langen Reihe von Merkmalen „primäre" und „sekundäre" Merkmale ausschneidet, von denen die einen dasein müssen, die anderen nur dasein können. Wir wollen diese Frage im übrigen gar nicht berühren, um nicht unnötige neue Kontroversen zu erwecken. Wir wollen einzig daran festhalten, daß wir von einer komplexen Definition ausgehen, wobei das Vorhandensein einer bestimmten Reihe von Merkmalen als Minimaldefinition angesehen wird. Auf wieviel man sich hierbei beschränken will, dürfte mehr oder weniger eine Ermessensfrage sein; aber man wird dabei wohl eher nach oben tendieren, da eine sogenannte „abundante Definition" an und für sich kein Schade ist. Natürlich muß darauf geachtet werden, daß in dieser Reihe nicht plötzlich Merkmale auftauchen, die den zuerst gegebenen widersprechen. Im übrigen können solche komplexe Definitionen stark ausgedehnt werden, wie das Buch von *Robert Redfield, The Small Community*[4] lehrt, *das im Grunde eine einzige weit ausgesponnene Definition* darstellt. Die einzelnen Kapitel bringen jeweils die Hauptelemente der Definition, während innerhalb eines jeden Kapitels die Nebenaspekte der Grundelemente entwickelt werden. So entsteht ein ungemein dichtes Netz von Begriffen, deren Funktion als Definition erst dann sichtbar wird, wenn wir sie in ihrer komplexen Gesamtheit synoptisch sehen. Ohne sagen zu wollen, daß wir in jeder Hinsicht einer Meinung mit ihm wären (wir kommen auf die Differenzen in einigen Punkten später zurück), möchten wir doch unterstreichen, daß wir in diesem Werke zweifellos den bisher umfassendsten Versuch einer solchen komplexen Definition der Gemeinde zu sehen haben.

Aus einer solchen komplexen Definition, welche die lokale Einheit, soziale Interaktionen und gemeinsame Bindungen an die Spitze stellt, läßt sich unmittelbar erkennen, *daß der Verwaltungsbegriff der Gemeinde zwar nicht völlig ausgeschaltet, aber doch derart in den Hintergrund geschoben wird, daß er für die Kerndefinitionen unwichtig wird.* Im Vordergrund steht *die Gemeinde als soziale Wirklichkeit*, und das ist zweifellos etwas völlig anderes als die Verwaltungseinheit Gemeinde. Und zwar gilt dieser Satz durchaus allgemein, also unabhängig von den speziellen Traditionen etwa auf dem europäischen Kontinent oder in England und Amerika. Wo eine Verwaltungseinheit Gemeinde gegeben ist, muß noch lange keine soziale Einheit der Gemeinde im Sinne der Soziologie vorhanden sein. Dies kann der Fall sein, aber es muß nicht so sein. So würde also jede Untersuchung mit dem Nachweis beginnen müssen, daß eine soziale Wirklichkeit dieser Art tatsächlich vorhanden ist. Dies ist etwa in der Gemeindeuntersuchung von *Wurzbacher* vernachlässigt worden[5].

In den meisten Fällen ist es übrigens mit einem Blick zu erfassen, ob eine gegebene Siedelung im Sinne der Soziologie als soziale Wirklichkeit betrachtet werden kann. Wir meinen das im Falle der „kleinen Gemeinde" übrigens wörtlich, indem der Umkreis der Zusammengehörigen durch das räumlich enge Zusammensiedeln bestimmt ist. Man kann dann die Wirklichkeit der Gemeinde buchstäblich „sehen". In anderen Fällen ist dies schwieriger und benötigt umfangreichere Nachweise, wie etwa erfolgreich bei der Darmstadt-Untersuchung geschehen ist, die sogar Stadt und Hinterland als Einheit betrachtet[6].

Die Frage nach der Wirklichkeit der Gemeinde als sozialer Lebenszusammenhang totaler Natur (im Sinne der „globalen Gesellschaft") zieht übrigens häufig eine Reihe von Nebenfragen nach sich, die man sorgsam von der Kerndefinition der Gemeinde trennen sollte. Diese werden speziell im Deutschen und im Englischen noch durch die Tatsache eines fast gleichlautenden, aber dem Sinne nach durchaus verschiedenen Parallelbegriffs belastet. Im Deutschen ist es das Wort Gemeinschaft als Form einer besonders intensiven sozialen Zusammenhangs. Im Englischen ist es das Wort „Community" als Gemeinschaft — weniger emphatisch als im Deutschen, etwa sozialer Zusammenhang überhaupt —, Gemeinde und Gemeinwesen (ähnlich wie commonwealth). Bei *R. Redfield* klingt übrigens insofern eine deutsche Note durch, als er die kleine Gemeinde unmittelbar im Sinne eines integralen „Ganzen" ansieht und auch durch das ganze Buch hindurch seinen „holistischen" Gesichtspunkt betont[7]. Dies ist übrigens einer der entscheidensten Punkte, wo wir von seiner Definition abweichen. Unserer Meinung nach ist damit die Forderung, daß die Gemeinde ein sozialer Zusammenhang und eine soziale Wirklichkeit sein müsse, durchaus überlastet. Eine soziale Wirklichkeit zu sein, schließt starke innere Spannungen, ein betontes Machtgefälle, ja geradezu innere Inhomogenitäten keineswegs aus, die sich unter Umständen geradezu in Konflikten äußern können. So *kann* eine Gemeinde im Sinne von *Redfield* eine Einheit als Ganzheit darstellen, sie muß es aber keineswegs. Wenn überhaupt der Unterschied von Primär- und Sekundärmerkmalen einmal aktuell wird, so ist das hier der Fall. Aus der Feststellung, daß die Gemeinde ein sozialer Wirkenszusammenhang sein muß, wenn wir überhaupt im soziologischen Sinne von Gemeinde sprechen wollen, ist zunächst keine Aussage über die Qualität dieses Zusammenhangs als eines integralen Ganzen gegeben. Selbst in dem Augenblick, wo das Ingroup-Outgroup-Verhältnis zu spielen beginnt, indem die Zusammensiedelnden und Zusammenwirkenden auch gemeinsame Ziele und Werte im Kontrast zu anderen Gemeinden ähnlicher Art entwickeln, bleibt noch immer damit zu rechnen, daß intern ein so starkes soziales Gefälle herscht, daß jeglicher Anspruch auf integrale Ganzheit illusorisch wird. Umgekehrt muß allerdings sofort hinzugefügt werden, daß dies keineswegs das Entstehen einer solchen integralen Ganzheit in irgend einer fernen Zukunft ausschliessen muß. Wir kommen sehr bald darauf zurück. Hier sollte nur soviel gesagt werden, daß wir dies keineswegs definitorisch präsumieren dürfen. Und zwar gilt dies nicht nur von „großen"Gemeinden, wo es als relativ selbstverständlich angesehen zu werden pflegt, *sondern auch und gerade bei „kleinen" Gemeinden, wie zahlreiche Beispiele zeigen.*

Mit Recht weist *Herbert Kötter* darauf hin, daß die Arbeiten von *H. Linde* die Vorstellung von einer unbewußten Gemeinschaft des ganzen Dorfes „als einen historischen Irrtum" enthüllt hätten[8]. Dabei beschränkt sich dieser vor allem auf den Nachweis der Existenz einer „halb- und unterbäuerlichen Schicht", die nicht in die Gemeinde integriert war. Wir könnten noch auf die aus dem alten Ständesystem regelmäßig und in größeren Mengen institutionell Ausgestoßenen (die „Unehrlichen") hinweisen, die nach konkreten Schätzungen auf dem Lande bereits rund 15 % der Bevölkerung ausmachten[9], die im übrigen unter den verschiedensten Umständen spontan neu entstehen können. So zeigen z. B. zwei holländische Gemeindeuntersuchungen nach dem Kriege solche isolierten Untergruppen in der Gemeinde als „Kollaborationisten" und Mitglieder der holländischen nationalsozialistischen Partei[10]. Dazu kommen in speziellen Fällen noch andere Gruppen. Im übrigen zeigt *George Homans* in seiner Gruppentheorie sehr eindringlich, daß Untergruppen als besser oder schlechter eingestuft und bewertet werden, je näher oder je ferner ihr Verhalten den allgemeinen Gruppennormen steht[11]. Wenn eine Gemeinde unter anderem durch das Vorhandensein gemeinsamer Wertideen definiert wird, so heißt das in dieser Ansichtweise, daß es grundsätzlich Gruppen geben kann, die als Untergruppe in einem größeren Zusammenhang leben, ohne an dessen Wertgefühlen Anteil zu haben. Dies kann auch der Fall sein, ohne daß darum die Gemeinde desorganisiert ist, wie etwa die von Homans analysierte Gemeinde Hilltown[12]. Angesichts dieser Umstände möchten wir einen Ausdruck von H. Kötter übernehmen und sagen, daß Gemeinde als Gemeinschaft oder als integrales Ganzes in der Sprache von Redfield *niemals Voraussetzung, sondern bestenfalls Ergebnis der Forschung sein kann*[13].

Im übrigen tut selbst Redfield einige Schritte in dieser Richtung, indem er seine eigene Untersuchung von Tepotzlán mit der konfrontiert, die *Oskar Lewis* siebzehn Jahre später am gleichen Orte in Mexiko unternahm[14]. Während Redfield den ganzheitlichen und wohlintegrierten Charakter dieser Gemeinde hervorgehoben hatte, ergab sich bei O. Lewis ein völlig verschiedenes Bild. Redfield schiebt die Möglichkeit beiseite, daß allein die Zeitdifferenz für die eingetretenen Änderungen verantwortlich sein könnte, und sagt eindeutig, daß im wesentlichen die Verschiedenheit der beiden Forscher entscheidend war. Von hier aus kommt er zu einer Art dialektischer Vorstellung von komplementären Begriffen wie etwa „Gemeinschaft" und „Gesellschaft" und sagt, daß man immer beides am konkreten Objekt, wenn auch in verschiedener Gewichtung, finden könne. Er vergißt aber dabei, daß dies seine Idee vom geschlossenen Ganzheitscharakter in entscheidender Weise wieder aufhebt[15].

Wenn wir die Literatur an Gemeindestudien überblicken, die uns zur Verfügung steht, so erkennen wir leicht, daß es eine ganze Reihe von Faktoren gibt, die auch eine kleine Gemeinde daran hindern, eine „Ganzheit" zu sein, obwohl sie sehr wohl eine Einheit lokaler Natur mit sozialen Interaktionen und eigenen Werten und Zielen darstellt. Diese Hinderungsgründe können sogar ökologischer Natur sein. So hebt etwa *Richard Thurnwald* einen Typ von Zusammensiedeln hervor, den er als „Würfelung" bezeichnet, bei dem verschiedene Gruppen „in getrennter Weise nebeneinander und vermengt (leben), ohne einander zu stören"[16]. Natürlich hat er dabei vor allem ethnisch verschiedene Gruppen im Auge. Es können aber auch nach anderen Hinsichten verschiedene Gruppen auf diese Weise in einer Lokalität neben- und durcheinander siedeln, ohne zu einer integralen Einheit zu kommen, obwohl sie eine Gemeinde bilden. Ein gutes Beispiel dafür gibt die bedeutende französische Untersuchung von Nouville von *Lucien Bernot* und *René Blancard*[17]. Meistens werden die Gemeinden nach Klassenunterschieden nicht nur differenziert, sondern auch an der Ausbildung einer ganzheitlichen Integration gehindert. Dabei sind für uns von Interesse vor allem ganz kleine Gemeinden wie etwa die holländische Gemeinde Anderen in der Provinz Drenthe, die eine gute Parallele gibt zu Plainville, USA[18]. Obwohl die 280 Einwohner beteuern, daß bei ihnen „alle gleich" seien, ist dies keineswegs der Fall, und die Gemeinde zerfällt in eine Reihe deutlich verschiedener Untergruppen, die füreinander mehr oder weniger undurchdringlich sind. Daneben können kulturelle, wirtschaftliche u. a. Unterschiede hervortreten, besonders deutlich in der englischen Gemeinde Gosforth mit ihrem ungemein differenzierten Klassensystem bei nur 723 Einwohnern, die geradezu verschiedene Sprachen sprechen[19]. Die Beispiele dieser Art könnten beliebig vermehrt werden. Im Grunde aber scheint uns dieses Problem gegenüber anderen weniger vordringlich zu sein, wenn man auch gelegentlich noch immer eine Art Gemeinschaftsideologie des Gemeindelebens feststellen kann, die regelmäßig das, was sie wünscht, mehr oder weniger sentimental verklärt in die Wirklichkeit hineininterpretiert.

Wenn es im Grunde heute nicht mehr so große Schwierigkeiten macht, den Gegenstand Gemeinde zu definieren und in seinen Grundstrukturen zu erfassen, so wird doch die Soziologie der Gemeinde von anderen Schwierigkeiten belastet, die vor allem ihre und ihres Gegenstandes Reichweite betreffen. Manches davon läßt sich leicht erledigen, so etwa der Gegensatz von Groß und Klein, indem die Gemeindesoziologie heute sowohl die ländliche Soziologie wie Stadt- und Großstadtsoziologie nebst dem wichtigen Zweige der Soziologie der Stadt-Land-Beziehungen mit umfaßt. Als Gemeindesoziologie dürfte nur das komplexe Ganze dieser drei Forschungszweige angesprochen werden.

Ist nun dies heute als allgemein gesichert anzusehen, so ist das mit einigen weiteren Punkten noch keineswegs der Fall. Wir heben hier nur drei Fragen heraus, die in jüngster Zeit viel diskutiert worden sind: die regionale Reichweite einer Gemeindeuntersuchung, die kulturelle und historische Reichweite. Für jedes dieser drei Probleme wollen wir nur je ein Beispiel herausgreifen.

Am Schluß soll dann noch als letzter Punkt das Verhältnis von Theorie und Praxis in der Soziologie der Gemeinde kurz behandelt werden, das ebenfalls in jüngster Zeit wieder einige Schwierigkeiten geschaffen hat.

Am intensivsten ist wohl der amerikanische Anthropologe *Julian H. Steward* der regionalen Reichweite von Gemeindeuntersuchungen nachgegangen. Seine Analyse ist denn auch viel diskutiert worden[21]. Er kennzeichnet — abgesehen von der eigentlichen Ethnologie und Kulturanthropologie — die Soziologie der Gemeinde noch immer als „defektiv" (S.51), da sie es vernachlässige, die Gemeinden in einem weiteren Zusammenhang zu untersuchen, eben im Rahmen einer Gebietsuntersuchung (area research). Dazu hebt er auch den Mangel an historischen Perspektiven hervor. Da wir auf diesen Punkt später zurückkommen werden, wollen wir ihn vorerst zurückstellen. Dagegen ist der erste in der Tat von größter Bedeutung, da man es als Grundsatz ansehen darf, daß es für den Nicht-Ethnologen eine Gemeinde als etwas für sich allein Existierendes nicht geben kann. Gemeinde kann und darf für uns nur Teil eines größeren Zusammenhangs sein. Dabei wird es wichtig zu wissen, in welcher Weise sich die Gemeinde in diese weiteren Zusammenhänge einbettet. Umgekehrt kommt es darauf an, den genauen Einfluß abzustecken, der von größeren globalen Gesellschaften auf diese Gemeinden ausgeübt wird. Damit eröffnen sich grundsätzlich zwei Möglichkeiten: einmal können wir die Struktur einer Gemeinde als repräsentativ ansehen für die Struktur vieler Gemeinden in der größeren globalen Gesellschaft (Region, Provinz, Nation); oder aber wir können sie als repräsentativ ansehen für die Kulturwerte der größeren Gruppe. Im ersten Falle erfassen wir bestimmte strukturelle Eigenheiten und Probleme, die auch an anderen Orten wiederkehren. So tut etwa *I. Gadourek* in seiner Analyse der holländischen Gemeinde Sassenheim, die als Repräsentant für viele andere Gemeinden genommen wird[22]. Oder aber wir erfassen in ihrer konkreten Auswirkung bestimmte Züge (traits) und Kulturwerte, die eine Region im ganzen bestimmen, etwa eine Sub-Kultur wie das Liègeois in der Untersuchung von Château-Gérard, durch *H.-H. Turney-High*, wobei dann auch die zeitliche Perspektive und die Geschichte sehr intensiv hervortreten[23]. Im übrigen kann dies kulturelle Interesse auch weiter reichen als über eine Subkultur und eine Kultur im ganzen zu erfassen suchen wie so viele anthropologische Gemeindeuntersuchungen oder auch Untersuchungen von Gemeinden in fortgeschrittenen Industriegesellschaften, die durch Anthropologen durchgeführt wurden, so etwa die ausgezeichnete irische Gemeindeuntersuchung von *Conrad M. Arensberg*[24]. Während die erste Betrachtungsweise die Tendenz hat, sich in eigentlichen Problemstudien und in den Analysen besonderer Formen von sozialen Beziehungen darzustellen, führt die zweite zur Analyse spezifischer Kulturen oder Subkulturen. Nachdem Conrad M.

Arensberg in einer früheren Arbeit den Problemcharakter von Gemeindeuntersuchungen betont hatte, hebt er in einer jüngsten Abhandlung gerade die kulturellen Aspekte der Gemeindeforschung hervor und gibt selber eine ausgezeichnete und gedrängte Darstellung der Gemeindetypen in den Sub-Kulturen der Vereinigten Staaten. Damit erscheint ihm die Gemeinde als „kultureller Mikrokosmos". Was hier intern für die USA gezeigt wird, hatte er in anderem Zusammenhang schon bei der vergleichenden Betrachtung verschiedener Gemeindetypen in verschiedenen nationalen Kulturen hervorgehoben [25].

Gewiß ist es richtig, die Gemeinde als kulturellen Mikrokosmos zu sehen, der ein Muster darstellt für einen weiteren Kreis, und im Sinne von Julian H. Steward die Gemeindeuntersuchungen in Gebietsuntersuchungen einzubetten. Eine autonome Gemeinde, die irgendwie selbstgenügsam und autark wäre, gibt es in fortgeschrittenen Industriegesellschaften nicht. Auch in sogenannten „unterentwickelten" Gebieten sind die Gemeinden trotz ihrer Subsistenzwirtschaft durch zahlreiche Fäden mit weiteren Zusammenhängen verbunden [26]. Einzig in wenigen primitiven Gruppen mag es noch isolierte und autarke Gemeinden geben, und auch da ist es fraglich. Aber selbst wenn wir damit rechnen müssen, so dürfen wir doch genauso annehmen, daß es wesentlich mit zur Gemeinde gehört, daß sie genaue Grenzen im Raume hat. Trifft es zu, daß sie Muster einer umfassenderen Kultur ist, so ist sie doch gleichzeitig *eine eigene Mikrokultur* mit eigener Individualität und eigenen Traditionen. Selbst wenn viele Funktionen von der Gemeinde weggenommen und auf weiterreichende bürokratische Großorganisationen des Staates übertragen worden sind, so hat doch andererseits auch der Bereich der kommunalen Angelegenheiten ungeheuer zugenommen. Deutlich kann man dies an der Verwaltung von Großstädten sehen, die unter Umständen komplizierter ist als die von ganzen Staaten.

Schließlich aber bleibt ein entscheidender Zug, der für den Soziologen von größter Bedeutung ist: selbst wenn es wahr ist, daß über der Gemeinde globale Gesellschaften höherer Ordnung stehen, so ist es doch für den konkreten Menschen noch immer so, daß ihm gesellschaftliches Leben außerhalb der Familie zuerst an der Gemeinde zum anschaulichen Erlebnis wird. Man darf die Bedeutung dieses Erlebnisses nicht unterschätzen; denn niemals wird man ein analoges konkretes Erlebnis abstrakter bürokratischer Großorganisationen annehmen können. Damit ist eine einigermaßen klare Antwort auf die regionale und kulturelle Einordnung der Gemeinde gefunden. Die regionale Einordnung wird vor allem nach den gegebenen Verbindungen mit der näheren und ferneren Umgebung fragen müssen, ohne darum die Begrenzung des Eigenraums der Gemeinde zu übersehen. Die kulturelle Einordnung wird vor allem die Überleitung kultureller Verhaltensmuster regionaler oder weiterer Natur im Aufbau der sozial-kulturellen Person auf das einzelne Individuum verfolgen müssen, ohne darum zu vergessen, daß die Gemeinde nicht nur kultureller Mikrokosmos, also Widerschein eines größeren ist, sondern schließlich geradezu selber eine Mikrokultur in einem verwandten kulturellen Raum darstellt.

Mit dieser Entscheidung werden wir aber gezwungen, auch die *historische Dimension des Geschehens* mit in die Betrachtung einzubeziehen. Auch in der Kultur sind Raum und Zeit nicht voneinander zu trennen. Kulturelle Sonderräume bilden auch kulturelle Eigenzeiten aus. Sowohl Julian H. Steward wie Conrad M. Arensberg hoben diesen Gesichtspunkt hervor, der auch methodologisch nicht ohne Folgen ist[27]. Dies kann eine kurze Überlegung deutlich machen. Wenn wir in einer Gemeindeerhebung ein Augenblicksbild der gegenwärtigen Existenz dieser Gemeinde gewinnen, so ist das gewiß wichtig für die Erkenntnis der Strukturen in einer solchen Gemeinde. Aber dennoch mag gerade das Wesentliche dieser Struktur dem Beobachter entgehen, da wir nichts über den Verlauf wissen, innerhalb dessen sich diese Strukturen entwickelt haben. Neben der statischen Gegenwartsanalyse und der Kombination verschiedener solcher statischer Querschnitte in verschiedenen Zeitmomenten, wie sie etwa die Volkszählungen geben, benötigen wir *eine Einsicht in das eigentlich prozeßartige des Geschehens*, in dem sich die eigentümlichen Züge der Gegenwart herausgebildet haben. In der Untersuchung Zeche und Gemeinde, über die *Kurt Utermann* berichtet[28], ist in dieser Hinsicht durchaus Neuland betreten worden. *Helmut Croon* befaßt sich eingehendst und in höchst interessanter Weise mit den daraus resultierenden Problemen methodologischer Natur[29]. Dabei fällt übrigens ein neues Licht auf das Problem der Gemeinde als einer integralen Ganzheit. Gerade die Entwicklung der Zechenstädte an der Ruhr zeigt im Zusammenstoß von Einheimischen und den stürmisch Zuwandernden zunächst das Bild einer Gemeinde, die sehr verschiedene Bevölkerungen (auch ethnisch) in einer Weise durcheinander siedeln läßt, daß zwar eine lokale Einheit, Interaktionen und auch einige gemeinsame Ziele entstehen; trotzdem sind diese Gemeinden aber weit davon entfernt, ein Ganzes zu bilden. Sie zeigen zunächst das typische Bild ethnischer und beruflicher Würfelung. Immerhin beweisen die anfänglichen Spannungen, die heute teilweise noch in der älteren Generation weiterleben, die Tendenz zu verschwinden oder sich zu mildern. So darf man sagen, daß eine Integration vielleicht einmal entstehen kann; aber sie kann nicht vorausgesetzt werden. Auch kann diese Integration verschiedene Intensitätsgrade annehmen; so spricht etwa Utermann sehr eindringlich von einer „erreichbaren" Vereinigung der Kräfte. Für die Erkenntnis dieser Entwicklung ist jedoch die Erhellung der historischen Dimensionen von allergrößter Bedeutung, in der sich dann auch die individuelle Einzigartigkeit einer Gemeinde heranbildet. Die historische Erweiterung von Gemeindestudien schafft also im Grunde keinerlei Gefährdung der Soziologie der Gemeinde, sondern bietet im Gegenteil eine höchst willkommene Erweiterung, die auch methodologisch ganz neue Quellen der Gemeindeforschung erschlossen hat.

Schwieriger bleibt dagegen die letzte Frage nach dem Verhältnis von Theorie und Praxis in der Soziologie der Gemeinde zu klären. Auch wollen wir hier keineswegs in weiterreichende Diskussionen eintreten. Immerhin muß gesagt werden, daß höchst dringliche praktische Anliegen seit jeher bei diesem Forschungszweig im Vordergrunde gestanden haben. Schon die Entstehungsgeschichte der Soziologie der Gemeinde aus französischen und englischen sozialpolitischen Strömungen des 19. Jahrhunderts wie aus den Aufgaben der Stadt- und Regionalplanung des 20. Jahrhunderts läßt deutlich eine mehr als nur nebensächliche Bedeutung praktischer Anliegen erkennen. Dennoch dürfte aber eine Auslieferung an einen reinen Pragmatismus weder im Sinne der älteren Entwicklung noch in dem der Gegenwartsproblematik liegen. Denn die Verkürzung der Perspektiven auf das Nächstliegende, wie sie notwendig mit jedem Pragmatismus verbunden ist, bedeutet auch eine unmittelbare Gefährdung der Erkenntnis. Vor allem aber müssen wir bedenken, daß der Pragmatiker nicht warten kann; er braucht eine mehr oder weniger sofortige Lösung gegebener Schwierigkeiten, ohne auf die Entwicklung der Wissenschaft warten zu können. Andererseits wäre aber auch eine Forschung rein um ihrer selbst willen reichlich müßig. So erhebt sich am Ende die Notwendigkeit eines Kompromisses.

Eine interessante Nebenform dieses Kompromisses ist jenes Vorgehen, das man in Amerika als „community self survey" bezeichnet hat, also als Selbstanalyse von Gemeinden. Wir betrachten diese Frage hier nicht als methodologisches Problem, sondern einzig als Ausdruck einer ganz bestimmten Lösung der Frage nach dem Verhältnis von Theorie und Praxis. Wenn vorausgesetzt wird, daß jede Gemeindeuntersuchung Teil eines Aktionsprogramms zu sein hat, wie etwa *Roland L. Warren* betont, dann gewinnt diese Form der Selbstanalyse in der Tat eine große Bedeutung[30]. Die Selbstanalyse, unter Anleitung durch Experten von den Gemeindebürgern selbst durchgeführt, hat sich in der Tat als ein wirksames Mittel zur Milderung von Spannungen in der Gemeinde bewährt. Sie gehört als typischer Ausdruck kalvinistischer Selbstprüfung wesentlich zum Ausbau eines eigentlichen Gemeindebewußtseins in Amerika mit dazu, während man sich in Europa darunter noch immer keine rechten Vorstellungen zu bilden vermag. Man bedenke etwa, wieviel Schwierigkeiten hätten behoben werden können, wenn man in Deutschland unmittelbar nach dem Kriege in kleineren Gemeinden mit Flüchtlingen, Evakuierten und DPs dieses Mittel der Selbstanalyse angewendet hätte! Viele Schwierigkeiten hätten dadurch vermieden werden können.

Unangesehen dessen, wie man diese Frage entscheiden wird, so mußte doch darauf hingewiesen werden, daß hier ein Punkt sichtbar wird, an dem die Reichweite der Gemeindesoziologie zumindesten strittig werden kann. Im übrigen wurde hier wiederum die allgemein soziale und kulturelle Bedeutung der Gemeindesoziologie sichtbar, so daß man sicher nicht zu weit geht, wenn man behauptet, daß wir hier vor einem zentral wichtigen Forschungszweig der Soziologie stehen. Angesichts des Charakters der Gemeinde als eines totalen sozialen Phänomens *(M. Mauss)* kann es uns auch nicht wundern, wenn gelegentlich manche Grenzen etwas flüssig erscheinen. Dies darf aber nicht als eine Beeinträchtigung der Sicherheit dieses Forschungszweiges angesehen werden, wenn nur die Kerndefinitionen klar und eindeutig sind. Dies scheint aber nach dem Urteil vieler erfahrener Experten heute durchaus der Fall zu sein.

Anmerkungen

[1] *George H. Hillery jr.*, Definitions of Community: Areas of Agreement, in: Rural Sociology XX, 1950, Nr. 2.

[2] *René König*, Die Gemeinde im Blickfeld der Soziologie, in: *Hans Peters*, Herausgeber, Handbuch der kommunalen Wissenschaft und Praxis, Bd. I, Berlin 1956, S. 20: „Die Gemeinde ist ... eine mehr oder weniger große lokale und gesellschaftliche Einheit, in der Menschen zusammenwirken, um ihr wirtschaftliches, soziales und kulturelles Leben zu fristen." Später wird (auf S. 23) eine komplexere Definition gegeben; man vgl. zu diesem scheinbaren Gegensatz das oben im Text Gesagte.

[3] *G. H. Hillery*, a. a. O., S. 118.

[4] Chicago und Stockholm 1955.

[5] *Gerhard Wurzbacher*, Das Dorf im Spannungsfeld industrieller Entwicklung, Stuttgart 1954. Zur Erklärung des obigen Urteils vgl. unsere Auseinandersetzung mit diesem Werke im gleichen Hefte dieser Zeitschrift.

[6] Vgl. dazu die eingehende Auseinandersetzung mit dieser Untersuchung von *Christian von Ferber* im gleichen Hefte dieser Zeitschrift.

[7] Vgl. *R. Redfield*, a. a. O., S. 3 u. ö. Zu den anderen Bemerkungen vgl. *R. König*, a. a. O., S. 21 ff.

[8] *H. Kötter*, Die Gemeinde in der ländlichen Soziologie, im gleichen Hefte dieser Zeitschrift, S. 13.

[9] *Alexander Vexliard*, Introduction à la sociologie du vagabondage, Paris 1956.

[10] *J. Keur and Dorothy Keur*, The Deeply Rooted, Assen 1955, S. 150 ff.; *I. Gadourek*, A Dutch Community, Leiden 1956, S. 79.

[11] *George Homans*, The Human Group, London 1951, S. 138 ff. u. ö.

[12] *G. Homans*, a. a. O., S. 334 ff.

[13] *H. Kötter*, a. a. O., S. 15.

[14] *R. Redfield*, a. a. O., S. 133 ff. Überhaupt das ganze Kapitel IX.

[15] *R. Redfield*, a. a. O., S. 145.

[16] *Richard Thurnwald*, Werden, Wandel und Gestaltung von Staat und Kultur, Berlin und Leipzig 1935, S. 285 f.

[17] *Lucien Bernot et René Blancard*, Nouville, Paris 1953. Vgl. dazu unsere Besprechung im gleichen Hefte dieser Zeitschrift.

[18] *J. Keur and Dorothy Keur*, a. a. O.

[19] *W. M. Williams*, The Sociology of an English Village, London 1956. Vgl. dazu unsere Besprechung im gleichen Hefte dieser Zeitschrift.

[20] Vgl. dazu *R. König*, a. a. O., S. 34 ff.

[21] *Julian H. Steward*, Area Research. Theory and Practice, New York 1950 (Social Science Research Council, Bulletin No. 63).

²² *I. Gadourek*, a. a. O., S. 259.
²³ *H. H. Turney-High*, Château-Gérard. Time and Life of a Walloon Village, Columbia 1953 (The University of South Carolina Press). Vgl. unsere Besprechung im gleichen Hefte dieser Zeitschrift.
²⁴ *Conrad M. Arensberg and Solon T. Kimball*, Family and Community in Ireland, second printing, Cambridge Mass. 1948.
²⁵ Vgl. dazu die drei folgenden Abhandlungen von *C. M. Arensberg*, The Community Study Method, in: Am. Journ. of Sociology, Sept. 1954; Ergebnisse der deutschen Gemeindestudie im internationalen Vergleich, in: *G. Wurzbacher*, a. a. O.; American Communities, in: American Anthropologist, Vol. 57, December 1955.
²⁶ Vgl. dazu *R. König*, Einleitung in die Soziologie der sogenannten unterentwickelten Gebiete, in: Köln. Ztschft. f. Soz. und Soz. psych. VII, 1, 1955.
²⁷ *J. H. Steward*, a. a. O., S. 51 drückt dies folgendermaßen aus: „... the community approach is not yet sufficiently related to that of the various disciplines which study culture in these larger dimensions. *It is also strikingly unhistorical in its modern applications. Many problems do not require historical study, but most of those pertaining to culture change and social relations, which are the concern of many community studies, would be illuminated by a historical approach.*" Im gleichen Sinne *C. M. Arensberg*, American Communities, a. a. O.
²⁸ Im gleichen Hefte dieser Zeitschrift.
²⁹ *Helmuth Croon*, Sozialgeschichtsforschung und Archive, in: Der Archivar, VII, 4, 1954; Methoden zur Erforschung der gemeindlichen Sozialgeschichte des 19. und 20. Jahrhunderts, in: Westfälische Forschungen, VIII, 1955; Die Einwirkung der Industrialisierung auf die gesellschaftliche Schichtung der Bevölkerung im rheinisch-westfälischen Industriegebiet, in: Rheinische Vierteljahrsblätter, XX, 1955.
³⁰ *Roland L. Warren:* Studying Your Community, New York 1955 (The Russell Sage Foundation), S. 306 ff. Vgl. auch unsere Besprechung im gleichen Hefte dieser Zeitschrift.

II. Spezieller Teil: Ländliche Soziologie

DIE GEMEINDE IN DER LÄNDLICHEN SOZIOLOGIE

Von Herbert Kötter

So sehr in der Soziologie Übereinstimmung darüber besteht, daß die Gemeinde eines der wichtigsten Elemente der Vergesellschaftung darstellt, so sehr weichen die Ansichten über den Inhalt des Begriffes voneinander ab. Hillery kommt in einer Untersuchung über dieses Problem zu 94 mehr oder minder abweichenden Definitionen von „community", wobei er sich im wesentlichen nur auf das amerikanische Schrifttum bezieht [1]. Dabei fällt auf, daß unter den Landsoziologen noch die weitestgehende Übereinstimmung festzustellen ist, die grundsätzlich alle die Gemeinde als „ein Gebiet" ansehen, „in dem die Menschen soziale Beziehungen haben und eine oder mehrere gemeinsame Bindungen". Einzelne Soziologen sind sogar der Auffassung, daß der Begriff der „community" nur auf ländliche Gebiete angewandt werden könne, da in der städtischen Umgebung die Grundkonzeption dessen, was Gemeinde ist, durch die Vielfalt und Heterogenität der sozialen Beziehungen verwischt werde [2]. Ob man diese Ansicht vertreten kann, ist jedoch wiederum eine Frage der Definition überhaupt. Wenn wir der grundlegenden Definition von König folgen, nach der Gemeinde „eine mehr oder weniger große lokale Einheit ist, in der Menschen zusammen wirken, um ihr wirtschaftliches, soziales und kulturelles Leben zu fristen", ist es prinzipiell unerheblich, ob es sich um ein ländliches oder städtisches Siedlungsgebilde handelt [3]. Immer ist die Gemeinde „eine globale Gesellschaft", die eine Totalität sozialer Beziehungen einbegreift. Aus Gründen, die später zu erörtern sind, ist aber bis in unsere Zeit hinein die „globale Gesellschaft" der Dorfgemeinde immer noch der schlechthin entscheidendste Faktor für die Ausbildung sozialer Verhaltensweisen auf dem Lande. Leopold von Wiese übersetzt daher den Ausdruck „rural sociology" mit „Soziologie des Dorfes" schlechthin [4]. Das würde bedeuten, daß ländliche Soziologie ex definitione Soziologie der ländlichen Gemeinde ist. Diese Auffassung gerät daher wohl zu Recht in Gegensatz zu der von Arensberg, der in der Gemeindestudie nur ein mikrosoziologisches Instrument der Forschung sieht, „um ihren jeweiligen Gegenstand in das lebendige Gewebe eines Gesamtzusammenhanges sozialer und kultureller Faktoren zu stellen" [5]. Auch in der ländlichen Soziologie hat die Gemeindestudie sehr wohl einen methodologischen Aspekt, indem sich an dieser „sozialen Totalität" bestimmte allgemeine Entwicklungstendenzen, etwa der Einfluß der fortschreitenden Industrialisierung, ablesen lassen. Darüber hinaus oder sogar primär ist unserer Auffassung nach die ländliche Gemeinde selbst ein legitimes Objekt der ländlichen Sozialforschung. An dieser Stelle stößt man aber bereits auf Abgrenzungsfragen. Die Bestimmung nämlich, wie weit gewisse Siedlungsgebilde oder Verwaltungsgebilde auf dem Lande als echte Gemeinden im Sinne der Königschen Definition der „globalen Gesellschaft" angesehen werden können, ist nicht Voraussetzung, sondern Ergebnis der Forschung. So ist es durchaus möglich, daß die Untersuchung einer politischen Gemeinde ergibt, daß sie auch bei relativer Kleinheit eine Mehrzahl von „globalen Gesellschaften" in sich einbegreift, eine Tatsache, die uns z. B. bei der zitierten Untersuchung von Wurzbacher nicht genügend berücksichtigt erscheint. Auch das Dorf fällt nicht immer mit der Gemeinde im soziologischen Sinne zusammen.

Bevor jedoch über methodische und sachliche Aspekte der Gemeindeforschung in der ländlichen Soziologie gesprochen werden kann, muß der Versuch unternommen werden, einige grundlegende Fragen zu klären und abzugrenzen. Neuerdings hat sich an Stelle von „Agrarsoziologie" immer mehr der Begriff „ländliche Soziologie" [6] eingebürgert. Dieser Wechsel der Bezeichnung deutet eine Erweiterung des Aufgabengebietes dieser Disziplin an, die ihrerseits eine Folge der sozialökonomischen Umschichtungen auf dem Lande ist. Die oft geübte Gleichsetzung von „agrarisch-landwirtschaftlich" und „ländlich" ist damit hinfällig geworden. Zwar dürfte eine absolute Identität dieser Begriffe kaum jemals im Laufe der historischen Entwicklung bestanden haben. Das Land hat schon sehr frühzeitig nicht nur den eigentlichen Landbewirtschaftern, sondern auch sekundären Gewerben, etwa den Dorfhandwerkern, eine Existenzgrundlage geboten. Jedoch blieb die Agrargesellschaft auch in ihren herrschaftlichen Ausgliederungen ihrem Wesen nach auf den landwirtschaftlich genutzten Boden bezogen. Linde hat dargestellt, daß aber gerade im deutschen Dorf durch die Ausbildung einer halb- und unterbäuerlichen Schicht, die auf Grund der zu geringen landwirtschaftlichen Existenzgrundlage zur Aufnahme hausgewerblicher Nebenbeschäftigung gezwungen war, relativ früh eine Differenzierung einsetzte, die starke Auswirkungen auf das Sozialgefüge hatte [7]. Diese Differenzierung verstärkte sich sichtbar mit der Industrialisierung, durch die Lebensräume und Erwerbschancen abgelöst von der Landwirtschaft geschaffen wurden. Die Industrie durchsetzte sehr bald weite Teile des Landes mit mittleren und kleineren Unternehmungen. Diese Industrialisierung „in situ" hat dazu geführt, daß nur ein Teil der Dorfbewohner, der in der Landwirtschaft keine ausreichende Existenzgrundlage finden konnte, dem Dorf endgültig den Rücken

kehrte, während ein anderer Teil, seit langem an eine landwirtschaftlich-gewerbliche Mischexistenz gewöhnt, seinen Wohnsitz auf dem Lande beibehielt und Erwerbsmöglichkeiten in der nahe gelegenen Industrie nutzte [8]. Gerade die Klein- und Kleinstbauern wurden mit ihren Menschen zur Grundlage einer landsässigen Industriearbeiterschaft. Am Ende dieser Entwicklung steht eine vielfach veränderte Grundstruktur des Raums, die von Groth folgendermaßen gekennzeichnet wird:
    A. Die Zone der städtischen Räume, die in sich wiederum sehr unterschiedlich strukturiert ist;
    B. die Zone der stadtnahen Pendlerräume;
    C. die Zone der ländlichen Industrieräume;
    D. die Zone der industriearmen Agrarräume [9].

Das Arbeiter-Bauerntum wurde zu einem Faktor, der die ländliche Gesellschaft als Ganzes und die ländliche Gemeinde tiefgreifend umgestaltet. Es ist ein Spezifikum der Entwicklung weiter Gebilde Westeuropas, daß der beruflichen Differenzierung der ländlichen Gesellschaft keine radikale Differenzierung der Wohnplätze gefolgt ist, sondern die Differenzierung vollzog sich innerhalb des ländlichen Raumes selbst. Damit aber erhebt sich für den Soziologen die Schwierigkeit, den Begriff „Land" in der gebotenen Schärfe zu definieren. Keinesfalls drückt sich der Unterschied zwischen Stadt und Land noch als Unterschied der beruflichen Tätigkeit aus. Was im gewöhnlichen Sprachgebrauch als „Land" bezeichnet wird, schließt eine Fülle heterogener Sozialstrukturen ein, die zunächst lediglich gewisse morphologische Strukturmerkmale des Raums gemeinsam haben. Die ländliche Soziologie muß daher zur Bestimmung ihres Forschungsgegenstandes den sozialökologischen Ausgangspunkt wählen. Sie kann ihrem Wesen nach nicht von der Mensch-Ding-Beziehung, hier Mensch-Raum-Beziehung, wie das von Wiese will, abstrahieren [10]. Die sozialen Gebilde des Landes bieten besondere Probleme, gerade weil die Eigenarten des Raums für sie konstitutive Bedeutung haben. Es handelt sich um „solche Gebilde und Sozialsachverhalte, die ohne den Raum nicht wären, was sie sind oder gar überhaupt nicht existierten" [11]. Natürlich erschöpft sich die ländliche Soziologie nicht in der Sozialökologie, da ihr letztes Ziel die Erforschung „der vollen Komplexität eines räumlich-geschichtlich sozialen Konkretums" sein muß [12]. Eine genaue Abgrenzung des Forschungsgegenstandes scheint a priori unmöglich. Es ist nämlich u. E. ganz entscheidend, unter welchen Gesichtspunkten die Tatsachen gesammelt werden. Voraussetzungen nach Spenglerschem Muster: „Das Vorhandensein einer Seele scheidet Stadt und Land" sind zunächst einmal „Sentiments" [13]. Wir sind mit Weippert völlig der Meinung, daß im Zentrum der ländlichen Soziologie der dem „Lande" zugewendete Mensch stehen muß. Nun ist aber das einzige objektive Kriterium — man mag es drehen und wenden, wie man will —, das statistisch eine vorläufige Abgrenzung von Stadt und Land gestattet, die Größe der Siedlungsgebilde. Dabei ist es zunächst eine reine Konvention, bei welcher Einwohnerzahl einer Siedlung man von Landgemeinde sprechen will. So spricht etwa Neundörfer bei den Gemeinden bis zu 5000 Einwohnern von Landgemeinden im weiteren, bei Gemeinden bis 2000 Einwohnern von Landgemeinden im engeren Sinne. In Westdeutschland leben heute etwa 16 v. H. der Bevölkerung in Orten unter 1000 Einwohnern und 40 v. H. in Orten unter 5000 Einwohnern. Das sind rd. 20 Millionen Menschen. Bedenkt man, daß die Berufszugehörigen der Landwirtschaft nur etwa 7 Millionen umfassen, so ergibt sich daraus, daß selbst auf dem Lande nur noch ein Drittel der Bevölkerung zur eigentlichen Erwerbslandwirtschaft zu rechnen ist. Allerdings hat noch etwa jeder zweite Haushalt Anteil an der Landbewirtschaftung oder zumindest am Landbesitz. Alle Angehörigen der Landbevölkerung einschließlich der Berufszugehörigen der Landwirtschaft sind aber einer Vielzahl von Einflüssen ausgesetzt, die Wirkungen auf ihr Verhalten zeitigen. Die Bearbeitung und Bebauung des Landes ist nur ein Faktor unter vielen anderen. Wie weit die Bodenverbundenheit den gesamten Habitus bestimmt oder noch bestimmt, ist daher nicht Voraussetzung, sondern erst Ergebnis der Forschung. Weippert weist darauf hin, daß „Land" ein Gegenbegriff ist, von dem man den Begriff „Stadt" nicht trennen kann. Wir können ihm aber nicht folgen, wenn er aus dieser gegenbegrifflichen Optik „für die Erkenntnis vielerlei Gefahren" sich ergeben sieht [14]. Mit fortschreitender Entwicklung ist die Bevölkerung des Landes mehr und mehr aus ihrer relativen Abgeschlossenheit herausgetreten und in den Kreis des gesamtgesellschaftlichen Lebens einbezogen worden. Sozialstrukturen des Landes und soziale Verhaltensweisen sind schlechterdings nur noch zu erforschen, wenn man die von der städtischen Gesellschaft ausgehenden Einflüsse mit in die Betrachtung einbezieht. Es ist nicht mehr möglich, „das Wesen" des Ländlichen in Kästchen einzusperren. Vielmehr knüpft eine Art „Kontinuum der Erscheinungsformen und Sinngehalte das letzte Dorf im Walde an die Metropole" [15]. Die Vorstellung des Kontinuums setzt aber notwendigerweise die Vorstellung von zwei Endpunkten einer Skala — eben die Gegenbegrifflichkeit von Stadt und Land voraus. Ländliche Soziologie ist Teilsoziologie und gerade „konsequentes soziologisches Fragen" und die Verwendung soziologischer Kategorien bei der Analyse des Landes führen zwingend zum Einbau der Ergebnisse in eine übergreifende Gesellschaftslehre. Es soll gewiß nicht geleugnet werden, daß die enge Verflechtung mit der Natur dem bäuerlichen Teil der Landbevölkerung manche Besonderheiten verleiht. Aber es ist bei der heutigen Struktur des Landes einfach nicht möglich, diese Einflüsse gewissermaßen in vitro zu studieren. Immer sind eine ganze Reihe von Faktoren im Spiel. Bei der so stürmisch fortschreitenden Entwicklung ist die

Aufgabe nach den Sozialstrukturen und sozialen Prozessen des Landes immer wieder neu gestellt. Weippert weist darauf hin, daß auf dem europäischen Kontinent das traditionale Bauerntum sich bis zum Ende des 19. Jahrhunderts nahezu ungebrochen erhalten hat. Aber gerade dieser Hinweis auf die Kürze der Entwicklung macht es fraglich, ob von einer „überzeitlichen bäuerlichen Wertwelt" gesprochen werden kann, die sich in der Welt des Rationalen, Technischen und Merkantilen unverändert erhalten hat. Das Bauerntum von heute hat genauso seine naive Unschuld verloren wie der Städter. Es muß durch die Phase des Bewußtseins hindurch und — um mit Kleist zu sprechen — versuchen festzustellen, „ob das Paradies von hinten offen ist"[16]. Nur so ist die von Weippert bezweifelte Feststellung des Autors zu verstehen, „daß die Landfamilie nicht mehr als eigentliche Erscheinung sondern nur als Typ innerhalb der Gesamtgesellschaft anzusehen ist"[17].

Es konnten hier nur in aller Kürze einige Probleme aufgegriffen werden, die die ländliche Soziologie beschäftigen und die von verschiedenen Seiten sehr unterschiedlich interpretiert werden. Nun ist aber gerade die Gemeindestudie sowohl als Gegenstand wie auch als Forschungsmethode geeignet, Licht in diese außerordentlich komplizierten Zusammenhänge zu bringen. Wir werden versuchen, später noch an den Ergebnissen einiger Untersuchungen zu zeigen, daß nur die empirische ländliche Gemeindeforschung imstande ist, bestimmte Hypothesen wie etwa die der Anpassung oder der Konzeption Gemeinschaft und Gesellschaft zu verifizieren oder zu falsifizieren. Zunächst muß jedoch auf einige andere Fragen eingegangen werden. Es wurde schon angedeutet, daß unter Gemeinde im allgemeinen Sprachgebrauch zuerst die verwaltungsmäßig-organisatorische Einheit verstanden wird. Auch die amtliche Statistik meint, wenn sie von Gemeinde spricht, die kleinste Verwaltungsinstitution. Ihr Gegenstand ist die „politische Gemeinde als Gebietskörperschaft, d. h. als eine mit bestimmten öffentlichen Rechten und Aufgaben betraute Gruppe der Gesamtbevölkerung, die auf einem bestimmten Ausschnitt des Gesamtareals des Landes lebt und wirkt"[18]. Auch König weist darauf hin, daß die Gemeinde eine „sehr handgreifliche organisatorische Außenseite" hat. Wesensmäßig definiert er aber die Gemeinde „als eine globale Gesellschaft vom Typus einer lokalen Einheit, die eine unbestimmte Mannigfaltigkeit von Funktionskreisen, sozialen Gruppen und anderen sozialen Erscheinungen in sich einbezieht"[19]. Daraus wird folgendes klar. Die politische Gemeinde kann Gemeinde im soziologischen Sinne sein, sie ist es aber nicht notwendigerweise, vor allem dann nicht, wenn politische Gemeinde und Siedlungseinheit nicht zusammenfallen. Es ist eine geläufige Tatsache, daß auch die politischen Gemeinden große Verschiedenheiten untereinander aufweisen. Großstadt und Dorf können beide Gemeinden im politischen Sinne darstellen. Nun stößt schon das Bedürfnis der Verwaltungspraxis, diesen Unterschieden durch eine entsprechende Gruppierung gerecht zu werden, auf außerordentliche Schwierigkeiten. Immerhin sind eine Reihe von Typisierungsversuchen unternommen worden, die in der zitierten Schrift der Österreichischen Gesellschaft für Landesplanung einzeln einer kritischen Betrachtung unterzogen werden. Für den Wert aller dieser Typisierungen im Sinne der soziologischen Gemeindeforschung ist entscheidend, daß sie in erster Linie den Bedürfnissen des öffentlichen Lebens gerecht werden sollen, so daß die Anliegen der Soziologie naturgemäß zurücktreten. Eine breite Typisierung, die es gestattet, alle Gemeinden einer Region zu verhältnismäßig wenigen und überschaubaren Gruppen zusammenzufassen, ist grundsätzlich auf das von der Statistik gebotene Material angewiesen, jedenfalls soweit es sich um die Umsetzung der Merkmale in Zahlenwerte handelt. Die Statistik erfaßt aber ganz abgesehen von ihren Mängeln und Fehlerquellen in erster Linie wirtschaftliche Daten. Die von König beklagte Tatsache, daß gerade bei den Klassifikationsversuchen in Deutschland „der ökonomische Gesichtspunkt herrschend geblieben" ist, ist daher weniger eine Folge der Überbetonung der wirtschaftlichen Gesichtspunkte an sich als vielmehr eine Frage des von der Statistik angebotenen Materials [20]. Auch der von Bobek gemachte Vorschlag, auf gewisse außerstatistische Merkmale zurückzugreifen, etwa die Unterschiede der Siedlungsweise (Neusiedlung und geschlossene Siedlung) oder bestimmte Lagetypen (z. B. Bergbauernlage) mit zu erfassen, geht an der eigentlichen Schwierigkeit vorbei [21].

Eine Berücksichtigung solcher Eigenarten kann u. E. auch nur auf der Definition gewisser statistischer Schwellenwerte basieren. So ist z. B. keineswegs ohne weiteres klar, wo die Bezeichnung „Bergbauerngemeinde" angewandt werden kann. Prinzipiell ließe sich aber eine Einigung darüber erzielen, welche bisher in der Statistik nicht erhobenen Merkmale zusätzlich festgestellt werden müßten, um die Typisierung entsprechend zu verfeinern. Wir haben weiter oben darauf hingewiesen, wie schwierig es für den Landsoziologen ist, seinen Forschungsgegenstand in der nötigen Klarheit zu definieren. Diese Bemerkung sei nun dahin ergänzt, daß trotz aller Mängel die Typisierung der politischen Gemeinden sehr wohl ein Ausgangspunkt sein kann. Sie tut im Grunde nicht anderes, als einige objektive Merkmale zusammenzufassen. Es wäre dann die Aufgabe der ländlichen Soziologie festzustellen, ob sich unter diesen objektiven Bedingungen spezifische Verhaltensweisen der Menschen herausbilden, bestehen bleiben oder mit der Änderung solcher Bedingungen ebenfalls wechseln. Charakteristisch für die ländliche Gemeinde kann a priori nur der Anteil der bodenverbundenen Bevölkerung an der Gesamtbevölkerung sein. Jede Typisierung, die für uns von Wert sein soll, muß daher dies Kriterium berücksichtigen. Es wird sich dann zeigen, daß z. B. die oben erwähnten Siedlungsgrößen nicht immer relevant für den ländlichen Charakter einer Gemeinde zu sein brauchen.

Die Vielzahl der Klassifikationsversuche ist wohl der beste Beweis dafür, wie sehr von allen beteiligten Forschungsrichtungen auf diesem Gebiet eine Lücke empfunden wird. Es ist nicht möglich und auch nicht notwendig, hier alle diese Versuche erschöpfend zu behandeln, zumal u. E. die älteren Versuche vielfach durch neuere und bessere Verfahren überholt erscheinen. Einer der ältesten Versuche stammt von dem Geographen Gradmann, der in Württemberg sieben Typen abgrenzte, von denen vier mehr landwirtschaftlich, drei überwiegend gewerblich orientiert sind [22]. Die Grundformen „bäuerlich" und „gewerblich" kehren auch bei Hesse wieder. Diese werden aber durch bestimmte markante, typische, soziale und wirtschaftlich meßbare Merkmale variiert. Solche Merkmale sind die Vonhundertsätze

1. der Haushaltungen mit keinem oder kleinem (bis 0,5 ha) Grundbesitz von der Gesamtzahl der Haushalte,
2. der hauptberuflich in Land- und Forstwirtschaft Erwerbstätigen von der Gesamtzahl der Erwerbspersonen,
3. der am Ort beschäftigten nichtlandwirtschaftlichen Erwerbspersonen von ihrer Gesamtzahl,
4. der Aus- und Einpendler von der Gesamtzahl der Erwerbspersonen,
5. der „Kleinstellen" und der „Hufen" und „Großhufen" von der Gesamtzahl der landwirtschaftlichen Betriebe [23].

Damit kommt er zu folgenden Grundtypen:
    A. Zentrale Orte und Industriegemeinden,
    B. Arbeiterwohngemeinden,
    C. Arbeiter-Bauerngemeinden,
    D. Kleinbäuerliche Gemeinden,
    E. Mittel- und großbäuerliche Gemeinden [24].

Wir können es uns hier sparen, im einzelnen auf die Technik der Abgrenzung einzugehen.

Die fünf Grundtypen treten jeweils in drei Ausprägungen auf. Es bedarf nun in diesem Zusammenhang einer kritischen Beleuchtung der Hesseschen Auffassung, daß die so gewonnenen Grundtypen das Bild organischer Einheiten widerspiegeln und daß mit ihrer Klassifizierung „Ursache und Wirkung, Grund und Folgeerscheinung in unser Blickfeld" treten [25]. Die politischen Gemeinden — und nur um sie kann es sich zunächst bei einer statistischen Erfassung handeln — sind keineswegs immer „organische Einheiten" biologischer, wirtschaftlicher und sozialer Natur. Der Ausdruck „organisch" im Sinne des Gewachsenseins wird überhaupt den Verhältnissen nicht gerecht und führt daher leicht zu Mißverständnissen. Es handelt sich bei der politischen Gemeinde häufig „vielmehr um einen zwar standortlich, aber überwiegend nicht mehr funktionell zusammengehaltenen Ausschnitt aus einem vielschichtigen Beziehungsgefüge regionalen Ausmaßes"[26]. Erst einer vertieften Sozialforschung muß es vorbehalten bleiben, die Ausbildung „globaler Gesellschaften" unter den vorliegenden objektiven Bedingungen festzustellen. Auch die Klassifikation von Linde vermag diese grundsätzliche Schwierigkeit nicht zu überwinden. Linde lehnt es sogar ausdrücklich ab, in den von ihm ermittelten Gemeinden a priori engere Lebensgemeinschaften zu erblicken[27]. Da wir der Auffassung sind, daß die Lindesche Lösung im Rahmen des Möglichen den Erfordernissen der ländlichen Sozialforschung am besten Rechnung trägt, soll sie hier etwas eingehender dargestellt werden. Dabei soll nicht bestritten werden, daß auch die Arbeiten von Schwind und Finke durch die Berücksichtigung der „Sozialen Stellung" (Selbständige, Mithelfende, Arbeiter, Beamte und Angestellte, selbständige Berufslose) einen Schritt nach vorn bedeuten[28]. Die von Linde erarbeitete Karte der Gemeindetypen in Niedersachsen kennzeichnet die Gemeinden in dreifacher Hinsicht:

1. als wirtschaftlichen Standort durch entsprechende Gliederung der in der Gemeinde Beschäftigten (Arbeitsbevölkerung),
2. als Wohnort durch Angaben über die Zahl und die wirtschaftliche Gliederung der Wohnbevölkerung,
3. nach der Art der Bedeutung übergemeindlicher Funktionen[29].

Auf der ersten Stufe werden sinngemäß die wirtschaftlichen Grundtypen gewonnen, in denen der Anteil der in Land- und Forstwirtschaft Beschäftigten an der Arbeitsbevölkerung zugrunde gelegt wird.

Bei einem Anteil von 50 v. H. wird von Agrargemeinden, bei einem Anteil von 20—50 v. H. wird von ländlichen Gewerbegemeinden und bei einem Anteil schließlich von unter 20 v. H. von Gewerbegemeinden gesprochen. Es kommt Linde nun darauf an, diese Grundtypen weiterhin zu variieren. Dazu wird das sozialökonomische Kriterium der Arbeitsverfassung herangezogen. Bei den Agrargemeinden wurde nach dem Anteil der landwirtschaftlichen Lohnarbeiter, der mithelfenden Familienangehörigen und schließlich der weiblichen Arbeitskräfte unter den Familienangehörigen unterschieden. Dadurch gelingt es, großbäuerliche Gemeinden, Gemeinden, in denen der Familienbetrieb vorherrscht und endlich kleinbäuerliche Gemeinden voneinander abzugrenzen. Bei den nichtagrarischen Grundtypen wird eine Trennung nach den Beschäftigten in industriellen und kleingewerblichen, bzw. Dienstleistungsbetrieben vorgenommen. Aus dem Anteil der landwirtschaftlichen Bevölkerung an der Wohnbevölkerung wird dann der Wohnortcharakter der Gemeinde bestimmt. Durch die Berücksichtigung der Zahl von Ein- und Auspendlern wird schließlich festgestellt, ob mehr der Charakter der Gemeinden als Wohnplatz oder als Betriebsstandort hervortritt. Ist die Zahl der im Einzelhandel und Handwerk Beschäftigten größer, als für die Versorgung der Einwohner notwendig ist, wird der dadurch hervortretende Marktcharakter der Gemeinde durch Angabe der Bevölkerungszahl, zu deren Versorgung sie ausreichen würde, gekennzeichnet. Außerdem werden noch Verwaltungsfunktionen und Sonderfunktionen (z. B. Kurort) erfaßt. Es fällt auf, daß die Selbständigen Berufslosen nicht zur Wohnbevölkerung gezählt werden. Bobek weist u. E. zu Recht darauf hin, daß sie u. U. ein charakteristisches Element darstellen können [30].

Mit Absicht sind in der obigen Darstellung nicht alle Schwellenwerte, die Linde verwendet, aufgezählt worden. Abgesehen davon, daß man über diese im Einzelfall streiten kann, ging es um die Darstellung des Prinzips. Es wurde schon darauf hingewiesen, daß auch bei dieser Typisierung prinzipiell die Abhängigkeit von der Statistik besteht, von einer Statistik, die sich nur auf die politische Gemeinde beziehen kann. Immerhin ist es auf diese Weise möglich, diese politischen Gemeinden nach Struktur und Funktionen zu beschreiben, diese Beschreibung in einer Formel festzuhalten und das Gesamtbild des Raums durch Übertragung der Merkmale in die Kartographie darzustellen.

Der besondere Wert der Lindeschen Arbeit für die ländliche Soziologie, aber auch für die Gemeindeforschung schlechthin, liegt u. E. darin, daß es ihr gelingt, das Forschungsobjekt annäherungsweise relativ gut zu umreißen. Wenn auch eine Typisierung dieser Art noch nicht ohne weiteres etwas über die gesellschaftlichen Zusammenhänge innerhalb der so abgegrenzten räumlichen Gebilde aussagt, so werden gerade durch die kartographische Darstellung einige Tatsachen zum Ausdruck gebracht, die für den Ausgangspunkt der ländlichen Sozialforschung außerordentlich wesentlich sind.

1. Die Unterscheidung der Grundtypen macht die kontinuierlichen Übergänge zwischen Stadt und Land sinnfällig;
2. die weitere Untergliederung der Agrargemeinde zeigt die Differenzierung im eigentlich agrarischen Bereich;
3. die Abgrenzung innerhalb der ländlichen Gewerbe- und Industriegemeinden erlaubt einen weiteren Rückschluß zumindest darauf, wie weit bestimmte industrielle Wirtschaftsformen bereits in die Gemeinden des ländlichen Bereichs vorgedrungen sind;
4. die Kennzeichnung der übergemeindlichen Funktion schließlich gibt zunächst einmal Anhaltspunkte dafür, daß hier Beziehungen derart hervortreten, daß Gemeinden in Gesellschaften höherer Ordnung eingebettet sind.

Königs einschränkende Bemerkung, daß bei den deutschen Versuchen der Klassifizierung der Gemeinden „der ökonomische Gesichtspunkt herrschend geblieben" ist [31], ist vielleicht dahin zu interpretieren, daß wirtschaftliche Merkmale zunächst das Material darstellen, das die Statistik in ausreichendem Maße zur Verfügung stellt. Die Struktur der Gemeinde ändert sich natürlich sehr wesentlich mit der vorherrschenden Wirtschaftsform. Aber es bleibt legitime Aufgabe der Sozialforschung, die ihr nicht durch irgendein Klassifikationssystem der beschriebenen Art abgenommen werden kann, festzustellen, wie sich die „kulturelle Charakteristik" bei etwaigen Verschiebungen der sozialwirtschaftlichen Zusammensetzung ändert. Eine Typologie nach soziologischen Gesichtspunkten kann also immer nur zweiter Schritt sein. Sie ist erst dann durchzuführen, wenn eine entsprechende Zahl von Gemeinden unter der spezifisch soziologischen Fragestellung untersucht worden ist. Es bleibt aber festzuhalten, daß die Typen der politischen Gemeinde sehr wohl die Ausgangspunkte der Forschung sein können.

Aus den bisherigen Ausführungen geht die außerordentliche Vielfältigkeit des Aufgabenbereichs der ländlichen Soziologie hervor. Sie muß mit Notwendigkeit über das bäuerliche Dorf hinausgehen und zur Soziologie der Landgemeinde werden, die heute auch Bevölkerungsteile umfaßt, die nicht direkt von der Landwirtschaft abhängig sind. In sehr vielen Fällen ist sogar die Identität von Wohn- und Arbeitsbevölkerung nicht mehr gegeben. Gerade die Gemeinde als Objekt der ländlichen Sozialforschung fordert daher die von Weippert mit einem Fragezeichen versehene „gegenbegriffliche Optik", weil selbst im relativ isolierten Dorf Strukturen und Prozesse — jedenfalls in fortgeschrittenen Industriegesellschaften — von Faktoren beeinflußt werden, die aus der Entwicklung dieser Gesellschaft selbst zum Tragen kommen [32]. Die vergleichende Gemeindeuntersuchung ist daher „die unabweisbare Konsequenz" um die Eigentümlichkeit der Erscheinungsformen der ländlichen sozialen Welt herauszuarbeiten zu können. Das Objekt der ländlichen Soziologie ist also das rein agrarische Dorf so gut wie jener Bezirk, der von der amerikanischen Soziologie als „rurban" bezeichnet wird, in dem die Einflüsse von Stadt und Land sich am stärksten überschneiden.

Die Gemeindeuntersuchung ist daher eigentlich das klassische methodische Mittel der empirischen ländlichen Soziologie. Die Grundfrage, die sich dabei immer wieder stellt, ist, ob sich unter spezifischen Gegebenheiten der Siedlungsform und der Wirtschaftsstruktur der Gemeinden spezifische Verhaltensformen entwickeln, die auf gewisse Eigenarten der Gesellung im ländlichen Raum schließen lassen. Im Laufe der historischen Entwicklung haben die ländlichen Gemeinden einen fortdauernden Prozeß der Strukturveränderung durchlaufen. Es gilt also, weiterhin festzustellen, wie diese sozialökonomischen Strukturveränderungen die „kulturelle Charakteristik" beeinflußt haben. Das Dorf im alten Sinne war eine relativ kleine Siedlung, in der sich das Zusammenleben und Zusammenwirken der Menschen auf der Grundlage einer wie immer gearteten landwirtschaftlichen Beschäftigung vollzog. Den Kern des alten Dorfes bildet ohne Zweifel das Bauerntum. Mit diesem Bild des alten Dorfes wird die Vorstellung von der Naturverbundenheit der Arbeit und der Überschaubarkeit der

Beziehungen verbunden. Daraus wird dann abgeleitet, daß das menschliche Miteinander durch die Grundstruktur der „Gemeinschaft" im Sinne von Tönnies bestimmt worden sei[33]. In logischer Fortsetzung dieses Gedankenganges wird häufig bei Dorfuntersuchungen heute, dann wenn die a priori postulierte „Dorfgemeinschaft alten Stils" nicht mehr angetroffen wird, der Befund der Dissoziierung gestellt. Wenn die Dorfgemeinschaft als historische Realität nicht bezweifelt wird, muß der Prozeß der „Vergesellschaftung" zwingend als ein Prozeß der Dissoziation angesehen werden. Es würde hier zu weit führen, sich mit dem Kategorienpaar von Tönnies im einzelnen auseinanderzusetzen. Es geht vielmehr um die Frage, ob dieses Leitbild der Gemeinschaft „tatsächlich eine wirtschaftliche, soziale und politische Realität zum Hintergrund hatte"[34]. Diese Frage ist nämlich für die Beurteilung der augenblicklichen soziologischen Situation keineswegs gleichgültig. Der Umbruch, der sich ohne Zweifel in den ländlichen Gemeinden vollzogen hat, muß nämlich um so tiefgründiger erscheinen, je mehr er auf das alte Leitbild bezogen wird. Läßt sich aber nachweisen, daß auch im alten Dorf bewußte Formen der Vergesellschaftung bestanden haben, so darf der heutige Zustand nicht einfach unter dem Gesichtswinkel des Fortschritts von der Gemeinschaft zur Gesellschaft gesehen werden. Wir verweisen hier auf die ausgezeichneten Ausführungen von Linde, der ein Grundschema des deutschen Dorfes der Vergangenheit entwirft, das die Vorstellung von einer „unbewußten Gemeinschaft des ganzen Dorfes" als einen historischen Irrtum enthüllt[35]. Auch er betrachtet die kooperative Bauernschaft als den ältesten Inhalt des Dorfzusammenhanges, die allerdings aus der Entwicklung des Mittelalters in mannigfacher Abstufung nach Besitzgröße, Rechtsstellung und Wirtschaftsweise hervorgeht. Vor der Industrialisierung aber bildete sich in den deutschen Dörfern bereits eine halb- und unterbäuerliche Schicht heraus, die sich aus der arbeitswirtschaftlichen Bindung an die größeren Höfe emanzipierte. Möglich war dieser Vorgang durch die Aufnahme nichtlandwirtschaftlichen Erwerbs und die Sicherstellung einer wenn auch kümmerlichen Nahrung durch die Einführung des Kartoffelbaus. Es bestanden also an der Schwelle der Industrialisierung bereits zwei deutlich geschiedene Schichten. Linde weist nach, daß z. B. die Prozesse der Familienbildung und der Nachbarschaftsbildung, zwei zentrale Akte dörflicher Gemeinschaftsbildung, in diesen beiden Schichten völlig getrennt verlaufen, womit die Vorstellung einer das ganze Dorf umfassenden Gemeinschaft weitgehend hinfällig wird, wie oft schon hervorgehoben worden ist.

Die soziale Differenzierung des deutschen Dorfes ist also keineswegs so jungen Datums, wie häufig angenommen wird. Es ist hier eine seit langem wirksame Entwicklung festzustellen, von der auch der bäuerliche Kern der Dörfer nicht unberührt geblieben ist. Die Mehrzahl unserer ländlichen Gemeinden stellt sich daher heute als ein Sozialgefüge dar, das drei Kategorien der Bevölkerung umfaßt, die zumindest beruflich stark voneinander geschieden sind. Der bäuerlichen Bevölkerung steht die im gewerblichen Sektor tätige Bevölkerung gegenüber, von der ein Teil noch in der Form des landwirtschaftlichen Nebenerwerbs Bindungen an den Boden hat, während ein anderer praktisch völlig ohne diese Bindungen ist[36]. Es kann an dieser Stelle nicht weiter auf die Problematik der einzelnen Gruppen eingegangen werden[37]. In diesen Gemeindemischtypen überschneiden sich also schon von der Struktur her Einflüsse von Landwirtschaft und Industrie. Hinzu kommt, daß vielfach die Einflüsse der Stadt durch die Pendelwanderung wirksam werden und daß sich auch ein Teil der Freizeit in die Stadt verlagert hat.

Aus diesen Gegebenheiten resultiert, daß die ländliche Gemeindeforschung heute auf weiten Strecken zu einer Erforschung der Stadt-Land-Beziehungen geworden ist. Das deuten schon die Namen der meisten Dorfuntersuchungen an, die in den letzten Jahren im deutschen Sprachgebiet durchgeführt worden sind[38]. Die Mehrzahl dieser Untersuchungen zeigt, daß die Unterschiede zwischen Stadt und Land weitgehend verwischt worden sind. Daraus darf aber keineswegs ein Umformungsprozeß im Hinblick auf eine nivellierende und durchgehende Verstädterung abgeleitet werden. Vielmehr hat sich gezeigt, daß der einfache Gegensatz Stadt-Land zur Beschreibung vieler Phänomene nicht mehr ausreicht. In den verschiedenen Gemeindetypen des ländlichen Raumes haben sich Sozialformen herausgebildet, die für ihre exakte Definition neue Kategorien erfordern. Abel hat auf Grund der Ergebnisse einer Reihe von Untersuchungen der Forschungsgesellschaft für Agrarpolitik und Agrarsoziologie ausdrücklich verneint, daß das Dorf zu einer städtischen Filiale werden müsse und daß ihm keine Chance zur Entwicklung einer eigenständigen Lebensform mehr verbliebe[39]. Das vorliegende Material an empirischen Untersuchungen reicht aber noch keineswegs aus, um zu bestimmen, welche Mannigfaltigkeit der Formen bereits entstanden ist und in welcher Richtung die Entwicklung weitergeht. Der „Prozeß der Landverwandlung" (Abel) bringt eine Reihe von Schwierigkeiten mit sich, die zu erheblichen Spannungen im Sozialgefüge unserer Landgemeinden führen. Im Prinzip handelt es sich nach unserer Auffassung um einen fortschreitenden Differenzierungsprozeß. Es ist außerordentlich aufschlußreich, daß Spannungen gerade dort am stärksten auftreten, wo dieser Differenzierungsprozeß zwischen landwirtschaftlicher Bevölkerung und gewerblich-industrieller Bevölkerung noch nicht weit genug fortgeschritten ist. Es gibt aber genug Beispiele dafür, daß sich in Dörfern mit beruflicher Differenzierung integrierte Gesellschaften herausbilden, die gerade, weil sie eine Vielzahl sozialer Funktionskreise umfassen, dem Typus der globalen Gesellschaft am nächsten kommen.

Es muß davor gewarnt werden, in der ländlichen Gemeindeforschung an das Untersuchungsobjekt mit vorgefaßter Meinung heranzugehen und den augenblicklichen Zustand an überholten Leitbildern messen zu wollen. Wenn eine Hypothese gestattet ist, dann die, daß die Dinge überall in Bewegung geraten sind und daß die Verhältnisse auf dem Lande in ihrer Art genauso dynamisch sind wie in der Stadt. Letzten Endes gipfelt die ländliche Sozialforschung in dem Versuch einer Typologie der Gemeinden. Diese Aufgabe ist jedoch immer wieder neu gestellt, und eine einmal aufgestellte Typologie muß immer wieder an konkretem Forschungsmaterial überprüft werden, um jeweils neue, der sozialen Wirklichkeit angepaßte Kategorien zu finden.

Anmerkungen

[1] *G. P. Hillery*, Definitions of Community: Areas of Agreement. In: Rural Sociology, Vol. 20, June 1955, S. 111 f.

[2] Vgl. *Sorokin, Zimmermann and Galpin*, A Systematic Source Book in Rural Sociology. Minneapolis 1930, S. 321.

[3] *R. König*, Die Gemeinde im Blickfeld der Soziologie. In: *H. Peters*, Handbuch der kommunalen Wissenschaft und Praxis, Berlin 1956, S. 20.

[4] *L. v. Wiese u. a.*, Das Dorf als soziales Gebilde, München 1928, S. 3.

[5] *C. M. Arensberg*, Ergebnisse der deutschen Gemeindestudie im internationalen Vergleich. In: *G. Wurzbacher*, Das Dorf im Spannungsfeld industrieller Entwicklung, Stuttgart 1954. S. 291.

[6] Vgl. *G. Weippert*, Grundfragen der ländlichen Soziologie. In: Deutsche Siedlungs- und Wohnungspolitik. Festschrift zum 25jährigen Bestehen d. Instituts f. Wohnungs- und Siedlungswesen der Universität Münster, Köln-Braunsfeld, S. 187.

[7] *H. Linde*, Zur sozialökonomischen Situation des deutschen Dorfes. In: Das Dorf. Gestalt und Aufgaben ländlichen Zusammenlebens. Heft 2 der Schriftenreihe für ländl. Sozialfragen, Hannover 1954, S. 10 f.

[8] Vgl. dazu *H. Kötter*, Der Einfluß der sozialen und wirtschaftlichen Differenzierung der Landbevölkerung auf die Landbewirtschaftung. In: Dorfuntersuchungen. 162. Sonderheft der Ber. üb. Landwirtschaft, Hamburg 1955, S. 23 ff.

[9] *S. Groth*, Über den Grund der sozialen Ordnung. Als Manuskr. verv., Frankfurt 1954.

[10] Vgl. dazu *L. v. Wiese*, a. a. O., S. 2: „Mensch-Ding-Beziehungen gehören nicht zu dem Aufgabengebiet der Gesellschaftslehre."

[11] *W. Brepohl*, Art. Sozialökologie. In: Handwörterbuch der Soziologie, Stuttgart 1955, S. 479.

[12] *G. Weippert*, a. a. O., S. 190.

[13] *O. Spengler*, Untergang des Abendlandes, zitiert nach *L. v. Wiese*, a. a. O., S. 5.

[14] *G. Weippert*, a. a. O., S. 193.

[15] *W. Abel*, Stadt-Land-Beziehungen. In: Dorfuntersuchungen. 162. Sonderheft d. Ber. üb. Landw., Hamburg 1955, S. 10.

[16] *H. v. Kleist*, Über das Marionettentheater.

[17] *H. Kötter*, Agrarsoziologie. In: *Gehlen-Schelsky*, Lehr- u. Handbuch zur modernen Gesellschaftskunde, Düsseldorf 1955, S. 221. Wir dürfen hier noch hinzufügen, daß an der erwähnten Stelle die Landfamilie und nicht die bäuerliche Familie speziell apostrophiert worden ist.

[18] *H. Bobek*, Bemerkungen zur Entwicklung von Gemeindetypen in Österreich. In: Beiträge zur Ermittlung von Gemeindetypen. Schriftenreihe der Österr. Gesellschaft f. Bodenforschung und Landesplanung. Klagenfurt 1955, S. 17.

[19] *R. König*, a. a. O., S. 23.

[20] *R. König*, a. a. O., S. 37.

[21] *H. Bobek*, a. a. O., S. 19.

[22] *R. Gradmann*, Siedlungsgeographie des Königreichs Württemberg. Stuttgart 1914.
[23] *P. Hesse*, Grundprobleme der Agrarverfassung. Stuttgart 1949, S. 22.
[24] *P. Hesse*, a. a. O., S. 21.
[25] *P. Hesse*, Über die Typologie des Raums. In: Bericht zur deutschen Landeskunde, Stuttgart 1950, 9. Bd., S. 41.
[26] Vgl. dazu *H. Bobek*, a. a. O., S. 18.
[27] Vgl. dazu *H. Linde*, Grundfragen der Gemeindetypisierung. In: Raum und Wirtschaft, Bd. III, Bremen 1952, S. 66 ff.
[28] Vgl. *M. Schwind*, Typisierung d. Gemeinden nach ihrer sozialen Struktur als geographische Aufgabe. In: Berichte zur deutschen Landeskunde, Stuttgart 1950, Bd. 8 und *H. A. Finke*, Soziale Gemeindetypen. In: Geographisches Taschenbuch, Remagen 1953, S. 509 f.
[29] *H. Linde*, Niedersachsen — Gemeindetypen. Karte 1 : 500 000 mit Erläuterungen, Hannover 1952.
[30] *H. Bobek*, a. a. O., S. 31.
[31] *R. König*, a. a. O., S. 37.
[32] *G. Weippert*, a. a. O., S. 193.
[33] Vgl. dazu *H. Tenhumberg*, Grundzüge im soziologischen Bild des westdeutschen Dorfes. In: Schriftenreihe für ländliche Sozialfragen. Heft 7, Hannover 1952, passim.
Ferner *G. Ipsen*, Das Landvolk. Ein soziologischer Versuch. Hamburg 1933, S. 28. „Das Dorf ist eine Gruppe von Gleichen. Jeder einzelne lebt den vollen Gehalt des gemeinsamen Lebens in gleicher Weise eingeteilt und ungebrochen in unmittelbarstem Zusammenhang mit jedem anderen ... Soweit Unterschiede bestehen, sind sie solche der Steigerung und nicht der Qualität."
[34] *H. Linde*, Zur sozialökonomischen Struktur und soziologischen Situation des westdeutschen Dorfes. In: Schriftenreihe f. ländl. Sozialfragen. Heft 2, Hannover 1954, S. 6.
[35] *H. Linde*, a. a. O., passim.
[36] In diesem Zusammenhang muß ferner auf die Flüchtlinge verwiesen werden, deren Assimilation in den Landgemeinden mit besonderen Schwierigkeiten verbunden ist und die häufig heute noch einen vierten Bevölkerungsteil darstellen.
[37] Vgl. *H. Kötter*, Struktur und Funktion von Landgemeinden im Einflußbereich einer deutschen Mittelstadt, Darmstadt 1952, S. 79 ff.
[38] Vgl. dazu *G. Wurzbacher*, Das Dorf im Spannungsfeld industrieller Entwicklung, Stuttgart 1954; *H. Beck*, Der Kulturzusammenstoß zwischen Stadt und Land in einer Vorortgemeinde, Zürich 1952; *W. Abel*, Stadt-Land-Beziehungen. In: Dorfuntersuchungen. 162. Sonderheft d. Ber. üb. Landwirtschaft, Hamburg 1955. Ferner die Hinterlandmonographien der Darmstädter Gemeindestudie, Darmstadt 1952.
[39] *W. Abel*, a. a. O., S. 21 f.

III. Teil: Aus dem Leben der Forschung

SOZIALE VERÄNDERUNGEN IN DEN FINNISCHEN SCHÄREN

Von Knut Pipping

Einleitung

Schon in den ersten Nachkriegsjahren, 1946 und 1947, hegte ich Pläne für eine soziologische Untersuchung in dem Insel-Archipel SW-Finnlands. Allerdings waren zu dieser Zeit meine Pläne noch recht vage; ich wußte nur, daß ich das Leben dieser Insulaner besser kennenlernen wollte als bisher. Schon als kleiner Junge wohnte ich während der Semesterferien in den Schären, und die Eindrücke, die ich dadurch und durch spätere Segeltouren in dem Archipel von der Bevölkerung und ihrer Lebensweise erhalten hatte, reizten mich und erregten meine Neugier.

Als ich Ende 1952 nach längeren Studien und Forschungen im Ausland nach Finnland zurückkehrte, hatten meine Pläne etwas konkretere Gestalt gewonnen. Ich beschloß, eine Gemeindeuntersuchung von den von mir als repräsentativ betrachteten Gemeinden Kumlinge und Brändö zu machen und diese durch bereits vorhandenes, hauptsächlich statistisches und ethnologisches Material von den übrigen Inselgemeinden SW-Finnlands zu ergänzen. Dank mehrerer Forschungsstipendien konnte ich von Mitte Juni bis Anfang August 1953 und von Anfang Juni 1954 bis Anfang September 1955, d. h. insgesamt siebzehn Monate, in Kumlinge und Brändö weilen.

Als theoretischer Ausgangspunkt für meine Forschungen diente u. a. Ogburns bekannte Theorie vom *cultural lag*. Diese besagt, wie bekannt, daß „the various parts of modern culture are not changing at the same rate, some parts are changing much more rapidly than others; and that since there is a correlation and interdependence of parts, a rapid change in one part of our culture requires readjustments through other changes in the various correlated parts of culture ... Where one part of culture changes first, through some discovery or invention, and occasions changes in some part of culture dependent upon it, there frequently is a delay in the changes occasioned in the dependent part of culture. The extent of this lag will vary according to the nature of the cultural material, but may exist for a considerable number of years, during which time there may be said to be a maladjustment. It is desirable to reduce the period of maladjustment, to make the cultural adjustments as quickly as possible". *

Ich wußte nämlich, daß in vielen, wenn nicht in allen Dörfern die Bedeutung des Ackerbaus in den letzten Jahrzehnten zugenommen und die Rolle der Fischerei stark abgenommen hatte. So konnte ich vermuten, daß sich eine Untersuchung des Zusammenhangs dieser Veränderungen in der Wirtschaftsstruktur und in der materiellen Kultur mit etwaigen Veränderungen auf anderen Lebensgebieten als ergiebig zeigen konnte. Es dünkte mich, daß ich hier auf eine für die Nachprüfung von Ogburns Theorie sehr geeignete experimentelle Situation gestoßen war; deshalb richtete ich meine Untersuchungen auf das Studium der Probleme des *social change* aus.

Konkreter ausgedrückt würde dies bedeuten, daß ich zunächst die Wandlungen der Fischerei und des Ackerbaus sowie ihre Stellung innerhalb der Wirtschaftsstruktur dieser Gemeinden zu untersuchen hatte. Nach Ogburns Theorie sollen diese Veränderungen nach kurzer oder längerer Zeit von entsprechenden Wandlungen in der Sozialorganisation, im Verhalten und im Normsystem gefolgt werden, und in der Zwischenperiode, d. h. ehe sich die sozialen Veränderungen den technischen Veränderungen angeglichen hatten, sollten verschiedene Zeichen von Fehlanpassung auftreten.

In der folgenden Darstellung will ich den Zusammenhang zwischen einigen Veränderungen in der technischen Kultur mit einigen Veränderungen in der Sozialorganisation untersuchen. Da aber die Bearbeitung meines Materials bei weitem noch nicht abgeschlossen ist, kann dieser Aufsatz zwangsläufig nur einen unvollständigen Vorbericht über einen Teil der Ergebnisse, und somit auch noch keine endgültige Prüfung von Ogburns Theorie darstellen.

Die Fischerei

Die Gemeinden Kumlinge und Brändö bestehen aus mehreren hundert Inseln von sehr verschiedener Größe (siehe Abb. 1). Die kleinsten sind nur kahle Felsen in der See, die größten, wie die Insel Kumlinge und Seglinge, umfassen etwa 20 km²; zwischen diesen Extremen finden wir alle Größen vertreten. Von den ungefähr 1200 km², die den Gemeinden Kumlinge und Brändö gehören, sind nur 191 km², oder 16 %, Land, der Rest ist Wasser. Der Anteil des Wassers an der Gesamtoberfläche ist früher sogar noch größer gewesen. Mangels genauer Messungen ist es aber nicht möglich zu entscheiden, wieviel diese Inseln durch die Landerhöhung in den letzten Jahrhunderten gewachsen sind; es ist aber jedenfalls klar, daß sich die Topographie dieser Gegend stark verändert hat, seitdem sich die ersten Siedler im 11. oder 12. Jahrhundert dort niederließen.

* *W. F. Ogburn*, Social Change. New Edition, The Viking Press, New York 1952, S. 200—201.

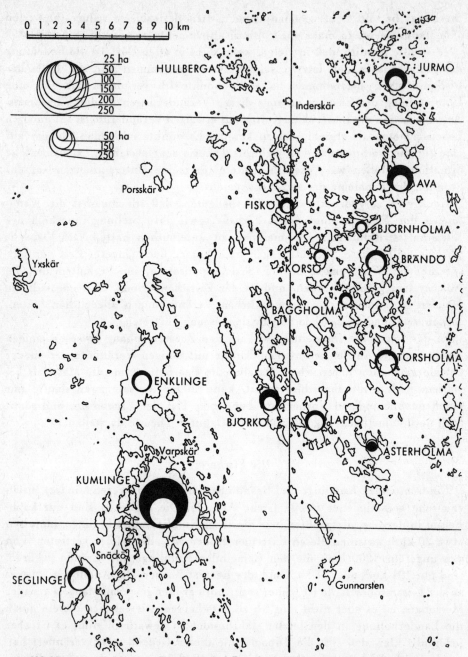

Abbildung 1: Ackerland in Kumlinge und Brändö in 1910 (weiß) und 1950 (schwarz). Weil die Kreise zu klein würden, wenn sie in demselben Maßstab gezeichnet werden wie die Karte (unterer Maßstab), sind sie in vierfachem Maßstab gezeichnet worden (oberer Maßstab).

Heute gibt es in den zwei Gemeinden fünfzehn Dörfer, die alle spätestens im 16. Jahrhundert gegründet wurden. Ethnographische und philologische Daten zeigen, daß sie höchstwahrscheinlich vom åländischen Festland aus besiedelt wurden, ausgenommen vielleicht die Dörfer im NW von Brändö, die von Finnen aus der Gegend von Nystad haben kolonisiert werden können.

Die ersten Siedler waren selbstverständlich Fischer und Robbenjäger, und bis in die jüngste Zeit hat die Fischerei ihre Stellung als Hauptgewerbe der Insulaner bewahrt. Ob Ackerbau überhaupt schon im Mittelalter in dieser Gegend getrieben wurde, ist nicht klar; aber im 16. Jahrhundert, aus welcher Zeit die ältesten Grundbücher und Steuerregister stammen, gab es in allen Dörfern wenigstens einige, die neben der Fischerei auch Ackerbau trieben. Der Ackerbau entwickelte sich aber sehr langsam und blieb, wie unten näher gezeigt werden soll, bis heute nur ein Nebengewerbe.

Wegen ihrer großen Bedeutung wurden schon in den ältesten Zeiten Fischfang und Jagd gesetzlich geregelt. Schon in den alten schwedischen Landschaftsgesetzen finden wir Bestimmungen über Jagd- und Fischrecht, die ihrerseits auf noch ältere Bräuche zurückgeführt werden können. Die Vorschriften, die in diesen Gegenden die Fischerei reguliert haben, sind somit immer weitgehend Anwendungen des bestehenden Rechtes gewesen; daher kommt es, daß wir in den einzelnen Dörfern nur kleine, von den lokalen Verhältnissen bedingte Unterschiede finden.

Das Fischwasser gehörte und gehört meistens noch dem ganzen Dorfe, d. h. den Bauern, die einen Anteil an der Dorfflur besitzen. Wie früher die Flur, ist auch das Fischwasser in den meisten Dörfern zwischen den Besitzern nicht permanent aufgeteilt, sondern jeder Teilhaber hat nur für eine bestimmte Periode Nutzrecht an einem so großen Wassergebiet, wie sein Anteil am Dorf bedingt. Das ganze Wassergebiet des Dorfes wird somit in ebensoviele Teile aufgeteilt, wie es Höfe gibt, und jedem Bauern wird das Nutzrecht an einem Teil zugeteilt, meistens für ein Jahr (von März bis März). So hat jeder Teilhaber die Möglichkeit, im Laufe einiger Jahre das ganze Fischwasser des Dorfes zu befischen und im gleichen Umfang wie alle anderen Teilhaber die besten und am nächsten gelegenen Reviere auszunutzen.

In ähnlicher Weise, aber unabhängig von dieser Einteilung, die nur den Schuppenfisch, wie Barsch, Hecht, Muräne, Aalquappe, Rohrkarpfen usw. betrifft, werden auch die Heringsplätze verteilt. Seit sehr langer Zeit, bis etwa 1870, wurde der Hering im Sommer meist mit dem Zugnetz gefangen. Mit diesen großen Netzen, an denen mehrere Bauern beteiligt waren und die von einer Mannschaft von sechs bis zehn Mann gehandhabt wurden, wurde auf solchen Plätzen gefischt, wo der Meeresboden dazu geeignet war. In vielen Dörfern gab es mehrere solche Netzgesellschaften, aber nur eine recht beschränkte Zahl von

Fangplätzen, deshalb wechselten die Netzgesellschaften jeden Tag den Platz, um der Reihe nach jeder Gesellschaft Gelegenheit zu geben, alle Zugfangplätze des Dorfes auszunutzen. Als in den Jahren 1860—70 die Sommerzugnetze aus Gebrauch kamen und durch die praktischeren und wirksameren *krokskötar* (eine Art von Kiemennetz) ersetzt wurden, begann man die neuen *kroksköts*-Plätze in ähnlicher Weise zu verteilen. Alle Heringsgründe des Dorfes wurden in ebensoviele Gruppen aufgeteilt, wie es Teilhaber am Fischwasser gab, und das Nutzrecht an ihnen wechselte jeden Abend, so daß jeder Teilhaber im Laufe einiger Tage alle Heringsgründe ausnützen konnte, und zwar unabhängig davon, innerhalb welchen Schuppenfischwassers die Gründe lagen.

Die Heringsfischerei mit *krokskötar* geschah in den Sommermonaten, von Ende Mai bis zur Beginn der Heuernte, womit im allgemeinen Anfang Juli begonnen wird. Da aber alle Dörfer nicht genug passende Plätze besaßen, zogen es viele vor, reiche Heringsgründe außerhalb ihres Heimatdorfes aufzusuchen. Einige begaben sich nach Eckerö auf die Westküste Ålands, andere nach Pargas oder Nagu oder nach den Gewässern um Hangö, d. h. nach ziemlich weit von ihrer Heimat entfernten Gegenden. Um in diesen fremden Gewässern fischen zu dürfen, mußten sie an den Eigentümer Pacht zahlen, meistens in Natura: jeder vierte oder fünfte Fisch.

Nach der Ernte, im August oder September, begann die Herbstfischerei. Da zu dieser Jahreszeit der Hering nur in den äußeren Gewässern zu fangen ist, mußte man zu den äußersten, unbewohnten kleinen Schären fahren. Auf mehreren solchen kleinen Inseln entstanden im Laufe der Jahrhunderte kleine Siedlungen, die nur in diesen Monaten bewohnt waren. Die Bauern aus den Dörfern, denen diese Schären gehörten, bauten dort kleine Hütten, meistens so, daß zwei Bauern, die zusammen zu fischen pflegten, gemeinsam eine Hütte unterhielten. Fremde Fischer konnten mit den Eigentümern Absprachen über die Benutzung dieser Hütten treffen. Bis zum Anfang dieses Jahrhunderts war es üblich, daß Fischer aus dem Archipel Åbos in den Herbstmonaten nach den Schären in NW-Brändö fuhren, um dort Herbsthering zu fischen. Wie bei der Sommerfischerei galt es, in der kurzen Saison so viel wie möglich zu fischen; um den Jahresunterhalt für eine Familie zu verdienen, mußte man im Durchschnitt 20 bis 30 Fässer (2400 bis 3600 kg) fangen und einsalzen.

Den Salzhering verkaufte man im 17. und 18. Jahrhundert hauptsächlich in Stockholm oder auf den Jahrmärkten in den Kleinstädten an der Ostküste Schwedens. Im 19. Jahrhundert nahm dieser Verkehr ab, und bis 1914 ging der größte Teil dieses Exports nach Reval, Baltischport und anderen Orten im Baltikum. Meistens verfrachteten die Fischer selbst ihren Hering mit ihren kleinen Booten nach dem Baltikum und brachten Mehl, Kaffee, Zucker, Tabak, Hanf und was sie sonst brauchten, zurück. Aber es kam auch vor, daß baltische oder finnische Schiffer von Dorf zu Dorf fuhren und an Ort und Stelle Mehl und andere Waren gegen Salzheringe tauschten. Ein nicht unbedeutender Teil des Herings wurde auch nach den Städten und Rittergütern SW-Finnlands verkauft; einige von den größeren Gütern in der Umgebung von Åbo hatten sogar Verabredungen mit den Åländern über jährliche Heringslieferungen, die sie brauchten, solange das Deputatsystem in Kraft war.

Im Jahre 1914, als die Ostsee vermint wurde, hörte der Heringsexport nach dem Baltikum plötzlich auf. Die Bevölkerung des ganzen Archipels hatte darunter zu leiden, und ganz besonders die Einwohner von Kökar, die zu dieser Zeit noch überhaupt keinen Ackerbau trieben. Nach Ende des ersten Weltkrieges wurde die Lage etwas besser, aber im großen und ganzen blieb der baltische Markt geschlossen. Zur gleichen Zeit nahm auch die Nachfrage auf dem finnischen Markt ab, teils weil die Landgüter vom Natural- zum Geldlohn übergingen, teils weil die zunehmende Motorisierung der Fischerflotte es möglich machte, frischen Hering an die Verbrauchsorte zu bringen.

Bis etwa 1925 benutzte man ausschließlich Segelboote bei der Fischerei und beim Fischtransport. Die ersten Motoren kamen zwar schon vor dem ersten Weltkrieg in Gebrauch, aber es dauerte noch etwa zehn Jahre, ehe die ganze Fischerflotte motorisiert war. Nun erst wurde es überhaupt möglich, den Hering gleich nach dem Aufziehen der Netze von den Fangplätzen zu den kleinen Dampfern zu schaffen, die zwischen Mariehamn und Åbo fuhren, und ihn frisch in die Stadt zu bringen. Dank diesem Nachschub an frischem Fisch brauchten die Stadtbewohner nicht mehr länger Wintervorräte von Salzhering einzukaufen, und seitdem hat die Nachfrage jedes Jahr abgenommen. Eine Ausnahme bildeten nur die Kriegsjahre 1940—45, in denen die Heringsfischerei eine plötzliche Hochkonjunktur erlebte. Der Mangel an Lebensmitteln und an Brennstoff für die Motoren zwang den Konsumenten, wieder Salzhering zu essen.

Etwas früher, bevor die Motoren in Gebrauch kamen, hatte man begonnen, fertige Heringsnetze zu kaufen, statt sie wie früher zu Hause zu knüpfen. Diese Veränderung, wie der Übergang zu Motoren, hatte zur Folge, daß erstens die direkten Ausgaben für die Fischerei stiegen, und daß zweitens weniger Arbeitskräfte benötigt wurden. Zwar wurde durch diese technischen Verbesserungen viel Zeit und Mühe gespart; aber andererseits war die Fischerei nun in viel höherem Grade als früher eine Geldfrage geworden, was ihre Natur im Grunde veränderte. Dazu trugen auch die veränderten Verhältnisse auf dem Heringsmarkt bei, die einen neuen und sehr bedeutsamen Unsicherheitsfaktor eingeführt hatten. Der Preis von Salzhering war im großen und ganzen stabil, aber der Preis für frischen Hering der in hohem Maß vom Angebot abhängig ist, wechselte von Tag zu Tag; wenn viel Hering gefangen wird, ist der Preis so niedrig, daß sich für viele Fischer die Heringsfischerei gar nicht lohnt, weil sowohl die direkten Unkosten — Boote, Motoren, Netze, Brennstoff — wie die indirekten Betriebskosten — Zeitverlust — im Verhältnis zum möglichen Verdienst zu hoch sind. Da auch der Ackerbau mehr und mehr Zeit wie Interesse absorbiert, hat die Heringsfischerei im Sommer und Herbst so stark abgenommen, daß in einigen Dörfern, z. B. Kumlinge und Åva, überhaupt keine Konkurrenz um die Fangplätze mehr besteht. Somit hat es auch keinen Sinn, an dem alten System des täglichen Wechsels der Fangplätze festzuhalten, wie es auch in diesen Dörfern geschehen ist. Auch die Benutzung der äußeren Heringswasser hat so stark abgenommen, daß die meisten Schären, die früher als Herbstfangplätze benutzt wurden, heute verlassen sind.

An sich hätte man nun erwarten können, daß die Motorisierung der Fischerflotte einen *lag* zwischen technischer und sozialer Entwicklung mit vielen daraus folgenden Anpassungsproblemen hätte hervorrufen müssen. Dies ist aber nicht geschehen, weil andere Umstände die Bedeutung der Fischerei im allgemeinen derart vermindert haben, daß die alte Organisation ohne Störungen hat sterben können.

Die gesteigerte Nachfrage nach frischem Hering hat zwar eine starke Abnahme der Sommer- und Herbstfischerei verursacht, hat aber gleichzeitig eine andere Art von Heringsfischerei ins Leben gerufen, nämlich das Fischen mit Zugnetz unter dem Eis. Diese Art von Fischerei, die an sich im Norden sehr alt ist und in einigen Gegenden immer getrieben worden ist, wurde in Kumlinge während des ersten Weltkrieges in Gebrauch genommen. Nach dem Ende des Krieges hörte man wieder damit auf, aber während des letzten Krieges fing man wiederum damit an und geht seitdem jeden Winter unter dem Eis fischen.

Die Organisation dieser Fischerei ist im wesentlichen dieselbe wie bei der alten Zugnetzfischerei, und zwar mit dem Unterschied, daß es in den meisten Dörfern nur eine Winterzugnetzgesellschaft gibt, weshalb kein Wechsel der Fangplätze nötig ist. Auch ist insofern eine Veränderung eingetreten, als heute alle Dörfler Teilhaber an den Netzgesellschaften sein können, weil der Unterschied zwischen Bauern und Kätnern (die ja keine Teilhaber am Fischwasser waren) weitgehend beseitigt ist.

Bezüglich der Schuppenfischwasser hat eine ähnliche Entwicklung stattgefunden. Im Dorf Kumlinge beschlossen die Bauern im Jahre 1927, die Schuppenfischwasser für zehn Jahre „stehen bleiben" zu lassen, d. h. der nächste Wechsel sollte erst nach zehn Jahren gemacht werden. Dies hat dazu geführt, daß heute viele nicht mehr wissen, wie die Wassergrenzen gehen, und daß man sich auch nicht mehr an sie hält. In einigen anderen Dörfern dagegen bewachen die Nutzrechtinhaber streng ihre Gewässer; es scheint, als ob dies vor allem in den Dörfern der Fall ist, wo die Fischerei noch von ziemlich großer Bedeutung ist.

In Jurmo z. B., eines der ausgeprägtesten Fischerdörfer, hat man im Winter 1953 das Wasser vom Landmesser permanent aufteilen lassen und hält sehr streng auf die Einhaltung der Grenzen.

Überhaupt wird recht viel über die Vor- und Nachteile des „stehenden Wassers" gesprochen. Die Argumente, die am häufigsten gegen den jährlichen Wechsel angeführt werden, sind, daß er die Raubfischerei ermuntert und die Fischzucht erschwert. Wenn die Fischwasser jedes Jahr wechseln, versuchen die meisten, so viel wie möglich aus dem Wasser zu holen, ohne an den Nachwuchs des Fischstammes zu denken. Wenn einer versucht, Fischzucht zu treiben, wird das Wasser von den anderen doch leergefischt, ehe das Nutzrecht wieder an ihn fällt. Eine Ursache dafür ist, daß man heute, d. h. seit etwa dreißig Jahren, beim Hechtfang nicht mehr länger Reusen, sondern Schleppangeln verwendet, was die Motorisierung der Fischerei ermöglichte. Statt wie früher die stationären Reusen ein- oder zweimal in der Woche zu leeren, fährt man nunmehr mit dem Motorboot bei günstigem Wetter stundenlang mit der Schleppangel, wobei die Versuchung, auch benachbarte Fischwasser zu besuchen, groß ist. Und das insbesondere darum, weil der Nachbar sein Wasser nur dann beaufsichtigen kann, wenn er selbst an Ort und Stelle ist.

Diese Entwicklung konnte bedeuten, daß die technischen Neuerungen, wie Motorboote, Schleppangel und Fischzucht, die alte Organisationsform unzweckmäßig gemacht hatten und daß hier ein *lag* auftreten mußte, der Reibungen verursachen und eine Revision der alten Bestimmungen hervorrufen mußte. Zum Teil mag dies auch der Fall sein. Aber bei dieser Wandlung haben auch andere Faktoren mitgewirkt, und einer davon — vielleicht der wichtigste — ist die allgemeine Abnahme des Interesses an der Fischerei. Das Fischen mit Schleppangel z. B. verlangt mehr Zeit als das Fischen mit Reusen, die man besichtigen und leeren konnte, wenn man von anderen Arbeiten frei war und dazu Zeit hatte. Wenn man mit der Schleppangel etwas fangen will, muß man sich nach dem Wetter richten und fahren, selbst wenn es mit Rücksicht auf andere Arbeiten nicht so gut paßt. Die alte Methode ließ sich somit besser, z. B. mit dem Ackerbau, vereinen, und wo sie nicht länger gangbar ist, haben viele, die mehr an Ackerbau als an die Fischerei denken, den Hechtfang beinahe völlig aufgegeben. Somit hat das Interesse an den Schuppenfischwässern abgenommen zu gleicher Zeit, wie die Überwachung der Wassergrenzen schwieriger geworden ist.

Landwirtschaft

Der stark zersplitterte, harte Lehmboden dieser Inseln ist für den Ackerbau nicht gut geeignet. Trotzdem ist dort sicher seit dem Spätmittelalter Ackerbau betrieben worden, wenn auch nur als eine Art Nebengewerbe. Daß seine Leistungsfähigkeit sehr niedrig war, ersieht man z. B. daraus, daß bis in die jüngste Zeit hinein fast alle Haushaltungen Mehl kaufen mußten; der im Jahre 1907 eröffnete kooperative Laden in Kumlinge mußte noch in den zwanziger Jahren jeden Herbst mehrere Tonnen Mehl einführen, um dem Winterbedarf des Dorfes genügen zu können. Dank den in den letzten Jahrzehnten eingeführten Neuerungen sind jedoch die Verhältnisse heute derart verändert, daß im Jahre 1954 aus dem Dorf Kumlinge 36 Tonnen Weizen ausgeführt werden konnten.

Die Wandlungen des Ackerbaus sind von zweierlei Natur. Zunächst hat sein Umfang beträchtlich zugenommen; dann aber ist der frühere extensive, nur auf Produktion für den eigenen Bedarf eingerichtete Ackerbau von einem intensiven, marktorientierten System ersetzt worden. Eine grobe Schätzung der relativen Zunahme des Ackerbaus bietet uns der folgende Vergleich zwischen der Gesamtzahl der Haushaltungen und der Anzahl der Bauernhöfe: Im Jahre 1900 gab es in Kumlinge insgesamt 233 Haushaltungen und 89 Bauernhöfe, was bedeuten kann, daß 62 % der Haushaltungen keinen Ackerbau trieben, d. h. hauptsächlich von der Fischerei lebten. In Brändö waren die entsprechenden Zahlen in demselben Jahr: 228 Haushaltungen und 102 Höfe; d. h. 55 % der Haushaltungen hatten keinen eigenen Acker, sondern lebten von der Fischerei. Fünfzig Jahre später betrug die Anzahl der Haushaltungen in Kumlinge 197 und die Zahl der Höfe 165, in Brändö 214 bzw. 195, was bedeutet, daß im Jahre 1950 in Kumlinge nur 16 %, in Brändö nur 9 % der Haushaltungen kein eigenes Ackerland besaßen.

Diese Zahlen stellen aber nur eine grobe Schätzung dar. Ihr liegt die Annahme zugrunde, daß jeder Bauernhof nur eine Haushaltung ernährte, was sicher nicht immer der Fall war. Es kam nämlich öfters vor, daß z. B. Vater und Sohn, zwei Brüder, oder der Bauer und sein Schwager zusammen den Hof bewirtschafteten, oder daß sie unter sich eine Aufteilung absprachen, oder daß der Bauer einen Teil seines Hofes verpachtete. Selbst wenn solche Anordnungen ziemlich permanent waren, wurden sie doch nicht immer in das Grundbuch eingetragen oder bei der Aufstellung der Landwirtschaftsstatistik berücksichtigt, sondern der ganze Hof wurde auf den Namen des formellen Besitzers gebucht. Deshalb muß man damit rechnen, daß besonders früher auf vielen Höfen mehrere Haushaltungen wohnten, weshalb angenommen werden muß, daß der Anteil derer, die über keinen Acker verfügten, in der Tat geringer war, als die obigen Zahlen zeigen.

Daß viele Höfe bis in die jüngste Zeit de facto, aber nicht formell zwischen mehreren Teilhabern aufgeteilt waren, hängt von vielen historischen Umständen ab, auf die hier nicht weiter eingegangen werden kann. Es genüge zu sagen.

daß der Staat bis zum Anfang des 20. Jahrhunderts eine recht strenge Kontrolle über die Bodenverteilung ausübte und aus verschiedenen Gründen eine allzu starke Zersplitterung der Höfe zu verhindern versuchte. Um seinen Hof teilen zu dürfen, mußte der Besitzer die Genehmigung der Obrigkeit einholen, und sie wurde nur dann erteilt, wenn nachgewiesen werden konnte, daß die einzelnen Teile eine Familie ernähren und die Steuern aufbringen konnten. Diese Bestimmungen wurden am Ende des 19. und zu Anfang des 20. Jahrhunderts schrittweise aufgelockert und im Jahre 1916 völlig aufgehoben.

Tabelle 1
Ackerfläche und Anzahl der Bauernhöfe in Kumlinge und Brändö 1910 und 1950

Dorf	1910			1950			Zunahme d. Ackers %
	Höfe	Acker ha	Acker per Hof	Höfe	Acker ha	Acker per Hof	
Björkö	8	16,00	2,00	20	36,63	1,83	+129
Enklinge	16	26,00	1,63	28	34,33	1,23	+ 32
Kumlinge	46	82,99	1,80	86	216,53	2,52	+161
Seglinge	19	34,35	1,81	31	53,06	1,71	+ 55
Kumlinge	*89*	*159,34*	*1,79*	*165*	*340,55*	*2,06*	*+114*
Asterholma	4	12,09	3,02	9	9,95	1,11	— 18
Baggholma	4	8,25	2,06	5	12,78	2,56	+ 55
Björnholma	4	9,25	2,31	11	13,85	1,26	+ 50
Brändö	10	27,00	2,70	23	37,32	1,62	+ 38
Fiskö, Porsskär, Hullberga	16	10,35	0,65	29	20,34	0,70	+ 97
Jurmo	18	20,30	1,13	33	42,77	1,30	+111
Korsö	7	12,00	1,71	13	15,42	1,19	+ 29
Lappo	11	26,08	2,37	23	35,73	1,55	+ 37
Torsholma	12	36,14	3,01	25	48,84	1,95	+ 35
Ava	16	24,95	1,56	24	62,24	2,59	+149
Brändö	*102*	*186,41*	*1,83*	*195*	*299,24*	*1,53*	*+ 61*
Insgesamt	*191*	*345,75*	*1,81*	*360*	*639,79*	*1,78*	*+ 85*

Quellen: Landwirtschaftserhebungen 1910 und 1950

Daß die von der neuen Gesetzgebung gewährten Möglichkeiten, neue Höfe zu bilden, von der Bevölkerung auch wirklich ausgenutzt wurden, zeigen allein die oben angeführten Zahlen. Aber eine Aufteilung der damaligen kleinen Bauernhöfe (die im Durchschnitt nur 1,81 ha Acker hatten!) hätte sie noch weniger leistungsfähig gemacht, wenn nicht zur gleichen Zeit durch Urbarmachung mehr Land beschafft werden konnte. Daß dies auch geschehen ist, ersehen wir aus Abb. 1 und Tabelle 1. In den Jahren 1910—50 haben in Kumlinge und Brändö die Höfe um 88 %, die Äcker um 85 % zugenommen. Die Zunahme des Ackerlandes ist in Kumlinge größer gewesen als in Brändö (114 % bzw. 61 %), was teilweise davon abhängt, daß es in Kumlinge, wo die Inseln größer sind als in Brändö, mehr anbaufähigen Grund gibt, und teilweise davon, daß das Dorf Kumlinge im Jahre 1949 einer durchgreifenden Flurbereinigung unterzogen wurde, was die Urbarmachung stark beförderte.

Die Unterschiede zwischen Kumlinge und Brändö treten bei einer Aufteilung der Höfe nach Größenklassen noch stärker hervor. Aus Tabelle 2 ersehen wir, daß in beiden Gemeinden im Jahre 1910 etwa drei Viertel der Höfe in die mittlere Größenklasse (ein bis drei ha Acker) fielen. 1950 dagegen war in Brändö die Anzahl der ganz kleinen Höfe (weniger als 1 ha Acker) viel stärker gestiegen als in Kumlinge, wo auch die Zahl der großen Höfe (mehr als drei ha) beträchtlich zugenommen hatte. Das Wesentliche hierbei ist aber nicht der Unterschied zwischen Kumlinge und Brändö (der zwar zu groß ist, um zufällig zu sein), sondern die Tatsache, daß sich die Streuung der Größen so stark verändert hat. Diese Veränderung ist ein Hinweis auf die Strukturwandlung der Landwirtschaft.

Tabelle 2
Prozentuale Verteilung der Höfe auf verschiedene Größenklassen, 1910 und 1950

Gemeinde		Ackerland (ha)				Summe	Anzahl
		0—0,9	1,0—2,9	3,0—4,9	5,0—6,9		
Kumlinge	1910	18	72	10	—	100	89
„	1950	35	42	16	7	100	165
Brändö	1910	14	70	15	1	100	102
„	1950	48	32	17	3	100	195
Beide	1910	16	71	13	—	100	191
„	1950	42	36	17	5	100	360

Die oben angeführten Zahlen bezeugen insofern eine Intensivierung der Landwirtschaft, als sie deutlich zeigen, daß ein wachsender Anteil der Bevölkerung in diesem Wirtschaftszweig beschäftigt worden ist. Die Zunahme der kleinen Höfe, die ja besonders in Brändö auffallend ist, kann (aber muß nicht) ebenfalls ein Zeichen der gleichen Tendenz sein. Es scheint nämlich unwahrscheinlich, daß man so viele neue, winzige Höfe gebildet hätte, wenn die Landwirtschaft so wenig einträglich geblieben wäre, wie es noch im Anfang dieses Jahrhunderts der Fall war. Deshalb dürfen wir vermuten, daß die neuen gesetzlichen Möglichkeiten, Höfe aufzuteilen, erst dann ausgenutzt wurden, als man sich neue, intensivere Methoden der Landwirtschaft angeeignet hatte.

Das alte, seit Jahrhunderten gebräuchliche System stellte eigentlich nur eine Zwischenform zwischen Ackerbau und Sammeln dar. Getreide, Kartoffeln und Gemüse wurden zwar gepflanzt; aber das Futter für das Vieh (Heu, Erlen- und Birkenzweige) wurde gesammelt. Von Landwirtschaftsprodukten erzeugte oder sammelte man nur soviel, wie man für den eigenen Bedarf brauchte, oder richtiger, so viel man konnte, ohne die Fischerei zu vernachlässigen, die ja das Geld einbrachte, das man für Steuern und einige Bedarfsartikel benötigte. Das Sammeln von Futter für das Vieh aus kleinen Hainen und auf natürlichen Wiesen war eine extensive Tätigkeit, die in dem damaligen Wirtschaftssystem eine sehr bedeutende Rolle spielte. Wie groß die relative Bedeutung dieser extensiven Tätigkeit war, geht z. B. daraus hervor, daß 1910 drei Viertel (Kumlinge 78 %, Brändö 67 %) des gesamten Kulturbodens (d. h. der Gesamtfläche von Äckern und natürlichen Wiesen) aus teilweise auf kleinen Inseln gelegenen natürlichen Wiesen bestand.

1950 war die Lage dagegen ganz anders. Der Umfang der extensiven Sammelwirtschaft hatte sich beträchtlich vermindert, indem der Anteil der natürlichen Wiesen am gesamten Kulturboden von drei Viertel auf ein Viertel abgesunken war (Kumlinge 28 %, Brändö 22 %). Dies war teils eine Folge davon, daß man das Mähen der natürlichen Wiesen eingeschränkt, teils davon, das man die am besten für Ackerbau geeigneten Wiesen unter den Pflug genommen hatte. Von der gesamten Wiesenfläche im Jahre 1910 waren — grob geschätzt — vierzig Jahre später etwa 30 % in Acker verwandelt und etwa 45 % nicht mehr verwendet. Nur ein Viertel der ehemaligen Wiesen wurde noch als solche benutzt.

Tabelle 3
Verwendung der Äcker 1910 und 1950, in Prozenten

Gemeinde	Getreide	Kartoffeln	Heu	Brache	Sonst.	Inges.
Kumlinge 1910	39	8	6	46	..	100 (= 159 ha)
„ 1950	33	5	54	..	8	100 (= 341 ha)
Brändö 1910	40	12	17	31	..	100 (= 186 ha)
„ 1950	42	8	45	..	5	100 (= 299 ha)
Beide 1910	40	10	12	38	..	100 (= 346 ha)
„ 1950	37	7	49	..	7	100 (= 640 ha)

Diese Veränderung ist bezeichnend für den Übergang von der alten Zweifelderwirtschaft zu moderneren Landwirtschaftsmethoden. Derselbe Prozeß wird noch deutlicher von Tabelle 3 beleuchtet, die zeigt, daß heute fast kein Acker mehr brach liegt und daß etwa die Hälfte des Ackerlandes mit Heu, d. h. Timothygras, Klee und anderen hochwertigen Futterpflanzen besät wird. Eine weitere Aufteilung nach Getreidearten würde ferner zeigen, daß man heute hauptsächlich Weizen und Hafer sowie Erbsen, Gurken, Zwiebeln, Futterrüben, in der allerletzten Zeit auch Raps pflanzt, statt wie früher fast ausschließlich Roggen und Hafer.

Gleichzeitig geht aus Tabelle 4 hervor, daß die Verminderung des Wiesenareals keinen Rückgang, sondern im Gegenteil eher eine Intensivierung der Viehzucht bedeutet. Die Zahl der Milchkühe ist zwar um ein weniges gesunken, aber die Gesamtzahl der Rinder (die allerdings immer verhältnismäßig groß gewesen ist) ist um 12 % gestiegen. Dies kommt daher, daß man sich auf Zucht von Schlachtkälbern und hochmilchenden Kühen eingerichtet hat. Der vielleicht deutlichste Hinweis auf diese Intensivierung ist aber die starke Abnahme der Schafe. Sowohl das Weiden wie das Sammeln von Winterfutter für sie sind zeitraubende, extensive Tätigkeiten, die sich nur in einem Naturalwirtschaftssystem lohnen; deshalb ist die Abnahme der Schafzucht eines der deutlichsten Zeichen für den Übergang vom alten zu einem neuen, intensiveren System der Landwirtschaft.

Mehrere Umstände haben zu diesen Veränderungen beigetragen. So wurden z. B. allerlei Maschinen in Gebrauch genommen, die effektivere Ackerbaumethoden ermöglichten oder den Bauern geradezu zum Übergang zu intensiveren Methoden zwangen. Zu diesen gehörten z. B. der Stahlpflug, der im

Tabelle 4
Zahl der Kühe und Schafe in Kumlinge und Brändö, 1910 und 1950, abs. Zahlen

Gemeinde	Milchkühe	Fersen u. Kälber	Rindvieh insges.	Schafe
Kumlinge 1910	418	182	600	2 118
„ 1950	349	375	724	1 244
Brändö 1910	456	264	720	2 025
„ 1950	478	272	750	1 411
Beide 1910	874	446	1 320	4 143
„ 1950	827	647	1 474	2 655

ersten Jahrzehnt dieses Jahrhunderts den hölzernen Häufelpflug ersetzte. Dank dieses neuen Geräts wurde es möglich, das Grasland zu pflügen, d. h. die Äcker das eine Jahr mit Gras, das folgende mit Getreide zu besäen, und von der alten Zweifelderwirtschaft loszukommen. Dazu gehört auch der Stacheldraht, der zu etwa derselben Zeit in Gebrauch kam, und von dem die russischen Truppen 1918 bei ihrem Wegzug von Åland große Mengen hinterließen, die gratis eingeholt werden konnten. Der praktisch unbegrenzte Nachschub an Stacheldraht machte es billig und bequem, Äcker und Wiesen einzuzäunen, was zur Konsequenz führte, daß man große Areale einhegte, die man früher wegen der Kostspieligkeit der alten hölzernen Zäune nicht hatte einzäunen können. Dies stimulierte wieder die Aufteilung der natürlichen Wiesen zwischen den Teilhabern, die sie früher gemäht hatten, und ermöglichte ihnen, ihre Teile in Äcker umzuwandeln. Auch die Mähmaschinen, die um das Jahr 1900 in Gebrauch kamen, gehören zu diesen Neuerungen. Sie sind allerdings für das Mähen von natürlichen Wiesen nicht geeignet, weil der Boden zu ungleich ist und weil es auch zuviel Mühe kostet, Maschinen und Pferde von einer kleinen Insel nach der anderen zu transportieren. Auf diese Weise beförderte auch die Einführung der Mähmaschine den Übergang von Natur- zu Kulturwiesen und somit den Übergang von der extensiven zur intensiven Landwirtschaft. Die Kenntnis von diesen Maschinen wurde teils durch die Zeitungen, teils durch die Schule, teils durch ambulierende Landwirtschaftskonsulenten, teils von aus USA und anderswo zurückgekehrten Emigranten verbreitet. In mehreren Dörfern weiß man noch genau, wer die oder jene Neuerung ursprünglich einführte, und wenn man wollte, könnte man vielleicht noch dem genauen Verlauf dieses Diffusionsprozesses sowohl chronologisch wie geographisch in allen Einzelheiten folgen.

Die Gesellschaftsstruktur

In den Schären gab es wie in der übrigen finnischen und schwedischen agrarischen Gesellschaft früher zwei voneinander durch eine deutliche Barriere abgegrenzte soziale Schichten: Die Begüterten und die Unbegüterten. In Gegenden, wo die Gesellschaft differenzierter als in den Schären war, zerfielen beide Hauptgruppen, besonders die Begüterten, in mehrere deutlich abhebbare Untergruppen. Der Faktor, der den Status auch innerhalb der Gruppen bestimmte, war vor allem der Grundbesitz, die Natur und die Größe des Hofes. Andere Faktoren wie Familie, Vermögen, Bildung usw. spielten natürlich auch eine Rolle; aber mangels systematischer Untersuchungen wissen wir darüber wenig.

In der vorliegenden Untersuchung brauchen wir aber nur mit zwei Schichten zu rechnen, mit den Begüterten, den Bauern, und mit den Unbegüterten, den Kätnern, Fischern und Häuslern. Die Bauern, also die selbständigen Grundbesitzer, waren dabei die Teilhaber am Dorfe, also diejenigen, die die Verteilung von Land, Fischwasser, Weideland, Jagdrevieren usw. unter sich bestimmten (wenn auch unter Aufsicht von seiten der Obrigkeit). Die Kätner und Fischer pachteten dagegen von den Bauern das Grundstück, auf dem sie wohnten, sowie das Recht, ihr Vieh weiden zu lassen, und das Recht, im Wasser des Bauern zu fischen. Die Pacht wurde fast ausschließlich in Natura bezahlt, meistens in Form von Arbeitsleistungen. Die Kätner waren somit in den meisten Hinsichten von den Grundbesitzern abhängig — sei es von den Bauern, sei es auch vom Pfarrer, dem größten Grundbesitzer und Pachtgeber der Gemeinde. Das Verhältnis zwischen Pächter und Verpächter war zum Teil gesetzlich reguliert und zum Teil von örtlichen Sitten und Gebräuchen kontrolliert. Auch wenn keine direkte Ausbeutung der Pächter vorkam, bestand doch immer das Abhängigkeitsverhältnis und ein daraus resultierender Interessenkonflikt. Aus alten Gerichtsprotokollen und Protokollen über die Sitzungen des Dorfrats geht es deutlich hervor, daß die Bauern schnell reagierten, wenn sie glaubten, daß ein Kätner seine Rechte überschritten hatte. In vielen Gegenden Finnlands war das Verhältnis zwischen Kätner und Grundbesitzer besonders schlecht; die sog. Kätnerfrage war eines der wichtigsten politischen Probleme in Finnland zwischen etwa 1880 und 1920. Es war auch diese Frage, die 1916 und 1922 zu den Bodenreformen führte. Soweit ich habe feststellen können, gab es aber in den Schären keine besonders großen Gegensätze zwischen Kätner und Bauer; ich habe sogar den Eindruck, daß das Verhältnis zwischen diesen beiden Gruppen nach den Umständen ziemlich gut war.

Bei einer Umfrage, die ich in Kumlinge machte, erzählten die meisten, daß früher, d. h. vor dreißig bis fünfzig Jahren, noch ein deutlicher Unterschied zwischen der Bauernklasse und der Kätnerklasse bestanden hatte. Als Zeichen dafür wurden die Differenzen im Grundbesitz und Vermögen, die Abhängigkeit der Kätner und der Umstand erwähnt, daß Bauernkinder nur unter sich und keine Kätnerskinder heirateten. Inwieweit das eben Gesagte nun bedeuten soll, Kapital solle Kapital heiraten, und inwieweit es bedeutet, Kinder aus „feinen" Familien sollen standesmäßig heiraten, ist mir nicht ganz klar geworden. Aber ich habe den Eindruck, daß in den meisten Fällen mehr an das Wirtschaftliche als an das Prestige als solches gedacht wurde.

Daß es zu jener Zeit zwei distinkte Gruppen gab, ist klar. Aber es fragt sich, ob sie sich in der Tat so stark unterschieden, daß man berechtigt ist, sie als soziale Klassen zu betrachten. Das entscheidende hierbei ist ja das Gefühl, die Identifikation der Mitglieder mit der Gruppe, und es ist heute schwer, darüber etwas mit Sicherheit zu sagen. Andererseits gibt es doch einige Indizien, die uns erlauben, Vermutungen über die damaligen Verhältnisse anzustellen; diese deuten darauf hin, daß es sich weniger um Klassenunterschiede handelte als um Differenzen im wirtschaftlichen und gesetzlichen Status. Weiterhin scheint es, als ob diese Differenzen nicht besonders groß gewesen wären. Dies beruht meines Erachtens zunächst auf der Kleinheit der Siedlungen, sodann auf den sehr geringen Differenzen in den allgemeinen Lebensumständen und im

Lebensstandard in beiden Schichten, und schließlich auf den häufigen Übergängen von der einen Schicht zur anderen.

Ausgenommen das größte Dorf, Kumlinge, sind alle Siedlungen so klein, und sind auch immer so klein gewesen, daß sie beinahe *face-to-face* Gruppen darstellen. In solchen kleinen Gemeinden spielen die persönlichen Eigenschaften jedes Individuums und die davon bedingten privaten Beziehungen zwischen den Individuen eine derart große Rolle, daß permanente, von der Tradition sanktionierte Sondergruppen kaum entstehen können. Die Einwohnerzahl ist in jedem Dorf so klein, die Differenzen zwischen den Individuen zugleich so deutlich und der Kontakt zwischen den Dörflern so intim, daß Stereotypvorstellungen und Gruppenidentifikationen sich nicht entwickeln können.

Was den Lebensstandard betrifft, so ist der der Bauern niemals viel höher als der der Kätner gewesen. Wie es aus Tabelle 2 oben hervorgeht, hat es in diesen Gegenden nie Großbauern gegeben; auch diejenigen, die Bauern genannt wurden, waren in der Tat nur winzige Kleinbauern, und wie die Kätner haben auch sie recht nahe am Existenzminimum gelebt. Die Bauern haben zwar öfter etwas größere Höfe, größere Häuser und mehr Hab und Gut als die Kätner gehabt, aber ihre Ernährung, ihre Wohnungen, ihre Kleidung, ihre Arbeitsverhältnisse sind beinahe dieselben gewesen wie die der Kätner. Mit einem Wort: Die tatsächlichen Unterschiede im sozio-ökonomischen Status waren sicher klein. Es mag natürlich sein, daß diese — objektiv gesehen — sehr geringen Differenzen nach der subjektiven Auffassung der Betreffenden, besonders der Kätner, so groß waren, daß sie die Ungleichheit fühlten. Aber dafür habe ich bisher keine deutlichen Belege. Was die heutige Generation hierüber berichtet, ist weder klar noch zuverlässig genug, um sichere Schlüsse zu erlauben. Der größte Unterschied in den Lebensumständen zwischen diesen beiden Gruppen war jedoch vom Grundbesitz bedingt: die Abhängigkeit der Kätner setzte sie grundsätzlich in eine andere Lage als die Bauern, und ihre Abhängigkeit trat in so vielen Situationen so deutlich hervor, daß sie wohl nie völlig vergessen werden konnte.

Wie oben erwähnt, konnten früher die Höfe nicht nach Belieben aufgeteilt werden. Dies führte öfters dazu, daß einige von den Söhnen oder Schwiegersöhnen sich als Kätner oder Fischer oder Häusler auf dem Hofe ihres Vaters oder Bruders niederließen, d. h. von der höheren in die niedrigere Schicht absanken. Wie umfassend diese Bewegung gewesen ist, habe ich noch nicht bestimmen können, und auch nicht, wie umfassend der Aufstieg durch Heirat war. Eine vorläufige Analyse der Eheschließungen in Kumlinge seit 1800 hat jedoch gezeigt, daß es, im Gegensatz zur Meinung der Befragten, verhältnismäßig oft geschah, daß Bauernkinder Kätnerskinder heirateten — in der Tat so oft, daß man bezweifeln muß, daß Schichtendogamie die Regel war.

Ferner ist zu bemerken, daß es lange Zeit gemäß den damaligen Gesetzen und Verordnungen den Bauern nicht gestattet war, mehr als einige erwachsene Kinder zu Hause zu behalten; die übrigen mußten sich außerhalb des väterlichen Hauses eine Stelle suchen. Viele von den Jugendlichen aus den Schären zogen als Knechte und Mägde nach anderen Orten; aber ein erheblicher Teil blieb als Dienstbote im Heimatdorf oder in benachbarten Siedlungen. Da die meisten Familien in den Inselgemeinden wegen der Kleinheit der Bevölkerung und wegen der Dorf- und Gemeindeendogamie verwandt waren, führte dies zu einem Austausch von Kindern unter Verwandten. Der Umstand, daß die Dienstboten nicht als Angehörige einer niedrigeren Schicht behandelt wurden (sie aßen z. B. an demselben Tisch wie die Hausherrschaft), wie auch die nicht seltenen Eheschließungen zwischen Bauernkindern und Dienstleuten beruht wahrscheinlich darauf, daß ein großer Teil der Knechte und Mägde mit der Hausherrschaft verwandt war. Das Dienen bei anderen stellte somit nicht ein soziales Herabsinken dar, sondern war nur ein Stadium auf dem Weg zum Erwachsenen-Status.

Die Beweglichkeit zwischen den Schichten — Bauern, Kätner, Dienstleuten — scheint somit recht groß gewesen zu sein, und die gesamte soziale Struktur war anscheinend von einem sehr dichten Netz von Familienbeziehungen und privaten Beziehungen durchkreuzt. Es ist deshalb sehr fraglich, ob unter solchen Bedingungen voneinander klar abgegrenzte Schichten überhaupt entstehen können; mir scheint es, daß dies nicht möglich ist. Es gab zwar eine deutliche Grenze zwischen Begüterten und Unbegüterten, die von den damaligen Gesetzen aufgerichtet war und die den Abhängigen von den weniger Abhängigen trennte. Aber es scheint mir höchst fraglich, ob diese Grenze auch eine Zweiteilung in sozial Überlegene und sozial Unterlegene bewirken konnte.

Die Bodenreform, die nach 1916 das freie Aufteilen der Bauernhöfe ermöglichte und 1922 den Kätnern das Recht gab, ihre Katen einzulösen und selbständige Grundbesitzer zu werden, schaffte den rechtlichen Unterschied zwischen Begüterten und Unbegüterten in Kumlinge und Brändö ab, indem sich fast alle dortigen Unbegüterten in den folgenden Jahren selbständig machten. In derselben Zeit verschwand auch die Gruppe der Dienstboten vollständig. Die Nativität sank, das Gesetz zwang auch niemanden mehr, das Elternhaus zu verlassen; wegen der Mechanisierung der Fischerei sowie wegen des Übergangs von der extensiven zur intensiven Landwirtschaft nahm auch die Nachfrage nach Arbeitskraft stark ab. Viele der Faktoren, die früher zur Aufrechterhaltung der Klassengrenzen haben beitragen können, sind somit nicht länger wirksam, und deshalb scheint es nur natürlich, daß fast alle der Befragten versichern, es gebe heute keine Klassen in den Schären.

Die Bodenreform konnte zwar die rechtliche Grenze zwischen Begüterten und Unbegüterten abschaffen, aber sie konnte nicht den Unterschied zwischen besser und schlechter Situierten beseitigen; wenn wir den Grundbesitz als Maßstab nehmen, scheint es sogar eher, als ob diese Differenz größer geworden sei. Dieser Maßstab ist aber nicht ganz zuverlässig, und soweit ich die Verhältnisse habe beurteilen können, sind die Unterschiede in Lebensumständen und Lebensstandard nur in begrenztem Umfang vom Grundbesitz abhängig. Ein sicheres Urteil ist aber nur nach genauer Berechnung des sozio-ökonomischen Status möglich, was ich leider noch nicht habe durchführen können. Das Entscheidende ist hier, genau wie früher, keineswegs die tatsächliche, objektive Differenz, sondern die Auffassung der Bevölkerung; und diese ist ziemlich einig darüber, daß die Unterschiede heute kleiner sind als früher. Zwar ist man sich dessen bewußt, daß es Unterschiede des Vermögens gibt, aber weil unter dem heutigen System der Geldwirtschaft das Einkommen nicht mehr direkt vom Vermögen abhängt, fühlen viele weniger Begüterte, daß sie sich unter Umständen trotzdem besserstehen als die Begüterten, weil diese mehr Sorgen und Verantwortung tragen müssen.

Meine eigenen Beobachtungen bestätigen im großen und ganzen die Behauptung, daß es heute keine Klassenunterschiede in Kumlinge und Brändö gibt. Wenn wir die Bevölkerung nach objektiven Kriterien wie Grundbesitz, Vermögen, Familie usw. in eine obere und eine untere Schicht aufteilen, so finden wir keine nennenswerten Differenzen zwischen den Gruppen in Benehmen, Attitüden und sozialem Prestige. Eine vorläufige Analyse der Zusammensetzung der Vereine, der Gemeindebehörden und der Rekrutierung ihrer Funktionäre zeigt sogar, daß Angehörige beider Schichten in ungefähr gleichem Verhältnis darin vertreten sind. Der entscheidende Faktor scheint nicht die Zugehörigkeit zu einer dieser Schichten zu sein, sondern die persönlichen Eigenschaften der betreffenden Personen. Auch die Zusammensetzung der Cliquen, die ja im allgemeinen die existierenden Klassenunterschiede recht gut widerspiegelt, gibt keinen Anhalt für die Vermutung, es gäbe Klassen in Kumlinge.

Das oben Gesagte deutet darauf, daß der Status in unseren Dörfern hauptsächlich erworbener und nicht zugeschriebener Status ist *(achieved* und nicht *ascribed* Status). Er hängt vor allem von den persönlichen Qualifikationen des Individuums ab, von seiner Energie, Fleiß, Intelligenz, sozialen Talenten usw. Dabei wird aber keineswegs behauptet, daß andere Kriterien wie Vermögen, Familie u. ä. absolut keine Rolle spielen; soweit ich die Lage habe beurteilen können, kommen sie jedoch erst an zweiter Stelle. Deshalb dürfen wir behaupten, daß diese Gemeinden im großen und ganzen eine klassenlose Gesellschaft darstellen und daß die Klassenunterschiede auch früher wahrscheinlich eine untergeordnete Rolle gespielt haben.

Im zweiten und dritten Abschnitt wurde gezeigt, daß innerhalb einer sehr kurzen Zeit — dreißig bis vierzig Jahre — sehr tiefgreifende Veränderungen in der Fischerei und in der Landwirtschaft stattgefunden haben. Diese Veränderungen haben nicht nur die Natur der beiden wichtigsten Wirtschaftszweige von Grund auf verändert, sondern auch eine beträchtliche Verschiebung ihrer relativen Bedeutung verursacht. An sich wäre man nun vielleicht berechtigt zu vermuten, daß in dieser kurzen Zeit die soziale Struktur sich nicht an die großen und schnellen Veränderungen in der technischen Kultur hat anpassen können, d. h. daß ein *cultural lag* hat entstehen müssen, was gemäß *Ogburns* Theorie verschiedene Zeichen von Fehlanpassung hätte hervorrufen sollen. Wie die Analyse der Sozialorganisation zeigt, ist dies jedoch keineswegs der Fall gewesen; im Gegenteil, wir bekommen den Eindruck, daß gleichzeitig mit den Veränderungen in der technischen Kultur ein Ausgleich der sozialen Schichtung stattgefunden hat, wodurch weniger befriedigende soziale Beziehungen von befriedigenderen ersetzt worden sind. Ogburns Theorie scheint somit in diesem Fall nicht zuzutreffen. Aber bevor wir ein abschließendes Urteil fällen, ist es empfehlenswert, noch einen weiteren Faktor zu untersuchen.

Bevölkerung

Wie bekannt, begannen die schwedischen Behörden schon im Jahre 1749 systematische bevölkerungsstatistische Angaben zu sammeln; diese Erhebungen wurden nach der Trennung Finnlands von Schweden im Jahre 1809 auch in Finnland fortgesetzt. Deshalb ist es möglich, die Entwicklung der Bevölkerungsverhältnisse in den letzten zweihundert Jahren zu verfolgen, und in diesem Abschnitt soll eine kurze Darstellung der demographischen Entwicklung unserer Inselgemeinden gegeben werden. Leider habe ich die Bevölkerungszahlen aus Brändö noch nicht so vollständig wie die aus Kumlinge analysieren können, weshalb sich die Darstellung hauptsächlich auf Kumlinge bezieht. Da anscheinend gewisse demographische Unterschiede zwischen den beiden Gemeinden bestehen, dürfen also die Befunde nicht ohne weiteres verallgemeinert werden.

Aus Abb. 2 ersehen wir, daß die Bevölkerung der beiden Gemeinden zwischen 1750 und 1915 ziemlich regelmäßig gestiegen ist. Die Zunahme ist in Kumlinge größer gewesen (+ 148 %) als in Brändö (+ 127 %), ist aber in beiden Gemeinden viel geringer als im übrigen Finnland (+ 626 %). Bis zum dritten Viertel des 19. Jahrhunderts war die Zunahme in Kumlinge bedeutend langsamer als in Brändö, aber danach hat Kumlinge begonnen, den Abstand einzuholen.

Ganz besonders fällt nun auf, daß die Bevölkerungszahl der beiden Gemeinden seit 1915 stark gesunken ist; gemäß der Volkszählung soll zwischen 1915 und 1950 die Bevölkerung Kumlinges um 27 %, die Bevölkerung Brändös um 28 % abgenommen haben, und die Abnahme soll am größten in der letzten

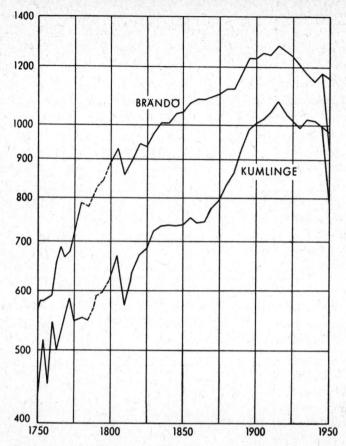
Abbildung 2: Die Bevölkerung in Kumlinge und Brändö 1750—1950

Fünfjahresperiode gewesen sein. Diese hohen Zahlen geben jedoch kein wirkliches Bild von den tatsächlichen Verhältnissen, da die Zahlen vor und nach 1950 nicht in derselben Weise gewonnen wurden. Die Volkszählungen vor 1950 waren nämlich nur Zählungen der im Bevölkerungsregister eingetragenen Personen, während den Zahlen von 1950 eine tatsächliche Volkszählung — die erste in Finnland — zugrunde lag. Wenn wir die Bevölkerungszahl von 1950 auf Grund der Zahlen aus dem Bevölkerungsregister kalkulieren, so ergibt sich, daß die Abnahme zwischen 1915 und 1950 in Kumlinge nur 10 %, in Brändö nur 9 % betrug.

Die allgemeine Tendenz der Geburts- und Sterbeziffern von Kumlinge entspricht den allgemeinen finnischen Tendenzen (Abb. 3 u. 4), aber die jährlichen Schwankungen sind meistens in Kumlinge größer als in der Gesamtbevölkerung, was auf der Kleinheit dieser Bevölkerung beruht. Die in Abb. 3 dargestellte,

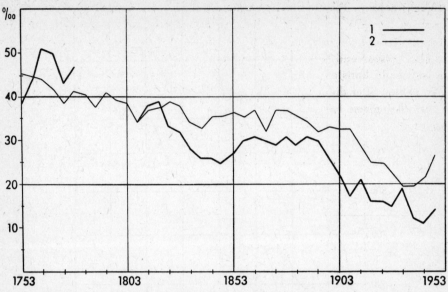

Abbildung 3: Die Geburtenziffer 1750—1950, per Fünfjahresperioden, ⁰/₀₀
1 = Kumlinge, 2 = Finnland

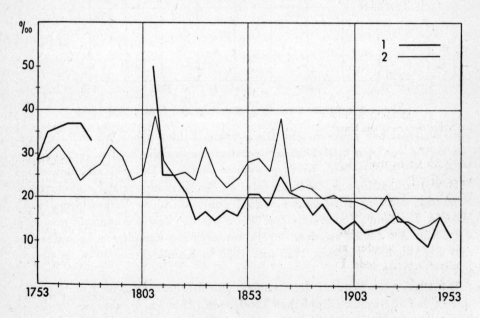

Abbildung 4: Die Sterbeziffer 1750—1950, per Fünfjahresperioden, ⁰/₀₀
1 = Kumlinge, 2 = Finnland

stetig absinkende Tendenz stellt somit nichts für Kumlinge Spezifisches dar; aber sowohl die Geburt- wie die Sterbeziffern liegen um vier bis acht Promille unter dem finnischen Mittel. Der Geburtenüberschuß, der bis 1890—95 abwechselnd höher und niedriger war als im übrigen Finnland, liegt ab der Jahrhundertwende konstant um einige Promille unter dem finnischen Mittel.

Die Zahlen über die Migrationen sind leider nicht besonders zuverlässig, weil sie nur diejenigen berücksichtigen, die sich an- und abgemeldet haben, und diese machen, wie man weiß, nur einen Teil der beweglichen Bevölkerung aus.

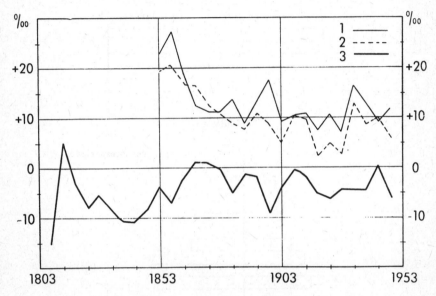

Abbildung 5: Die Migration 1800—1950, per Fünfjahresperioden, °/oo
1 = Auswanderung aus Kumlinge, 2 = Einwanderung nach Kumlinge, 3 = Migrationsüberschuß

Deshalb ist es nicht möglich, sich ein sicheres Bild von der tatsächlichen Migration zu bilden und zu behaupten, daß der in Abb. 5 dargestellte Verlauf der Wirklichkeit entspricht. Wenn wir trotz dieser Vorbehalte doch einige Schlüsse aus den Migrationszahlen ziehen wollen, so finden wir, daß sowohl Ein- wie Auswanderung bis zur Jahrhundertwende abnahmen, um in den folgenden Jahrzehnten wieder zu steigen. Ausgenommen die Perioden 1865—75 und 1940—45 weist jede Fünfjahresperiode in den letzten hundert Jahren einen Migrationsverlust auf.

Wegen der Unvollständigkeit und nicht allzu hohen Zuverlässigkeit der Migrationszahlen ist es nicht leicht zu entscheiden, inwiefern die Auswanderung indirekt auf die Nativität eingewirkt hat. Da wir vermuten können, daß die

Abbildungen 6a. 6b, 6c: Altersverteilung der Bevölkerung Kumlinges

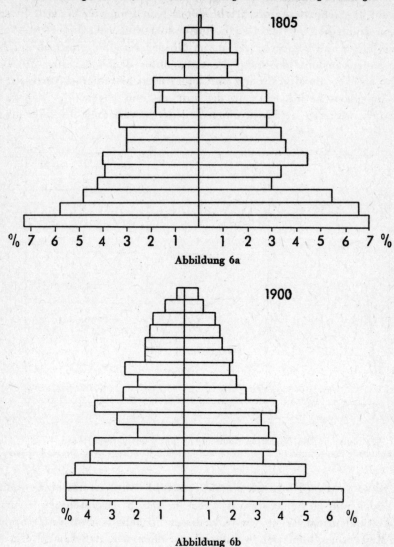

Abbildung 6a

Abbildung 6b

meisten Auswanderer junge Leute waren, liegt die Annahme nicht fern, daß dieser Migrationsverlust wesentlich zum Absinken der Nativität beigetragen hat. Der Umstand, daß der Migrationsverlust im zweiten Viertel des vorigen Jahrhunderts, dann in den Jahren 1890—95 und 1920—35, d. h. in Perioden mit niedrigen Geburtsziffern und stabiler oder abnehmender Bevölkerungszahl, am kräftigsten war, kann darauf deuten, wie auch die zwar nicht hohe,

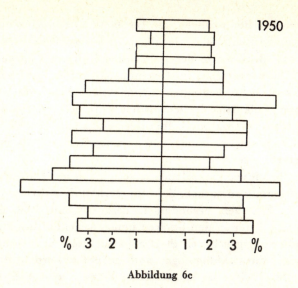

Abbildung 6c

aber jedoch deutliche negative Korrelation zwischen Geburtenziffern und Migrationsverlusten in den Jahren 1806—1946.

Die kräftige Abnahme der Nativität, besonders in diesem Jahrhundert, hat selbstverständlich die Altersstruktur merklich beeinflußt. Ein Vergleich der Alterspyramiden in den Jahren 1805, 1900 und 1950 (Abb. 6) zeigt eine fast signifikante Abnahme ($P<0,20$) der Altersgruppen 0—10 Jahre zwischen 1805 und 1900, und eine höchst signifikante ($P<0,001$) Abnahme derselben Altersgruppen zwischen 1900 und 1950. Dasselbe Verhältnis kommt auch bei einem Vergleich der durchschnittlichen Kinderzahl zum Vorschein. Bei den in den Jahren 1780—1810 geschlossenen Ehen war sie 4,70 Kinder pro Familie, bei den zwischen 1900 und 1930 geschlossenen Ehen 2,77, und in den Ehen, die seit 1930 geschlossen sind, gibt es im Durchschnitt nur noch 1,98 Kinder. (Die letztgenannte Zahl ist jedoch nicht ohne weiteres mit den früheren vergleichbar, da in dieser Altersgruppe noch nicht alle verheiratet sind, von denen man es annehmen kann, und da in einigen Ehen noch Kinder erwartet werden können.) Daß die in der letzten Zeit stark abgesunkene Kinderzahl auf planmäßig ausgeübte Geburtenkontrolle beruht, ist sicher; bei einer Umfrage, die ich machte, teilten 50 % der befragten Mütter mit, daß sie Geburtenkontrolle ausübten, und nur 30 % verneinten bestimmt, daß sie es tun.

Es fragt sich nun, ob und inwieweit diese Veränderungen in der Bevölkerungsstruktur mit den oben erwähnten Veränderungen in der technischen Kultur und in der sozialen Struktur zusammenhängen. Die obige Darstellung hat gezeigt, daß die Revolution der letzten Jahrzehnte auf dem wirtschaftlichen

Gebiet die materiellen Bedingungen der Insulaner in den meisten Hinsichten so stark verändert hat, daß man ein allgemeines Aufblühen erwartet. Diese Veränderungen zum Besseren in der technischen Kultur haben auch keine sozialen Reibungen hervorgerufen; im Gegenteil scheint es, als ob die von der früheren sozialen Struktur bedingten Schranken, welche gute soziale Beziehungen erschweren, teils dank der technischen Entwicklung, teils dank äußerer Einflüsse, weitgehend beseitigt sind. Im allgemeinen scheinen die Verhältnisse sich somit so viel verbessert zu haben, daß man eher eine Zu- als eine Abnahme der Bevölkerungszahl erwartet.

Die Erklärung für diesen Tatbestand ist vermutlich nicht innerhalb sondern außerhalb der Gemeinde zu suchen, d. h. im Verhältnis zwischen ihr und dem übrigen Finnland. Wie oben, besonders in dem Abschnitt über die Fischerei erwähnt, waren die Dörfer in den Schären immer wirtschaftlich zu einem sehr hohen Grad von der übrigen Gesellschaft abhängig, und diese Abhängigkeit ist mit der technischen Entwicklung sogar noch größer geworden, durchaus zum Nachteil der Insulaner. Was sie heute leisten können, zuzüglich dem, was sie als Subventionen und andere soziale Leistungen erhalten, ist, auf eine abstrakte „Bedarfseinheit" umgerechnet, wesentlich weniger als was sie vor fünfzig oder hundert Jahren leisteten, weil die von den geographischen und sonstigen Umständen bedingte Leistungsfähigkeit dieses Gebietes nun einmal beschränkt ist; außerdem scheint es, als ob die oberste Leistungsgrenze schon beinahe erreicht wäre. Dies bedeutet, daß die Bevölkerung abnehmen muß, wenn der heutige Lebensstandard beibehalten oder erhöht werden soll.

Ob nun dies einen *lag* zwischen technischer und sozialer Entwicklung darstellt und ob die Bevölkerungsabnahme der Schären ein Zeichen von Fehlanpassung ist, läßt sich nur schwer entscheiden; bei Beurteilung dieser Frage treten wir nur allzu leicht auf das Gebiet der Wertungen über. Daß aber die Bevölkerungsabnahme ein Zeichen von nachträglicher Anpassung an die veränderten Verhältnisse ist, läßt sich dagegen nicht bezweifeln. Insofern ist Ogburns Theorie bestätigt worden, was das Verhältnis zwischen der Entwicklung in den Inselgemeinden und in dem übrigen Finnland betrifft. Innerhalb der Dörfer dagegen haben die Veränderungen in der sozialen Organisation sich so gut an die Veränderungen in der technischen Kultur angeschlossen, daß weder ein *lag* noch Fehlanpassungen aufgetreten sind.

DIE INDUSTRIALISIERUNG AUF DEM LANDE

Bericht über eine Gemeindestudie aus der Schweiz*

Von Hans Weiss

Die von uns durchgeführte soziologische Analyse der schweizerischen Gemeinde Villmergen soll ein Beispiel dafür sein, *daß heute in unseren Bereichen die Industrialisierung nicht mehr nur von den Städten, sondern ebenso von vielen kleineren Zentren der Landschaft ausgeht.* Wir haben es uns zur Aufgabe gemacht, die spezifischen Eigenheiten der auf dem Lande stattfindenden Industrialisierung in einer Gemeindestudie zu untersuchen. Durch die Beleuchtung einiger weniger Aspekte hoffen wir zeigen zu können, daß sich die Industrialisierung auf dem Lande und diejenige in der Stadt in ihren soziologischen Auswirkungen wesentlich voneinander unterscheiden, ja daß z. T. ganz neue soziologische Tatbestände vorliegen.

Die Wahl des Untersuchungsobjektes erfolgte nicht zufällig. Das aargauische Dorf Villmergen ist darum für die Untersuchung der aufgeworfenen Problematik besonders geeignet, weil sich feststellen läßt, daß sich die Sozialstruktur dieser Gemeinde seit dem Beginn der Industrialisierung wesentlich verändert hat. Heute hat der Industrialisierungsprozeß in dieser Gemeinde schon ein relativ fortgeschrittenes Stadium erreicht, so daß die sozialen Auswirkungen in ihrer ganzen Breite und Tiefe erfaßt werden konnten.

Um das Material für die Analyse der verschiedenen soziologisch relevanten Veränderungen in Villmergen zu beschaffen, wurde eine Befragung von 53 Personen durchgeführt. Es handelte sich dabei durchwegs um persönliche Interviews, wobei ein sog. Interview-Leitfaden (interview guide) als Befragungsgrundlage diente. Die Auswahl der 53 zu befragenden Dorfbewohner erfolgte durch ein sog. „Sample nach Gutdünken". Die Kanzleikarten der 762 Haushaltungsvorstände wurden vorerst vom Untersuchungsleiter nach eigenem Ermessen auf 167 reduziert, wobei all jene ausgeschieden wurden, die aus bestimmten Gründen (sehr alte und sehr junge Leute, neu Zugezogene, bestimmte Berufe usw.) für die Auswahl überhaupt nicht in Frage kamen. Die erste Auswahl wurde nun ungruppiert drei sorgfältig ausgelesenen, gut orientierten Persönlichkeiten des Dorfes (Gemeindeschreiber, Rektor, Wirt eines großen Gasthofes) einzeln vorgelegt. Diesen drei Gewährsleuten kam nun die Aufgabe zu, unsere erste Auswahl auf je 70 Karten zu reduzieren, wobei sie darauf achten mußten, daß nur solche Personen ausgelesen wurden, die für unsere Untersuchung interessant und aussagefähig sein konnten. Schließlich wurden diejenigen 50 Karten ins Sample aufgenommen, welche von allen drei Gewährspersonen übereinstimmend ausgelesen worden waren. Nun folgte die Überprüfung des Samples. Die Auswahl wurde nach den gleichen Merkmalen wie die Gesamtbevölkerung klassifiziert (Alter, Geschlecht, Beruf, Konfession etc.); denn die Sample-Quoten einiger wichtiger Merkmale mußten mit denjenigen der Gesamtbevölkerung übereinstimmen. Es traten jedoch Fehlabweichungen bis zu 6 % auf. So mußte das Sample korrigiert werden,

* Die vorliegende Abhandlung stellt einen Teilbericht aus einer umfassenden Arbeit dar, die unter Leitung von Prof. Dr. *R. König* durchgeführt wurde.

bis nur noch minimale Abweichungen von der erwähnten Forderung bestanden, so daß man von Repräsentativität sprechen konnte. Die Gesamtzahl der Interviews erhöhte sich durch die Korrektur um drei und umfaßte schließlich eine Zahl von 53. Nebst einer auf diese Art und Weise durchgeführten Befragung stützte sich unsere Untersuchung auf die Auswertung von amtlichen Statistiken, verschiedener Dokumente und auf Beobachtungen, die außerhalb der Interviewreihe gemacht wurden.

Die mittelländische Gemeinde Villmergen liegt am westlichen Rand des aargauischen Bünztales, das sich zwischen Lindenberg und den Höhen des Wagenrains in SSE-NNW-Richtung dahinzieht. Die zwei Kilometer östlich gelegene Industriegemeinde Wohlen und die vorwiegend landwirtschaftlichen Orte Büttikon, Hilfikon, Dintikon, Dottikon und Anglikon schließen das Gemeindegebiet in der Richtung der umliegenden Kantone Zürich, Zug und Luzern ab.

Die Bauerngemeinde Villmergen geriet seit der Mitte des 19. Jhs., durchgreifend aber erst seit dem Jahre 1911 (Einzug der Bally-Schuhfabrik) unter den Einfluß der Industrialisierung. Die Bevölkerungszahl der Gemeinde stieg seit dem Beginn der Industrialisierung im Jahre 1860 bis ins Jahr 1950 um rund 70 %, d. h. von 1652 auf 2812 Personen. Da das bewohnte Areal der Gemeinde in dieser Zeit ungefähr konstant geblieben ist, hat sich die Dichte der Bevölkerung um denselben Prozentsatz (70) erhöht. Im Jahre 1950 wohnten demnach 1160 Personen mehr auf einem Quadratkilometer Bodens. Anderseits ist die Dichte der Bevölkerung pro Haushaltung als Nebenfolge der Industrialisierung in Villmergen erheblich gesunken. Während im Jahre 1860 auf eine Haushaltung noch 4,5 Personen entfielen, machten im Jahre 1950 nur noch 3,7 Personen einen Haushalt aus. Zudem wohnten 1950 rund 3 Personen weniger im selben Haus als um 1860. Letzteres ganz im Gegensatz etwa zu Industriestädten, wo sich die Bevölkerung gern in großen Arbeiterwohnblöcken und Mietskasernen zusammenballt.

An der Schwelle der Industrialisierungsperiode war Villmergen zunächst ein ausgesprochener Industrie*wohn*ort. Die nicht-landwirtschaftliche Bevölkerung pendelte nach denjenigen umliegenden Ortschaften, die bereits Fabriken besaßen. So geriet Villmergen noch als agrarische Gemeinde immer mehr in den Einflußbereich umliegender Industrieorte, vor allem in denjenigen von Wohlen. Der Wegzug mehrerer Villmerger Arbeiter konnte damals nicht verhindert werden. Als dann aber im Jahre 1853 auch in Villmergen erstmals Industrie entstand (Strohwarenfabrik), wurde die Abwanderung, die zum größten Teil eine Folge mangelnder Arbeitsmöglichkeiten war, allmählich abgestoppt. Heute, wo Villmergen selbst zum Industrieort geworden ist, hat sich die Situation gewendet, indem umgekehrt viele Arbeiter aus umliegenden Agrargemeinden nach Villmergen übersiedeln. Die Zahl der Fabriken hat sich gemäß Fabrikstatistik vom Jahre 1895 bis 1952 von 2 auf 12 erhöht, die Zahl der Fabrikarbeiter in der gleichen Zeit von 38 auf 1426. Sehr deutlich ist der Zuwachs zwischen 1910 und 1911, beträgt doch die Zunahme der Arbeiter in diesem Jahr allein 440 Personen (Zuzug der Bally-Schuhfabrik). Das Jahr 1911 ist daher das entscheidende Datum für das Einsetzen eines beschleunigten Industrialisierungsprozesses in Villmergen.

Umgekehrt beträgt der Rückgang der landwirtschaftlich Tätigen von 1860 bis 1953 rund 380 Personen. Während im Jahre 1860 noch ca. 450 Personen auf 1652 der Berufskategorie Landwirtschaft angehörten, gab es im Jahre 1953 nur noch 30 hauptberuflich tätige Landwirte und 34 Nebenerwerbslandwirte auf mehr als 2800 Einwohner. Ein Großteil dieser in der Landwirtschaft tätigen Personen ist entweder im Dorf selber in die Industrie übergetreten oder von Villmergen weggezogen. Einige Nachkommen der Bauern sind schon von Anbeginn ihrer Berufstätigkeit in eine andere Erwerbsklasse übergetreten. Der beträchtliche Rückgang der Landwirtschaft kommt übrigens auch darin zum Ausdruck, daß heute in Villmergen 28 leere, d. h. nicht für landwirtschaftliche Zwecke benützte Scheunen stehen. Nach Angaben der einzelnen Industrien sind allein unter den heute Beschäftigten 62 aus der Landwirtschaft in die Industrie übergetreten. Dabei sind allerdings auch einige wenige Personen aus benachbarten Gemeinden mitgezählt, die in Villmerger Industrien arbeiten.

Für den Übertritt von der Landwirtschaft in die Industrie können mannigfaltige Gründe angeführt werden. Unsere Befragung ergab im wesentlichen folgende Hauptursachen für den Wechsel:

1. Geringe Rentabilität des vorwiegend kleinbäuerlichen Betriebes. Größere Erwerbschancen in der Industrie;
2. Es sind verschiedene Söhne vorhanden, von denen nur einer später den väterlichen Betrieb übernehmen kann. Die andern sind gezwungen, in andere Erwerbsklassen hinüberzuwechseln. Erbteilung würde zu einem zerstückelten Kleinbauernbetrieb führen, welcher von vorneherein keine Aussichten auf Rentabilität hätte. Eine Vergrößerung dieser Teilbetriebe ist aus finanziellen Gründen meistens nicht möglich, da das noch vorhandene käufliche Gemeindeland viel zu teuer ist;
3. Verlust der Freude an landwirtschaftlicher Arbeit, vor allem bei Frauen und der jungen Generation;
4. Abkehr auch von der Nebenerwerbslandwirtschaft infolge allzu starker Belastung der ganzen Familie.

Der Rückgang der landwirtschaftlich Berufstätigen in Villmergen ist nur allzu offensichtlich, und diese Entwicklung könnte höchstens durch staatliche Eingriffe abgestoppt werden, für die aber alle Voraussetzungen fehlen.

Seit dem Beginn der Industrialisierung hat sich in Villmergen wie auch andernorts die sog. *Nebenerwerbslandwirtschaft* zunehmend verbreitet. Sie stellt wohl eine typische Übergangslösung dar zwischen rein landwirtschaftlicher und rein industrieller Erwerbstätigkeit. Ganz besonders in wirtschaftlichen Krisenzeiten, wie zum Beispiel in den dreißiger Jahren des 20. Jhs., betrachtete man die Nebenerwerbsbetriebe als die günstigste wirtschaftliche Existenzform. Ihre Anzahl wuchs daher in jener Zeit auch ganz beträchtlich. Nicht nur diejenigen, welche früher einmal von der Landwirtschaft in die Industrie übergetreten waren, sondern auch andere Industriearbeiter bestellten daheim noch ein kleines landwirtschaftliches Gut. Dieser landwirtschaftliche Klein- oder Kleinstbetrieb diente aber vorwiegend der Selbstversorgung. Da das in der Industrie verdiente Geld nicht für den Lebensunterhalt verbraucht werden mußte, war die Möglichkeit zu einem sozialen Aufstieg wenigstens auf der finanziellen Basis gegeben. Wenn auch diese Nebenerwerbsbetriebe während der Wirtschaftskrisen als Idealform einer Synthese zwischen Landwirtschaft und Industrie angesehen wurden, so verloren sie doch schnell ihre Bedeutung unter dem Einfluß der Konjunktur. Schichtenbetrieb und Überstunden verunmöglichten dann recht bald die Besorgung des landwirtschaftlichen Nebenerwerbsbetriebes. Die Problematik des Nebenerwerbsbetriebes besteht vor allem im Verhältnis seiner Größe zu den verfügbaren Arbeitskräften. In 60 % der beobachteten Fälle in Villmergen ist die Arbeitsbelastung der Familienmitglieder (hauptsächlich der Frauen, Kinder und Großeltern) einfach zu groß. In zwei Fällen arbeiten sowohl der Mann als auch die Frau in abwechselndem Schichtbetrieb in der Industrie und bewirtschaften dazu nach ihrer Arbeit noch das kleine landwirtschaftliche Gut. Unter diesen Verhältnissen leidet selbstverständlich auch die Erziehung der Kinder, für welche nur noch sehr wenig Zeit übrig bleibt. Von zusätzlicher kultureller Bildung und Freizeitbeschäftigung kann schon überhaupt keine Rede sein. So darf es uns nicht wundern, wenn die Nebenerwerbsbetriebe in Villmergen zahlenmäßig ständig zurückgehen. Der Zeitpunkt der völligen Aufgabe der Nebenerwerbslandwirtschaft in Villmergen kann indessen heute noch nicht mit Sicherheit abgeschätzt werden. Interessant ist hingegen die Feststellung, daß sich mit zunehmender Industrialisierung von Villmergen die Nebenerwerbsbetriebe in den umliegenden Gemeinden Hilfikon, Dintikon und Anglikon (alles Agrargemeinden) vermehrten. Wir kommen daher zum Resultat, daß jedes neue industrielle Zentrum in ländlichem Gebiet den Standort der Nebenerwerbsbetriebe verlagert.

Wir wollen nun dazu übergehen, die einzelnen sozialen Schichten unter dem Einfluß der Industrialisierung zu betrachten. Wir werden zeigen können, daß sie sich in ihrem Aufbau und in ihrem gegenseitigen Verhältnis z. T. stark verändert haben, daß einzelne Schichten in unserer Untersuchungsgemeinde im Zerfallen, andere neu im Entstehen begriffen sind. Und zwar werden wir die soziale Schichtung einerseits unter dem Aspekt der horizontalen Fluktuation [1] zwischen den Wirtschaftsabteilungen Landwirtschaft und Industrie und anderseits unter dem Aspekt der schichtspezifischen Umwandlung betrachten.

Auch in der früheren bäuerlich-handwerklichen Sozialstruktur von Villmergen gab es Abstufungen. Reiche herrschten über Arme, Freie über Unfreie, Meister über ihre Handwerksburschen, Selbständige über Unselbständige usw. Gerade in der Zeit der vögtischen Verwaltung waren die Standesunterschiede sehr erheblich. Der Statuswechsel [2] war im Einzelfall wohl möglich, doch waren ihm fast unüberwindbare Schranken gesetzt. Von allgemeiner Fluktuation konnte darum erst von dem Zeitpunkt an gesprochen werden, in welchem das bisherige Sozialgefüge aufgelockert wurde und sich ein neues abzuzeichnen begann. Die Auflösung der alten Sozialstruktur erfolgte mit der Ablösung von der alten Feudalordnung. Als dann im Zuge der Industrialisierung die vollkommen neue Schicht der Industriearbeiterschaft entstand, resp. Teile davon sich in Villmergen niederließen, begann auch der Prozeß der Fluktuation zwischen bäuerlichen und industriellen Schichten. Durch den „massenhaften" Statuswechsel bäuerlicher Bevölkerung wurde die Bauernschicht selbst verändert. Da nämlich vorwiegend die in ihrer Existenz gefährdeten Kleinbauern zuerst in die Industrie übertraten, baute sich diese Unterabteilung des bäuerlichen Sozialsystems zunehmend ab. Im heutigen Zeitpunkt ist diese Untergruppe überhaupt völlig verschwunden. Vorläufig blieben nur die Unterabteilungen der Nebenerwerbslandwirte und der mittleren Bauern übrig. Die Hierarchie der Bauernschicht wurde damit eindeutig abgebaut, die Rangstufung verkürzt. Gerade weil der

Übertritt dieser Kleinbauern in die Industrie deren Existenz rettete, darf aber dieser Statuswechsel als sozialer Aufstieg gewertet werden. Es ist an dieser Stelle interessant festzustellen, daß der Statuswechsel auf Grund des vorherigen sozialen Abstiegs resp. der Gefährdung der Existenz dieser Kleinbauern erfolgte und z. T. erfolgen mußte. Die Unterabteilung der mittleren Bauern, welche in ihrer Existenz nicht bedroht waren, erlebten dagegen den sozialen Aufstieg innerhalb der eigenen Schicht ohne Statuswechsel. Der soziale Aufstieg der Kleinbauern kommt in der finanziellen Besserstellung und dem gesteigerten Wohlstand und Lebensstandard zum Ausdruck.

Wir wollen vorerst noch beim Übergang der Kleinbauern in die Industrie verweilen. Dieser Statuswechsel kann entweder beim Antritt der Lebensbahn oder in deren Verlauf erfolgen. Unsere vorgängigen Ausführungen haben gezeigt, daß der Statuswechsel, welcher zu Beginn der Lebensbahn, also bei der ersten Berufswahl erfolgt, auf die besonderen Verhältnisse in der Landwirtschaft zurückzuführen ist. Es ließ sich in unserem Falle zeigen, daß durchschnittlich nur einer von vier Bauernsöhnen den Hof des Vaters später übernehmen kann. Die restlichen drei sind zu einem Status-, resp. Schichtenwechsel gezwungen, weil ihnen ein Aufstieg in der eigenen Schicht (Bauernschicht) versagt, ja ihre Existenz in dieser gar nicht mehr möglich ist.

Außerdem konnte in Villmergen der Statuswechsel im Verlauf der Lebensbahn festgestellt werden. Diese Form des Schichtwechsels ist am häufigsten in der lebenden Vatergeneration zu beobachten. Die Berufswahl der heutigen Vatergeneration fällt nämlich in eine Zeit, in der die Existenz der Kleinbauern noch nicht derart gefährdet war wie heute. In jener Zeit war es noch möglich, das Land des Vaters auf verschiedene Söhne aufzuteilen, ohne daß diese darum unter das Existenzminimum gesunken wären. Die fortschreitende Entwicklung der Konkurrenzwirtschaft begünstigte aber die mittleren Bauern und ließ die Kleinbauern einer zunehmenden Einschnürung entgegengehen, welche mit den vorhandenen Mitteln nicht mehr verhindert werden konnte. In diesem Augenblick erst, also mitten in ihrer Lebensbahn, entschlossen sich die Kleinbauern zu einem Wechsel der Wirtschaftsabteilung, resp. ihres Berufes.

Es läßt sich also im großen und ganzen sagen, daß der Statuswechsel bei Antritt der Lebensbahn, resp. im Zeitpunkt der ersten Berufswahl bei der heutigen Generation von Villmergen am häufigsten auftritt, derjenige inmitten der Laufbahn bei der lebenden Vatergeneration.

Durch die Fluktuation der Kleinbauern in die Industriearbeiterschicht haben sich übrigens auch in dieser eigenartige Wandlungen vollzogen, welche typisch sind für die Industrialisierung auf dem Lande. Wir wollen uns deshalb im folgenden kurz der dynamischen Veränderung der Industriearbeiterschicht zuwenden. Durch Übertritt landwirtschaftlicher Bevölkerung in die Industrie

— insbesondere durch den sehr frühzeitigen Eintritt oder Übertritt der jüngsten Generation — sind breite Schichten von ungelernten und angelernten Arbeitern entstanden. Dieses Phänomen ist eine typische Erscheinung der ländlichen Industrien, welche sich infolge Mangels an Arbeitskräften in diesen Gebieten niedergelassen haben. Diese Schicht der Ungelernten kam in der Hierarchie der Industriearbeiterschicht an unterste Stelle zu liegen. Die bestehende Hierarchie wurde damit nach unten ausgeweitet, resp. die gelernten Arbeiter stiegen dadurch *relativ* in der sozialen Stufenleiter. Von einem effektiven sozialen Aufstieg der gelernten Arbeiterschicht kann aber auf Grund dieser Entwicklung noch nicht gesprochen werden. Dieser Aufstieg erfolgte erst im Zuge der sozialpolitischen Maßnahmen und dem aus anderen Wurzeln sich nährenden, gewerkschaftlich unterstützten und politisch fundierten Aufstiegswillen der Arbeiterschicht. Jedem Aufstieg einer bestimmten Schicht muß aber notwendigerweise und in relativer Sicht der Abstieg einer anderen entsprechen. Nicht daß dadurch die bisher herrschende Oberschicht an den Platz der aufstrebenden Schicht heruntersinkt; davon kann nicht die Rede sein. Es entsteht indessen eine soziale Nivellierung im Sinne einer Annäherung der verschiedenen Schichten. Diese Abstandsverkürzung in der Soziallage konnte in Villmergen sowohl zwischen der Angestellten- und Arbeiterschicht, als auch zwischen der wirtschaftlichen Oberschicht und der Angestellten- und Arbeiterschicht insgesamt festgestellt werden. Es ist jedoch hier sogleich eine ungemein bezeichnende Einschränkung anzubringen. In der traditionellen Strohindustrie konnte diese Annäherung der Schichten nämlich nicht festgestellt werden. Diese Tatsache hängt mit dem strukturellen Aufbau dieser Betriebe zusammen. Diese Industrie arbeitet nämlich mit einer sehr großen Zahl gleichrangiger Arbeiter und Angestellten. Sie kennt auch keine bemerkenswerte betrieblich-funktionelle Differenzierung im Sinne der Schaffung von Zwischenstellen, Überwachungs- und Kontrollorganen; im ganzen gesehen hat also bei ihr auch keine Hebung und Ausweitung der Angestellten- und Arbeiterschicht stattgefunden wie beispielsweise in den modernen, vielgliedrig abgestuften Großindustrien des Ballygebietes. Die Schicht der oberen Gehaltsempfänger steht natürlich weiterhin in großem Abstand zur Schicht der unteren und mittleren Lohnempfänger. Aber abgesehen davon, daß die Zahl der Spitzeneinkommen beständig im Sinken ist, erfolgt die Nivellierung hauptsächlich durch die allgemeine Hebung der mittleren und unteren Schichten, selbstverständlich aber auch durch ein relatives und in vielen Fällen effektives Absinken der Oberschicht.

Des weiteren wäre darauf hinzuweisen, daß gerade in den modernen Großbetrieben, vor allem in der Sprengstoffabrik in Villmergen, viele Akademiker eingestellt wurden. Diese werden — im Gegensatz zu den heutigen städtischen Verhältnissen — in unserer Landgemeinde sozial sehr hoch gewertet. Sie kommen in der betrieblichen Sozialhierarchie als Zwischenstellen zwischen höhere Angestellte und die Betriebsleitung zu liegen. Damit wird die soziale Hierarchie weiter differenziert, zugleich aber eine Art von Schranke gesetzt für den unmittelbaren Aufstieg nicht-akademischer Mittelschichten. Das heißt mit anderen Worten, daß die höheren Angestellten der Mittelschicht nicht über die Schicht der Akademiker, die in der Mehrzahl Leitungsfunktionen ausführen, hinauskommen. Der soziale Aufstieg der mittleren Schichten wird daher in den oberen Rängen durch betrieblich bedingte Voraussetzungen (akademische Bildung) unterbunden.

Es wäre noch mit einem Wort auf die Gruppe der Handwerker einzugehen, obwohl wir uns in unserer Arbeit vorwiegend auf die Betrachtung der Bauern- und Arbeiterschicht konzentrierten. Heute steht das Gewerbe in Villmergen — ganz entgegen der apokalyptischen Erwartung von Marx — in einer ausgesprochenen Blüte. Die Handwerker gehören als Gruppe durchaus in den Bereich des Mittelstandes. Es sind sehr wenige Berufswechsel zu konstatieren. Der soziale Aufstieg erfolgt innerhalb der gegebenen Schicht ohne einen Wechsel der Wirtschaftsabteilung. Die patriarchalischen Verhältnisse haben sich in ihren wesentlichsten Zügen erhalten, und man spricht in Villmergen noch heute vom Meister und seinen Gesellen, welche in einem unmittelbaren Abhängigkeitsverhältnis zueinander stehen. Eine differenzierte soziale Hierarchie innerhalb dieser Gruppe kann nicht konstatiert werden; es ist vorwiegend bei der traditionellen Zweiteilung in Meister und Gesellen geblieben.

Wir haben nun die einzelnen Schichten in ihrem eigenen Aufbau untersucht. Wir haben gesehen, daß innerhalb dieser Schichten selbst wieder Unterabteilungen bestehen. Es gibt nicht einfach eine Bauernschicht, Angestellten- oder Arbeiterschicht, es gibt auch nicht einfach einen Mittelstand oder eine Bourgeoisie in Villmergen. Diese einzelnen Schichten sind selbst wieder vielfach unterteilt und weisen in einzelnen Fällen eine höchst komplizierte interne Hierarchie auf. Aus diesen Gründen fällt es auch schwer, diese Schichten in ihrer Totalität in ein einfaches lineares Sozialsystem nach dem Gesichtspunkt „oben" oder „unten" einzureihen, resp. übereinanderzureihen. Zu diesem Zwecke müßten vorerst die Schicht- oder Klassengrenzen ganz genau nach gewissen Kriterien bestimmt werden[3].

Um einen weiteren interessanten Tatbestand aufzuzeigen, müssen wir nochmals mit einem Wort eintreten auf das Problem der Fluktuation der Kleinbauern. Wir haben festgestellt, daß viele Kleinbauern genötigt waren, in die Industrie überzutreten. Ungeachtet der Frage, ob dieser Schritt wirklich einem sozialen Aufstieg gleichkommt, wollen wir diesen Übertritt noch etwas näher betrachten. Es ist nämlich zu berücksichtigen, daß viele von den Fluktuierten weiterhin trotz industrieller Betätigung im bäuerlichen Milieu (nämlich bei den

Eltern auf dem Bauernhof) verbleiben. Dadurch stehen die fluktuierten Schichten weiterhin in einem engen Abhängigkeitsverhältnis zu ihren Ursprungsschichten, von denen sie sich in anderer Hinsicht losgelöst haben. Eine vollständige Ablösung wird infolge traditionaler Verhaftung nicht einmal bei vollständiger räumlicher Trennung dieser Schichten eintreten. Infolge dieser Abhängigkeit von den Ausgangs- oder Ursprungsschichten bilden sich daher nur *bedingt* fluktuierte Schichten. Es fragt sich überhaupt, ob man — wenn man alle Aspekte in Berücksichtigung ziehen wollte — in diesem Fall überhaupt von einem eigentlichen Statuswechsel sprechen kann. Wir würden die Beantwortung dieser Frage vom Grad der Dependenz der Fluktuierten abhängig machen. Wir stehen also vor der eigentümlichen Frage, ob der Wechsel der Wirtschaftsabteilung allein — trotz möglicher wirtschaftlicher Besserstellung — als Statuswechsel bezeichnet werden kann, oder nur als Variante einer Veränderung innerhalb derselben Schicht zu betrachten ist. Würden wir den zweiten Fall als richtig betrachten, dann wäre das beobachtete Phänomen ein Indiz für die dynamische Veränderung der bestehenden Schichten. Auf jeden Fall dürften wir damit aber gezeigt haben, daß sich Strukturmodelle nicht einfach auf verschiedene Gesellschaften (städtische und ländliche) übertragen lassen. Das Phänomen der Abhängigkeit gewisser Teile der Industriearbeiterschaft vom Bauerntum kann ja in einer städtischen Gesellschaft wohl kaum noch nachgewiesen werden. Aus diesem Grunde auch haben wir uns nicht einem „traditionellen" Klassifizierungsschema des sozialen Aufbaus angeschlossen, sondern haben versucht, statt die einzelnen Schichten in ein Modell hineinzuzwängen, sie in ihrer dynamischen Entwicklung zu verfolgen, wobei wir uns absichtlich weigerten, die soziale Hierarchie in ihrer Objektivität endgültig aufzustellen. Dazu wären gemäß der verschiedenen Determinanten der Soziallage auch verschiedene weitere Untersuchungen notwendig gewesen. Wir haben hier indessen nur eine einzige Determinante, nämlich diejenige der Zugehörigkeit zu einem bestimmten Wirtschaftszweig zum Objekt unserer Untersuchung gewählt.

Auch im Bereich der Gruppenbildung hat die Industrialisierung in Villmergen interessante Veränderungen gebracht. So konnte beispielsweise in der Bally-Schuhfabrik deutlich festgestellt werden, daß sich am Arbeitsplatz neue Gruppen gebildet haben. Der Arbeitsprozeß ist in dieser Fabrik in Stufen eingeteilt. Dieser stufenmäßigen Arbeitsteilung muß ex post eine Integration folgen, damit in mehr oder weniger großen Gruppen die Teilverrichtungen aufeinander abgestimmt werden können. Die Arbeitsteilung verwandelte hier deshalb die arbeitende Betriebsbelegschaft in ein kompliziertes System der Interdependenz, das ganz neuartigen Gruppierungs- und Ordnungstendenzen unterliegt. Diese Gruppenbildung, die ausgeht vom Arbeitsplatz, wurde für das gesellschaftliche Leben in Villmergen von großer Bedeutung. Sie entstand nämlich genau in dem Augenblick, wo sich die alte bäuerliche Dorfgemeinschaft aufzulösen begann. An ihre Stelle trat nun das arbeitstechnisch bedingte Abhängigkeitsverhältnis im Betrieb. Die Gemeinschaft wurde also in den Arbeitsbereich hinein verlagert. Diese Gemeinschaft besteht nun nicht nur während der Dauer des Arbeitsprozesses, sondern setzt sich über diesen hinaus fort. Nicht daß es auf Grund dieser neuen Gruppenbeziehungen und Gruppenkontakte zur Bildung einer neuen Dorfgemeinschaft gekommen wäre, in welcher die gesamte Bevölkerung zu einer einzigen großen Einheit zusammengefügt wäre. Es bilden sich jedoch, ausgehend von den Betrieben, verschiedene Gruppen, welche das dörfliche Gemeinschaftsleben stärkstens beeinflussen. Die gesellschaftlichen Kontakte haben sich vielfach in kleine Gruppen hinein verlagert, die in den Betrieben gebildet wurden.

Es hat sich indessen gezeigt, daß sich diese Gruppenbildung nicht in allen Industriebetrieben von Villmergen durchsetzen konnte. So wurde sie in der alten Strohindustrie zum Beispiel nicht festgestellt. Dort war die Bildung von intimen Arbeitsgruppen — von eigentlichen teams — nicht möglich, weil der Produktionsprozeß in viele einzelne Arbeitsprozesse aufgeteilt ist, die *nicht* ineinandergreifen. Zudem fehlt es dort am Bestreben der Betriebsleitung, die Arbeitsverbundenheit etwa planmäßig herbeizuführen und zu fördern.

Des weiteren konnte festgestellt werden, daß die Gruppenbildung unter Arbeitern intensiver ist als die unter kaufmännischen Angestellten. Die vom Betrieb ausgehenden und über diesen hinaus sich verlängernden Gruppenbeziehungen sind vor allem bei Arbeitern zu beobachten, welche in einer Abteilung unmittelbar neben- oder hintereinander arbeiten. Unsere Untersuchung hat des weiteren ergeben, daß sich solche Gruppen vorwiegend unter Arbeitern gleicher Kompetenzstufe bilden. Wenigstens haben wir in keinem Falle feststellen können, daß sich diese Gruppen aus Gliedern von zwei oder mehr Kompetenzstufen der betrieblichen Hierarchie zusammengesetzt hätten. Die Funktion, resp. die betriebliche Rangstellung scheint also für die Bildung einer solchen Gruppe eine wichtige Rolle zu spielen. Das scheint uns aber weiter nicht verwunderlich; denn durch den Rangunterschied (Befehlen — Gehorchen) wird eine gewisse Distanz zwischen die einzelnen Individuen gelegt, die einen Intimkontakt in vielen Fällen unmöglich macht.

Unsere Untersuchung der Gemeinde Villmergen gab uns auch die Möglichkeit, den sog. Pendelwanderer unter dem Gesichtspunkt der Industrialisierung zu betrachten. Wie wir sehen werden, spielen die Zu- und Wegpendler für das Dorf Villmergen eine entscheidende Rolle. Zunächst eine zahlenmäßige Übersicht über die Zu- und Wegpendler.

Die Vergleichszahlen über Zu- und Wegpendler der Jahre 1930 und 1941 zeigen ein starkes Anwachsen der Zupendler und eine Abnahme der Wegpendler.

Zu- und Wegpendler
(Vergleich 1930 / 1941)

		1930	1941
In der Gemeinde wohnhafte Berufstätige	m	864	822
	w	461	368
	Total	1325	1190
Zupendler	m	137	375
	w	79	256
	Total	216	631
Wegpendler	m	216	189
	w	103	81
	Total	319	270

Daß die Wegpendler immer seltener werden, ist verständlich, wenn man bedenkt, daß die Arbeitsmöglichkeiten in Villmergen durch die Industrialisierung immer größer werden. Die Zunahme der Zupendler ist aus denselben Gründen erklärbar. So scheint es also, daß die Pendelwanderung zu einem großen Teil durch wirtschaftliche Motive begründet ist. Inwieweit andere Gründe vorliegen, kann hier nicht näher untersucht werden. Die Erfolgschancen im wirtschaftlich begründeten sozialen Aufstieg scheinen aber auf jeden Fall eine Hauptrolle zu spielen.

Fast alle Wegpendler haben ihren Arbeitsort in Industriedörfern. Zwischen 15 von 55 Gemeinden, die vom Pendelverkehr Villmergens erfaßt werden, findet gegenseitige Pendelwanderung statt. Einzelne Pendelwanderer haben täglich einen sehr weiten Weg zu ihrem Arbeitsplatz zurückzulegen. So legt ein Arbeiter aus Frenkendorf täglich eine Luftliniendistanz von 86 km (hin und retour) zurück. Die meisten Pendelwanderer wohnen indessen in einem Umkreis von nur ca. 16 km von ihrem Arbeitsort Villmergen entfernt. Wenn man bedenkt, daß die Transportmittel für die Reise in vielen Fällen mehrere Male gewechselt werden müssen, so wird einem bewußt, daß dies eine unglaubliche Belastung der Arbeitsbevölkerung darstellt. Während dieser Fahrt sind die Pendler allen möglichen Einflüssen ausgesetzt, treten mit Leuten aus anderen Regionen in Kontakt, berühren verschiedene soziale Milieus und werden dadurch selbst in gewisser Weise verändert. Diese Zupendler sind für Villmergen insofern wichtig, als sie dorffremde Wesenszüge tragen. Es sind Leute, welche zum Teil aus mehr verstädterten, zum Teil aber auch aus rein agrarischen Verhältnissen stammen. Sie sind von der Dorfgemeinschaft aus betrachtet Außenseiter, welche aber täglich innerhalb der dörflichen oder betrieblichen Gemeinschaft eine Funktion auszuüben haben. Interessant sind nun die Verschiedenheiten zwischen zuziehenden Pendelwanderern und ansässigen Villmergern. Während der Villmerger seinen Chef in den meisten Fällen persönlich kennt und das gegenseitige Vertrauensverhältnis sich im außerbetrieblichen Kontakt weiter stärkt, hat der „fremde" Pendelwanderer nur geringe Chancen, mit seinem Chef in außerbetrieblichen, persönlichen Kontakt zu treten. Das Subordinationsverhältnis ist hier viel ausgeprägter, da fremd auf fremd trifft. Im Prinzip liegt das Kontaktbedürfnis nicht auf der Seite der Einheimischen. Sie geben von sich aus nicht die Hand zu intimer Auseinandersetzung. Indessen kann dieser Kontakt sehr wohl von seiten des Pendelwanderers aufgenommen werden. Wenn er versucht, auf irgend eine Art in die bestehende Gemeinschaft einzudringen, und wenn er dies nicht in aggressiver Weise oder auf Grund von Dominanzansprüchen tut, dann ist der Villmerger nicht abgeneigt, den Kontakt aufzunehmen. Wir sehen also, daß in Villmergen keine Abstoßungstendenz mehr vorliegt, wie sie in gewissen stark integrierten bäuerlichen Gemeinschaften noch zu finden ist. Dies dürfte ein wesentliches Merkmal einer bereits städtisch beeinflußten, industriellen Landgemeinde sein.

Es hat sich des weiteren herausgestellt, daß Zu- und Wegpendler in bezug auf ihren Einfluß auf die Dorfbevölkerung nicht identisch gesetzt werden dürfen. Die Wegpendler von Villmergen haben nämlich größeren Einfluß auf ihre Wohngemeinde als die Zupendler, welche beispielsweise aus mehr verstädterten Gegenden kommen. Der Wegpendler, welcher etwa in der Stadt Zürich arbeitet, übernimmt die städtischen Merkmale nicht während seiner Arbeitszeit, sondern in seiner Freizeit, die er dann in dieser Stadt oder auch in einer andern verbringt. Die Stadt zieht ihn an, weil er während seiner Anwesenheit ihre Möglichkeiten (Vergnügen, kulturelle Betätigung etc.) sieht. Diese Möglichkeiten nutzt er dann in seiner Freizeit aus. Dadurch übernimmt er typisch städtische Verhaltensformen und überträgt diese auch auf seine Umwelt in Villmergen.

Unsere Ausführungen dürften gezeigt haben, daß ein agrarisches Dorf durch Ansiedlung von Industrie allein nicht zum Industriedorf wird. Die Übernahme industrieller Merkmale findet nicht nur im neuindustrialisierten Dorf statt, sondern — vor allem in der Anfangsperiode — in bereits industrialisierten Gebieten, mit denen die Auspendler in Kontakt treten.

Damit sind nur einige wenige Punkte unserer Gemeindeuntersuchung gestreift worden. Es bleibt uns die Aufgabe, einiges zusammenzufassen und den Umwandlungsprozeß in seinen wichtigsten Etappen aufzuzeigen. Diesen Bemerkungen muß aber eine grundsätzliche Erkenntnis vorangestellt werden: Es kann — aus Gründen, welche hier noch anzuführen sind — prinzipiell keine uniformen Auswirkungen der Industrialisierung geben. Diese sind zeit-örtlich verschieden. Es lassen sich höchstens unter ähnlichen Bedingungen und für bestimmte zeitlich determinierte Abschnitte relative Konstanten in der sozialwirtschaftlichen Entwicklung finden. Da unsere Untersuchungsgemeinde im

Vergleich zu anderen schweizerischen Regionen, insbesondere auch gegenüber den angrenzenden Gebieten erst relativ spät industrialisiert wurde, ist anzunehmen — und dies konnte in unserer Analyse auch bestätigt werden — daß die sozialen Auswirkungen der Industrialisierung zwischen den verschiedenen Gebieten nicht dieselben sind. Auf jeden Fall konnte gerade in Villmergen beobachtet werden, daß eine *relativ späte Industrialisierung eines ländlich-bäuerlichen Dorfes einen rascheren Wandel des sozialen Lebens bewirkt hat.* Wir schließen daraus, daß irgendwelche technischen oder wirtschaftlichen Neuerungen oder auch geistige Strömungen unter verschiedenen geistesgeschichtlichen, wirtschaftlichen, politischen und sozialen Voraussetzungen auch veränderte Einflüsse auf das soziale Leben und die Sozialstruktur ausüben müssen. So können gewisse sozial-kulturell fundierte Sozialsysteme für eine bestimmte Neuerung günstiger sein als andere, weil sie vielleicht selbst im Zerfallen begriffen sind und eine Erneuerung erfahren *müssen*, oder weil die Neuerung wesensähnlichen Charakter trägt und dadurch die Tradition nicht wesentlich beeinflußt wird. Es ist sodann darauf hinzuweisen, daß die Wechselbeziehungen zwischen Villmergen und bereits industrialisierten Gebieten schon vor der Industrialisierung unserer Untersuchungsgemeinde in beschränktem Maße stattfanden. Dadurch konnte die traditionale, politische und sozial-kulturelle Grundlage von Villmergen bereits in der Richtung der zukünftigen Entwicklung vorgebildet werden. Eine solche Vorbereitungsperiode müßte zwar, wie man anzunehmen geneigt wäre, das Auftreten von heftigen Spannungen verhindern. Wie wir jedoch noch zeigen werden, sind dennoch Spannungen verschiedener Art aufgetreten, und zwar besonders in der Anfangsperiode der Industrialisierung. Ein Grund dafür mag darin liegen, daß die bäuerliche Bevölkerung in jenem Zeitpunkt bereits mit den modernsten industriellen Einrichtungen und den damit zusammenhängenden Arbeitsweisen in Berührung gekommen war. An Stelle eines langsamen Übergangs zu neuer und vorerst wesensähnlicher Arbeitstechnik erfolgte — wenigstens in den dezentralisierten Großbetrieben — ein sprunghafter und fundamentaler Wechsel. Trotz relativ frühzeitiger Übernahme sozial-kultureller Verhaltensformen aus bereits industrialisierten Gebieten vermochte sich das Verhalten der Villmerger nicht in dem Maße zu entwickeln, daß es für eine konfliktlose Anpassung an die hochmoderne Technik vorbereitet gewesen wäre. Zudem war in jenem Anfangsstadium der Industrialisierung die Tradition in unserem Bauerndorf noch sehr stark, so daß sich neue Verhaltensformen nur mühsam und allmählich neben den alten Verhaltensmustern durchzusetzen vermochten.

Die Industrialisierung hat in Villmergen zunächst eine *Spannungsperiode* geschaffen, welche durch Druck und Gegendruck, Überlagerung und Verdrängung neuer und alter Wirtschafts-, Kultur- und Sozialformen zustande kam. Die

Spannung bestand in der Antinomie zwischen Tradition und Fortschritt, resp. in der Tatsache, daß man aus traditionellen Gründen bewußt gegen die sich bereits verbreitenden Formen industrieller Ordnung ankämpfte. Neubürger aus industrialisierten Gebieten wurden in dieser Periode als Außenseiter empfunden und auch als solche behandelt. Diese Spannungsperiode — obwohl zum Teil mit heftigen offenen Konflikten verbunden — dauerte jedoch nur relativ kurze Zeit. Bereits in dem Augenblick, in dem einige existenzgefährdete Kleinbauern in die Industrie übertraten, begann die *Periode der Anpassung*. Vermehrte Beziehungen mit bereits industrialisierten Gebieten — vor allem auch mit Städten — beschleunigten den Anpassungsprozeß. Die neuen Verhaltensweisen wurden einesteils in diesen Gebieten, anderenteils in der Gemeinde selbst übernommen. Die Anpassungsperiode kommt sowohl in der hybriden Sachkultur (alte und neue Kulturgegenstände, Möbel, Werkzeuge etc.), als auch in der hybriden Wirtschaftsform (Nebenerwerbslandwirtschaft) und Verhaltensform zum Ausdruck. Die einzelnen sozialen Schichten haben sich dabei nicht gleichzeitig an die neuen Verhältnisse angepaßt. So konnte festgestellt werden, daß sich diejenigen Schichten, welche in direkter Abhängigkeit zu den neuen Produktionsbedingungen standen (Arbeiter), rascher an die Lebensweise und den Rhythmus der neuen „industriellen Gesellschaft" anpaßten. Umgekehrt hat sich die Bauernschicht infolge stark verschiedenem (langsamerem) Lebensrhythmus erst relativ spät angepaßt. Insbesondere in dieser Schicht hat die allmähliche Anpassung an die neue gesamtgesellschaftliche Entwicklung mit der Tradition zur Folge gehabt, da ihre Lebensweise in wichtigen Teilen nicht angetastet wurde, während die notwendigen Anpassungen stärker mit der Tradition kontrastierten. Des weiteren konnte gezeigt werden, daß sich die einzelnen Generationen nicht in gleicher Weise und auch nicht gleich rasch an die „industrielle Ordnung" anpaßten. Dieser Umstand läßt sich dadurch erklären, daß die junge Generation nur noch geringe Beziehungen zur alten Tradition hat. Sie wurde ja zum Teil schon in die neue Ordnung hineingeboren und wird höchstens noch von den Eltern mit Reststücken alter Tradition belastet.

In der heutigen *relativen Endperiode* dieses Anpassungs- und Umformungsprozesses hat sich auf der Basis der industriellen Gesellschaft eine neue Lebensform herangebildet. Obwohl der Wandlungsprozeß große Erschütterungen in allen möglichen Teilsektoren menschlichen Lebens im Gefolge hatte, trat keine völlige Desorganisation der Gemeinde ein. Die bäuerliche Tradition konnte allerdings bis heute nicht vollends verdrängt werden. Sie lebt als teilweise mitbestimmender Faktor weiter in der neuen gesellschaftlichen Verfassung. Diese neue Gesellschaftsform ist nun aber nicht nur eine Quersumme aus alten und neuen Elementen, sondern — wenn man die Eigendynamik dieser Teilelemente berücksichtigt — etwas durchaus Neues.

Anmerkungen

[1] *Th. Geiger* versteht unter „Fluktuation" einen Zu- und Abstrom von Einermassen von gleicher Ausgangslage zu gleicher Ankunftslage, zum Beispiel das Übertreten einer großen Zahl von Personen von der Landwirtschaft in die Industrie. Siehe: Soziale Umschichtungen in einer dänischen Mittelstadt, Aarhus 1951.

[2] Statuswechsel ist nach *Th. Geiger* ein Einzelfall der Fluktuation: Übergang einer einzelnen Person oder Familie von einer Schicht zur andern. Siehe: a. a. O. p. 9.

[3] Vgl. *A. Miller*, Das Problem der Klassengrenze und seine Bedeutung bei der Untersuchung der Klassenstruktur, in: Transactions of the Second World Congress of Sociology (Liège 1954), London 1954.

DIE INTEGRATION EINES DORFES IM SOZIALEN WANDEL*

Von Martin Egger

Die seit 1948 in beträchtlicher Zahl erschienenen agrarsoziologischen Untersuchungen über ländliche Verhältnisse in der Bundesrepublik beschäftigen sich überwiegend mit der Landwirtschaft „im Kraftfeld der Stadt", „im Spannungsfeld industrieller Entwicklung", „im Schnittpunkt ländlicher und städtischer Lebensform"[1]. Dabei ergab sich im allgemeinen das trübe Bild einer fortschreitenden Auflösung und Zersetzung bäuerlich-dörflicher Traditionen und Lebensformen, dem als gleich trüber Kontrast nur noch allerletzte, offensichtlich dem Untergang geweihte Reste hinterwäldlerischer, überholter, mehr oder weniger verknöcherter und degenerierter Traditionen gegenüberstanden. Daraus erhebt sich die Frage, ob es tatsächlich nur diese beiden gleich unerfreulichen Polaritäten und die Zwangsläufigkeit einer Entwicklung von der einen zur anderen gibt, oder ob nicht vielmehr auch die Möglichkeit einer modernisierenden Weiterbildung unter Aufrechterhaltung erhaltenswerten Traditionsgutes und des befriedigenden Integrationsgrades besteht, und ob nicht vielleicht bereits Ansätze in dieser erfreulichen Richtung zu beobachten sind. Diese soziologischen Fragen an einem konkreten Einzelbeispiel durch empirische Untersuchung zu klären, hat sich unsere Arbeit zur Aufgabe gestellt.

Als Untersuchungsgegenstand wurde, unter Aktivierung mittelbarer persönlicher Beziehungen[2], Hüttenthal im Odenwald gewählt, ein schon 1366 erwähntes bäuerliches Waldhufendorf mit Anerbenrecht, heute bestehend aus 56 Häusern mit 76 Haushaltungen und 343 Einwohnern. Es liegt zwar nicht im unmittelbaren Einflußbereich einer Stadt, wenn man von den kleinen Landstädten Erbach (5535 Einwohner), Beerfelden (3065) und Michelstadt (6211) absieht, ist aber anderseits denkbar weit davon entfernt, so etwas wie ein kulturhistorisches Freilichtmuseum darzustellen.

Die Untersuchungsergebnisse bauen sich auf folgenden Quellen auf: 1. Erstellung einer Strukturanalyse, 2. eigene teilnehmende Beobachtung, 3. Formalbefragung und 4. Intensivbefragung, wobei hervorzuheben ist, daß grundsätzlich jede Haushaltung aufgesucht wurde[3]. Von einer Stichprobenerhebung (sample) konnte also zugunsten einer vollständigen Erfassung aller Einwohner (von 16 Jahren an aufwärts) und Haushaltungen abgesehen werden.

Die Wirtschaft des Dorfes ist dadurch gekennzeichnet, daß von den 76 Haushaltungen 71 % im Haupt- oder Nebenerwerb ständig mit der Landwirtschaft verbunden sind. Angebaut werden vorwiegend Roggen und Kartoffeln, ferner werden in hohem Maße Weidewirtschaft und Forstwirtschaft betrieben. An Industriebetrieben sind eine Molkerei und ein Sägewerk vorhanden.

Historisch wichtig ist die Herausbildung von Kleinbesitz, die von ca. 1850 bis 1935 erfolgte, wobei landwirtschaftliche Tagelöhner Haus- und Grundbesitz erwarben und sich selbständig

---

* Die vorliegende Abhandlung stellt die gedrängte Zusammenfassung einer Dissertation an der Universität Heidelberg dar, deren Titel lautet: „Einflüsse moderner Zivilisation im Dorfe, dargestellt am Dorfe Hüttenthal im Odenwald. Ein Beitrag zur Agrarsoziologie" (1955).

machten. Sie sind im Hauptberuf als Dorfhandwerker, Waldarbeiter oder auspendelnde Industriearbeiter, im Nebenerwerb als Kleinlandwirte tätig.

Es lassen sich vier soziale Kategorien unterscheiden: Bauern (12 %) der Haushaltungen), Landwirte (12 %), Nebenerwerbslandwirte (47 %) und Nichtlandwirte (29 %). Die Bauern haben so viel land- und forstwirtschaftlichen Besitz (teilweise auch einschließlich des hinzugepachteten Geländes), daß sie ohne jeden Nebenerwerb ausschließlich von der Land- und Forstwirtschaft leben können. Infolge des schlechten Buntsandstein-Verwitterungsbodens müssen sie mindestens 7 ha landwirtschaftliche Nutzfläche (LN) besitzen, um vollkommen selbständig existieren zu können. Dagegen müssen die Landwirte, obgleich sie hauptberuflich und als freier Herr im eigenen landwirtschaftlichen Betrieb tätig sind, infolge ihres relativ geringen Besitzes an LN (3,5 bis 7 ha) noch einen Nebenerwerb ausüben, wenn sie auskömmlich leben wollen. Der Nebenerwerb wird meist als Saisonarbeit ausgeübt (Waldarbeit). Die Nebenerwerbslandwirte betreiben im Hauptberuf ein Handwerk oder Gewerbe, oder sie sind im Dorfe beschäftigte oder auspendelnde Industriearbeiter. Sie besitzen 1 bis 2 Kühe, Kleinvieh und Eigenbesitz an LN zwischen 0,25 und 5,5 ha. Über keinerlei land- und forstwirtschaftlichen Besitz verfügen die Nichtlandwirte, zu denen vor allem fast sämtliche Heimatvertriebenen sowie wenige Einheimische gehören, die als weichende Erben von Kleinbesitzern infolge der geschlossenen Erbfolge an Haus- und Grundbesitz leer ausgehen. 50 der 76 Haushaltsgemeinschaften wohnen im eigenen Haus. Die vier größten Bauern besitzen 56 % der gesamten im Privatbesitz befindlichen land- und forstwirtschaftlichen Grundfläche. Der Lebensstandard ist allgemein relativ hoch.

Die empirische Untersuchung galt der Auffindung und Feststellung von Einflüssen moderner Zivilisation im Anschluß an die verkehrsmäßige Erschließung und das Eindringen der Technik. Die bis dahin sehr schlechten Verkehrsverhältnisse besserten sich wesentlich nach dem von 1837—41 erfolgten Bau einer Landstraße, die bis in die 20er Jahre unseres Jahrhunderts Zug um Zug ausgebaut wurde. Auf der Landstraße verkehrte von 1845 ab die Postkutsche, die 1925 vom Personenomnibus abgelöst wurde. Seit 1929 befährt die Kraftpost diese Strecke. Die nächste Eisenbahnstation wurde 1882 in dem 6 km entfernten Hetzbach, das an der Mümlingbahn Hanau—Eberbach gelegen ist, errichtet. Die Gemeinde besitzt seit 1905 eine eigene moderne Wasserleitung. Die Elektrizität fand 1922 Eingang ins Dorf, das jedoch erst 1934 ans öffentliche Stromnetz angeschlossen wurde. Der Industrie der Umgebung (Erbach, Michelstadt) kommt erst von ca. 1920 an bedeutende Anziehungskraft auf die Untersuchungsgemeinde zu. Die im Dorfe befindlichen Industriebetriebe: Molkerei und Sägewerk, wurden ca. 1900 begründet, erhielten aber erst nach dem 1., verstärkt nach dem 2. Weltkrieg wirtschaftlichen Aufschwung.

Die Technisierung in der Landwirtschaft erfolgte in stärkerem Maße von etwa 1950 an. Heute[4] sind im Dorfe u. a. 9 Ackerschlepper, 10 elektrische Heuaufzüge und 4 elektrische Melkmaschinen vorhanden. Im Haushalt zählt man 28 Elektroherde (der erste 1936), 8 elektrische Waschmaschinen (die erste 1950), 5 elektrische Kühlschränke (der erste 1951), 9 moderne Badeeinrichtungen, 7 moderne Wasserklosetts und 1 moderne Zentralheizung (je seit 1950). Es gibt weiter 36 Motorräder (das erste 1925) und 12 Kraftwagen (der erste 1924), von denen 25 bzw. 8 erst nach der Währungsreform 1948 erstmals angeschafft wurden. Das regelmäßige Zeitungsabonnement hat sich verstärkt nach dem 1. Weltkrieg durchgesetzt. Heute werden im Dorfe insgesamt 56 Zeitungen, Zeitschriften und illustrierte Zeitschriften gelesen. 6 Fernsprecher (der erste 1912) und 68 Rundfunkgeräte (das erste 1925) sind in der Gemeinde vorhanden. Die nächsten festen Lichtspieltheater befinden sich in den je 10 km entfernten Landstädten Erbach und Beerfelden. Seit 1952 kommt jeden Mittwoch eine Kinowanderbühne in das 3 km entfernte Untermossau.

Die verkehrsmäßige Erschließung des Dorfes erfolgte somit von ca. 1845, die Einbeziehung in den modernen industriellen Verkehr aber frühestens von 1882 (Eisenbahn), richtig erst von 1933/34 an (rentabler Kraftpostbetrieb). Die technische Zivilisation ist nach dem 1., in verstärktem Maße jedoch nach dem 2. Weltkrieg (Währungsreform 1948) in das Dorf eingedrungen.

An diese Feststellungen knüpfte sich die Frage, ob im Zuge der verkehrsmäßigen Erschließung und des Eindringens der Technik Auflösungs- und Zersetzungserscheinungen im sozialen Bereich eingetreten sind, oder ob Aneignung der Technik und Anpassung an die veränderten wirtschaftlich-technischen Gegebenheiten gelungen sind, ohne daß die Balance der dörflichen Sozialformen gestört oder zerstört wurde. Nach ausführlicher Untersuchung ließ sich darauf die Anwort geben, daß im sozialen Bereich nur geringfügige Veränderungen gegenüber früheren Zeiten erfolgten, die aber den hohen Integrationsgrad der dörflichen Sozialformen nicht oder kaum verringerten.

Die meisten Veränderungen im dörflichen Sozialbereich wurden durch exogene Störungen hervorgerufen. So ist z. B. die Stärkung der Position der Landfrau fast ausschließlich auf exogene Einflüsse zurückzuführen. Ihr Wirkungs- und Verantwortungsbereich vergrößerte sich wesentlich, erstens infolge der Abwesenheit der Männer während der beiden Weltkriege, und zweitens, weil sie infolge des immer stärkeren Arbeitskräftemangels zur Feldarbeit sehr stark herangezogen wurde. Dasselbe gilt für die Tatsache, daß die bei der Wahl des Ehepartners geltenden Prinzipien: Mitgift, Herkunft, Name [5], in ihrer Bedeutung zugunsten des Prinzips der Tüchtigkeit abgeschwächt wurden. Diese „Gewichtsverlagerung" ist sowohl in dem heutigen Landarbeitermangel als auch darin begründet, daß den Anforderungen, die heute an die Produktivität eines landwirtschaftlichen Betriebes gestellt werden, nur durch den vollen Einsatz zweier tüchtiger Partner genügt werden kann.

Das Generationsverhältnis ist dadurch charakterisiert, daß der Inhaber eines Hofes diesen in der Regel bis zum Tode behält, auch wenn die nachrückenden Anwärter längst verheiratet und vielleicht schon 35 bis 40 Jahre alt sind. Aber die Jugend ist heute nicht mehr gesonnen, sich bis zu einem solchen Alter nur mit einer bescheidenen Mitsprachemöglichkeit zu begnügen und stets den Dispositionen der Inhaber unterzuordnen. Diese Haltung entspringt dem gesunden Drang, Verantwortung zu übernehmen, in eigener Disposition zu planen, den Betrieb zu modernisieren, kurz: sich in selbständiger Tätigkeit zu bewähren [6]. Da es jedoch aus mehreren Gründen wohl nicht richtig wäre, die Inhaber frühzeitig aufs Altenteil zu setzen, bietet sich folgende, beim größten Bauernhof der Untersuchungsgemeinde mit Erfolg exemplifizierte Lösung an: Die „Alten" geben den Hof und den Besitz an landwirtschaftlicher Nutzfläche rechtzeitig an die jungen Nachfolger ab, behalten aber den Wald in eigener Hand [7].

Pädagogische Komplikationen treten im Dorfe kaum auf, da die Kinder ganz natürlich heranwachsen, in Wald und Feld stets genügend Betätigungsmöglichkeiten haben und den nötigen Respekt vor Eltern und Großeltern fast wie von selbst durch unmittelbar vor ihren Augen sich abspielende Leistungen erhalten.

Kindstaufe, Konfirmation, Verlobung und Hochzeit sind Familienfeste, die würdig begangen werden. Besonders bei einer Hochzeit sind Verwandte aus nah und fern, der Pfarrer sowie Nachbarn und sonstige Dorfeinwohner eingeladen. Fast alle Räume im Hause werden freigemacht, damit die vielen Gäste Platz finden. Bei einer Bauernhochzeit im Dorfe kann man in der Regel 60 bis 150, bei den Nebenerwerbslandwirten auch noch bis zu 80 Personen zählen. Eine Hochzeit ist ein Ereignis, an dem das gesamte Dorf lebhaften Anteil nimmt.

Die anderen Familienfeste begeht man in der sog. Guten Stube, die bei den Bauern auch heute noch besteht. Die Gute Stube wird im schönsten Zimmer des Hauses eingerichtet. In ihr stehen die besten Möbel, oft sieht man an der Wand ganze Reihen von Hirschgeweihen und Rehstangen (zum Teil über 100) hängen.

Die alte nachbarschaftliche Hilfe ist vollkommen erhalten. Sie drückt sich nicht nur in der gegenseitigen Hilfe von Bauern und Nebenerwerbslandwirten, sondern auch in der Hilfe der Nebenerwerbslandwirte untereinander aus, wobei keine Verrechnung in Geld erfolgt. Das enge Zusammengehörigkeitsgefühl unter den Verwandten fällt kaum aus dem Rahmen der allgemeinen nachbarschaftlichen Verbundenheit heraus. Sämtliche Einheimischen reden sich ohne Altersunterschied mit „du" an.

Sympathie und Antipathie spielen eine untergeordnete Rolle: wer zur Dorfgemeinschaft zählt, kann, wer er auch sei, jederzeit auf die Anerkennung und notfalls Unterstützung durch seine Dorfgenossen rechnen. *Eine* Voraussetzung muß hierfür allerdings doch erfüllt sein: ein den innerhalb der Dorfgemeinschaft geltenden Normen gemäßes Verhalten. Weicht einer wiederholt von diesen ab, so steht er eines Tages isoliert, gleichsam „heimatlos" da. Das Urteil spricht die Dorfgemeinschaft, ohne daß darüber eine besondere Verständigung erfolgte. Ganz automatisch sorgt die contrainte sociale, der soziale Zwang oder die soziale Kontrolle, für die Einhaltung der geltenden Verhaltensnormen.

Die Verhaltensnormen leiten sich vor allem von den höchstbewerteten Eigenschaften, Fleiß und Gemeinschaftsbewußtsein ab. Wer faul ist und wenig Gemeinschaftssinn zeigt, bekommt die contrainte sociale zu spüren. In ihrer Wirkungskraft kommt ihr vor allem die Überschaubarkeit der Verhältnisse, d. h. der Umstand, daß alle einander kennen und jeder den anderen fast ständig kontrollieren kann, zugute.

Solange das Gemeinschaftsbewußtsein zu den höchstbewerteten Eigenschaften zählt, sind kraft der Funktion der contrainte sociale die Erhaltung des Gemeinschaftssinnes und der gegenseitigen Hilfsbereitschaft gewährleistet. Hält man aber eine Revision der traditionellen Auffassung von Fleiß für richtig, so steht dem die contrainte sociale so lange entgegen, bis sich beim Großteil der Dorfbevölkerung ein Vorstellungswandel vollzogen hat.

Die contrainte sociale wirkt auch in sittlicher Hinsicht sehr stark regulierend. Was von dem Gewohnten abweicht, fällt sofort auf. Es wird ausführlich besprochen, und wer einmal ein Opfer des Dorfklatsches geworden ist, hat es recht schwer, das Interesse wieder von sich abzulenken.

Bei den Dorfführern ist die Wirkung der contrainte sociale am geringsten, daher gelangen Neuerungen am ehesten über diese in das Dorf. Dorfführer sind Pfarrer, Lehrer, Bürgermeister und vor allem die großen Bauern.

Alle Besitzenden, selbst die kleinsten Nebenerwerbslandwirte, sind bestrebt, ihren Besitz zu vergrößern, und zwar nicht nur aus wirtschaftlichen Gründen, sondern auch, weil dadurch ihr Ansehen im Dorfe vermehrt wird. Fleiß und Tüchtigkeit werden daran gemessen, ob „es einer zu etwas gebracht hat". Ob ein Bauer sein relativ großes Besitztum zu Recht in Händen hat oder nicht, darüber wird nicht nachgedacht. Ein Bauer ist eben ein Bauer.

Man kann allerdings sagen, daß fast alle Bauern intelligent und sehr tüchtig sind. Sie sitzen zu Recht auf ihrem Hof. Ihr Ansehen und Einfluß ist groß. Daher können sie es sich am ehesten leisten, eine in den Augen der Dorfbewohner gewagte Neuerung einzuführen. Sie befinden sich in einer solchen Machtposition, daß sie nicht bei allem, was sie unternehmen wollen, die vermutliche Reaktion der Dorfmeinung zu berücksichtigen brauchen. Wenn z. B. ein großer Bauer eine Neuerung überraschend einführt, sind zwar zunächst alle stutzig und warten erst den Erfolg ab, zögern bei positivem Ausgang dann aber nicht, seinem Beispiel nachzueifern. Die Technisierung in der Landwirtschaft ging ausschließlich von den größten Bauern aus.

Der starke Zusammenhalt in der Dorfgemeinschaft kommt besonders anschaulich bei den Dorffesten zum Ausdruck. Vier Dorffeste werden im Jahr gefeiert: Silvester-Neujahr; die Kerwe (Kirchweih) am 3. Sonntag im August; die Nachkerwe vier Wochen später; der Gesangvereinsball am 1. Weihnachtsfeiertag. Bei allen ist fast das gesamte Dorf versammelt.

Man trinkt Wein und unterhält sich dabei, besonders über die Jugend, die sich ausgiebig dem Tanzen hingibt. Tanzen zwei junge Menschen miteinander, die noch nicht einander versprochen sind, so werden von den Zuschauern sofort Zusammenhänge vermutet. Getanzt werden hauptsächlich Foxtrott, Langsamer Walzer und Tango. Bei Walzern und Rheinländern, die ebenfalls recht oft gespielt werden, bevölkern vor allem die „Alten" die Tanzfläche. Swing, Samba, Raspa und Boogie-Woogie hört man kaum, jedenfalls kann keiner im Dorfe nach solchen Melodien tanzen. Bei schüchternen, meist von auswärtigen Gästen unternommenen Versuchen, Boogie-Woogie zu tanzen, hat man den Eindruck, daß selbst die Jugend die Sache nicht für voll nimmt. Sie belächelt dies vielmehr in dem sicheren Gefühl, keine innere Beziehung dazu zu haben.

Die alten Neujahrsbräuche sind zum Teil noch bis heute erhalten. An Neujahr werden in den begüterten Familien fünf bis sechs Körbe Läwel (Laibe) gebakken und an die Armen verschenkt. Die Burschen gehen mit einem Sack für Läwel und einem Geldbeutel von Haus zu Haus, um den Leuten Glück zu wünschen und sich ihre Neujahrsspende abzuholen. Dagegen läßt sich von den alten Maienbräuchen nichts mehr nachweisen.

Bei Beerdigungen Einheimischer geht grundsätzlich aus jedem Hause des Dorfes mindestens eine Person mit. Auch aus den Nachbardörfern kommen viele Leute. Der Verstorbene verbleibt bis zur Stunde der Beerdigung in seinem Hause. Von dort wird er in einem langen Zuge zum Friedhof geleitet. Der Trauerzug hat durchschnittlich 1,5 km bis zum Friedhofe zu Fuß zurückzulegen. An der Spitze des Zuges schreiten der Pfarrer und der Kirchendiener vor dem von Pferden gezogenen Totenwagen, dann kommen die Angehörigen des Verstorbenen und schließlich die Trauergemeinde. War der Verstorbene Mitglied des Gesangvereins, so stimmt der Männerchor ein Trauerlied an, wenn der Dahingeschiedene über die Schwelle des Hauses getragen wird. Auch am Grabe wird dann noch einmal gesungen. Bei Gelegenheit von Beerdigungen treffen sich viele Verwandte und Bekannte der näheren und weiteren Umgebung einmal wieder, man unterhält sich daher während des Trauerzuges zwanglos.

Auf Bürgermeisterei und Poststelle herrscht kein Amtston. Die Bürgermeisterei befindet sich in einem oberhalb des Sägewerks an der Landstraße stehenden, dem Bürgermeister selbst gehörenden Holzhäuschen. Auch die Poststelle ist in einem Privathaus untergebracht. Sie wird bereits in der dritten Generation von derselben Familie verwaltet. Der Poststelleninhaber ist gleichzeitig der Postbote. Ihm obliegt es auch, während seines Botenganges die neuesten amtlichen Bekanntmachungen „auszuschellen" und zu verlesen.

Das Postbüro ist gleichzeitig das Wohnzimmer der Familie. Es ist mit Familienbildern, Blumen und sonstigen Gegenständen privater Art ausgestattet. Wer in der Post telefoniert, hat meist mehrere Mithörer. Dies wird aber von keiner Seite als störend empfunden. Kommt ins Postamt ein Anruf, der für irgendeinen Dorfeinwohner bestimmt ist, so ist es selbstverständlich, daß durch ein Familienmitglied des Poststelleninhabers baldige und kostenlose Benachrichtigung erfolgt.

Wie sehr sich der größte Teil der Bevölkerung im Dorfe wohlfühlt, zeigen die Antworten auf die Frage: „Wo würden Sie lieber wohnen: in der Stadt oder auf dem Dorf?" 77 % haben sich für das Dorf entschieden. Dabei ist zu bemerken, daß die 23 %, die sich zugunsten der Stadt aussprachen, nahezu ohne Ausnahme ergänzend betonten, sie möchten aber keineswegs in einer Großstadt, sondern höchstens in einer Stadt wie z. B. Erbach (5535 Einwohner!) leben.

Die männliche Jugend zeichnet sich durch einen festen Zusammenhalt aus. Treffpunkt ist eine an der Landstraße gegenüber dem Gaisberg stehende breite Bank. Im Winter schlagen die Burschen die Bank selbst ab und verlegen ihre abendlichen Versammlungen in ein wenige Meter von der Bank entferntes Privathaus. Die Familie des Hausbesitzers, dessen Sohn selbst Mitglied der Jugendgemeinschaft ist, hält dann stets großzügig einen Raum für die Jugend bereit. Bank und Haus sind verhältnismäßig zentral gelegen. Die Landstraße macht an dieser Stelle eine langgezogene Kurve, von der, genau gegenüber der Bank, die nach Mossau abzweigende Straße ihren Ausgang nimmt. Dort befindet sich auch die Wirtschaft „Zum Gaisberger Hof".

Die auf der Bank geführten Gespräche geben gleichzeitig Aufschluß über Gedanken, Wünsche und Freizeitbeschäftigung der männlichen Jugend. Mit den Stichworten: Tanzen, Mädchen, Motorrad und Kino sind die hauptsächlichen Gesprächsthemen angedeutet. Die Jugend nimmt jede Tanzgelegenheit, die sich in Heimatdorf und Umgebung bietet, wahr. Es gibt auf dem Lande allerdings auch kaum eine andere Zerstreuungsmöglichkeit für die Jugend[8].

Die weibliche Jugend findet sich nicht regelmäßig zu einer alle Mädchen erfassenden Versammlung ein. Außer beim Tanzen sieht man nur noch an manchen Sonntagen mehr als drei bis vier Mädchen beisammen. Diese stehen dann einer niedrigen Mauer entlang der Landstraße, um die in Autos oder auf Motorrädern vorüberfahrenden Personen, ihre Kleidung, Frisur und Aufmachung zu betrachten. Dabei kommt wohl bei jedem Dorfmädchen die Sehnsucht auf, auch einmal Reisen unternehmen und andere Städte und Gegenden sehen zu können. Beim Anblick der durchreisenden Personen wird die dörfliche Enge und Eintönigkeit sowie die harte und lange Arbeit besonders fühlbar. Obwohl also auf diese Weise die moderne Zivilisation nicht einmal in das Dorf hinein-, sondern vielmehr durch es hindurchgetragen wird, nimmt sie nicht geringen Einfluß.

Für beide Geschlechter spielt neuerdings, etwa seit 1950, das Motorrad eine sehr wichtige Rolle. 50 % sämtlicher im Dorfe vorhandenen Motorräder befinden sich im Verfügungsbereich der Jugend. Abgesehen von der Freude am bloßen Fahren, hält man ein Motorrad vor allem, um zur Arbeitsstätte zu fahren (Auspendler) und um in der freien Zeit einmal aus der dörflichen Enge herauszukommen. Die meisten Mädchen legen großen Wert darauf, von einem Burschen, meist dem Freunde, auf dem Motorrad-Rücksitz zu Spazierfahrten und zum Besuch von Tanzveranstaltungen mitgenommen zu werden. Mit dem Besitz eines Motorrades steigen die Chancen eines jungen Mannes beim weiblichen Geschlecht.

Der Drang der Jugend, aus dem Dorfe herauszukommen, entspringt nur in den wenigsten Fällen einer Sucht nach städtischen Vergnügungen. In der Regel ist er als Ausdruck eines an sich gesunden Strebens nach geistiger Horizonterweiterung anzusehen. Fast alle Jugendlichen sind froh, wenn sie von einer Reise in die Stadt wieder ins Heimatdorf zurückgekehrt sind. Nur daheim, in Familie und Dorfgemeinschaft, fühlen sie sich recht geborgen. Alle Vergnügungen unternehmen sie von dem Festland der Heimat aus, auf das sie sich jederzeit zurückziehen können.

Im Dorfe gibt es keine besonders organisierten Jugendgruppen. Sie sind auch nicht nötig, da sie wohl niemals einen vollwertigen Ersatz für die gegenwärtig ohne Satzungen und ohne ausdrücklich gewählte Führer bestehende, auf freier und freiwilliger Basis beruhende Jugendgemeinschaft darstellen könnten. Das Interesse der Jugend an der landwirtschaftlichen Arbeit hat stark nachgelassen, wobei namentlich der Vergleich mit den auspendelnden Industriearbeitern, die, da sie Nebenerwerbslandwirte sind, ihr Bargeld weitgehend für private Zwecke verwenden können und geregelte Freizeit haben, eine Rolle spielt. In der Regel zeigen nur diejenigen ein Interesse an der Landwirtschaft, die später selbst einmal einen Hof entweder im Erbgang oder durch Einheirat übernehmen werden.

Die Feststellung, daß sich das dörfliche Sozialleben nach wie vor im Gleichgewicht befindet, gewinnt an Gewicht, wenn man berücksichtigt, daß die seit Generationen allgemein respektierten dörflichen Wertnormen und Verhaltensweisen durch die Einweisung der Heimatvertriebenen unerwarteterweise einer außerordentlich starken Belastung ausgesetzt wurden. Gegenwärtig befinden sich unter den 343 Einwohnern des Dorfes 48 Heimatvertriebene. Etwa 30 weitere Heimatvertriebene verließen von 1950 an das Dorf und ließen sich in hessischen und badischen Städten nieder, da ihnen das Leben und die Arbeitsmöglichkeiten auf dem Lande nicht zugesagt hatten. Bemerkenswert und für die Beurteilung des Verhältnisses zwischen Einheimischen und Heimatvertriebenen wichtig ist, daß die Heimatvertriebenen, von denen 39 katholisch sind und die damit annähernd 74 Prozent sämtlicher im Orte lebenden Katholiken ausmachen, in einer gewissen Breite eine andere Konfession in das vorher fast rein protestantische Dorf hineintrugen. (Heute: 275 Protestanten, 53 Katholiken und 15 Andersgläubige.) Während Auswärtige, die in einheimische Familien einheirateten, bald mit Familie, Nachbarschaft und Dorfgemeinschaft vollkommen verschmolzen waren, reagierte der dörfliche Sozialkörper auf die

Zwangseinweisung vollkommen fremder, nach Herkunft, Mentalität und Glaubensbekenntnis gänzlich anderer, dazu noch in einer geschlossenen Gruppe auftretender Menschen in einer Art sozialer Notwehr auf die schroffste Weise. Die ablehnende Haltung verstärkte sich noch, als sich zeigte, daß mehrere Heimatvertriebene nicht gewillt waren, die traditionellen Wertnormen und Verhaltensweisen zu respektieren. Ungünstig wirkte sich hier freilich auch das sozusagen unentwickelte Vorstellungsvermögen vieler Einheimischer aus, die nicht das nötige Verständnis für das harte Los, das den Heimatvertriebenen widerfahren war, aufbringen konnten.

Inzwischen sind ca. 30 Heimatvertriebene, zum Teil mit einheimischen Ehepartnern, aus dem Dorfe abgewandert. Die im Dorfe gebliebenen 48 Heimatvertriebenen verteilen sich auf 11 Rentner, 9 auspendelnde Arbeiter, 4 Arbeitslose, 3 bei einheimischen Bauern beschäftigte landwirtschaftliche Arbeitskräfte, einen Molkereifachmann und einen Waldarbeiter; der Rest sind die dazugehörigen Ehefrauen und Kinder. Einige haben in einheimische Familien eingeheiratet, andere fühlen sich immer noch nicht wohl; aber bei der Jugend verwischen sich die Gegensätze immer mehr. Man darf daher erwarten, daß mit der Zeit alle Unterschiede zwischen Einheimischen und Heimatvertriebenen verschwinden werden.

Die Dorfschule befindet sich derzeit in guter Ordnung. Sie nimmt in ihrem Lehrplan Rücksicht auf Eigenart und Eigenheiten des Landlebens, heute mehr als zu früheren Zeiten. Unter den Schulkindern herrscht nach Aussage des Lehrers eine gute Harmonie. Die Vorteile einer einklassigen Schule machen sich dadurch bemerkbar, daß die älteren Schüler die jüngeren aufmerksam betreuen und langsam in ihren Kreis hineinwachsen lassen. Das auf diese Weise geschaffene familiäre Verhältnis wirkt sich fördernd auf die Unterrichtsgestaltung aus.

Die höhere Schule wird nur von zwei Kindern aus der Untersuchungsgemeinde besucht. Schon allein die verkehrsmäßigen Schwierigkeiten halten manche Eltern davon ab, ihre Kinder in die höhere Schule nach Erbach zu schicken. Schwerer wiegen dürfte jedoch, daß viele Eltern gar nicht einsehen können, wozu überhaupt ihre Kinder, da ihnen doch im heimischen Bereich genügend Aufgaben gestellt sind, die höhere Schule besuchen sollten. Auch könnten erfahrungsgemäß die wenigsten Kinder z. B. bei der Durchführung der Hausaufgaben, die dann umfangreicher als in der Volksschule wären, auf das nötige Verständnis ihrer Eltern und ihrer Umgebung rechnen, da sich der größte Teil der Dorfbevölkerung geistige Arbeit gar nicht als Arbeit vorstellen kann. So besuchen nur zwei Dorfbuben die Höhere Aufbauschule in Erbach, eine sechsklassige Schule, die mit der sog. mittleren Reife (etwa mit 16 Jahren) abschließt. Der eine Schüler ist der ältere Sohn des Bäckers, der andere der einzige Sohn eines 1938 zugezogenen Molkereifachmanns.

Der Gesangverein „Sängerlust" ist der einzige gesellige Verein des Dorfes. Seine 50 Mitglieder sind alle männlichen Geschlechts. Da die Männer jedoch gleichsam die ganze Familie repräsentieren, kann man sagen, daß er fast das ganze Dorf erfaßt. Dem Gesangverein kommt eine bedeutungsvolle sozial-integrierende Funktion zu. Er tritt bei Hochzeiten, Jubiläen und Todesfällen, ebenso bei Vergleichssingen mit Gesangvereinen der Umgebung, in Aktion. An seinen Weihnachtsbällen, bunten Abenden und Ausflügen ist stets ein großer Teil der Dorfbevölkerung beteiligt. Das Liedgut besteht aus Chören, Volks- und Heimatliedern.

Ein Kriegerverein, der von 1884 bis 1945, und ein Hundezuchtverein, der von 1950 bis 1954 bestand, wurden aufgelöst. Eine Ortsgruppe der Gewerkschaften ist nicht anzutreffen. Der Ortsgruppe des Bauernverbandes, ebenso der Genossenschaft (Raiffeisenkasse) und der Freiwilligen Dorffeuerwehr kommen keine oder nur geringe menschlich-integrierende Funktionen zu. Sportvereine konnten bisher nicht Fuß fassen, da es keinen Einheimischen gibt, der die Ausübung irgendeiner Sportart beherrscht.

Die Politik ist im Dorfe ausschließlich Männersache. Keine Frau geht jemals zur Bürgerversammlung oder zu einer Wahlversammlung. Bei der Wahl gibt das weibliche Geschlecht jeweils meist nach Vorschlag des Ehemannes oder des Vaters die Stimme ab. Anzumerken ist jedoch, daß die Frauen auch unter den gegenwärtigen Verhältnissen mittelbaren Einfluß auf die Regelung der kommunalen Angelegenheiten nehmen können und auch nehmen, indem sie ihre Ansichten im häuslichen Kreise vertreten. Im übrigen sehen sich die politischen Probleme von der dörflichen Warte aus oft so einfach an, daß es bei der Festlegung der Entscheidung bisweilen gar nicht vieler Diskussionen bedarf.

Die Zusammensetzung des Gemeinderats bestätigt die Führerrolle, die den Bauern im Dorfe zukommt. Obwohl die Bauern nur 12 Prozent der gesamten Haushaltungen ausmachen, sind sie mit 40 Prozent überdurchschnittlich stark im Gemeinderat vertreten. Auch die Landwirte, die ebenfalls nur 12 Prozent aller Haushaltungen darstellen, sind mit 20 Prozent im Gemeinderat überrepräsentiert. Dagegen sind schon die Nebenerwerbslandwirte, die 47 Prozent sämtlicher Haushaltungen einnehmen, mit 40 Prozent unterrepräsentiert, ganz zu schweigen von den Nichtlandwirten, die, obwohl sie 29 Prozent aller Haushaltungen auf sich vereinigen, überhaupt keinen Vertreter im Gemeinderat haben. Im Gemeinderat ist auch kein Heimatvertriebener und kein Katholik vertreten. Der Bürgermeister ist der Besitzer des Sägewerks, er führt auch den Vorsitz im Gesangverein.

Es gibt in Hüttenthal derzeit keine Ortsgruppe einer politischen Partei. In der Gemeindepolitik finden parteipolitische Gesichtspunkte weder Erwägung noch Berücksichtigung. Kein einziger Dorfbewohner gehört heute einer politischen Partei als eingeschriebenes Mitglied an.

Nur einmal konnte bisher eine politische Partei im Dorfe Fuß fassen: die NSDAP, die von 1932—45 41 eingeschriebene Mitglieder aus der Untersuchungsgemeinde zählte. Das Eindringen des Nationalsozialismus war vor allem dem Umstand zuzuschreiben, daß sich in der Zeit von 1929—33 die heimische Landwirtschaft in einer äußerst bedrängten Lage befand, die von einem sehr aktiven der NSDAP angehörigen Lehrer entsprechend ausgenutzt wurde.

Dem Landmann geht es vor allem um die Erhaltung seines Eigentums, er wählt daher seit je rechts. Diese Linie läßt sich von Nationalliberalen (vor dem 1. Weltkrieg) über Landbund und NSDAP bis zur FDP ziehen, die seit 1949 jeweils mindestens 50 % aller gültigen Stimmen erhielt. Der FDP kommt außer dem Umstand, daß sie (namentlich in Hessen) weit rechts steht, noch zugute, daß sie sehr stark von protestantischen Einwohnern und früheren Nationalsozialisten bevorzugt wird. Die CDU dagegen wird von vielen als eine Art Nachfolgerin des Zentrums angesehen; die überwiegend protestantische Dorfbevölkerung hat also von dem *Unions*charakter dieser Partei noch nicht genügend Kenntnis genommen. Die SPD aber gilt im Dorfe als eine reine Arbeiterpartei, die für Landvolk und Landwirtschaft nicht viel übrig habe. Viele sind sich auch nicht darüber im klaren, inwieweit und in welchen Punkten unverkennbare Unterschiede zwischen SPD und KPD bestehen. Nach dem Zusammenbruch des Dritten Reiches machte sich zunächst eine weitgehende Resignation breit, die ein waches geistiges Mitgehen mit der politischen Entwicklung des letzten Jahrzehnts erschwerte.

Die Untersuchungsgemeinde gehört dem Kirchspiel Güttersbach an, das insgesamt vier Gemeinden umfaßt. Die Bevölkerung ist vorwiegend protestantisch. Der Anteil der Katholiken an der dörflichen Gesamtbevölkerung wuchs von 0,6 % im Jahre 1900 bis 1954 auf etwa 16 %, vor allem infolge der Einweisung der Heimatvertriebenen, an. Die Katholiken gehen prozentual häufiger in die Kirche als die Protestanten, ebenso das weibliche Geschlecht häufiger als das männliche. Von allen Dorfeinwohnern (16 Jahre an aufwärts) besuchen 33 % häufig, 50 % selten und 17 % nie den Gottesdienst. Im Dritten Reich sind 41 Dorfeinwohner aus politischen Gründen aus der Kirche ausgetreten. Davon sind drei im Kriege gefallen. Von den restlichen 38 sind nur 8 nach dem Kriege nicht wieder in den Schoß der Kirche zurückgekehrt. Das tägliche Tischgebet ist heute nur noch in 7 der 76 Haushaltungen üblich. Dennoch ist nach Ansicht des für das Kirchspiel zuständigen protestantischen Pfarrers noch viel an echtem christlichem Gehalt im Dorfe vorhanden. Der Ausgang der nach Ende des 2. Weltkrieges geschlossenen Mischehen zeigt das erstaunliche Resultat, daß sich in der Mehrzahl der Fälle der evangelische Teil gegenüber dem katholischen durchsetzte. Dies hängt jedoch auch damit zusammen, daß in der Untersuchungsgemeinde die Katholiken nahezu identisch mit den Heimatvertriebenen sind, denen größtenteils daran gelegen ist, durch Einheirat soziale Einbettung und wirtschaftliche Sicherheit wiederzugewinnen.

Die Einwohnerzahl des Dorfes ist sich seit 1852 im wesentlichen gleich geblieben. Eine Abwanderung der Geburtenüberschüsse war natürlich, da sie ja in bäuerlichen Gemeinden mit geschlossener Erbfolge weder Wohnung noch Beschäftigung in ausreichendem Maße finden konnten. Echte Landflucht liegt erst seit der Zeit nach dem 1. Weltkrieg vor, als vor allem die landwirtschaftlichen Hilfskräfte entweder vom Lande in die Stadt oder in einen anderen Beruf bei Verbleiben auf dem Lande abwanderten. Der Anteil der landwirtschaftlichen Hilfskräfte an der Gesamtbevölkerung ist von 21,8 % im Jahre 1828 auf 2,0 % im Jahre 1954 zurückgegangen. Die Landfluchttendenzen hängen mit der Einbeziehung des Landes in das Spannungsfeld der industriellen Entwicklung zusammen. Eine allgemeine Bedürfnissteigerung griff um sich, wobei die zunächst wenigen auspendelnden Industriearbeiter des Dorfes bei den landwirtschaftlichen Hilfskräften und dem bäuerlichen Nachwuchs oft übertriebene Vorstellungen vom Leben des Industriearbeiters erweckten.

Heute fehlen in der Untersuchungsgemeinde mindestens acht Gesindekräfte. Die Gründe des Gesindemangels sind in der geringen Entlohnung, der langen Arbeitszeit und geringen Freizeit, der geringen Selbständigkeit und den geringen Aufstiegs- und Heiratsaussichten zu suchen. Wenn die bis jetzt noch in der Landwirtschaft verbliebenen Gehilfen erhalten bleiben und darüber hinaus neue Kräfte gewonnen werden sollen, werden die Bauern nicht umhin können, ihren Arbeitskräften bessere Entlohnung, geregelte Arbeitszeiten und einen festen Freizeitbereich zu gewähren. In der Untersuchungsgemeinde wäre dies ohne weiteres möglich, unter anderem durch den vollkommenen Übergang zu modernen Arbeitsverfahren (Vollkraft statt Dreiviertelkraft) und durch die Überwindung traditionsbedingter Hemmungen (keiner will den Anfang machen; überholte Fleißvorstellungen!). Dazu müßte eine gute, vom Geiste echter Partnerschaft getragene Betriebsatmosphäre kommen, die sich dadurch auszeichnet, daß einerseits der Bauer seine traditionellen Befugnisse freiwillig einschränkt, während sich andererseits der landwirtschaftliche Gehilfe zur vertrauensvollen, zuverlässigen Mitarbeit bereit hält.

An die Forderung auf Einführung geregelter Arbeitszeiten schließt sich die Frage an, wie die Freizeit auf dem Dorfe verbracht wird. Die Untersuchung ergab, daß beim größten Teil der Dorfbevölkerung die Freizeit der Ruhe und Erholung dient. Der größte Teil aller befragten Personen nannte fast übereinstimmend folgende Freizeitbeschäftigungen: Radio hören, schlafen oder ausruhen, in den Wald spazierengehen, spazierengehen und die Frucht betrachten, zum Fenster hinausschauen; außerdem besonders für Männer: auf die Jagd gehen, in die Singstunde gehen, in die Wirtschaft gehen, Skat und Schach spielen; und besonders für die Frauen: Bügeln und Wäsche ausbessern, Strümpfe stopfen und Handarbeiten machen.

Tracht trägt heute niemand mehr im Dorfe, auch nicht bei besonderen Anlässen. Die Kleidung entspricht allerdings nur in sehr seltenen Fällen der neuesten Mode. Daß z. B. Mädchen und Frauen lange Hosen tragen, gibt es nicht. 80 % der dörflichen Bevölkerung lehnen Lippenstift und Puder ab, vor allem mit der Begründung, es sei unnatürlich. Über 55 % sämtlicher Mädchen und Frauen (von 16 Jahren an aufwärts) gehen nie, nur 15 % häufig, d. h. dreimal im Jahr und mehr, zum Friseur [9].

Mit der städtischen Zivilisation kommen in erster Linie die Pendelwanderer in unmittelbare Berührung. Heute zählt man im Dorfe 7 Einpendler und 32 Auspendler. Die Einpendler, die in Molkerei und Sägewerk beschäftigt sind, kommen ohne Ausnahme von unmittelbar benachbarten Dörfern (2—3 km entfernt) in die Untersuchungsgemeinde. Da diese Nachbardörfer in jeder Hinsicht ähnlich wie Hüttenthal strukturiert sind, werden durch die Einpendler kaum moderne Einflüsse hereingetragen. Von den 32 Auspendlern arbeiten nur zwei in Orten, die mehr als 14 km vom Dorfe entfernt sind. Obwohl also fast alle dörflichen Auspendler in nahe gelegenen kleinen Landstädten oder Dörfern beschäftigt sind, ließ sich einwandfrei nachweisen, daß die Pendelwanderer moderne städtische Anschauungen und Verhaltensweisen in weit stärkerem Maße als die Gesamtbevölkerung übernommen haben. Bis jetzt üben aber die von den Pendelwanderern ins Dorf hereingetragenen modernen Einflüsse kaum irgendwelche Wirkungen auf das dörfliche Sozialleben aus.

Der geistige Horizont des Dorfmenschen ist durch eine trotz relativ starkem Eindringen technischer Zivilisation auch heute noch bestehende, weitgehende geistige Enge und Abgeschlossenheit gekennzeichnet. Die Revision sowohl überholter Wertvorstellungen als auch falscher Ansichten über das Leben des Städters ist durch traditionelle Zählebigkeit, mehr aber noch durch die immer noch mangelhaften Vergleichsmöglichkeiten mit städtischem Leben und Wesen erschwert. Die durch Zeitung, Kino, Rundfunk und mündliche Berichte übermittelten Informationen über das Weltgeschehen machen auf die Dorfmenschen, da deren Vorstellungsvermögen fast ausschließlich von sinnlich Wahrnehmbarem her bestimmt wird, keinen besonders nachhaltigen Eindruck.

Auf Grund der vorangehenden Ausführungen kommen wir zu folgenden Schlüssen: Trotz weitgehender Übernahme technischer Zivilisation und trotz einer starken Belastung der Dorfgemeinschaft durch eine erhebliche Zahl von Heimatvertriebenen hat sich — und das ist das wesentlichste soziologische Ergebnis der Arbeit — die traditionelle Integration sowohl innerhalb der einzelnen Familien als auch innerhalb der gesamten Dorfgemeinschaft weitgehend lebendig erhalten und eine selbstverständliche Anpassungsfähigkeit an alle noch so schwerwiegenden Veränderungen der Umstände bewiesen, und zwar nicht nur bei den eigentlich bäuerlichen, sondern auch bei den Familien, die die Landwirtschaft nur noch im Nebenberuf betreiben, und bei den anderweitig berufstätigen Familien.

Bei Vergleichen zwischen Ergebnissen der vorliegenden Arbeit und den der zu Beginn genannten Werke wurden zwar wiederholt Übereinstimmungen oder Ähnlichkeiten festgestellt; es handelte sich dabei aber stets mehr oder weniger um Detailfragen. Betrachtet man die Ergebnisse im großen und ganzen, so zeigt sich, daß sie weitgehend auseinandergehen.

Angesichts dieses Sachverhaltes stellte sich die Frage, woran es liegt und worauf es zurückzuführen ist, daß in Hüttenthal — trotz Aufgeschlossenheit gegenüber den positiven oder neutralen Bestandteilen moderner Zivilisation — das Dorfgemeinschaftsleben alten Stils noch erhalten ist, während es sich beim Großteil der in den genannten Forschungsarbeiten untersuchten Gemeinden aufgelöst oder umgewandelt hat. Nach eingehender Prüfung ließ sich darauf ungefähr folgende Antwort geben:

1. In Hüttenthal sind infolge der geringen Einwohnerzahl die Geschlossenheit des Lebenskreises, die Überschaubarkeit der Verhältnisse und die Kleinheit der Gruppe gewahrt. Geschlossenheit des Lebenskreises, Überschaubarkeit der Verhältnisse und Kleinheit der Gruppe bilden eine der entscheidenden Voraussetzungen für unmittelbares, vertrautes und lebendiges Gemeinschaftsleben [10];
2. Hüttenthal liegt nicht im unmittelbaren Kraftfeld einer Stadt. Infolge der relativ weiten Entfernung von städtisch-industriellen Zentren konnten Einflüsse moderner Zivilisation nur sozusagen „gefiltert" eindringen;
3. Hüttenthal ist vorwiegend bäuerlich strukturiert. Die bäuerliche Bevölkerung zeichnet sich gegenüber den anderen Gesellschaftsgruppen durch ein sehr starkes konservatives Beharrungsvermögen aus.

Es wird nun wertvoll sein, die Untersuchungsergebnisse künftiger agrarsoziologischer Arbeiten zu verfolgen. Soweit *kleine*, nicht im unmittelbaren Kraftfeld einer Stadt liegende, vorwiegend bäuerlich strukturierte Dörfer untersucht werden, wird zu vergleichen sein, ob ähnliche Ergebnisse wie bei der vorliegenden Arbeit ermittelt werden. Sobald einmal eine ganze Reihe agrarsoziologischer Forschungsarbeiten vorliegt, wird dann auch eine generelle Aussage über die Lebensverhältnisse in deutschen Dörfern gewagt werden können.

Anmerkungen

[1] Gemeint sind vor allem folgende Arbeiten: 1. *H. Kötter*, Struktur und Funktionen von Landgemeinden im Einflußbereich einer deutschen Mittelstadt, Darmstadt 1952. 2. *K. G. Grüncisen*, Landbevölkerung im Kraftfeld der Stadt, Darmstadt 1952. 3. *G. Teiwes*, Der Nebenerwerbslandwirt und seine Familie im Schnittpunkt ländlicher und städtischer Lebensform. Darmstadt 1952. 4. *H. Beck*, Der Kulturzusammenstoß zwischen Stadt und Land in einer Vorortgemeinde, Zürich 1952. 5. *Dietze/Rolfes/Weippert*, Lebensverhältnisse in kleinbäuerlichen Dörfern, Bonn 1953. 6. *G. Wurzbacher* u. a., Das Dorf im Spannungsfeld industrieller Entwicklung, Stuttgart 1954.

[2] Der Verfasser und der für die Untersuchungsgemeinde zuständige Pfarrer sind beide Absolventen des Realgymnasiums Weinheim. Dies erfuhr der Verfasser ganz zufällig bei einer Odenwaldwanderung. Daraufhin wandte sich der Verfasser zunächst brieflich und dann persönlich an den Pfarrer, der ihm sogleich verständnisvoll entgegenkam.

[3] Verfasser lebte mehrere Monate in dem Dorfe. Durch Vermittlung des Pfarrers hatte er abwechselnd bei den größten Bauern und in der Molkerei einen Freitisch für Mittag- und teilweise auch Abendessen. Bei der Gelegenheit von Besuchen anderer Familien wurde er bisweilen auch von diesen zum Essen oder zu einem Glas Apfelwein eingeladen. Nur in 4 der insgesamt 76 Haushaltungen wurde der Verfasser nicht zum Platznehmen aufgefordert. Hier handelte es sich durchweg um Leute, die einen geistig weitgehend abgestumpften Eindruck machten, die mit niemand, den sie nicht gut kannten, etwas zu tun und infolge ihrer geistigen Trägheit und Bequemlichkeit „ihre Ruhe" haben wollten.

[4] Sämtliche statistischen Angaben waren, soweit nicht anders vermerkt, am 31. Dezember 1954 gültig.

[5] Für die Eheschließung galten früher als Grundsätze, daß der Partner eine der Größe des Hofes, in den er einheiraten soll, entsprechende Mitgift mitzubringen und möglichst aus dem gleichen Orte oder der näheren Umgebung zu stammen habe. War kein männlicher Erbe da, so wurde darauf geschaut, daß die junge Bäuerin einen Mann gleichen Namens bekam, damit der Hof seinen Namen behielt. Die Gründe sind: 1. Die Mitgift: Da das Anerbenrecht gilt, hat

der Hoferbe die sog. weichenden Erben auszubezahlen. Bringt der einheiratende Partner genügend Geld mit, so kann der Hoferbe seinen Verpflichtungen, die er den weichenden Erben gegenüber hat, leicht nachkommen. 2. Die Herkunft: Man will die Möglichkeit haben, sich durch unmittelbare Anschauung über Vergangenheit und Elternhaus des in Frage kommenden Ehepartners zu unterrichten. Dies ist nur möglich, wenn dieser aus dem gleichen Orte oder der näheren Umgebung stammt. Daher wird es ungern gesehen, wenn eine außerhalb des Odenwaldes beheimatete Person in das Dorf hereinheiratet. 3. Der Name: Jeder Hof hat seit Generationen *seinen* Namen. Ihn zu bewahren, ist der Stolz jedes rechten Bauern.

[6] Vgl. auch *H. Röhm*, Das Gesamtbild der Erziehung und Ausbildung auf dem Lande, in: Archiv der DLG. Band 7, Frankfurt am Main 1951, Seite 34—45.

[7] Diese Regelung kann natürlich nur in Frage kommen, wenn neben dem landwirtschaftlichen auch (nicht zu geringer) forstwirtschaftlicher Besitz vorhanden ist. (Dies ist in der Untersuchungsgemeinde durchweg der Fall.) Für Bauernhöfe ohne Waldbesitz hat der Verfasser also keinen Lösungsvorschlag zu machen. Aber vielleicht läßt sich dort aus der Praxis heraus ein ähnliches Kompromiß finden.

[8] *G. Wurzbacher*, a. a. O., Seite 96, führt an, daß die Jugend ihre Freizeit zu 8,5 % auf dem Lande, zu 2,3 % in der Mittelstadt und zu 0,7 % und weniger in der Großstadt mit Tanzen verbringe.

[9] Manche Dorfbewohnerin würde wohl öfter den Friseursalon aufsuchen, wenn sich einer im Orte oder in der unmittelbaren Umgebung befände. Die nächsten Friseurgeschäfte sind in den je 10 km entfernten Städten Erbach und Beerfelden.

[10] Vgl. *Alexander Rüstow*, Ortsbestimmung der Gegenwart, Band I, Erlenbach-Zürich 1950. Seite 263 ff.

GEDANKEN UND ERGEBNISSE ZUR EMPIRISCHEN FESTSTELLUNG SOZIALER SCHICHTEN

Von Renate Mayntz

I

Anlaß zu den folgenden Überlegungen war die Notwendigkeit, vor dem Versuch empirischer Feststellung etwa bestehender sozialer Schichten in einer westdeutschen Stadt und der Bestimmung der Bedeutung der Ergebnisse grundlegende Klarheit über die begrifflichen Erfassungsmöglichkeiten dieses sozialen Phänomens zu gewinnen. Der deutsche Soziologe steht hierbei notwendig im Kreuzfeuer der Einflüsse sowohl des marxistischen Gedankengutes und seiner Art, Klassen zu definieren und zu erfassen, als auch der zahlreichen Schichtungsuntersuchungen angelsächsischer Provenienz, die ihrerseits wieder sehr verschiedene Deutungsmöglichkeiten und empirische Methoden anbieten. Eine kritische Sichtung des begrifflichen und methodischen Instrumentariums ist daher die unumgängliche Voraussetzung jeder Schichtungsuntersuchung.

Gesellschaftliche Schichtung bedeutet, wie der Name sagt, eine hierarchische Ordnung, bestehend aus breiteren Gruppen oder „Schichten". Schon dieser Ansatz zeigt zwei der vordringlichen Probleme bei der Schichtungsanalyse auf: die Voraussetzung eines Maßstabes für die Dimension des Über- und Untereinander und die notwendige Existenz von Grenzen, ohne die Schichten nicht denkbar sind. Die Grenze, so könnte man sagen, ist konstitutives Element der Schicht, wobei das Vorhandensein der Grenze natürlich nicht unvereinbar ist mit der Anwesenheit mehr oder weniger zahlreicher Grenzfälle, d. h. von Einzelnen oder bestimmten Kategorien von Einzelnen, deren Schichtzugehörigkeit nicht ganz klar ist.

A. Das Problem der Grenzfeststellung

Ordnet man die Angehörigen einer Gesellschaft oder auch einer Gemeinde entsprechend einem quantitativen Merkmal ein, sei das nun Einkommenshöhe, ein zahlenmäßig ausgedrückter Statusindex oder auch ein Prestigewert, so erhält man zunächst nur ein breites Kontinuum, vielleicht eine Pyramide, aber jedenfalls keine Schichtstruktur, da die bei der ordnenden Aufteilung eines solchen Kontinuums entstehenden Gruppen als soziale Schichten fiktiv sind. Eine etwaige Homogenität derart gewonnener Gruppen kann durch mathematischstatistische Manipulationen entstehen, ist aber gleichfalls irreal. So klar das auch sein sollte, wurde dieser Fehler, besonders in früheren amerikanischen, auf einem Statusindex fundierenden Untersuchungen, doch nicht selten gemacht. Wahrscheinlich verführt die Tatsache, daß man zwischen so zustande gekommenen „Schichten" (die in Wirklichkeit statistische Kategorien oder Klassen sind) nachträglich bestimmte Unterschiede z. B. hinsichtlich des Lebenszuschnittes, der das Verhalten regulierenden Normen, der Einstellungen etc. finden kann, d. h. also hinsichtlich von Faktoren, die zumindest als Korrelate, wenn nicht sogar als Definitionskriterien von sozialen Schichten angesehen werden. Dabei vergißt man allzu leicht, daß sich auch bei einem Kontinuum jede zwei etwas von einander entfernt liegenden Punkte unterscheiden, und zwar was ihre Korrelate angeht nicht nur quantitativ, was man sich an Hand des Einkommenskontinuums verdeutlichen kann. Man stelle sich eine Anordnung nach der bloßen Einkommenshöhe vor und vergleiche dann zwei Punkte dieses Kontinuums, z. B. DM 345,— und DM 870,—, hinsichtlich des damit in der Regel verbundenen Lebenszuschnittes. Nicht nur wird hier die proportionale Verteilung des Einkommens für verschiedene Bedürfnisse eine verschiedene sein; auch die Wohnweise, die Art der Freizeitbetätigung etc. werden qualitative Unterschiede zeigen, die mit dem rein quantitativen Unterschied der Einkommenshöhe korrelieren. Und doch hat man mit dieser Feststellung in keiner Weise gezeigt, daß vielleicht in der Mitte zwischen diesen beiden *Einkommens*positionen die Grenze einer sozialen Schicht liegt.

Das Problem der Grenzfeststellung steht nicht willkürlich am Anfang dieser Überlegungen, ist es doch ein letzten Endes in ihrer Sozialstruktur verankertes Kennzeichen der modernen, industrialisierten Gesellschaften, daß Versuche zur Bestimmung ihrer Schichtstruktur immer wieder gerade an diesem Punkt in Schwierigkeiten geraten. Gerade wenn man an frühere oder nicht industrialisierte Gesellschaften denkt, wird einem wieder bewußt, wie stark und unzweideutig die Grenzen innerhalb eines Sozialsystems sein können. Wenn einige besonders straff gegliederte, meist sog. primitive Gesellschaften auch nicht als geschichtet angesprochen werden dürfen, solange man als Wesenselement der Schichtung eine Über- und Unterordnung, einen hierarchischen Aufbau betrachtet, so kennen wir doch ständische, feudale, ethnische und andere Schichtstrukturen, wo der Wechsel von einer zu anderen Schicht prinzipiell nicht möglich, nur in Ausnahmefällen gegeben und im übrigen sogar mit Strafsanktionen belegt ist. In derartigen Gesellschaften besteht über Tatsache und Lage der Grenzen in der Regel kein Zweifel.

Anders in unserer heutigen Gesellschaft, die zwar vielfältig gegliedert ist, über deren genaue Schichtstruktur jedoch keine Übereinstimmung herrscht. Die verschiedenen Gliederungen oder Teilstrukturen — Abstraktionen vom komplexen Gesamt der Sozialstruktur im umfassendsten Sinne — sind z. B. Berufsstruktur, Einkommensgliederung, politische Machtstruktur, Wirtschaftsstruktur, aber auch die konfessionelle, evtl. eine ethnische Verteilung. Einige dieser Strukturen sind nicht geschichtet, d. h. es fehlt ihnen die Dimension des Übereinander, die sich immer dort ergibt, wo die Teilgruppen einer Struktur von der Gesellschaft differentiell bewertet werden: sei es die bessere Lebenschance der Besitzenden gegenüber den Nichtbesitzenden, das unterschiedliche Prestige verschiedener Berufe auf Grund ihres funktionalen Wertes oder der Annehmlichkeit ihrer Arbeitsbedingungen, oder der unterschiedliche Machtbesitz — Macht als Wert genommen. Konfession dagegen darf in der Regel, zumindest heute in Deutschland, als eine ungeschichtete Gliederung angesehen werden (eine Ausnahme wären hier allerdings z. B. die Juden in den dreißiger Jahren). Einen gewissen Unterschied unter den vertikalen Teilstrukturen kann man noch insofern machen, als einige eher quantitativ (Einkommen, aber auch: Machtfülle), andere eher qualitativ (Beruf) gradiert sind. Die Maßstäbe oder Kriterien der Schätzung können dabei, wenn vielleicht auch funktional auf einige wenige Wurzeln rückführbar, für die verschiedenen Teilstrukturen verschiedene, wie auch für eine einzige (z. B. Beruf) mehrfach sein.

B. Der soziale Status — ein Ansatz bei der Schichtungsanalyse

In jeder dieser Strukturen hat nun der Einzelne eine objektive Stellung: diesen oder jenen Beruf, soundsoviel Einkommen, bestimmte Machtbefugnisse, usw. Diese verschiedenen Stellungen innerhalb der einzelnen hierarchischen (vertikalen) Strukturen erhalten jeweils eine entsprechende Wertschätzung. Weiter knüpfen sich an jede dieser objektiven Stellungen bestimmte Verhaltenserwartungen, die, genau wie die Wertschätzung, nicht selbst Teil der objektiven Stellung sind. Die objektive Stellung innerhalb einer vertikalen Struktur mit den an sie geknüpften Erwartungen und mit der differentiellen Wertschätzung macht zusammen den Status des Einzelnen innerhalb dieser Teilstruktur aus. Als „sozialen Status" kann man dann die Resultante aus den Status bezeichnen, die der Einzelne innerhalb der verschiedenen Teilstrukturen besitzt. Hatt[1], der dieser heute immer übereinstimmender anerkannten Definition von sozialem Status ebenfalls folgt, nimmt nur insofern eine — vielleicht sogar anfechtbare — Vereinfachung vor, als er generell die „rewards" als Basis der Wertschätzung (Prestige) einer objektiven Stellung bezeichnet. Die vielleicht etwas konstruiert erscheinende Definition von sozialem Status ist übrigens nicht einmal das Ergebnis theoretischer Spekulation, sondern wurde umgekehrt mittels begrifflicher Analyse gewonnen, die von dem empirisch festgestellten Phänomen eines summarischen sozialen Prestigewertes, der sich aus der

Bewertung von Beruf, Einkommenshöhe, Bildung, Ausbildung usw. zusammensetzt, ausging.

Die Aufführung gerade der ebengenannten Statuskriterien erinnert an die Definition des „sozio-ökonomischen Status", der in vielen Untersuchungen, in der Regel operationell definiert, angewandt wird. Der sozio-ökonomische unterscheidet sich dabei insofern von dem hier gemeinten sozialen Status, als beim ersteren die Anzahl der einzelnen Statuskomponenten willkürlich begrenzt wird, während beim sozialen Status nicht klar sein dürfte, wie viele Komponenten (und welche im einzelnen) er in Wirklichkeit besitzt.

Der soziale Status ist sehr scharf zu unterscheiden von dem, was Hatt[2] „total societal position" genannt hat. Der anfänglichen Definition folgend beinhaltet der Status lediglich eine Bewertung der objektiven Stellung, doch gibt es außer dem jeweiligen Status (inklusive seines Prestiges) auch noch die dazugehörige Rolle, d. h. die Art und Weise, wie der Statusinhaber die an diesen Status geknüpften Verhaltenserwartungen erfüllt. Auch die Rolle genießt eine Wertung (von Hatt im Unterschied zu dem Prestige des Status mit „esteem" bezeichnet), ein Rollenprestige. Aus „prestige" (status) und „esteem" (Rolle) zusammen ergibt sich erst die „total societal position", die jedenfalls mehr ist als der soziale Status, da für das Rollenprestige gegenseitige Bekanntheit Voraussetzung ist, während ein Status prinzipiell auch ohne persönliche Bekanntheit mit seinem Inhaber, also rein als solcher bewertet werden kann. Hatt versucht diese Beziehung durch eine Formel zu verdeutlichen, die wie folgt lautet:

$$\text{total societal position} = f(P_1, P_2 \ldots P_n), g(E_1, E_2 \ldots E_n)$$

wobei P für Prestige (innerhalb der verschiedenen Teilstrukturen) und E für „esteem" (für die jedem Status entsprechende Rolle) steht. Sehr richtig stellt Hatt dabei fest, daß „the empirical test of such a formula is not yet possible, because three very difficult values must be supplied, that is, the number and value of esteems, and the nature of the functions which unites them into the single expression of social position". Diese Einschränkung gilt ebenso, wenn man nur den ersten, auf den sozialen Status bezogenen Teil dieser Formel betrachtet.

Ist demzufolge die Feststellung der konkreten, inhaltlichen Zusammensetzung des sozialen Status ein ungelöstes Problem, so kann man von hier doch wenigstens umrißhaft zu einer Verdeutlichung des Begriffes der sozialen Schicht gelangen, indem man nämlich als solche eine Bevölkerungsgruppe bezeichnet, deren Mitglieder alle einen in der Bewertung ähnlichen, der Zusammensetzung nach verwandten und von anderen Bevölkerungsgruppen unterschiedenen sozialen Status besitzen. Es sind Gesellschaftsordnungen denkbar und auch bekannt, wo eine Reihe von vertikalen (geschichteten) Teilstrukturen miteinander korrelieren, sich in ihren Abgrenzungen entsprechen, wo also z. B. ein bestimmter

Beruf A regelmäßig mit einem bestimmten Machtbesitz B, einer wirtschaftlichen Verfügungsgewalt C, einem bestimmten Einkommen D und vielleicht einer bestimmten ethnischen Zugehörigkeit E zusammenfällt. Die jeweils zusammenfallenden Grenzen würden dann homogene Bevölkerungsgruppen mit einer ganz bestimmten, einheitlichen und summarischen Statusbewertung (Prestige) gegeneinander abgrenzen und damit die soziale Schichtstruktur festlegen. In unserer heutigen Gesellschaft ist diese Entsprechung nur in geringem Ausmaß vorhanden; Macht geht z. B. nicht generell mit Besitz zusammen; bestimmte funktional hochbewertete Berufe werden schlecht bezahlt; lange und kostspielige, spezialisierte Ausbildung bringt nicht immer lukrative und einflußreiche Berufsstellungen mit sich. Außerdem spielen bestimmte Diskrepanzen zwischen verschiedenen Bewertungsmaßstäben hier noch eine Rolle und bedingen mit, daß die verschiedenen Teilstrukturen unserer Gesellschaft nicht parallel und kongruent laufen, sondern sich vielfach überschneiden.

So ist es, vor allem in unserer Gesellschaft, durchaus möglich, daß sie zwar verschiedene vertikale Teilstrukturen — alles Abstraktionen vom Gesamt der Sozialstruktur — besitzt, in denen der Einzelne jeweils seinen besonderen Status haben kann, jedoch keine aus einer Mehrzahl oder gar allen diesen Teilstrukturen resultierende soziale Schichtung, deren Element der kombinierte soziale Status wäre. Das wiederum bedeutet aber nicht, daß es deshalb, prinzipiell, auch einen derartigen sozialen Status nicht geben kann: es kann durchaus ein soziales Statuskontinuum, vielleicht auch eine Statusordnung ähnlich einer Ziegelsteinmauer oder -pyramide geben, dessen Gliederung dann allerdings weder der einer der Teilstrukturen entspräche noch im eigentlichen Sinne geschichtet wäre.

C. Prestige als Maßstab der Schichtung

Läßt man die komplexe Zusammensetzung des sozialen Status aus objektiven Stellungen und ihren Prestigewerten außer acht und betont, wie es in einer Reihe angelsächsischer Untersuchungen der Fall ist, vor allem das unterschiedliche soziale Prestige der Einzelnen bzw. ihr indirekt daran orientiertes Verhalten anderen gegenüber, so wird das Prestige zum Maßstab der Über- und Unterordnung. So sieht *Carson McGuire*[3] das Vorhandensein von „social classes" dadurch als bewiesen an, daß Personen und Familien „act and react to one another as equals, superiors, and inferiors". Auch *Parsons* geht mit einer seiner Definitionen in die gleiche Richtung, wenn er sagt: „Social stratification is regarded here as the differential ranking of the human individuals who compose a given social system and their treatment as superior and inferior relative to one another."[4] Besteht also zwischen Prestigedifferenzen und dem hierarchischen Wesen der Schichtung, wie oben gezeigt, eine bestimmte Beziehung, so ist es doch bestenfalls eine grobe begriffliche Vereinfachung, soziale Schichten lediglich durch Prestigeunterschiede definieren oder gar hervorgebracht sehen zu wollen. Einmal wird bei einer derartigen Definition die quantitative, eher in einem Kontinuum als in einer Schichtung resultierende Natur von Prestige unberücksichtigt gelassen. Zum anderen wird die für jede empirische Erfassung von Schichten nach diesem Ansatz wichtige Unterscheidung zwischen dem Prestige der sozialen Stellung als solcher und dem persönlichen oder Rollenprestige außer acht gelassen. Schließlich ist festzustellen, daß soziale Schichten, so wie dieser Begriff hier gefaßt wird, wohl unter anderem auch durch unterschiedliches Prestige gekennzeichnet sind, daß jedoch dieses Prestige, das auf einem Werterlebnis basiert, immer auf objektive Faktoren bezogen ist, die ein derartiges Werterlebnis zunächst überhaupt hervorrufen können. Wegen der Nichtberücksichtigung dieser letzten Tatsache wird *Lloyd Warner* von *S. M. Lipset* und *R. Bendix*[5] ein Zirkelschluß in seinem Denken vorgeworfen. Wenn man empirisch differentielle Prestigewerte bestimmter Personen ermittelt und dann, wiederum empirisch, feststellt, daß diesen differentiell bewerteten Positionen objektive Unterschiede z. B. hinsichtlich des Einkommens, der Herkunft, des Berufes entsprechen, dann ist das keine Methode zur Feststellung sozialer Schichten, sondern eine bloße Selbstverständlichkeit, da — und darin liegt der Zirkelschluß — die differentielle Prestigebewertung sich ja aus der Orientierung an eben diesen objektiven Unterschieden ergab.

Die begriffliche und methodische Unklarheit bei der Verwendung von Prestige als Maßstab und Grundlage der Sozialschichtung beruht unter anderem wohl auf dem Übersehen der Tatsache, daß der Rahmen bzw. das räumliche Bezugssystem einer Schichtungsuntersuchung in der Regel eine Rolle dabei spielt, nach welcher Art von Schichten man in erster Linie Ausschau hält. So stellen *Pfautz* und *Duncan*[6] zwei verschiedene Ansätze der Schichtungsforschung fest: den in der Regel auf Gemeinden bezogenen subjektiven Ansatz, der mit dem sozialen Rang oder, wie Hatt es nannte, der „total societal position" arbeitet und Prestige-Klassen (Pfautz und Duncan: „classes being relative to a hierarchy of esteem") festzustellen sucht — hierher gehört im Grunde genommen auch Warners Yankee City Untersuchung —, und den häufiger auf die Gesamtgesellschaft bezogenen objektiven Ansatz, wo die Schicht hinsichtlich der Verteilung von politischer und wirtschaftlicher Macht, Besitz bzw. Verfügungsgewalt definiert wird. Ob es sich, das sei hier um der Klarheit des Gedankenganges willen angefügt, bei diesen „objektiven" Konfigurationen um abstrahierte Systeme aus objektiven Stellungen oder um spezielle Statussysteme, d. h. um die Positionen inklusive des ihnen zuerkannten Wertes handelt, ist ein bloßes Scheinproblem: beides sind Abstraktionen aus dem Gesamt sozialen

Lebens, nur abstrahieren sie verschieden weit. Letzten Endes ist weder ein Beruf „an sich", d. h. ganz ohne ein irgendwie bewertendes Element, als soziale Wirklichkeit gegeben, noch ein von allen anderen Merkmalen abstrahierter beruflicher Status als solcher.

Nach der näheren Umschreibung dessen, was eine Prestige-Klasse (subjektiver Ansatz) ist — „associational in character", durch homogene Herkunft der Mitglieder ebenso wie durch gleichartige Einstellungen und Gewohnheiten gekennzeichnet und abhängig von der Möglichkeit eines gegenseitigen „prestigerankings" und gegenseitigen Verkehrs — wird klar, daß eine gesamtgesellschaftliche soziale Schicht in der Regel nicht den Charakter einer Prestige-Klasse besitzen kann, sehr wohl dagegen eine bestimmte Schichtungskonfiguration der räumlich begrenzten Gemeinde.

Kaufman[7] begründet diese von ihm ebenfalls vertretene Ansicht, indem er sehr treffend betont, daß in der „primary community" die Rolle eines Menschen ebensoviel, wenn nicht mehr Bedeutung für das gesamte ihm zugeteilte (Status*plus* Rollen-) Prestige besitzt wie sein sozialer Status, während im „secondary social system" der von der Person und ihrer Rolle abstrahierte soziale Status stärker oder ausschließlich gesehen wird. Was dieses „secondary social system", d. h. die Gesamtgesellschaft, unter Umständen aber auch schon die Großstadt, angeht, meint Kaufman, daß „instead of a dominant community rank as in the primary community, the individual in the mass society has several pertinent but discrete ranks (d. h. soziale Statūs — d. Verf.)". Wenn Kaufman auch die Möglichkeit einer nicht aus den summarischen sozialen Statūs, sondern aus jenen nur einer bestimmten Teilstruktur zusammengesetzten Schichtung (z. B. der beruflichen, besitzmäßigen etc.) der Gesamtgesellschaft nicht einräumt oder doch nicht erwähnt, so bleibt seine Bemerkung, daß es einen „community rank" (auf sozialem Status *und* Rolle basierend) eben nur in der Gemeinde geben kann, doch relevant.

Mit der theoretischen Möglichkeit von Prestige-Klassen in der Gemeinde ist nun ebensowenig schon ihre faktische Existenz bewiesen, wie die faktische Existenz von auf dem zusammengesetzten sozialen Status basierenden Schichten durch die theoretische Möglichkeit der Existenz jenes Status bewiesen ist. Offensichtlich sagt das Bestehen von community rank noch nichts darüber aus, ob nun ähnliche Rangpositionen jeweils von anderen abgegrenzte größere Gruppierungen bilden — ein Kriterium, das von all denen vergessen wird, die die Tatsache von Unterschieden schon als Beweis für die Existenz von Schichten nehmen. Die Notwendigkeit dieses Kriteriums sieht *Lenski*[8] deutlich, wenn er fragt, ob es wirklich „social classes as discrete groups perceived by the average individual, functional groups of whose existence the average citizen is aware" gibt. Selbst wenn man über die Wesentlichkeit dieses „Erkennungs"-kriteriums anderer Meinung sein sollte, bleibt es doch mindestens hinsichtlich besagter Prestige-Klassen in der Gemeinde von Bedeutung, und Lenski, der in einer empirischen Untersuchung die Abwesenheit dieser öffentlichen „perception of discrete groups" feststellte, schließt dann auch, daß wenigstens in der von ihm untersuchten Gemeinde „the status of families varies by small degrees from those with the greatest prestige to those with the least, with no significant gaps or lines of division recognized by the members of the community". Das bedeutet aber wiederum nicht (und das vergißt Lenski hier, wie Kaufman bezüglich der Gesamtgesellschaft, festzustellen), daß es in der gleichen Gemeinde nicht neben dem Prestigekontinuum noch eine andere, auf objektiver Basis beruhende Schichtung gibt, sei sie nun dominant oder bezüglich Wirksamkeit und Bedeutsamkeit von dem Prestigekontinuum überschattet. Die gerade bei amerikanischen Schichtungsforschern öfters auftretende Unfähigkeit, diese Möglichkeit einzuräumen, liegt vielleicht daran, daß eine Schicht, die weder eine Prestige-Klasse noch eine Schicht aus gleichartigen zusammengesetzten sozialen Status ist, als *Abstraktion* vom Gesamt der Sozialstruktur nicht eine ausschließliche, sondern nur eine Wirklichkeit im Sinne von Wirksamkeit[9] beansprucht und somit sehr gut neben und zusätzlich zu anderen gesellschaftlichen Strukturelementen und Gliederungen existieren kann.

Lipset und Bendix[10], die gerade dieses Versäumnis nicht zeigen, sondern selber betonen, daß „any theory of class is a conceptualization which highlights some, and ignores other facts", gehen hinsichtlich des Zweifels an der Existenz von Prestige-Klassen in der Gemeinde sogar noch einen Schritt weiter und meinen, daß nicht einmal der „community rank" *aller* Einwohner einer Gemeinde als ganzes, übereinstimmend anerkanntes, von Besonderheiten des individuellen Betrachtens quasi unabhängiges Phänomen besteht, da schon in einer mittelgroßen Gemeinde die gegenseitige Bekanntheit nicht umfassend genug sei.

D. Zusammenwirken objektiver und subjektiver Schichtungsfaktoren

Diese Überlegungen bringen uns direkt auf das allen Schichtungsdiskussionen zentral innewohnende Thema des Gegensatzes zwischen objektiven und subjektiven Schichtdefinitionen und Schichtungsfaktoren. Was die beiden der Definition nach unterschiedenen Schichtungsarten angeht, wurde festgestellt, daß es wenigstens theoretisch denkbar ist, daß es sowohl die eine (z. B. Prestige-Klassen) wie auch die andere Schichtungsart (z. B. Besitzklassen) in sozialen Systemen gibt. Fraglich ist jeweils nur, ob sie auch faktisch vorhanden sind und wenn ja, ob sie auch ein bedeutsames und wirksames Strukturelemnt der gegebenen Sozialstruktur darstellen. Davon zu unterscheiden ist die Frage, ob eine beliebige Schichtstruktur außer durch objektive auch durch subjektive Faktoren (oder umgekehrt) *bedingt* ist oder vielleicht sogar bedingt werden muß. *Floud* [11] wirft *Theodor Geiger* in einer kritischen Besprechung seiner Aarhuser Umschichtungsstudie vor, daß er die subjektiven Faktoren nicht berücksichtigt hätte: "It is noteworthy that despite ... the many shrewd comments he has to make on the admittedly real difficulties of incorporating considerations of prestige and hierarchy into the empirical study of stratification, Professor Geiger is unable to show convincingly how to dispense with them without confining the notion of social stratification to occupational stratification — surely an unjustifiable limitation." Tatsächlich ist das subjektive Element auch in Geigers Schichtdefinition — „Gesellschaftsschichten seien als Bevölkerungsteile in gleichartiger Soziallage bestimmt" [12] — nicht enthalten. Der eigentliche Fehler scheint hier jedoch nicht so sehr darin zu liegen, daß Geiger sich überhaupt auf die Untersuchung der Berufsschichtung beschränkt — da ja immerhin denkbar ist, daß die Berufsschichtung einer gegebenen Gesellschaft die dominante bzw. die alle anderen wesentlichen Schichtstrukturen einschließende ist — sondern darin, daß das (subjektive) Prestigeelement, das ja auch in dieser Berufsschichtung enthalten ist, nicht deutlich genug herausgearbeitet wird. Eine Berufsstruktur ist, da das Kriterium Beruf durchaus qualitativer Natur ist, erst in dem Augenblick überhaupt deutlich *geschichtet*, wo den verschiedenen beruflichen Positionen (und sei es auch nicht ganz einheitlich, nicht völlig durchgehend, mit manchem Nebeneinander verquickt) differentielle Werte zugemessen, wo aus den beruflichen Stellungen berufliche Status werden. Damit löst sich der prinzipielle Vorwurf Flouds auf und wird zu einer ganz anderen Frage: ob mit der beruflichen Schichtung tatsächlich die dominante soziale Schichtung des untersuchten Gemeinwesens erfaßt ist, was, nach Floud, Geiger implizite vertritt.

Die Ansicht, daß die berufliche die bedeutungsvollste Gliederung unserer heutigen Gesellschaft ist, wird in letzter Zeit mehrfach und mit guten Begründungen vertreten, so auch von *K. M. Bolte* in seiner noch unveröffentlichten Arbeit über „Strukturen und Wandlungen in unserer Gesellschaft" [13]. Doch begnügt sich Bolte nicht, wie Geiger es tut, die Berufsgruppen, die als (Berufs-) Schichten gelten sollen, nach eigenem besten Wissen und Gewissen abzugrenzen, sondern er stützt sich dabei auf eine empirische Feststellung des unterschiedlichen sozialen Prestiges, das bestimmten Berufen in der heutigen Gesellschaft von den Angehörigen dieser Gesellschaft selbst zugemessen wird. Um das Problem, durch die Aufstellung einer beruflichen Prestigeskala lediglich ein Kontinuum zu erhalten, kommt Bolte dabei herum, indem er seine Befragten nicht nur die einzelnen Berufe relativ zueinander zu einer Skala formieren läßt, sondern auch zu einer dem Befragten freistehenden Anzahl größerer Gruppen, innerhalb derer die Prestigeunterschiede als minimal angesehen werden, zusammengruppieren läßt. Die Berufsgruppen, die Bolte damit erhält, werden zwar nicht ausdrücklich hinsichtlich der Gemeinsamkeit von Lebenschancen und Lebensweisen untersucht, doch zeigt eine Betrachtung der einzelnen Berufe, die bei ihm zu jeder der Gruppen gehören, daß eine derartige Gemeinsamkeit wahrscheinlicherweise mindestens zwischen einer größeren Anzahl von ihnen bestehen wird, da sie nach Ausbildungsgrad, vermutlichem Einkommen und Art der Tätigkeit gewisse Ähnlichkeiten zeigen. Dieser Ansatz ist, obwohl ihn Bolte in erster Linie benutzt, um soziale Mobilität sinnvoll erfassen zu können, ein ausgesprochener Fortschritt gegenüber manchen früheren Schichtungsuntersuchungen.

E. Die „schicksalsbestimmende" Wirkung der Schichtung

Mit der Feststellung der dominanten unter den vielen möglichen und gegebenen, geschichteten Teilstrukturen oder Gliederungen unserer Gesellschaft bzw. bestimmter Teile von ihr (Gemeinde), tritt mit das schwierigste Problem heutiger Schichtungsanalysen auf. Theodor Geiger weist selbst auf dieses Problem hin, wenn er verlangt, daß die „Soziallagen", die für ihn Grundlage der Schicht sind, durch „schicksalsbestimmende" oder „vermeintlich wesentliche Merkmale der Lage" bestimmt sein müssen. „Der Begriff der sozialen Schichtung", sagt Geiger[14], „soll aussagen, daß die Struktur einer gegebenen Gesellschaft durch eben diese Schichtgliederung entscheidend bestimmt, daß die festgestellte Art der Schichtung für diese Gesellschaft kennzeichnend sei".

Mit diesem Hinweis wird jeder Schichtbegriff sehr richtig auf die jeweilige geschichtliche Situation einer Gesellschaft verwiesen. Damit wird indirekt auch Stellung genommen gegen jenen in der Vergangenheit nicht seltenen Fehler, daß man Schicht- oder Klassen-Begriffe ohne besondere Rücksicht auf die gesellschaftliche Wirklichkeit metikulös definierte und dann entweder versuchte, die gesellschaftliche Wirklichkeit in diese Zwangsjacke hineinzuzwängen, oder aber zu der Feststellung gelangte, daß keine der Definition entsprechende Schichtung auffindbar und die betreffende Gesellschaft daher ungeschichtet oder klassenlos sein müsse. Dieser Fehler wird sogar heute noch gemacht, wo immer wieder einmal die Ansicht vertreten wird, die heutige sowjetische Gesellschaft sei „klassenlos", weil es in ihr den Privatbesitz und damit die „Klassen"-teilung in Besitzer von Produktionsmitteln und besitzlose Verkäufer ihrer eigenen Arbeitskraft nicht mehr gebe[15]. Eine Gesellschaft ist natürlich noch lange nicht ungeschichtet, wenn man eine ganz spezifische Schichtstruktur *nicht* in ihr findet; eine derartige negative Feststellung läßt hinsichtlich der tatsächlich bestehenden Schichtstruktur fast alles offen.

Ist also dieser Verweis auf die gesellschaftliche Wirklichkeit sehr wichtig, so sagt Geiger andererseits leider nicht, mittels welchen Kriteriums sich erkennen läßt, ob ein Lagemerkmal „schicksalsbestimmend" oder eine Schichtung „entscheidend" oder „kennzeichnend" für eine Gesellschaft ist. Eine objektive Wahrheit bezüglich dieses geforderten Kriteriums dürfte es nicht geben, weil dieses Kriterium jeweils von einem bestimmten Bezugspunkt des Denkens abhängt, der ebensogut ein finalistischer, funktionalistischer, ethischer, wirtschaftlich-materieller wie hedonistisch-individueller sein kann. Faktisch jedoch besteht heute schon eine gewisse Übereinstimmung zumindest darüber, was für den *Einzelnen* an Faktoren seiner sozialen Lage schicksalsbestimmend ist. Die objektive Stellung eines Menschen z. B. im Produktionsprozeß oder im Wirtschaftssystem, seine Ausbildung, seine spezifische berufliche Funktion bestimmen ohne Zweifel wesentliche Aspekte seiner Lebenschancen, also z. B. seine Chance der Güterversorgung, der Besitzanhäufung, seinen Zugang zu Machtpositionen, seine Aufstiegsmöglichkeiten, das Ausmaß seines wirtschaftlichen, vielleicht auch politischen Einflusses, möglicherweise seine zu erwartende Lebensdauer, sein Heiratsalter, seine Kinderzahl, eine besondere Gefährdung durch bestimmte Krankheiten usw. Darüber hinaus haben diese objektiven Stellungen, teils über die eben genannte Bestimmung der Lebenschancen, einen Einfluß auf seine Lebensweise, also z. B. seine Verbrauchsgewohnheiten, die Ordnung seines Familienlebens, seine Freizeitaktivitäten. Lipset und Bendix [16] bezeichnen diese Auswirkungen der objektiven Stellung als den „common response (of large numbers of people) to shared exigencies of their position in social and economic life".

Gilt nun die Bestimmkraft bestimmter objektiver Stellungen für jeweils größere Gruppen von Menschen *gemeinsam,* demnach Gemeinsamkeiten von Lebensweise und Verwandtheit der Lebenschancen hervorrufend, bestehen *zwischen* diesen Gruppen deutliche Unterschiede, und bilden diese objektiven Stellungen schließlich auch eine hierarchische Statusordnung, d. h. erfahren sie differentielle Wertschätzung, so handelt es sich um gesellschaftliche Schichten. Dabei kann die differentielle Wertschätzung der objektiven Stellungen, die für je eine größere Gruppe kennzeichnend sind, sowohl eine an die objektive Stellung selbst gebundene, funktionalistisch orientierte (z. B. Manager sind für die Gesellschaft wichtiger als lediglich ausführende Angestellte), wie auch eine stärker auf die Lebenschancen bezogene (z. B. höhere Schätzung besserer Chancen der Güterversorgung) individualistische sein. So verstanden, besitzt dann die gesellschaftliche Schicht auch Wirklichkeit im Sinne von Wirksamkeit, um mit L. von Wiese zu sprechen.

Nun brauchen die objektiven Stellungen bestimmter Gliederungen (bzw. die resultierenden Lebenschancen) aber nicht in jedem Falle eine differentielle

Bewertung zu erfahren, während sie trotzdem Einfluß auf Lebenschancen und Lebensweise haben: in diesem Falle sollte man, um der begrifflichen Sauberkeit willen, nicht von gesellschaftlichen Schichten sprechen, weil das ja notwendig an irgendeinen äußeren Maßstab gebundene Element des Übereinanders fehlt.

Die „schicksalsbestimmende" Wirksamkeit der objektiven Stellung in einer bestimmten gesellschaftlichen Teilstruktur kann allen anderen gegenüber vorherrschend, d. h. dominant sein; andererseits können die Wirksamkeiten der objektiven Stellungen in verschiedenen Teilstrukturen, die vertikal, korrelativ und kongruent gegliedert sind, in gleicher Richtung verlaufen und akkumulativ sein, sie können sich schließlich auch überschneiden, gegeneinander wirken, sich in bestimmten Kombinationen auch gegenseitig aufheben. Während in den ersten beiden Fällen ein recht klares Schichtungsbild resultieren dürfte, wird das im letzten Fall nicht möglich sein.

F. Objektive Schichtung und subjektive Wahrnehmung

Gehören somit Unterschiede in Lebenschancen und Lebensweise von dem hier vertretenen Standpunkt aus ganz logisch zu dem Phänomen der gesellschaftlichen Schichtung, so ist die Beziehung zwischen Schichtung und ihrer bewußten Wahrnehmung, ihrer öffentlichen Anerkennung durch die Bevölkerung weniger eindeutig. Es wird von dem Ausmaß und der Schärfe der objektiv bedingten Unterschiede zwischen den Schichten, von der mehr oder weniger ausgeprägt differentiellen Wertschätzung der Stellungen und ebenfalls von der Einfachheit oder sich überschneidenden Vielfältigkeit differentiell determinierter Schichtstrukturen abhängen, ob das Phänomen der Schichten von der Bevölkerung selbst mehr oder weniger deutlich und einheitlich wahrgenommen wird. Nehmen wir den Fall einer mehrfach, d. h. mehreren inkongruenten Teilstrukturen nach geschichteten Gesellschaft an, deren kombinierte soziale Statūs — was in diesem Fall natürlich scheint — dann auch keine Schichten, sondern ein Kontinuum bilden, so ist möglich, daß der kombinierte soziale *Status* den Einzelnen als wichtigeres Element des sozialen Zusammenlebens erscheint als die ja doch auf verschiedene Teilstrukturen aufgesplitterte, mehrfache Schichtzugehörigkeit. In dieser Gesellschaft dürfte auch keine Übereinstimmung hinsichtlich der bestehenden Schichten und ihrer Grenzen herrschen; selbst wenn jeder Einzelne nur *eine* Schichtung sieht, eben die ihm primär erscheinende unter den mehreren vorhandenen, so werden zwischen verschiedenen Menschen die Ansichten doch verschieden sein. Es scheint, als ob unsere eigene Gesellschaft diesem Beispiel recht nahekommt.

Es ist nun ohne Zweifel, daß übereinstimmende Wahrnehmung von Schichten zu ihrer Verfestigung durchaus beiträgt, z. B. indem das Gefühl der eigenen Schichtzugehörigkeit und das Zusammengehörigkeitsgefühl innerhalb einer Schicht gestärkt, die Bildung schicht-spezifischer Normen, Einstellungen und Haltungen (die anfangs natürlich schon aus der je spezifischen Lebensweise resultieren) gefördert, eine bewußte Abschließung nach unten begünstigt wird. Ebenso wird es mit dem Bewußtsein schichtspezifischer, gemeinsamer Interessen sein, die im Prinzip gleichfalls schon in der Gemeinsamkeit der objektiven Stellung angelegt sind: sie werden jedoch nur unter bestimmten Bedingungen als wesentliche Interessen und als gemeinsame Interessen *bewußt* werden und dann erst die Basis für schichtspezifische Interessenorganisation oder auch „Klassen"-kampf bilden können. Es wäre letztlich nicht logisch, als „Schichten" nur Bevölkerungsgruppierungen anzusprechen, die, auf Grund *scharf* unterschiedlicher objektiver Stellung und Wertschätzung und damit scharf unterschiedlicher Lebenschancen und Lebensweise, von der Bevölkerung übereinstimmend in ihren Abgrenzungen und hierarchischem Verhältnis wahrgenommen und anerkannt werden und die demzufolge ein bewußtes Zusammengehörigkeitsgefühl, einen gemeinsamen Verhaltenskodex, bewußte gemeinsame Interessen und eventuell sogar organisierte Interessenvertretung besitzen. Es ist im Gegenteil sehr wichtig, darauf hinzuweisen, daß die Schichten einer Gesellschaft viel schwächer profiliert sein können und einen Großteil der letztgenannten Kennzeichen scharf abgegrenzter Schichten nicht zu besitzen brauchen und doch noch Schichten sind. Gerade die Feststellung derartiger Schichten macht empirisch und theoretisch die größten Schwierigkeiten, weil, wie in jeder schwach strukturierten Situation, die Möglichkeiten des Mißdeutens, des Hineinlesens eigener vorgefaßter Meinungen und das Übersehen relevanter Faktoren besonders groß sind.

II

Nach dieser Diskussion grundsätzlicher Probleme bei der Schichtungsanalyse sei jetzt über einige der bei der eingangs erwähnten Gemeindestudie [17] eingeschlagenen Wege zur Untersuchung der sozialen Schichtung sowie über einige Ergebnisse dazu berichtet. Ausgehend von der Überlegung, daß bei einem objektiven Ansatz das Augenmerk zunächst auf „schicksalsbestimmende" Unterschiede der Lebenschancen und auf die sie bedingenden objektiven Faktoren zu richten sei, wurde die erwachsene Bevölkerung der Stadt auf eine Reihe objektiver Unterschiede hin untersucht. Als wichtigste, mit allen anderen objektiven Merkmalen in Beziehung stehende Teilstruktur zeigte sich bei dieser

Untersuchung, wie wohl auch zu erwarten war, die Berufsstruktur. Zwischen ihr und anderen objektiven Teilstrukturen: Bildungsstruktur, Einkommensstruktur, Lebenshaltungs- und Besitzstruktur konnte zwar eine Beziehung, jedoch keine völlige Entsprechung festgestellt werden. Die Gruppen *jeder* Teilstruktur zeigten sich als hinsichtlich der anderen objektiven Merkmale mehr oder weniger inhomogen, wenn auch die summarischen Durchschnittswerte z. B. der Berufsgruppen nach dem Einkommen, der Bildungsgruppen nach dem Besitz usw. verschieden waren. Es erwies sich außerdem, daß die in Hinsicht auf Besonderheiten der örtlichen Gegebenheiten entwickelte Berufsordnung noch nicht einmal, was objektive Unterschiede der Lebensweise und Lebenschancen [18] angeht, eine eindeutige Hierarchie darstellte, wobei vor allem das hierarchische Verhältnis zwischen Facharbeitern und kleinen Angestellten und Beamten, zwischen kleinen und mittleren selbständigen Gewerbetreibenden und mittleren Angestellten und Beamten, sowie zwischen freien Berufen einerseits, höheren Beamten und leitenden Angestellten andererseits nicht eindeutig zu bestimmen war. Dieser objektiven Feststellung entsprach es, daß, wie weiter unten gezeigt wird, die Bevölkerung selbst an eben diesen Stellen über das hierarchische Verhältnis in der summarischen Wertschätzung der Berufspositionen keine einheitliche Meinung besitzt. Für die Untersuchungsgemeinde stellte sich somit heraus — was hier im einzelnen nicht belegt werden kann — daß die der Untersuchung zugrunde gelegte Berufsgliederung wohl als die wichtigste Gliederung innerhalb der sozialen Struktur angesehen, wegen ihrer Überschneidungen mit anderen, ebenfalls bedeutsamen Gliederungen und der resultierenden Inhomogenität der einzelnen Berufsgruppen nach anderen objektiven und ebenfalls schicksalsbestimmenden Merkmalen jedoch nicht mit einer durchgehenden Schichtgliederung gleichgesetzt werden darf.

Im Anschluß an diese Feststellung wurde untersucht, ob nicht vielleicht eine Gliederung der Bevölkerung nach einem aus der Stellung in verschiedenen Teilstrukturen resultierenden sozialen Status eine Schichtkonfiguration ergibt. Dabei ist die Existenz von wahrnehmbaren und Wirklichkeit im Sinne von Wirksamkeit besitzenden Statusschichten — im Gegensatz zu einem wohl überall feststellbaren Statuskontinuum — verhältnismäßig unwahrscheinlich, wenn zwischen den objektiven Teilgliederungen nur ein Minimum an Beziehung besteht, so daß ein sozialer Status gegebener Höhe auf mannigfach verschiedene Weisen aus den einzelnen Statuskomponenten zusammengesetzt sein kann. Wo es sich jedoch eher darum handelt, daß einige *bestimmte* objektive Unterschiede, z. B. hinsichtlich des Einkommens, die die gemeinsame Schichtzugehörigkeit einer gegebenen sozialen Gruppe fraglich erscheinen lassen, durch andere, in umgekehrter Richtung laufende Unterschiede z. B. des Bildungsgrades ausgeglichen werden können, ist es wenigstens theoretisch möglich, mittels einer

Statusanalyse Schichtgrenzen aufzufinden. Voraussetzung bleibt, daß die Möglichkeiten alternativer Zusammensetzung eines Status gleicher Höhe nicht unbegrenzt sind [19].

Entsprechend den obigen prinzipiellen Ausführungen ist der hier verwandte Statusindex, zu dessen Berechnung der Beruf, das Einkommen, die Schulbildung, die Wohnweise (pro Person verfügbarer Raum, sowie Eigenbesitz von Haus oder Wohnung oder nicht) und der an der Ausstattung des Haushaltes, zu dem der Befragte gehört, mit bestimmten Gegenständen gemessene Besitzstand hinzugezogen wurden, nur eine Annäherung an die soziale Wirklichkeit, nicht aber ihre vollgültige Reproduktion. Da von der Vorstellung eines Familienstatus ausgegangen wurde, konnte durch die Verwertung des Einkommens und Berufes des Haushaltsvorstandes auch für noch in Ausbildung befindliche Jugendliche über 21 Jahren und für Ehefrauen der Statusindex berechnet werden. Auf den Begriff des Familienstatus, sein Zustandekommen und seine Wechselbeziehung mit dem sozialen Status der Einzelperson kann hier leider nicht näher eingegangen werden. Es muß jedoch erwähnt werden, daß in diesem Fall ein Operieren mit dem Einkommen des Haushaltsvorstandes allein, wie es hier zwangsweise geschehen mußte, gegenüber der Bewertung eines durchschnittlichen Familieneinkommens Nachteile besitzt. Auch eine Ungenauigkeit bei der Indexberechnung für selbständige Berufslose, deren soziale Zugehörigkeit besonders in einem von der beruflichen Struktur dominierten Sozialsystem in ihrem eigenen wie im Bewußtsein der Außenstehenden problematisch zu werden beginnt, sei der Vollständigkeit halber erwähnt, da hier für alle ähnlichen Untersuchungen ein methodisches Problem liegt. Ob der pensionierte Beamte seinen vollen Berufsprestigewert behält, ist schon fraglich; noch fraglicher ist, wieweit ein invalidisierter Arbeiter oder ein Sozialrentner von seinem sozialen Status einbüßt. Da vor allem für den letzten Fall eine sich auch in der Bewertung auswirkende Einkommensverminderung gilt, glauben wir durch die Erfassung des Einkommens eine Statussenkung bei Beendigung der Berufstätigkeit in etwa berücksichtigt zu haben und bewerteten im übrigen bei selbständigen Berufslosen den früheren Beruf. Für den augenblicklichen Stand des Wissens mag dies eine erlaubte, wenn auch keine sehr gute Lösung des Problems sein.

Das schwierigste Problem der Indexkonstruktion stellte die differentielle Bewertung der einzelnen Positionen innerhalb einer Gliederung sowie die Bestimmung der unterschiedlichen Gewichte, die den verschiedenen Statuskomponenten zugeteilt werden mußten, dar. Schon eine einfach fortlaufende, um je eine Bewertungseinheit verschiedene Bewertung von Einkommensgruppen ist ein fragwürdiges Unterfangen, nicht nur weil notwendigerweise zusammengefaßte Gruppen verwendet werden müssen, wobei es z. B. geschehen kann, daß bei einer um je 100 DM variierenden Einteilung ein Einkommen von 399 DM niedriger bewertet wird als eines von 401 DM, aber genauso wie eines von 201 DM, sondern auch weil es fragwürdig ist, ob nicht und um wieviel ein Unterschied z. B. zwischen 300 DM und 350 DM schwerer wiegt als einer zwischen 800 DM und 850 DM. Bei der übergroßen Schwierigkeit, ja Unmöglichkeit der Isolierung eines einzelnen sozialen Faktors wie Berufsstellung oder Bildung von allen in der Regel damit verbundenen anderen objektiven Merkmalen, die, da man um diese Beziehung weiß, die Prestigebewertung beeinflussen, ist eine empirische Erstellung von Bewertungsmaßstäben heute noch fast eine Unmöglichkeit.

Selbst wenn die folgenden Darstellungen in ihrer Wirklichkeitsentsprechung durch diese Mängel und zwangsweise Willkürlichkeit bei der Indexkonstruktion beeinträchtigt werden, eignen sie sich zur Feststellung einiger prinzipieller Zusammenhänge. Die für die Angehörigen einer repräsentativen Stichprobe der Bevölkerung berechneten Statusindices konnten theoretisch zwischen 4 und 39 Punkten variieren und variierten faktisch zwischen 6 und 38 Punkten. Darstellung 1 zeigt die Prozentanteile der Indexpunkte für einzelne Statuskomponenten am Gesamtindex. In der Indexgruppe 14 entfallen z. B. 29 % = durchschnittlich rund 4 von den 14 Punkten auf die Bewertung des Berufes. Die Darstellung zeigt, daß der Anstieg des Status in ziemlich gleicher Verteilung auf die steigende Wertigkeit *aller* Statuskomponenten zurückzuführen ist, was ein Ausdruck für die positive Korrelation zwischen diesen Merkmalen ist. Die gewissen Unregelmäßigkeiten der Verteilung lassen dagegen auf eine nicht ganz vollkommene Korrelation schließen. Die Veränderungen in der Indexzusammensetzung lassen einige Zäsuren zwischen mehr gleichartigen Indexgruppen erkennen, die, wie ein Vergleich mit Darstellung 2 zeigt, auf ganz bestimmte Veränderungen in der sozialen Charakteristik der in eine Indexgruppe fallenden Einzelnen zurückzuführen sind.

So nimmt von I 12 ab der prozentuale Anteil der Berufskomponente zu, der des Einkommens ab: bei I 12 beginnen gleichzeitig die beiden höher bewerteten Berufsgruppen der Facharbeiter und der kleinen Angestellten und Beamten die Berufsgruppe der ungelernten Arbeiter zu verdrängen. Bei I 18 nimmt nicht nur der prozentuale Anteil der Berufs-, sondern auch der Schulbildungskomponente etwas zu; an dieser Stelle treten nicht nur wiederum höher bewertete Berufsgruppen, sondern, mit den gehobenen Beamten und mittleren Angestellten, auch eine Gruppe mit durchschnittlich höherem Bildungsgrad stark in den Vordergrund. Bei I 26 nimmt der prozentuale Anteil der Schulbildung wieder, diesmal noch deutlicher, zu, wodurch sowohl Beruf wie Einkommen etwas zurückgedrängt werden; hinter I 26 ist es schließlich auch, daß man jene Berufsgruppen, die sich durch den höchsten Bildungsgrad auszeichnen, häufiger findet.

Soziale Schichten

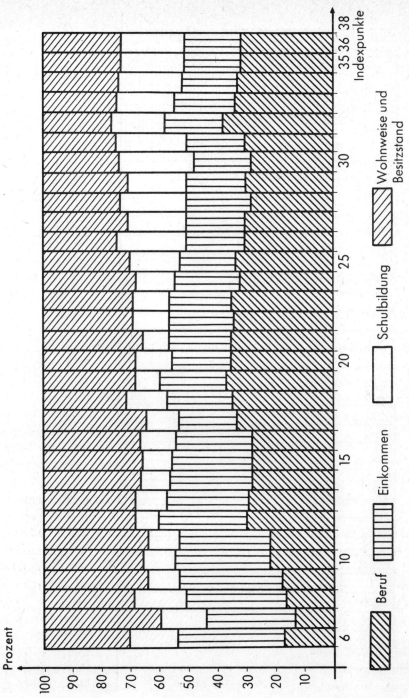

Darstellung 1

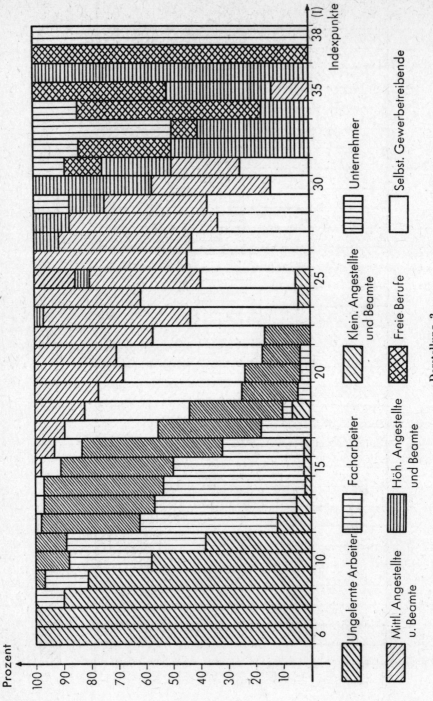

Darstellung 2

Sind die beobachteten Veränderungen auch ganz natürlich auf die Bewertungsstaffelung bei der Indexberechnung zurückzuführen, so drückt sich in ihnen doch soweit eine wirkliche Änderung der Statuszusammensetzung aus, wie die Bewertungsstaffelung selbst die tatsächlich bestehenden Bewertungsunterschiede einfangen konnte.

Die eben schon für eine Deutung herangezogene Darstellung 2, die die Zusammensetzung der einzelnen Indexgruppen aus Angehörigen verschiedener Berufsgruppen zeigt, bringt als wichtigstes Ergebnis eine anschauliche Verdeutlichung der Tatsache, daß Angehörige der gleichen Berufsgruppe auf Grund zusätzlicher Merkmale einen sehr verschiedenen sozialen Status besitzen können, was schon die eingangs bemerkte Inhomogenität der Berufsgruppen nach anderen sozialen Merkmalen erwarten ließ. Dabei erstrecken sich die einzelnen Berufsgruppen durchaus über verschieden große Strecken der Indexskala: zwischen den Angehörigen einer bestimmten Berufsgruppe mit niedrigstem und den mit höchstem sozialen Status besteht:

bei den ungelernten Arbeitern	12	Punkte Unterschied
bei den Facharbeitern	14	" "
bei den kleinen Angestellten und Beamten	16	" "
bei den Selbständigen in Handel, Handwerk und Gewerbe	19	" "
bei den mittleren Angestellten und gehobenen Beamten	20	" "
bei den leitenden Angestellten und höheren Beamten	13	" "
bei den freien Berufen	13	" "
bei den Unternehmern und Großkaufleuten	9	" "

Nimmt man die Anzahl der Indexgruppen, über die sich eine Berufsgruppe dem sozialen Status nach erstreckt, als Maß für ihre Homogenität oder Inhomogenität hinsichtlich des Besitzes der anderen Statuskomponenten, so wächst diese Verschiedenartigkeit der in einer Berufsgruppe eingeschlossenen Soziallagen von den ungelernten Arbeitern immer weiter bis zu den mittleren Angestellten und Beamten, um danach wiederum abzunehmen, wobei die Selbständigen und die mittlere Angestellten- und Beamtenschaft ziemlich gleich liegen. Gerade die in der Untersuchungsgemeinde am häufigsten als Mittelstand identifizierten und selbst-identifizierten Berufsgruppen umfassen demnach die am weitesten verschiedenen Statuspositionen.

Ein weiteres Kennzeichen der Darstellung 2 ist die Parallelität im Verlauf großer Teile der verschiedenen Berufsgruppen, die natürlich wenigstens stellenweise durch die ursprüngliche Bewertungsstaffelung der Berufsgruppen hervorgerufen ist, womit sie aber nach unserer Annahme der Wirklichkeit doch wenigstens nahekommt. An anderen Stellen entsteht eine gewisse Parallelität sogar *entgegen* einer unterschiedlichen Berufsbewertung. Wenn man z. B. sieht, daß in 14 Indexgruppen die kleinen Angestellten und Beamten gemeinsam mit den dem Beruf nach deutlich höher bewerteten Selbständigen anzutreffen sind, gewinnt man einen Eindruck von dem Ausmaß der Wirksamkeit der zum Beruf

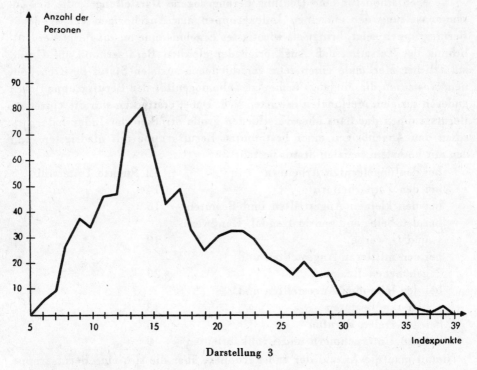

Darstellung 3

zusätzlichen Faktoren, die für den sozialen Status einen Rangunterschied im Berufsstatus nicht nur ausgleichen, sondern für eine gar nicht geringe Anzahl von Personen sogar umkehren können. Angesichts dieser Darstellung wird es sehr verständlich, daß in dieser Untersuchung keine den aufgeführten Berufsgruppen in der Abgrenzung entsprechenden sozialen Schichten gefunden werden konnten.

Um die Frage nach der Existenz von Statusschichten, die einzelne Berufsgruppen überschneiden, andere zusammenfassen, wieder aufgreifen zu können, sei jetzt noch eine weitere Darstellung herangezogen: die Häufigkeitsverteilung der einzelnen Indexgruppen. Darstellung 3 zeigt an Hand einer Kurve die jeweilige Anzahl von Personen aus der repräsentativen Stichprobe, die in bestimmte Indexgruppen fielen. Bei einer derartigen Häufigkeitsverteilung müßte die Existenz eines Statuskontinuums sich durch ein bruchloses Ineinander-Übergehen der An- und Abschwellungen der Kurve ausdrücken. Vom sozialen Status her gesehen hätte man damit das gleiche festgestellt, wie Lenski es für seine Untersuchungsgemeinde tat: daß die einzelnen Statuspositionen der Gemeinde sich mit minimalen Unterschieden aneinanderreihen und nirgends sprunghafte, klare Trennungslinien bestehen. Die Existenz von sozialen Schichten andererseits, deren Angehörige durch einen der Zusammensetzung nach gleichartig oder nur wenige Alternativen erlaubenden Status gleicher Höhe (gleicher Punktzahl) gekennzeichnet sind und sich nach Statushöhe und objektiver Zusammensetzung des sozialen Status von anderen Statusschichten eindeutig unterscheiden, müßte sich in einer scharfe Zäsuren zwischen wenigen deutlichen Häufungen aufweisenden Kurve zeigen. Die Kurve in Darstellung 3 scheint nun auf den ersten Blick eher auf ein bloßes Statuskontinuum zu deuten. Der Einwand, daß hier die immer vorhandenen Grenzfälle die Zäsuren verdecken mögen, ist insofern ungültig, als bei einem starken Anwachsen oder Überhandnehmen der Grenzfälle bzw., wie man es auch sehen kann, bei einem fast übergangslosen Verschmelzen der Schichten an ihren Grenzen von einer profilierten Schichtstruktur einfach keine Rede mehr sein kann. Bei genauerem Hinsehen findet man auf Darstellung 3 nun allerdings wenigstens einige sanfte Einbuchtungen zwischen stärkeren Anschwellungen der Kurve. So könnte man eine untere Statusgruppe — von Statusschichten soll noch nicht gesprochen werden — erkennen, die etwa zwischen I 10 und I 12 aufhörte, wo die zahlenmäßig größte Statusgruppe begänne und sich bis etwa I 18 oder I 19 erstreckte. Hier würde sie von einer dritten, bis I 26 reichenden Statusgruppe abgelöst, nach der dann die vierte, möglicherweise bei I 31 oder I 32 noch einmal unterteilbare höchste Statusgruppe begänne.

Ein Blick auf die beiden vorhergehenden Darstellungen zeigt nun, daß an den eben genannten Punkten auch dort Veränderungen zu bemerken waren. Auf Darstellung 1 änderte sich an etwa diesen Stellen die Art der Statuszusammensetzung, auf Darstellung 2 war es an diesen Stellen, daß eine recht charakteristische, merkliche Änderung in der berufsmäßigen Zusammensetzung der einzelnen Indexgruppen auftrat. Dabei ist es jetzt interessant zu sehen, daß die unterste Statusgruppe, die in berufsmäßiger Hinsicht in erster Linie durch die ungelernte Arbeiterschaft gebildet wird, keineswegs auch die zahlenmäßig stärkste ist. Im Gegenteil, es ist die zweite, berufsmäßig aus Facharbeitern, kleinen Angestellten und Beamten und einigen, wohl besonders kleinen, weniger verdienenden und besitzenden Selbständigen zusammengesetzte Statusgruppe, die die breiteste ist. Die darüberliegende Statusgruppe ist beruflich vor allem aus Selbständigen und mittleren Beamten und Angestellten zusammengesetzt, schließt aber noch andere Berufe mit ein. Die darüberliegende Statusgruppe stellt die eigentliche Spitze dar. Damit zeigt die Verteilung zwar eine deutliche

Verjüngung nach oben, stellt jedoch, da die unterste nicht die breiteste Gruppe ist, keine Pyramide dar, worin sie für unsere heutige Gesellschaft typisch sein dürfte. Wieweit das einen sozialen Wandel gegen frühere Zeiten darstellt, kann hier nicht erörtert werden. Wenn man von dem in jeder Gesellschaft vorhandenen Bodensatz absieht, der in der Form von Landstreichern etc., Ausgestoßenen und Ausgeschlossenen auch unter dem „Proletariat", auch unter der agrarischen Hörigenschicht der Feudalgesellschaft noch gelegen haben wird, haben zumindest eine ganze Reihe früherer Gesellschaften für lange Zeit die Form einer Pyramide gezeigt, während die hier gezeigte Verteilung mehr an eine Raute erinnert.

Die drei Feststellungen: daß die Berufsstruktur wohl die dominante Gliederung, jedoch nicht mit einer Struktur nach Lebensweise und Lebenschancen gleichartiger sozialer Schichten identisch ist; daß eine Analyse nach dem sozialen Status gewisse, wenn auch schwache Linien im Sozialgefüge aufzeigt, die größere Gruppen verwandter Statuslage begrenzen; und daß die Grenzen der Statusgruppen in keinem Fall völlig mit Berufsgruppengrenzen zusammenfallen, trotzdem aber eine meist mehrere Berufsgruppen zusammenfassende, recht charakteristische berufsmäßige Zusammensetzung besitzen — so hat man jene Ergebnisse, die aus den beiden bisher behandelten objektiven Ansätzen gewonnen werden können. An sie anschließend läßt sich die Frage stellen, ob ein subjektiver Ansatz weitere Einsichten bringen kann. Wie oben schon ausgeführt, ist es zumindest ein Zeichen für die Profiliertheit oder Undeutlichkeit einer Schichtstruktur, ob von der Bevölkerung selbst bestimmte soziale Schichten erkannt und Grenzen wahrgenommen werden.

Die Schichtvorstellungen einer Bevölkerung sind schon hier und da untersucht worden. Dabei hat die offene Frage nach der subjektiven Schichtvorstellung zwar den Vorteil, die tatsächlich bestehenden Meinungen genauer und in all ihrer wirklichen Widersprüchlichkeit und Ungenauigkeit zu erfassen, jedoch gleichzeitig den Nachteil großer methodischer Schwierigkeiten bei der Auswertung. Trotzdem wurde hier der Weg einer offenen Frage an die Stichprobe gewählt, ergänzt durch die Aufgabe, 18 ausgesuchte Berufe in jene Schichten einzuordnen, die der Befragte zunächst selber als seiner Meinung nach vorhanden genannt hatte.

Die empirische Untersuchung brachte zunächst das Ergebnis, daß die Meinungen der Bevölkerung sowohl über die Anzahl der in ihrer Gemeinde vorhandenen sozialen Schichten wie ihrer Art und Abgrenzung stark auseinandergehen. Was die Anzahl der Schichten angeht, meinte die größte Gruppe der repräsentativen Stichprobe (46 %), daß es deren drei gäbe, wobei sie hinsichtlich der Benennung und Abgrenzung jedoch wiederum nicht einer Meinung war. Ebenso kamen jedoch Schichtvorstellungen mit mehr als 10 sowie Behauptungen einer völligen Schichtungslosigkeit vor. Was die Art der wahrgenommenen Schichten angeht, sahen über 50 % der Stichprobe die Schichtstruktur ihrer Gemeinde als ausschließlich (38 %) von der Berufsgliederung bestimmt oder doch von ihr wesentlich mitbestimmt (weitere 15 %). Kennzeichnenderweise mangelte diesen Schichtvorstellungen häufig die Klarheit über die hierarchische Anordnung der Berufs-„schichten". Erst an zweiter Stelle nach diesen Berufsmodellen rangierten Schichtvorstellungen, die mit Begriffen wie Ober-, Mittel- Unterschicht, -klasse oder -stand arbeiteten. Hier wurde in der Regel auch ein klares hierarchisches Verhältnis gesehen. Als diese Befragten jedoch gebeten wurden, eine Anzahl ihnen genannter bestimmter Berufe in diese von ihnen wahrgenommenen Schichten einzuordnen, zeigte sich, daß sie über die Abgrenzung der einzelnen Schichten keine übereinstimmenden oder auch nur eindeutigen Vorstellungen hatten. Als weitere Maßstäbe für die subjektiv wahrgenommene Schichtung traten dann noch, wenn auch wesentlich seltener, Einkommen, Bildung und schließlich soziales Verhalten auf, sowie in weiteren Fällen eine Einteilung nach Einheimischen und Nichteinheimischen.

Da für das hier auszugsweise behandelte Problem der Schichtabgrenzung, vor allem hinsichtlich der Zuordnung einzelner Berufsgruppen, die Ergebnisse der Berufseinordnung in das spontan gegebene Schichtmodell besonders relevant sind, sei auf sie etwas näher eingegangen. Betrachtet man die Berufseinordnung jener Befragten, die drei hierarchisch angeordnete Schichten wahrnahmen, so ergibt sich für die hierfür ausgesuchten 18 Berufe die auf Tabelle 1 dargestellte Einteilung in die einzelnen Schichten.

Die Analyse der Tabelle 1 führt zu der Feststellung von 5 Gruppen: einer eindeutigen Unterschicht, zu der nur die ungelernten Arbeiter gehören, einer eindeutigen Mittelschicht, zu der die Selbständigen sowie mittlere Angestellte und Beamte gehören, einer eindeutigen Oberschicht, zu der Unternehmer und Bankdirektoren gehören, und ferner zwei zwischen diesen genannten Schichten liegenden Gruppen, zu der unten Facharbeiter und auch noch der Verkäufer, oben freie Berufe und höhere Beamte gehören. Zeichnen sich die ersten drei Gruppen durch eine eindeutige Zuordnung aus, so ist es das Kennzeichen der dazwischenliegenden Gruppen, daß sie in diesem Drei-Schichtmodell keinen festen Platz besitzen. Nimmt man hierzu die Ergebnisse aus der Analyse der wesentlich weniger zahlreichen Fälle der Einordnung der Berufe in hierarchische Vier- und Fünf-Schichtenmodelle sowie die Ergebnisse der in zahlreichen Intensivinterviews der Studie enthaltenen freieren Diskussionen der Berufseinordnung in soziale Schichten, dann zeigt sich, daß die fraglichen Zwischenlagen eine von Fall zu Fall verschiedene Zuordnung erfahren. Bei den Facharbeitern und kleineren Angestellten und Beamten schwankt man zwischen der Zurechnung zur Unterschicht, zum Mittelstand, oder zu einer eigenen sozialen Schicht, sei sie nun „unterer Mittelstand", „obere Unterschicht" oder anders genannt. Analog schwankt man in der Zurechnung der höheren Beamten, leitenden Angestell-

Tabelle 1
Einordnung von 18 Berufen in drei spontan genannte Schichten

N = 315

	Oberschicht %	Mittelschicht %	Unterschicht %	Summe %
Fabrikbesitzer	96	3	1	100
Bankdirektor	80	19	1	100
Studienrat	58	41	1	100
Arzt	57	41	2	100
Pfarrer	40	59	1	100
Stadtinspektor	37	61	2	100
Lehrer	13	85	2	100
Bäckermeister	11	85	3	100
Lebensmitteleinzelhändler	9	87	4	100
Buchhalter	9	86	5	100
Lokführer	6	81	13	100
Werkmeister	6	80	14	100
Postschaffner	3	67	30	100
Verkäufer	3	57	40	100
Tuchweber	3	49	48	100
Fabrikschlosser	2	43	56	100
Bahnarbeiter	1	28	71	100
Hilfsarbeiter	1	11	88	100

ten und freien Berufen zwischen Mittelstand, Oberschicht und ebenfalls einer eigenen, vielleicht „gehobener Mittelstand" oder „obere Klasse" im Gegensatz zur „Prominenz" genannten Schicht. Eindeutig zu den „oberen Zehntausend" gehören vom Beruf her gesehen in der untersuchten Stadt lediglich die Unternehmer. Doch wird, wenn bei der Zuordnung von tatsächlichen Persönlichkeiten und nicht von abstrahierten Berufspositionen ausgegangen wird, auch der eine oder andere aus der Gruppe der höheren Beamten, leitenden Angestellten und freien Berufen dazugerechnet. Eine Vermischung dieser beiden Einordnungsmaßstäbe — nach Berufsprestige einmal, nach „community rank" zum anderen — ist unabsichtlich im Fall des Bankdirektors in die Untersuchung hereingekommen; er darf, anders als der Fabrikschlosser und Tuchweber, die stellvertretend für die Facharbeiterschaft stehen können, nicht mit der Gruppe der leitenden Angestellten gleichgesetzt werden.

Vergleicht man nun diese Feststellungen mit den Ergebnissen des objektiven Ansatzes, so findet man eine bezeichnende Beziehung: wo dort Linien einer etwas schärferen Veränderung auftraten, werden hier, wenn auch nicht übereinstimmend, Schichtgrenzen gesehen. Die Undeutlichkeit der objektiv erkennbaren Grenzen spiegelt sich vollständig in der durch eine große Gegensätzlichkeit der Einzelmeinungen manifestierten Ungewißheit über die tatsächliche Schichtstruktur der eigenen Gemeinde wider. Man darf deshalb wohl zu dem Schluß kommen, daß es in der untersuchten Gemeinde keine durch eine völlige Gemeinsamkeit gleicher Lebenschancen und Lebensweisen gekennzeichneten, in hierarchischem Verhältnis zueinander stehenden und scharf gegeneinander abgegrenzten sozialen Schichten gibt, daß es aber sehr wohl eine bestimmte Schichtkonfiguration gibt, die allerdings auf Grund mangelnder Schärfe der Unterschiede zwischen Schichten, bzw. auf Grund einer nicht vollständigen Gemeinsamkeit der sozialen Lage innerhalb der Schicht eine mehrfache Deutung hinsichtlich der hier nun wichtigsten Grenzen erlaubt. Eine besonders wichtige Feststellung dürfte sein, daß die Arbeiterschaft nicht mehr als eine geschlossene Schicht für sich, abgegrenzt vor allem gegenüber allen Angestellten und Beamten, besteht. Daß dieses Ergebnis für unsere ganze heutige Gesellschaft charakteristisch ist, läßt sich vielleicht vermuten. Im übrigen jedoch gilt, worauf ausdrücklich hingewiesen sein soll, alles Gesagte zunächst einmal nur für die durch besondere geschichtliche und wirtschaftliche Einflüsse und Besonderheiten mitgeformte Untersuchungsgemeinde.

Anmerkungen

[1] *Hatt, Paul K.*, Occupation and Social Stratification, Am. Journal of Sociology, LV, 1950, 533—43.
[2] *Hatt, Paul K.*, Stratification in the Mass Society, Am. Sociological Review, XV, 1950, 216—222.
[3] *McGuire, Carson*, Social Stratification and Mobility Patterns, Am. Sociological Review, XV, 1950, 195—204.
[4] *T. Parsons*, Essays in Sociological Theory Pure and Applied, Glencoe, Free Press, 1949.
[5] *S. M. Lipset and R. Bendix*, Social Status and Social Structure, Brit. Journ. of Sociology, II, 1951, 150 ff, 230 ff.
[6] *Pfautz, H. W., and Duncan, O. D.*, A Critical Evaluation of Warner's Work in Community Stratification, Am. Sociol. Review, XV, 1950, 205—15.
[7] *Kaufmann, Harold F.*, An Approach to the Study of Urban Stratification, Am. Sociological Review, XVII, 1952, 430—437.
[8] *Lenski, Gerhard E.*, American Social Classes: Statistical Strata or Social groups? Am. Journal of Sociology, LVIII, 1952, 139—144.
[9] Dieser Begriff wird gebraucht von *L. v. Wiese*, Gesellschaftliche Stände und Klassen, Bern 1950.
[10] a. a. O.
[11] *Floud, Jean*, Social Stratification in Denmark, British Journal of Sociology, III, 1952, 173—177.
[12] *Th. Geiger*, Soziale Umschichtung in einer dänischen Mittelstadt, Aarhus 1951, p. 7.

¹³ Eingereicht als Habilitationsschrift an der Universität Kiel, 1955; es sei hier auch auf die in dieser Arbeit enthaltene, gut durchdachte Diskussion des Ursprungs und der Bedeutung sozialen Prestiges hingewiesen.

¹⁴ *Th. Geiger*, Stichwort „Schichtung" in: Wörterbuch der Soziologie, Herausgeb. F. Bülow, W. Bernsdorf, Stuttgart 1955.

¹⁵ Siehe *Hartmut Zimmermann*, Klassenlose Gesellschaft? Die Neue Gesellschaft, Heft 1/1956, S. 61.

¹⁶ a. a. O., p. 243.

¹⁷ Es handelt sich um eine industrialisierte, 1954 rund 19 000 Einwohner besitzende Stadt im Land Nordrhein-Westfalen, die vom UNESCO-Institut für Sozialwissenschaften unter der wissenschaftlichen Leitung d. Verf. auf ihre gegenwärtige Sozialstruktur untersucht wurde; die Ergebnisse dieser Studie werden in der Schriftenreihe des UNESCO-Instituts erscheinen.

¹⁸ Außer den schon genannten Merkmalen wurden als relevant für die kennzeichnenden Lebenschancen verschiedener Berufsgruppen weiterhin untersucht: Heiratschancen — nach Häufigkeit, Zeitpunkt und sozialer Herkunft des Partners; die Chancen der Mobilität zu bestimmten beruflichen und sozialen Positionen; die Schulbildungschancen der eigenen Nachkommen.

¹⁹ Der oben entwickelte theoretische Ansatz wie auch die folgende operationale Definition wurde mit angeregt durch Informationen über eine Untersuchung der soziologischen Abteilung des Forschungsinstitutes für Sozial- und Verwaltungswissenschaften (Direktor Prof. Dr. René König). Siehe hierzu das Referat von *Erwin K. Scheuch* und *Dietrich Rüschemeyer* „An Instrument to Measure Social Stratification in Western Germany", in: Supplement of the *Transactions of the Third World Congress of Sociology*, London 1956.

KLASSENSTRUKTUR UND INITIATIVE IN EINER SICH WANDELNDEN LÄNDLICHEN GEMEINDE

Von Wolfgang Teuscher

I. Der geschichtliche Rahmen und die Bildung der Klassenstruktur in Testorf

Die politische Gemeinde Testorf, in der wir seit eineinhalb Jahren eine empirische Untersuchung durchführen*, ist eine Gemeinde von insgesamt zweitausend Einwohnern. Sie besteht aus einem Hauptdorf, nämlich Testorf, und einem Nebendorf, Hinterheide, mit zweihundertsiebzig Einwohnern und einigen Streuhöfen. Hinterheide ist eine neuere Siedlung. Der älteste Hof steht erst seit zweihundert Jahren. Im Gegensatz dazu wird das alte Weserdorf Testorf bereits im 12. Jahrhundert urkundlich genannt. Ursprünglich bestanden in der jetzigen Feldmark von Testorf drei Dörfer; zwei davon wurden im Dreißigjährigen Krieg zerstört, worauf die Bauern dieser Dörfer nach Testorf zogen und zwischen den schon vorhandenen Höfen siedelten. So bekam Testorf eine für heutige Verhältnisse unbequeme enge Siedlungsstruktur.

Die Ländereien gehörten den Adelsgeschlechtern der Umgebung. Diese vermeierten die Höfe an die Bauern. Die Höfe waren also de jure außer dem beweglichen Besitz nicht erblich. Es wurde jedoch üblich, daß sie vom Vater auf den Sohn kamen, so daß sich ein relatives Eigentumsverhältnis bildete. Durch Teilungen eines Hofes wurden in einigen Fällen auch Halbmeierhöfe geschaffen, deren Abgabelasten zwei Drittel der Vollmeierhöfe betrugen. Die Voll- und Halbmeier bildeten zusammen die Realgemeinde mit dem Hut- und Holzrecht. Eine zweite Gruppe waren die Köthner, die ursprünglich nur eine Kate besaßen ohne Speicher. Sie waren im 18. Jahrhundert in die Realgemeinde aufgenommen worden und bekamen bedingte Privilegien verliehen, um die sie jedoch in jedem einzelnen Falle zu kämpfen hatten. So entstanden neben den Adligen drei privilegierte Klassen: Vollmeier, Halbmeier und Köthner. Diesen drei Klassen standen all diejenigen gegenüber, die keine Rechte hatten. Über sie erfahren wir sehr wenig, bis sich aus ihnen eine weitere Gruppe als bedingte Besitzklasse herausschält und ihrerseits um die Aufnahme in die Gemeinde ersucht und um Privilegien kämpft: die Brinksitzer. Sie gehörten nie zur Forstgemeinschaft, bekamen aber zu Beginn des vorigen Jahrhunderts einige Weide-

---

* Diese Untersuchung wird von der soziologischen Abteilung des Forschungsinstitutes für Sozial- und Verwaltungswissenschaften an der Universität Köln durchgeführt und steht unter der Leitung von Prof. Dr. *R. König*.

rechte. Desgleichen wurden am Anfang des vorigen Jahrhunderts die Anbauern mit einigen Rechten ausgestattet. So ist das Klassensystem aus der geschichtlichen Entwicklung her zu verstehen.

Eine mögliche These, daß diese Klassen anthropologisch oder der ethnischen Herkunft nach aus verschiedenen Gruppen stammen, ist abzulehnen, da es häufig war, daß zweite und dritte Söhne als Hirten oder Knechte auf dem brüderlichen Hofe blieben, dadurch aber mit ihren Familien in die nicht oder weniger privilegierten Klassen zurückgestoßen wurden. Wir finden darüber hinaus auch den Einfluß von Zugewanderten oder von fremdem Blut in allen Schichten, wenn auch bei den Brinksitzern, Anbauern und Häuslingen etwas mehr als bei den anderen.

Ein wichtiger Abschnitt in der Geschichte des Dorfes ging zu Ende, als um das Jahr 1860 das Meierverhältnis abgelöst wurde und man das Gemeindeland, die Allmende, aufteilte. Damit wurde ein kompliziertes System gegenseitiger Abhängigkeiten, das bis in alle Bezirke des Lebens gereicht hatte, aufgeweicht. Man hatte Verpflichtungen überall hin, dem Kantor, dem Pfarrer, dem Nachbarn gegenüber usw. Bei der geringsten Veränderung durch Heirat oder Sterbefall mußte die gegenseitige Abhängigkeit aufs genaueste neu geklärt werden. So war der Begriff der Nachbarschaft durch das Maß gegenseitiger gleichwertiger Verpflichtungen definiert. Wir finden heute noch eine Menge von Verhaltensmustern, die auf das verzweigte System der Verpflichtungen zurückgehen[1].

Nach der Ablösung des Meierrechts begannen die Bauern nun auch in Geld zu denken und nicht mehr nur in Naturalien. Die Möglichkeit des kommerziellen Umganges mit Haus, Hof und Eigentum brachte die Besitzverhältnisse in Bewegung. In den Jahren von 1870 bis 1900 finden wir eine hochgradige Umgliederung des Landbesitzes durch Käufe und Verkäufe: aber die Möglichkeit eines Köthners, genausoviel Land zu erwerben wie ein Vollmeier, löste die alte Klassenordnung nicht auf. Die Klassen mit ihren gesellschaftlichen Sanktionen und Scheidewänden blieben bestehen, ja, sie verhärteten sich teilweise sogar[2].

Diese starre Klassenhierarchie dauerte bis zum ersten Weltkrieg. Bis zu diesem Zeitpunkt wurden in Testorf nur vier Personen mit dem Titel „Herr" angeredet: der „Herr" Pastor, die „Herren" Kantoren, der „Herr" Wachtmeister, also durchwegs dorffremde Personen, die geachtete Ämter innehatten. An zweiter Stelle und als eigentlich Mächtige standen in der Gesellschaftspyramide die sogenannten „Könige", nämlich drei Vollmeier, deren Meinungen unbedingt respektiert wurden. Ihnen folgten 32 Vollmeier, in deren Angelegenheiten sich zwar niemand mischte, die aber alleine wenig Macht besaßen. Die Halbmeier bildeten eine Gruppe, die man nicht zu den großen Bauern zählte, obgleich sie gesellschaftlich mit den Vollmeiern verkehrten. Diese unklare Stellung machte diese Gruppe irgendwie ärgerlich. Die unteren Klassen hatten dagegen kaum Bewegungsfreiheit. Sie waren wirtschaftlich vollends abhängig, und die gesellschaftlichen Sanktionen der anderen Klassen trafen sie unmittelbar. Ihre Lage besserte sich jedoch sofort, als die Eisenbahn an Testorf vorbeigeführt wurde und sie damit die Möglichkeit gewannen, als Pendler in der nahen Kreisstadt zu arbeiten.

Der Klassenunterschied wurde bei den verschiedensten Gelegenheiten deutlich. In den vier Gastwirtschaften vergnügte sich jede Gruppe getrennt. Eine weitere Gliederung wurde in den Spinnklubs durchgeführt [3]. Desgleichen waren bestimmte Plätze in der Kirche jeweils den Meiern, Köthnern, Brinksitzern oder Anbauern vorbehalten.

II. Voraussetzung des Strukturwandels

Mit dem Ende der Meierverpflichtung wurde ein wesentlicher Strukturwandel eingeleitet, indem der Einzelne über das, was er vorher ohne eigentliches Verfügungsrecht besessen hatte, nun auch wirklich frei verfügen konnte. Bei einigen wurde dies der Anreiz zu vielen Verbesserungen, die in der Folge auch von außen nahegelegt wurden. Diese Veränderungen, die das Bild von Testorf zumindest in seiner zweiten Phase wandelten, sind nicht allein technischer Wandel, sondern mit dem technischen Wandel hängt ein sozialer Strukturwandel eng zusammen. Ja, dieser letztere ist oft sogar erst die Voraussetzung für den technischen Wandel. Anders ausgedrückt: zwischen technischem, kulturellem und sozialem Wandel besteht eine derartig enge reziproke Korrelation, daß man das eine ohne das andere überhaupt nicht verstehen kann.

Die technischen Wandlungen sind in Testorf in zwei deutlich unterschiedenen Phasen vor sich gegangen, in einer ersten und einer zweiten technischen Revolution. Beide Phasen fließen an vielen Stellen ineinander über und sind zeitlich teilweise ineinander verschachtelt. Im Verlauf der ersten technischen Revolution werden zunächst direkt wirkende Geräte von solchen abgelöst, durch die bei Erfüllung der gleichen Aufgabe Kraft gespart wird. Man benutzt eine mehr oder weniger komplizierte Maschine, um dasselbe in kürzerer Zeit oder mit weniger Menschenkraft zu tun [5]. Anders ist es allerdings bei der zweiten technischen Revolution. Hier muß der ganze Betrieb umgestellt und die Kompetenzen bei der Arbeit müssen neu verteilt werden. Das Pferd wird durch den Trecker nicht nur ersetzt, sondern die Anschaffung des Treckers ruft eine Folge von Umstellungen hervor, die die ganze Struktur des Betriebes verändern. Beispiele für solche Umstrukturierungen als Folge der zweiten technischen Revolution sind etwa folgende Erscheinungen. Seit der Mann einen Trecker hat, ist er in kürzester Zeit auf dem Feld und umgekehrt wieder zu Hause. Er verlangt nun, seine Frühstücksmahlzeit und seine Vesper zu Hause einzunehmen. Das wirft seinerseits den Arbeitsplan im Hause um. Der Tisch muß einmal mehr gedeckt werden, und die Frauen müssen ihre Arbeit anders planen. Ein anderes Beispiel wäre etwa folgendes: Das Tagewerk auf dem Hofe begann früher zu einer bestimmten Zeit. Die Bewohner des Ortes wurden morgens von der Betglocke geweckt und begannen ihr Tagewerk alle zugleich. Falls nun nicht gerade eine Saisonarbeit vorliegt, wird der Termin des Beginns heute durch den Weg des Milchwagens bestimmt. Wann die Milchkannen zum Abholen bereitstehen müssen, ist bestimmend für die Zeit des Arbeitsbeginns. So kommt es vor, daß zwei Höfe, die beieinander liegen, die jedoch am Anfang und am Ende des Weges liegen, den der Milchwagen beschreibt, ihre Arbeit um sechs und um sieben Uhr beginnen. Ein weiterer Konflikt entsteht durch die wirtschaftliche Umgliederung auf dem Hof. Der Frau standen früher die Einkünfte aus Eiern, Milch und Geflügel zu. Heute fließen die hohen Einkünfte aus der Milch über die vom Mann verwalteten Konten. Der daraus folgende erhöhte Bedarf an Wirtschaftsgeld durch die Frau wird aber von den Männern nur langsam verstanden. So kommt es zu Ehekrisen aus Gründen, die in der Wandlung der Wirtschaftsstruktur liegen.

Fragt man nun nach den Voraussetzungen, die einen solchen Strukturwandel möglich machen, der — wie gesagt — gleichermaßen in den wirtschaftlichen, sozialen und kulturellen Bereich reicht, so kann man als solche etwa drei nennen:

1. Die erste grundsätzliche Voraussetzung ist die allgemeine technische Entwicklung, die ihre Erfindungen und Möglichkeiten von außen her anbietet.
2. Die zweite Voraussetzung ist, daß die neuen Methoden in unserem Rahmen anwendbar sind. Es müssen sogar Umstände vorhanden sein, die diese Anwendung nötig machen. Solche Tatsachen sind: Arbeitermangel (d. h. hier Mangel an landwirtschaftlichen Hilfskräften), Rentabilitätsforderungen auf Grund erhöhter Konkurrenz von außen. Schließlich gehören hierhin auch noch neu auftretende Bedürfnisse, die jedoch schon die Folge eines schon eingeleiteten Wandels sind. Man kann sie einmal als Voraussetzung, zum anderen als Folge sehen.
3. Die dritte Voraussetzung ist, daß sich Wege auftun, die angebotenen Möglichkeiten zu nützen und den neuen Umständen Rechnung zu tragen. Es müssen Personen oder Gruppen vorhanden sein, die *die Initiative* ergreifen.

In unserer Untersuchung haben wir uns insbesondere mit dieser letzten Voraussetzung beschäftigt. Unsere Frage war dabei: Sind jeweils in den oben beschriebenen Phasen der Entwicklung bestimmte Gruppen oder Individuen mit ihrer persönlichen Initiative beteiligt und wer sind diese Personen, die wir im Folgenden „Initiativpersonen" nennen wollen? Weiter, welche anderen Beziehungen bestehen in bezug auf den sozialen Status dieser Initiativpersonen?

III. Die Initiative in den verschiedenen Phasen der Wandlungen

Bei der ersten technischen Revolution finden wir die Initiative klar bei der Vollmeiergruppe. Führend sind hier die sogenannten „Könige". Ihnen tut man es nach. Dabei ist man jedoch darauf bedacht, dies nicht zu aufdringlich zu tun; denn die Feststellung ist wichtig, daß man sich nicht als gleich ansieht. Ein bezeichnendes Beispiel hierfür ist das folgende Erlebnis: Auf unsere Frage an einen Brinksitzer, weshalb er sich denn kein weißes Waschbecken zugelegt habe, sondern ein schmutzig-graues, sagte er, er täte das, weil die Leute sonst denken würden, er hielte sich für einen großen Mann. Man ist im wesentlichen gezwungen abzuwarten, was die Großen tun, was sie sich anschaffen, bevor man selbst in bescheidenerem Rahmen darangeht, kraft- und arbeitsparende Geräte anzuschaffen. Neuerungen werden auf dem Wege der Klassenhierarchie übertragen und eingeführt.

Dies ändert sich in der zweiten Phase der technischen Wandlung in entscheidender Weise. Nach dem ersten Weltkrieg wird Testorf an das Eisenbahnnetz angeschlossen [6]. Außerdem wird der Ort zu dieser Zeit elektrifiziert. In der entscheidenden Unterschriftsammlung geben zum ersten Mal die „kleinen Leute" den Ausschlag. Den Brinksitzern und Anbauern werden damit neue Arbeitsmöglichkeiten geboten, und sie haben die Möglichkeit, von den Bauern unabhängig zu werden. Viele arbeiten erst beim Bau der Bahn, um dann als Personal übernommen zu werden. Ein Mangel an Arbeitskräften tritt nun stets dann auf, wenn nicht gerade wirtschaftliche Notzeiten herrschen. Es gilt nämlich plötzlich in Testorf als nicht mehr ehrenvoll, beim Bauern als Knecht zu arbeiten, obgleich es alle Vorfahren so taten. Wir erleben eine unmittelbare Emanzipation der unteren Klassen am Ort, die sich aus der Abhängigkeit von den Bauern befreien.

In der gleichen Zeit bauen sich die Handwerker, die noch bis gegen Ende des ersten Weltkrieges im Tagelöhnerverhältnis zu den Bauern standen oder in Stör arbeiteten, eigene Werkstätten und werden selbständig. Der Schuster wurde beispielsweise für mehrere Wochen bei einem Bauern in eine Kammer einquartiert und fertigte dort die nötigen Schuhe für die Familie. Dabei stellte der Bauer alles Material, vom Leder bis zum Pech; der Schuster wurde dann tatsächlich tageweise bezahlt. Das geschah meist in Naturalien und nur teilweise in Geld. Desgleichen hatte jeder Bauer eine Tischlerwerkstatt und Stellmacherwerkzeug. Die Tischler und Stellmacher wurden genauso behandelt. Bäcker brauchte man nicht, da man ein eigenes Backhaus besaß. Die einzigen einigermaßen selbständigen Handwerker waren die Schmiede. Für die Leute mit nur wenig oder keinem Bodenbesitz eröffnete sich jetzt eine ganze Reihe von Alternativmöglichkeiten. Bis zum ersten Weltkrieg war die einzige Alternative neben der Arbeit auf dem Bauernhof oder neben der Abhängigkeit von der Landwirtschaft die Auswanderung in die Stadt oder ins Ausland gewesen. Davon wurde natürlich weitgehend Gebrauch gemacht. Jetzt hat sich dagegen den Leuten ohne eigenen nennenswerten Bodenbesitz die Möglichkeit eröffnet, zu bleiben und dennoch selbständig zu werden.

War früher die soziale Struktur so angelegt, daß sich nur jemand im geographischem Raum der Gemeinde halten konnte, der loyal auf diese Gemeinde hin bezogen war, der die Pyramide ihrer Klassenstruktur auch als Grundlage der gesellschaftlichen Autoritätsordnung anerkannte, so finden wir nun die Möglichkeit, daß jemand auch bestehen kann, wenn er in seinen Interessen und seiner Loyalität offen nach außen gerichtet ist. So entstehen kurz vor dem zweiten Weltkrieg um den Bahnhof herum Siedlungen von Testorfern, die als Pendler in der nahen Kreisstadt arbeiten. Sie führen gleichzeitig eine neue Haus- und Siedlungsform ein, die in einzelnen Fällen später von den Bauern übernommen wird.

Mit dem Ende des zweiten Weltkrieges werden gänzlich neue Impulse wirksam. Die Gemeinde, die an einer verkehrsarmen Straße lag, befindet sich auf Grund der neuen Verkehrsverhältnisse plötzlich an einer Hauptverkehrsader Westdeutschlands [7]. 1945 und in den Jahren danach waren sodann zeitweise bis zu 1200 Flüchtlinge in Testorf untergebracht, eine recht heterogene Gruppe aus Nieder- und Oberschlesien, Ostpreußen, Pommern, aus der Provinz Posen und aus Danzig. Weiter befanden sich in denselben Jahren 400 Evakuierte aus Hannover und Bremen in Testorf. Unter den Evakuierten gab es eine Gruppe von etwa 50 Personen, die von früher her bereits eine mehr oder weniger enge Bindung an den Ort hatte. Darüber hinaus kamen langsam die Männer aus der Gefangenschaft zurück und mußten sich wieder in die Verhältnisse von Testorf einpassen.

In der Nachkriegssituation mußte man nun eine Neueinstellung nach zwei Richtungen hin vornehmen. Einmal hatte man sich der allgemeinen Wirtschaftslage anzupassen; man dachte wieder in Naturalien und Sachwerten, und die Wirtschaftsmethoden sowie die Haushaltsführung wurden wieder auf autarke Bewirtschaftung eingestellt. Zum anderen war man aber in jeder Hinsicht wie noch nie zuvor in seiner Bewegungsfreiheit eingeschränkt. Die Wohnstruktur, nach wirtschaftlichen Gesichtspunkten geplant und erprobt, wurde durch die vielen in die Häuser aufgenommenen Flüchtlinge zerstört.

Schien es auf der einen Seite so, als bewege sich die Entwicklung rückläufig, und besannen sich die Bauern auf alte Wirtschaftsmethoden ihrer Väter, so konnte sich das alte System, die alte soziale Gliederung und die starre Klassenautorität nicht wieder durchsetzen. Die Flüchtlinge bildeten gemeinsam mit den Evakuierten sehr bald eine neue Klasse mit allen einer Klasse zuschreibbaren Eigenschaften der Solidarität und der gleichen wirtschaftlichen Lage. Diese neue Klasse war aber in ihrer Loyalität von vornherein nach außen gerichtet. Sie stand zwar zu Beginn außerhalb des gesellschaftlichen Lebens, schlüpfte jedoch durch eine Hintertür bald ins ehemalige Zentrum des öffentlichen gesellschaftlichen Forums. Die Flüchtlinge saßen fest in den kirchlichen Vereinen, setzten sich über die streng nach der Stellung im Dorf geregelten Sitzordnung in der Kirche hinweg und drangen in den Kirchenrat ein, dessen Mitgliedschaft früher ein Privileg der Vollmeier gewesen war. Während die kirchlichen Institutionen in Testorf früher ein Mittel gesellschaftlicher Sanktionen gegenüber demjenigen waren, der die soziale Ordnung übertrat, wurden sie nun unter dem Einfluß der Flüchtlinge vielmehr ein Mittel, diese Sanktionen vom gesellschaftlich Schwächeren abzuwenden [8].

Diese eigenartige Situation, nämlich die anfänglich rückläufige Entwicklung in den Wirtschaftsmethoden und die gleichzeitige Einreißung der alten Autoritätsordnung erzeugte sehr viele Spannungen. Dies wurde noch dadurch verstärkt, daß eine Gruppe der schwächeren Vollmeier die politische Macht gewann, da sich die andere — bisher führende — Gruppe vorher unter dem nationalsozialistischen Regime stark engagiert hatte. Dies machte sich in einer Reihe von Folgen bemerkbar. Der neue Gemeindedirektor war damit betraut, Lebensmittel und Vieh für das Versorgungsamt aufzutreiben. Er ging nun so vor, daß er die Landwirte des Dorfes in zwei Gruppen teilte: in seine Freunde und seine Gegner. Letztere wiederum halfen sich dadurch, daß sie sich zusammenschlossen und unter dem Schutz von fingierten Einbrüchen ihr Vieh schlachteten und auf den überaus gut zahlenden Schwarzmärkten verschacherten. Dieser Machtkampf geschah unter den kritischen Augen fremder Beobachter, der Flüchtlinge, und mußte diesen mehr oder weniger verborgen bleiben. Nach der Währungsreform wurden diese Vorgänge in einem Prozeß aufgedeckt. Aber die Zweiteilung der Gemeinde nach den damaligen Gesichtspunkten besteht bis heute weiter und spielt in der Gegenwart eine entscheidende Rolle in der lokalen Politik.

Abgesehen davon machte sich nach der Währungsreform noch eine Reihe von anderen Tendenzen bemerkbar. Die Flüchtlinge wanderten in einem immer größeren Umfange ab. So befinden sich heute nur noch 500 Flüchtlinge und kaum noch Evakuierte in Testorf. Zurück blieben von den Flüchtlingen: Rentner, Witwen, eine Gruppe, die ohne Entschlußfähigkeit und unbeweglich ist, und solche, die sich ins Dorf eingegliedert haben. Wir finden etwa 60 Heiraten zwischen Flüchtlingen und Einheimischen. Durch diese Abwanderung haben die Spannungen fast gänzlich aufgehört. Jedoch ist die Wirkung, die dieser Einbruch der Flüchtlinge auf Testorf hat, über alle Maßen groß, wie noch zu zeigen sein wird.

Als sich die wirtschaftliche Gesamtlage zu normalisieren begann, war die soziale Struktur der Gemeinde von der vor zehn Jahren vollkommen verschieden. Die Autorität der Kirche war geschwächt und zog sich im wesentlichen auf den rein religiösen Raum zurück; die Vollmeierklasse suchte ihr innerdörfliches Prestige durch andere Institutionen zu retten [9]. Die unteren Klassen, Brinksitzer und Anbauern, haben sich dagegen weitgehend von der Abhängigkeit gelöst und bilden zusammen mit den Flüchtlingen Gruppen, die sich in der Hauptsache nach außen, d. h. außerhalb des Dorfes, orientieren. Damit dringen Lebensgewohnheiten in die Gemeinde ein, die bis dahin fremd gewesen waren. Sie werden zum Teil angenommen, manchmal auch scharf abgelehnt. Vieles Neue brachten die Flüchtlinge mit, vor allem Moden, Eßgewohnheiten, Wohnkultur und Arbeitsmethoden. Es seien hier einige Beispiele angeführt, die uns sehr bezeichnend scheinen.

a) In Testorf wurde früher die Schweinsleber mit zu den Eingeweiden gerechnet und nur begrenzt, nämlich verwurstet, genossen. Sie erregte gebraten den allgemeinen Widerwillen der Leute. Als die Flüchtlinge nach Testorf kamen, ließen sich die Leber schenken und brieten sie sich. Schließlich kosteten auch Testorfer davon, und heute wird gebratene Leber allgemein genossen. Nachdem Leber schließlich sogar anläßlich des Dreschens eines großen Bauern von einer Flüchtlingsfrau zum Abendbrot gebraten wurde, war die Leber sozusagen „salonfähig" geworden.

b) Auf der anderen Seite wurde der Genuß einer Käsesorte aus der ersten Milch einer kalbenden Kuh ebenfalls von den Flüchtlingen zum Genuß vorgeschlagen. Dieser Vorschlag wurde jedoch nicht allgemein akzeptiert. Die großen Bauern lehnen diese Milch als Genußmittel in jeder Form scharf ab. Doch wird sie bei Brinksitzern und Anbauern zum Teil zu dem oben erwähnten Käse verarbeitet.

c) Eine scharfe Ablehnung erfuhr dagegen der Genuß von Pferdefleisch. Zwei Familien aus Schlesien, deren Ruf sonst gut war und die als strebsam bekannt waren, kauften regelmäßig Pferdefleisch. Sie werden, seit dies bekannt ist, sogar als „Hundeesser" bezeichnet und ihre Kinder ärgert man damit auf der Straße.

d) Vor der Niederlassung der Flüchtlinge gehörten jedem Bauern:
1 Paar Sonntagsschuhe, 1 Paar Reitstiefel, 1 Paar roßlederne Stiefel zum Pflügen und zur Feldarbeit und mehrere Paare Holzschuhe. Alle Wege innerhalb des Dorfes wurden vorzugsweise in Holzschuhen gemacht. Die Flüchtlinge gingen dagegen stets in Straßenschuhen (das einzige Paar Schuhe, das die meisten in der ersten Zeit besaßen). Es war zu beobachten, daß „man" nun auch bald in Lederschuhen „zum Kaufmann ging". Holzschuhe sind heute nur noch im Stall zulässig.

e) Am Ende des Krieges wurde ein deutscher Friseur aus Holland nach Testorf verschlagen. Er begann, den Flüchtlingen die Haare zu schneiden und die Flüchtlingsfrauen zu frisieren. In den ersten Jahren erfuhr er von den Testorfern brüske Ablehnung, wie auch die kurze Haarmode der Flüchtlingsfrauen großes Mißfallen erregte. Allmählich jedoch ließen sich die einheimischen Frauen die Haare bei ihm waschen, weil es einfach bequemer war und holten ihn — statt einer ungelernten Frau wie früher — zu Hochzeiten, um die Haare herzurichten. Nachdem der Salon anerkannt war, ließ man sich auch andere Neuerungen vorschlagen. Heute tragen nur noch alte Leute einen Haarknoten. Gleichzeitig ist der Konsum an Kosmetika sehr gestiegen. Die ständig feilgebotene Zahnpasta hat z. B. auch bewirkt, daß die Eltern ihre Kinder zum Zähneputzen erziehen, obgleich ihre eigene Zahnbürste ungenutzt als Staubfänger auf dem Toilettentisch steht.

f) In der Landwirtschaft brachten Flüchtlinge ebenfalls eigene Methoden mit. So wurde eine neue Methode der Rübenbehandlung vermittelt. Früher war es üblich, daß die Männer die Rüben auszogen und auf einen Haufen brachten. Die Frauen setzten sich dann plaudernd um diesen Haufen und schnitten das Kraut ab. Bauernjungen aus Pommern — Pommern sind die am meisten integrierten Flüchtlinge — zogen dagegen die Rüben heraus und legten sie in eine Reihe, um dann mit einem Torfspaten das Grün abzustechen oder mit der Axt abzuhauen. Diese Technik wurde schnellstens vom ganzen Dorf übernommen und gilt heute so sehr als allgemeiner Brauch, daß man sich kaum noch an die alte Methode erinnert.

Wir haben schon angedeutet, daß insofern eine weitere Änderung in der Lage eingetreten war, als vor dem ersten Weltkrieg bis in die zwanziger Jahre die Meiergruppe alle Unternehmungen kontrollierte. Sie waren etwa die Initiatoren bei der Gründung der Genossenschaften wie der Molkereigenossenschaft und der verschiedenen Bezugs- und Absatzgenossenschaften. Ja, sie arbeiteten sogar als die Hauptfunktionäre selbst mit. Nach dem zweiten Weltkrieg kamen jedoch die Unternehmer in der Hauptsache aus der unteren Schicht — der Brinksitzer, der Anbauern und Flüchtlinge [10]. Sie machen als selbständige Unternehmer sogar der einst allmächtigen Genossenschaft Konkurrenz [11]. Zwei Angehörige dieser unteren Gruppe sind Inhaber großer Lohndreschunternehmen, Kartoffeldämpfereien und Kreissägen. Den Schmieden, deren Leistungen immer weniger gesucht werden, stellen sich Installationen zur Seite, deren Inhaber aus der Brinksitzergruppe stammen.

IV. Stellung und besondere Eigenschaften der Initiativpersonen

Im Rahmen dieser kurzen Abhandlung ist es leider nicht möglich, an Hand von Einzelstudien und Beispielen die Regelhaftigkeiten der angedeuteten Vorgänge zu erläutern. Das wäre im einzelnen nur in einem viel weiteren Rahmen möglich. Nachdem wir nun das Material skizziert haben, möchten wir versuchen, auf die besonderen Eigenschaften einer Initiativperson einzugehen, die also — wie wir gesehen haben — zu einer Zeit in einer bestimmten Schicht zu suchen ist, in einer anderen Phase der Entwicklung jedoch in einer anderen sozialen Schicht. Eins steht aber fest, die entscheidende Voraussetzung zu einer Neuerung oder einem sozialen Wandel ist neben den schon erwähnten, daß eine solche Person oder Gruppe von Personen, die mit bestimmten Eigenschaften ausgestattet ist, überhaupt vorhanden ist. Endlich wollen wir noch eine andere Frage aufrollen. Wer sanktioniert die Übernahme und schafft so die Voraussetzung für ihre Weitervermittlung innerhalb der Gemeinde? Wir nehmen an, daß die Möglichkeit, Sanktionen auszulösen, allein schon eine wesentliche Eigenschaft ist, welche die Handlungen einer Initiativperson aufweisen müssen.

Bei jeder Neuerung ist es wichtig, daß sich Prestigeträger zu ihr bekennen. Diese Prestigeträger sind mehr oder weniger unabhängig von den Initiativpersonen. Sie sind mit ihnen keineswegs automatisch identisch. Immerhin können beide Funktionen gelegentlich in einer Person vereinigt werden. Leider können wir einen Test, der diese Prestigeträger ermittelt, nicht mehr für die Zeit der ersten Phase der technischen Entwicklung nachholen. Für diese Periode sind wir auf andere Schlüsse angewiesen. Es geht jedoch aus vielem hervor, daß früher die Vollmeier für alle Schichten gleichmäßig die Prestigeträger waren. Die Pyramide der Klassenstruktur verhielt sich wahrscheinlich einigermaßen kongruent zu einer Prestigepyramide. Heute beziehen sich die verschiedenen Gruppen unabhängig voneinander auf verschiedene Prestigeträger. Wir haben in einem Test an je zehn Personen einer jeden Gruppe versucht, diese Prestigeträger zu ermitteln. Dabei stellte sich folgendes heraus:

1. Prestigeträger der Meiergruppe in bezug auf Dorfangelegenheiten sind jeweils nur Vollmeier. Diese Vollmeier haben eine besondere Eigenschaft. Sie stehen zumindest in dem Ruf, Beziehungen nach außen zu haben und über einen gewissen überdörflichen Horizont zu verfügen. Man traut ihnen ein Urteil zu. Obgleich sie nach „außen orientiert" sind, zweifelt man dennoch nicht an ihrer Loyalität der Gemeinde gegenüber;
2. Prestigeträger der Köthner und Brinksitzergruppe in bezug auf Dorfangelegenheiten kann jede der oberen Klasse sein. „Nach-außen-orientiert-sein" bei gleichzeitiger Loyalität der Gemeinde gegenüber ist ebenfalls unerläßlich;
3. Prestigeträger der Anbauern und Flüchtlinge in bezug auf Dorfangelegenheiten sind in zwei verschiedenen Richtungen zu suchen. Die Prestigeträger aus beiden Bereichen werden simultan anerkannt. Zunächst hat jemand Prestige, der große, von außen delegierte administrative Macht hat. Das schließt Lehrer, Pastor, Bürgermeister ein [12]. Auf der anderen Seite ist das Prestige häufig den Personen der nächsten Umgebung zugeordnet: z. B. der Familie. Das erscheint um so sonderbarer, als gerade bei den großen Bauern die Sippenordnung noch viel weiter zu reichen scheint als bei den Anbauern und Flüchtlingen.

Wenn nun diese Prestigeträger als diejenigen Instanzen anzusehen sind, die im wesentlichen über die Sanktionierung einer Neuerung zu entscheiden haben, so haben wir dadurch, daß wir sie und ihre Eigenart definieren können, einen wesentlichen Schritt zur Eingrenzung der Initiativpersonen getan. Haben wir bei den Prestigeträgern festgestellt, daß sie nach außen hin orientiert sind, so ist diese Eigenschaft auch bei den Initiativpersonen zu finden. Bei ihnen sieht diese Eigenschaft jedoch anders aus. Dieses nach innen oder nach außen „Gerichtetsein" kann nämlich von zwei Seiten her gemessen werden. Einmal kann man das Urteil einer Person aus einer Gruppe über ein anderes Mitglied dieser Gruppe einholen, also die Auffassung erfahren, die über die „Gerichtetheit" einer Person besteht. Dann aber kann man auch die Messung an dieser Person direkt vornehmen. Bei unserem Test über die Prestigeträger fand eine Messung der Auffassung der Gruppe über die Prestigeträger statt. Das sagt natürlich noch nichts über den objektiven Tatbestand. Vielmehr erfuhren wir immer erst nach einer direkten Messung, ob die Prestigeträger nun wirklich nach innen oder nach außen orientiert waren.

Das ist nun bei den sogenannten Initiativpersonen grundsätzlich anders. Sie sind objektiv nach außen gerichtet. Sie haben jedoch einen gesicherten Status im sozialen System. Sie sind also keine eigentlichen Randpersönlichkeiten im Sinne einer „Marginal Personality", sondern ihre Person muß integriert sein. So gibt es mehrere Beispiele, wo neues Verhalten mißbilligt wird, obgleich es einsichtsvoll und nützlich ist, nur weil die betreffende Person keinen sozial anerkannten Status hat [13]. Auf der anderen Seite gibt es Moden, die von jemandem mit einem anerkannten sozialen Status eingeführt werden und die man annimmt, obgleich sie absurd sind.

Wir können also zusammenfassend etwa folgendes sagen. Eine Initiativperson, die eine neue Möglichkeit auswertet und durch eine Neuerung einen Wandel im Rahmen der Gemeinde durchführt, muß folgende soziale Grundeigenschaft über individuelle Begabung und Phantasie hinaus besitzen:

1. Einen festen sozialen Status innerhalb der Gesellschaft;
2. eine Orientierung nach außen.

Auf Grund dieser beiden Eigenschaften kann sie damit rechnen, von den Prestigeträgern anerkannt zu werden und trotzdem in der Lage sein, die Möglichkeiten, die sich von außen anbieten, aufzugreifen.

Anmerkungen

[1] Leicht beobachtbare Erscheinungen dieser Art sind beispielsweise die Versorgung des Lehrers mit Ostereiern oder die Versorgung von bestimmten Personen mit Würsten vom Schlachtfest. Dabei ist die Menge des zu Gebenden festgelegt; und es wird genauso vermerkt, wenn jemand mehr, wie auch, wenn er weniger gibt.

[2] Es ist bezeichnend, daß in den Jahren um 1880 etwa fünfzehn Köthner- und Brinksitzerfamilien in Hinterheide Land erwarben und dorthin übersiedelten, jedoch ihren Status als Köthner oder Brinksitzer trotz erheblichen Landzuwachses nicht verändern konnten.

[3] Diese Institution besteht immer noch. Heute wird allerdings nicht mehr gesponnen. Die Mädchen eines Jahrgangs und einer sozialen Klasse treffen sich im Winter zu geselligen Abenden. Da diese Spinnklubs auch dazu da waren, dort den Ehepartner auszusuchen, liegt es auf der Hand, daß sich die Schichten gesondert hielten.

[4] Unter die Phase der ersten technischen Revolution fällt die Einführung des Göpel. Mit seiner Hilfe wird weiter auf der Diele gedroschen. Die dazu verpflichteten Nachbarn kommen und helfen. Im Ablauf ändert sich nichts, es wird nur Zeit gespart. Auch die elektrische Kleindreschmaschine bleibt auf der Stufe der ersten technischen Revolution, solange sie wie der Göpel verwandt wird oder an dem gleichen Platz im Ablauf der Arbeit steht wie das Dreschen mit der Hand.

[5] Die erste Maschine wurde in Testorf im Jahre 1831 eingeführt. Es war eine Dampfmaschine als Antrieb für die Mühle, die wegen des Windbetriebs sehr unzuverlässig war. 1870 hatte der Bauer W. schon versucht, eine deutsche Grasmähmaschine zu verwenden. Sie verrostete jedoch, weil sie sich als ungeeignet herausstellte. Um 1900 brachte dann ein Händler aus der Kreisstadt die ersten amerikanischen Mähmaschinen nach Testorf. Sie wurden von demselben Bauern W., einem Bauern K. und mehreren anderen Vollmeiern gekauft. Zwischen 1880 und 1890 kam der Göpel auf, der auch wieder von den großen Bauern gekauft und eingeführt wurde. Die meisten Betriebe arbeiteten damit natürlich nicht rentabel. Sie hatten sich daran übernommen, und dieser Kauf war in einer Reihe von Fällen der Beginn zu großen Schulden.

⁶ Es entwickelte sich ein heißer Kampf um diese Eisenbahn. Die großen Bauern machten sich hierbei zum ersten Mal lächerlich und stellten sich bloß, als sie den Bahnhof möglichst weit vom Ort entfernt halten wollten, was ihnen dann auch gelang.

⁷ Der gesamte Verkehr von Hamburg ins Ruhrgebiet fließt jetzt durch den Ort. Bei der letzten Zählung stellte man pro Tag 4000 Fahrzeuge fest. Die Bevölkerung hat dennoch kaum Berührung mit den Durchfahrenden. Man empfindet diesen Verkehr nur als eine Belastung und einen Einbruch. Wie wenig man ihn in sein Denken einbezieht, zeigt die Tatsache, daß es zwar eine Tankstelle gibt, die jedoch so geführt wird, daß nur ein Eingeweihter, also Ortskundiger, bedient wird, weil der Inhaber meistens nicht zu Hause ist.

⁸ Es mag hier interessant sein zu zeigen, wie auch in kleinen Dingen die Flüchtlinge die Form des kirchlichen Lebens veränderten. So war es etwa üblich, daß die Frau auf dem Kirchweg den Bürgersteig benutzte, während der Mann in einem Abstand von etwa zwanzig Metern folgend die Mitte der Straße einnahm. Dieser Brauch wurde von den Flüchtlingen als lächerlich empfunden und bald auch von den Einheimischen unterlassen.

⁹ Eine solche Institution ist etwa der exklusive Reitverein, der eine große Blüte erlebte und in der weiteren Umgebung einige Lorbeeren erntete.

¹⁰ Vor dem Kriege führten die Kaufleute nur wenige Artikel. Nach der Währungsreform verdreifachte sich ihre Zahl und sie erlebten einen großen Aufschwung. Dabei wechselten einige Geschäfte ihre Eigentümer. Die neuen Eigentümer sind: Zugewanderte, Brinksitzer und Flüchtlinge.

¹¹ Ein Flüchtling heiratete in das Unternehmen des ansässigen Kohlenhändlers. Mit seiner Beweglichkeit brachte er es so weit, daß er heute einen großen Anteil des Kunstdüngerhandels in der Hand hat. Er stammt aus Danzig und paßte sich so gut an, daß er jetzt auch das Plattdeutsch spricht.

¹² Hierin liegt ein auffälliger Unterschied zu den beiden ersten Gruppen. Bei ihnen tauchen nur Personen als Prestigeträger auf, deren Stellung allein aus der Klasse und der wirtschaftlichen Stellung bezogen wird. Eingesetzte Administratoren werden nie genannt.

¹³ So mußte auch der Inhaber einer neuen Landmaschinenwerkstatt sein Geschäft schließen, weil er fremd war und sein Status nicht anerkannt wurde. Und das geschah, obwohl seine Dienste dringend benötigt werden, da keine andere Werkstatt dieser Art vorhanden ist.

FORSCHUNGSPROBLEME EINER GEMEINDEUNTERSUCHUNG
IM NÖRDLICHEN RUHRGEBIET *

Von Kurt Utermann

Die Absicht, eine Gemeindeuntersuchung zu erarbeiten, erwuchs im Mitarbeiterkreis der Sozialforschungsstelle Dortmund, als die Feldforschung für die betriebssoziologische Untersuchung auf einer Schachtanlage im nördlichen Ruhrgebiet vor dem Abschluß stand[1]. Das Studium in- und ausländischer Forschungen, besonders amerikanischer Untersuchungen, die — wie zum Beispiel A. B. Hollingshead, Elmtown's Youth — die Methoden der teilnehmenden Beobachtung und der systematischen Befragung in einer Gemeinde mittlerer Größe miteinander anwendeten, hatte gezeigt, welche Möglichkeiten sich Gemeindeuntersuchungen boten, die mit diesen Methoden auf einem begrenzten Felde arbeiteten. Aus wissenschaftlichen und technischen Gründen wurde die Gemeinde zum Ort der Untersuchung gewählt, in der sich die betriebssoziologisch untersuchte Zeche befand; sie war durch eben diese Zeche, die seit 1900 in ihren Grenzen abgeteuft wurde, aus einer Landgemeinde von 4000 Einwohnern, die aus einem Dorf und mehreren Bauerschaften bestand, in eine Stadt von rund 25 000 Einwohnern verwandelt worden. Durch die Förderung von *Nels Anderson* konnten die Forschungen in der Untersuchungsgemeinde an Ort und Stelle aufgenommen werden[2]. *Conrad M. Arensberg* hatte im Zusammenhang mit den Anfängen dieser Untersuchung ein Instrumentarium möglicher Verfahrensweisen der Gemeindeforschung entworfen[3].

Die Untersuchungen kamen durch ihren unmittelbaren Anschluß an die der Gemeinde eigene Problematik rasch auf eine eigene Bahn. Zum kennzeichnenden Thema der Untersuchung wurde der Wandel der Sozialstruktur der Gemeinde, genauer: die veränderte Sozialstruktur, wie sie sich unter dem Einfluß der Industrialisierung durch die Zeche in der gegenwärtigen Gemeinde herausgebildet hat. Im Mittelpunkt der angewendeten Methoden stand, wie es der Untersuchung eines Forschungsobjektes „in vivo" (Arensberg) entspricht, die systematische Beobachtung, gegründet auf die Anwesenheit der Mitarbeiter in der Untersuchungsgemeinde[4]; damit verbanden sich Befragungen in Form von

* Die vorliegende Abhandlung bringt einen vorläufigen Forschungsbericht, dem sich demnächst, herausgegeben von der Sozialforschungsstelle an der Universität Münster (Dortmund), eine Buchveröffentlichung anschließen wird: *Helmuth Croon* und *Kurt Utermann*, Zeche und Gemeinde. Untersuchungen über den Strukturwandel einer Zechengemeinde im nördlichen Ruhrgebiet. Weitere Veröffentlichungen der Mitarbeiter werden folgen.

Reihengesprächen, die mit einem Schulentlaßjahrgang (230), 17- bis 19jährigen Jugendlichen (185), ortsfremden Neubergleuten (124) und einer Gruppe von Erwachsenen (120) geführt wurden, und mannigfache sonstige Materialerhebungen. Die methodischen Schritte und Verfahren entwickelten sich im einzelnen gemäß den erkannten Aufgaben innerhalb der sachlichen und persönlichen Grenzen des Forschungsunternehmens.

Welche besonderen Sachzusammenhänge und Forschungsprobleme bieten sich gerade bei der Untersuchung einer solchen Gemeinde dar? Der wesentliche Teil der besonderen Probleme gründet sich auf den Tatbestand, daß die Industrialisierung durch den Steinkohlenbergbau, durch eine Zeche, erfolgte. Die Veränderung einer Gemeinde in dieser Form zeigt viele allgemeine Züge und Auswirkungen, von denen Industrialisierung überhaupt begleitet ist, und zwar sowohl bei den Faktoren der Industrialisierung wie in der Reaktion der bisher von der Industrie nicht durchgreifend betroffenen Welt. Denn Bergbau und Zeche sind Industrie, und der Bergmann ist Industriearbeiter. Aber eine Industrialisierung durch eine Zeche besitzt dazu sehr ausgeprägte und folgenreiche eigene Kennzeichen. Diese bestehen seit der neueren Entwicklung des Ruhrbergbaues vor allem darin, daß 1. mit der Schachtanlage rasch ein Großbetrieb entsteht, der binnen einiger Jahre nach Beginn der Förderung sprunghaft ansteigend eine Belegschaft von mehreren tausend Mann zählt (hier: nach 3 Jahren 2000, nach 5 Jahren über 3000). 2. Die Schachtanlage stellt vergleichsweise einen sehr hohen Anteil von unqualifizierten Kräften ein. Es wurden Bergleute aus dem Ruhrgebiet, die dort teils einheimisch, teils früher zugewandert waren, und Bergleute aus anderen deutschen und nichtdeutschen Bergbaugebieten herangezogen; vor allem kamen aber in großer Zahl junge Männer aus den landwirtschaftlichen Gebieten des deutschen Ostens, vorwiegend Deutsche aus Ostpreußen, aber auch eine große Anzahl von Polen aus der Provinz Posen. Einige kamen unmittelbar aus diesen Gebieten, die Mehrzahl hatte erst kürzere Zeit auf anderen Zechen des Ruhrgebietes gearbeitet. 3. Bei der Heranziehung der Arbeitskräfte spielt neben dem Versprechen hoher Löhne die Ankündigung günstiger neuer Wohnbedingungen eine starke Rolle. Die Wohnungsfrage war auch in dieser Zeit für den Bergbau ein grundlegendes Problem. Es mußten also für die rasch anwachsende Belegschaft „Siedlungen" (bis zum Ende des 1. Weltkrieges, „Kolonien" genannt) errichtet werden [5].

Die Untersuchung einer solchen Gemeinde steht damit einem Industrialisierungsvorgang gegenüber, der in seinen Voraussetzungen und seinen Auswirkungen anders aussieht und andere Forschungsprobleme stellt, als wenn sich die Industrialisierung z. B. durch ein Hüttenwerk mit seiner langsameren Entfaltung und seiner stärker aufgegliederten Zusammensetzung der Belegschaft oder durch einen oder mehrere mittlere Betriebe der verarbeitenden Industrie oder etwa durch Pendelverkehr der Bewohner vollzogen hätte[6]. Die Industrialisierung einer Gemeinde durch eine Zeche bringt den massierten Einbruch einer fremden Lebenswelt mit sich. Es entsteht ein bestimmtes neues Siedlungsbild der Gemeinde, das für die Sozialstruktur der Gemeinde besondere Voraussetzungen schafft und auch zu einem Ausgangspunkt für deren Untersuchung wird.

Das Siedlungsbild der Untersuchungsgemeinde, wie es durch die Industrialisierung entstand, sich weiter entwickelte und heute dem Blick sich darbietet, zeigt folgende Kennzeichen. Aus dem alten Dorf hat sich allmählich, langsamer als die Zechensiedlungen, die „Innenstadt" entwickelt (1915: 4500 Einwohner, heute rund 7000); denn die Untersuchungsgemeinde gehört zu dem Typus von Zechengemeinden, die mit einem eigenen Kern in die Auseinandersetzung mit der Industrialisierung eintreten, der sich, auch von außen verstärkt, mitentwickelt. Da mehrere Mittelbetriebe von überörtlicher Bedeutung später hinzugekommen sind, beherrscht die Zeche nicht allein mehr das Siedlungsbild und die Wirtschafts- und Bevölkerungsstruktur der Gemeinde. Es sind mehrere fast nur von der Zechenbelegschaft bewohnte Siedlungen gebaut worden, und zwar solche von unterschiedlicher Prägung: die erste Zechensiedlung, mit Vorbedacht von den Verantwortlichen zwischen die neue Schachtanlage und den alten Ortskern gestellt, damit ein Auseinanderwachsen vermieden werde, in ansprechender Bauweise und mit allmählich sehr gewachsenem Ansehen (heute rund 5600 Einwohner, im Jahre 1915 fast dieselbe Zahl!); eine weitere Zechensiedlung, wenig günstig angelegt und stets von geringerem Rufe (heute rund 3300 Einwohner); eine dritte, die nach dem ersten Weltkriege gemäß dem Bergmannswohnstättengesetz von 1920 erbaut wurde und nicht mehr zecheneigen war, sondern den Bergleuten den Eigentumserwerb der Häuser ermöglichte und auf Grund dessen zum Teil eine eigenständige Entwicklung durchlaufen hat, stets am höchsten angesehen (rund 1900 Einwohner); endlich nach dem zweiten Weltkriege eine aus Stockwerkswohnungen und Selbsthilfeheimen bestehende Siedlung, an die Innenstadt angelehnt, auch fast nur von Zechenbelegschaft bewohnt (1000 Einwohner). Dazu tritt in dem sehr ausgedehnten Gemeindebereich ein abgelegener Bezirk mit bäuerlicher und bergmännischer Bevölkerung und Arbeitern, die in den industriellen Mittelbetrieben tätig sind (rund 3000 Einwohner). Daneben stehen die Bauernschaften, in denen im Gegensatz zu früher heute nur ein geringer Teil der gegenwärtigen Gesamtbevölkerung der Gemeinde wohnt (mit rund 2100 Einwohnern 8,4 % der Gemeindebevölkerung, statt früher rund 60 %). Die Untersuchung hat sich also mit den Folgen auseinanderzusetzen, die daraus hervorgehen, daß es in einer solchen Gemeinde nebeneinander noch mehrere räumlich getrennte und als unterschiedlich voneinander empfundene „Ortsteile" gibt, die trotz der

Tendenz zum Zusammenwachsen noch keine Einheit bilden. Sie hat die Möglichkeit, zu untersuchen, welche äußeren und inneren Entwicklungen sich bei der Bewohnerschaft innerhalb der einzelnen Ortsteile, so zum Beispiel in den unterschiedlich angelegten Siedlungen, vollzogen haben. Sie hat aber auch danach zu fragen, wie weit sich aus Gegensätzen, aus dem Nebeneinander und Miteinander von Ortsteilen ein Zusammenwachsen zu einer Einheit der Gemeinde ergibt. Sie beachtet dabei, daß die räumliche Gliederung in Ortsteile als solche nur Möglichkeiten enthält, über die durch Denken, Fühlen der in ihnen wohnenden Menschen, durch ihre Vorstellungen und gegebenenfalls durch deren Wandel entschieden wird.

Der eben erläuterte Tatbestand, daß sich der für die gegenwärtige Struktur der Gemeinde grundlegende Vorgang der Industrialisierung durch Einbruch einer Zeche in eine bisher von der Industrie nicht berührte Welt abgespielt hat, also in Form eines einzigen, wenn auch über einen gewissen Zeitraum verteilten einmaligen geschichtlichen Prozesses, hat zur Folge, daß die gegenwärtige Struktur einer solchen Gemeinde viel stärker als gegenwärtige Lebensvorgänge ohnehin, und in einem ganz besonders ausgeprägten Sinne geschichtlich bedingt ist. Diese Kennzeichnung wird nicht dadurch gemindert, daß sich die Strukturen in der Gemeinde nach Jahrzehnten einer stürmischen Entwicklung auf Grund einer Reihe äußerer und innerer Stabilisierungsfaktoren auf der durch die Industrialisierung geschaffenen neuen Grundlage inzwischen verfestigt haben. Die Untersuchung kann sich daher nicht damit begnügen, die grundlegenden Daten für die einzelnen Abschnitte und Bereiche des Industrialisierungsvorgangs zusammenzutragen und die Wandlungen als solche aufzuweisen. Sie muß vielmehr den Versuch unternehmen, ein anschauliches geschichtliches Bild dessen, was sich zugetragen hat, zu zeichnen, den Zusammenstoß der Gegensätze, den Aufeinanderprall von ländlicher Welt und Industrie, von „Dorf" und „Kolonie", von Einheimischen und Fremden, von Katholiken und Evangelischen zu zeigen, so wie er von den einen und so wie er von den anderen im Menschlichen, im Wirtschaftlichen, im Kirchlichen und im Politischen erlebt worden ist. In jenem Stadium sind die Vorstellungen geprägt worden, die nicht nur die damalige Entwicklung begleitet haben, sondern auch das innere und äußere Geschehen in der Gemeinde, die Gedanken und Verhaltensweisen bis in die Gegenwart beeinflußt haben, sei es, daß sie noch beibehalten, sei es, daß sie typisch aufgegeben worden sind. Es ist angestrebt worden, die Erlebniswelt zu schildern, in der sie ihren Ursprung haben. Für diese Aufgaben sind Akten, Statistiken, Zeitungen und schriftliche Zeugnisse anderer Art genutzt worden, vor allem jedoch sind mündliche Quellen kritisch einbezogen worden, die durch besondere Gespräche mit Augenzeugen, verantwortlichen und anonymen, und im Zuge der Reihengespräche planmäßig erschlossen wurden[7]. Da die für den Strukturwandel der Gemeinde bedeutsamen Tatbestände in die letzten fünfzig Jahre fallen, ist für die gesamte Untersuchung aus der Möglichkeit Nutzen gezogen worden, für die zu behandelnden Probleme aus der Generation Zeugnisse zu gewinnen, die noch Augenzeuge der ganzen Entwicklung war, dann aus der Altersgruppe der 40- bis 50jährigen, die jetzt die Gemeinde trägt, und schließlich aus der Jugend.

Neben den räumlichen und geschichtlichen Voraussetzungen bilden die gegenwärtige wirtschaftliche Gestalt der Gemeinde und die gegenwärtige berufliche und herkunftsmäßige Aufgliederung der Bevölkerung die Grundlagen ihrer Sozialstruktur.

Der Blick auf die wirtschaftliche Struktur läßt den immer noch weitaus bedeutsamsten Faktor, nämlich das starke Gewicht der Zeche, dann aber auch die Bedeutung der seither hinzugekommenen gewerblichen Mittelbetriebe, das Mitwachstum an durchweg kleineren Handwerksbetrieben und Geschäften klar erkennen, wobei nicht nur bei den Mittelbetrieben, sondern auch bei den handwerklichen Betrieben — bei diesen letzteren weit über ihre sonstige Bedeutung als Arbeitgeber hinaus — die Rolle, die sie nunmehr in der Ausbildung von Lehrlingen spielen, im Hinblick auf neue Entwicklungen in der Gemeinde beachtenswert ist. Eine besondere sorgfältige Untersuchung erfordert jedoch die für die Kräfteverteilung nicht unwichtige Frage, wie weit Altansässige aktiven Anteil am wirtschaftlichen Aufschwung der Gemeinde genommen haben, wie weit — die andere Seite derselben Sache — es Zugewanderte dieser und jener landschaftlichen Herkunft getan haben. Die Durchleuchtung des Pendlerverkehrs auf die Art der Arbeit hin, die einerseits nunmehr die Auspendler, andererseits die Einpendler tun, wirft ein Schlaglicht auf den wirtschaftlichen Wandel, der sich mit der Industrialisierung der Gemeinde vollzogen hat. Die Ermittlung, wie sich die Betriebe und Geschäfte und sonstigen Einkaufsstätten (Märkte usw.) räumlich auf die Gemeinde verteilen, läßt Rückschlüsse darauf zu, ob sich frühere einseitige Entwicklungen zugunsten des Ortskerns gemildert, ob sich neue Schwerpunkte in den alten oder in den neuen Bereichen herausgebildet haben, Feststellungen, die auch für die Sozialstruktur der Gemeinde von Bedeutung sind. Die Landwirtschaft hat einen verhältnismäßig geringen Teil an Bauernland verloren, ihre alte beherrschende Stellung in der Wirtschaft der Gemeinde jedoch zwangsläufig eingebüßt. Einer besonderen Untersuchung wiederum bedarf es, um die Veränderungen in der Stellung der kleinen Eigentümer unterhalb der Grenze der bäuerlichen Ackernahrung, der „Kötter" und „Prumenkötter", zu erkennen.

Die wirtschaftliche Gestalt der Gemeinde prägt sich aus in der beruflichen Gliederung der Bevölkerung. Damit in einer solchen Gemeinde aus der Untersuchung der Bevölkerungsstruktur die rechten Unterlagen für die Erkenntnis der Sozialstruktur gewonnen werden können, ist es notwendig, für jede Berufsgruppe die Altersgliederung (bei den großen Berufsgruppen aufgeteilt in Altersgruppen von 5 oder 3 Geburtsjahrgängen) und die landschaftliche Herkunft der Beschäftigten zu ermitteln, um die Ergebnisse miteinander zu kombinieren. So ist es möglich, für die Bergleute, die Facharbeiter und Handwerksgesellen, für die Hilfsarbeiter und Landarbeiter, für die Angestellten, freien Berufe und Beamten den Anteil der Ortsgebürtigen und der Zugewanderten mit dieser oder jener unterschiedlichen landschaftlichen Herkunft nach Altersgruppen festzustellen, wobei gerade bei den großen Berufsgruppen durch die Kombination nach Altersgruppen Stand und Entwicklungstendenzen mit den für die Situation und Dynamik der Gemeinde bemerkenswerten Unterschieden zur Geltung kommen. Die Bestimmung der Rolle, die dem Element der ortsfremden Neubergleute innerhalb der Zechenbelegschaft, damit auf dem Arbeitssektor der Gemeinde und in der Gemeindebevölkerung zukommt, hat zur Voraussetzung, daß für jeden die Dauer des Arbeitsverhältnisses, das Alter bei der Anstellung, der von der Zeche aufgezeichnete Grund des Ausscheidens, der berufliche Weg und die landschaftliche Herkunft, das Schicksal als Heimatvertriebener oder Zonenflüchtling ermittelt wird.

Wirtschafts- und Bevölkerungsstruktur belegen, daß das Sozialgefüge der Gemeinde nicht aus einer Gegenüberstellung von Zeche oder Nichtzeche, von bergmännischer Bevölkerung auf der einen, von nicht-bergmännischer auf der anderen Seite allein zutreffend gekennzeichnet werden kann; es ist vielmehr mit mannigfaltigen und verwickelteren Zusammenhängen zu rechnen. Wenn man die engeren Zwischenbereiche übergeht, in denen Zusammengehörigkeit oder Nicht-zusammengehören-wollen in Handlungen des gegenseitigen Verhaltens greifbar wird, steht die Untersuchung unmittelbar vor der Frage, in welche Gruppen sich die Sozialstruktur der Gemeinde heute aufgliedert. Die Anwendung der auch auf Gemeindeebene in der Wissenschaft früher meist benutzten Begriffseinteilung nach Ober-, Mittel- und Unterschicht, auch eine Verfeinerung oder Vergröberung dieser Begriffe, erweist sich gegenüber der gegenwärtigen Situation in der Gemeinde als unfruchtbar; sie würde an allen entscheidenden Zügen und den kennzeichnenden Wandlungen, die sich in der Gemeinde zugetragen haben und noch fortsetzen, vorbeiführen. Das Bild wird vielmehr beherrscht von einem vielfältigen Nebeneinander mehrerer, zumindest zunächst nicht eindeutig abgrenzbarer Gruppen mit zahlreichen Übergängen, Annäherungen, Anpassungs- und auch Einschmelzungsvorgängen. So ist das Verfahren eingeschlagen worden, im Rahmen der Reihengespräche durch Ansprechen bestimmter Fragenkreise zu ermitteln, welche Gruppen im Bewußtsein der Gemeindebewohner bestehen, welche Bedeutung ihnen beigemessen wird und wie sie gewertet werden, in welchem Umfang Gegensätze und Spannungen bestehen und empfunden werden, welche Trennungen sich verstärkt oder gemildert haben. Bei der Auswertung ist dazu auf Grund der gesamten sonstigen Befunde, die die Untersuchung durch systematische Beobachtung oder Materialerhebungen erbrachte, die Klärung unternommen worden, welche soziale Wirklichkeit jeweils hinter den genannten Begriffen und Gruppierungen steht. Die Aussagen stellen uns vor die Schwierigkeit, daß ein allgemeiner Maßstab, nach dem Gruppen unterschieden werden und Bewertungen erfolgen, in der Gemeindebevölkerung nicht besteht, sondern daß nach den verschiedensten Gesichtspunkten, für die es in der Gemeinde Grundlagen gibt, eingeteilt wird. Neben die Einteilungen, meist nach Gegensatzpaaren, die ihren Ursprung in der von scharfen Spannungen gekennzeichneten früheren Entwicklungszeit der Gemeinde haben, treten Aufgliederungen zunehmend nach in diesem Sinne unbelasteten, nüchternen Kategorien der Gegenwart. Es werden jedoch nicht nur unterschiedliche Gesichtspunkte, sondern auch dieselben Worte und Begriffe in sehr verschiedenem Sinne und mit sehr verschiedener Wertung angewendet, je nachdem wer sie gebraucht. Dieser Tatbestand macht auch hierfür das Verfahren notwendig und fruchtbar, die Äußerungen auf die Aussagenden zu beziehen je nach ihrer landschaftlichen Herkunft, nach der Dauer ihrer Ansässigkeit, dem Wohnbereich, der Kirchenzugehörigkeit, der Generationszugehörigkeit innerhalb der Gemeinde und nach dem Beruf, wie es eine auf eine solche Gemeinde ausgerichtete Untersuchung zu tun vermag. Die Probleme, die für das Sozialgefüge der Gemeinde von bezeichnender Tragweite sind, drehen sich darum, ob Altansässige noch als eine besondere Gruppe eine Rolle spielen, wieweit diese und Zugewanderte sich einander genähert haben, vor allem jedoch, wie stark sich eine Wandlung in der Stellung und dem Ansehen des Bergmannes, sowohl in seiner Selbsteinschätzung wie im Urteil der verschiedenen Gruppen der Gemeinde vollzogen hat. Naturgemäß fällt es der Untersuchung auch zu, festzustellen, wie es mit der Anwendung des Begriffes „Arbeiter" in einer solchen Gemeinde steht. Es ist ferner zu fragen, ob eine bestimmte Gruppe oder ein bestimmter Kreis als „Oberschicht", „Honoratioren" oder als „die Höherstehenden", „die Besseren", bekannt ist und als maßgeblich anerkannt wird. Die Antwort, die die Untersuchung auf eben diese Probleme der Sozialstruktur zu geben hat, kann sich nicht in knappen Feststellungen erschöpfen, sondern belegt ihre Thesen durch mannigfaltige, gerade aus einer Gemeindeuntersuchung zu gewinnende konkrete Beispiele des Meinens und Verhaltens, aus denen sich das vielverflochtene Bild der verschiedenen Gruppen, ihr Nebeneinander, Gegeneinander und Miteinander zusammenfügt. In einer Gemeinde, die seit den ersten Tagen ihrer Industrialisierung stets Zugewanderte und „Zuletztgekommene", dazu ebenfalls meist aus dem Osten, kennt und ihnen ihren Aufstieg mit verdankt, sind die Heimatvertriebenen und die Neubergleute gleichwohl als „Sondergruppen" in eigenen Untersuchungen zu behandeln. Dabei sind als „Neubergleute" die jungen, von auswärts stammenden, zuletztgekommenen Bergleute aufzuführen, die auch von der Gemeindebevölkerung als solche angesehen werden, während diejenigen Heimatvertriebenen oder Zonenflüchtlinge, die durch ihre Arbeit als Bergmann, meist durch Familienzusammenführung oder Familiengründung, in der Gemeinde bereits festen Fuß gefaßt haben, für diese ebensowenig als Neubergleute gelten wie die ortsansässigen, erstmals aus anderen Berufen zur Zeche kommenden Gemeindebewohner, die nach den Vorschriften des Oberbergamtes formell als Neubergleute gezählt werden. Für das Zusammenleben in einer Gemeinde kann es ein wichtiger Störungsfaktor sein, wenn über Lebensweise und Gebaren einer Gruppe innerhalb einer andern Gruppe abwertende Meinungen und Vorstellungen eingewurzelt sind. So verhält es sich in einer solchen Gemeinde mit den überlieferten, verallgemeinernden geringschätzigen Urteilen über die Lebensweise der Bergmannsfamilien, insbesondere über das Gehabe der Bergmannsfrau, die sich bei Altansässigen und Bewohnern der Innenstadt zum Teil noch erhalten haben. Sie sind in ihren konkreten Formen darzustellen und auf der Grundlage gegenwärtiger Tatbestände einer kritischen Prüfung zu unterziehen. Die Bedeutung, die, wie bereits dargestellt, die unterschiedlichen Ortsteile (Innenstadt, Zechensiedlungen, neue Siedlungen und Bauernschaften mit ihren entsprechenden Bewohnergruppen) für das Zusammenleben in der Gemeinde besitzen, erfordert zur Untersuchung der Sozialstruktur den Aufweis der weitgehenden Auswirkungen, die sich von hier aus für die Vorstellungswelt der Gemeindebevölkerung, für ihre gegenseitige Einschätzung und für ihr gegenseitiges Verhalten kundtun. Dabei werden die Möglichkeiten, die sich für die Bewahrung von Trennungen ergeben, und die Aussichten, die auf Grund eingetretener Wandlungen für ein stärkeres inneres Zusammenwachsen bestehen, genauer geprüft.

Die Teilnahme an Vereinen in der Gemeinde bildet ein Feld der Aktivität, das daraufhin zu untersuchen ist, wieweit die Gruppensituation, wie sie in der Gemeinde besteht, hier abzulesen ist. Eine Untersuchung, die der Erkenntnis der Sozialstruktur der Gemeinde gilt, hat dabei nicht die Aufgabe darzustellen, was die Aktivität im Vereinsleben für diejenigen, die sich beteiligen, und etwa noch für ihre Familien bedeutet. Sie hat sich vielmehr auf die Untersuchung dessen zu beschränken, was die Vereine für die Gemeinde bedeuten, indem sie prüft, wieweit sich etwa in Vereinen bestehende Trennungen erhalten oder gar verfestigen, wieweit sie auf der anderen Seite Gemeindebewohner über Gegensätze und Spannungen hinweg zusammenführen können. Dazu gehört auch die Frage, in welchem Maße es heute in der Gemeinde, etwa im Unterschiede zu früher, überhaupt zu einer Beteiligung kommt. Unter den dargestellten Gesichtspunkten ist somit für die Vereine ein Bild ihres Lebens, der Zusammensetzung ihrer Mitgliedschaft und gegebenenfalls ihres Einzugsbereiches zu geben. Neben Vereinen, die ihren Ursprung in der überlieferten Welt der Altansässigen haben, stehen hier die kirchlichen Vereine, die Sportvereine und eine Reihe von sonstigen Vereinigungen. Der Blick auf die Frauenvereine läßt die Beteiligung bestimmter Gruppen von Frauen, vor allem ihre Tätigkeit in den verschiedenen Wohlfahrtsvereinen erkennen. Es ist zu prüfen, wieweit Männer und Frauen durch ihr aktives Hervortreten und ihre Leistung in Vereinen zugleich Anerkennung in der Gemeinde gewinnen für die Gruppen, denen sie angehören und denen vielleicht bisher eine solche Anerkennung nicht zugebilligt wurde. Es ist schließlich zu untersuchen, was Stammtische und Gastwirtschaften, bezogen auf die Sozialstruktur der Gemeinde und unter Berücksichtigung des Wandels von Gewohnheiten bedeuten.

Die Stimme der Jugend in einer Gemeindeuntersuchung zu Gehör zu bringen, verfolgt nicht in erster Linie den Zweck, von hier aus einen Beitrag zur Situation der jüngeren Generation zu geben. Dieser könnte vielleicht auf Grund der Konkretheit einer solchen Untersuchung nützlich sein, würde aber damit noch nicht seine Notwendigkeit vom Ganzen der Untersuchung her belegen. Diese ergibt sich vielmehr erst aus der Perspektive der Sozialstruktur der Gemeinde. Von hier aus gesehen sind Stellungnahme und Verhalten der Jugend in der Gemeinde daraufhin zu untersuchen, wieweit durch sie neue Wandlungen eingetreten sind oder sich anbahnen, die bereits die gegenwärtige Situation in der Gemeinde beeinflussen oder Schlüsse auf künftige Entwicklungstendenzen, auf Möglichkeiten oder Grenzen der Gemeinde, gestatten. Stellungnahme und Verhalten der Jugend bilden gleichsam die neuen Ringe, die das Wachstum der Gemeinde ansetzt. Die Rolle, die der jüngeren Generation in der Gemeinde in diesem Zusammenhange zukommt, wird dadurch gekennzeichnet, daß sie im Ablauf der Entwicklung, die die Gemeinde auf Grund ihrer Industrialisierung genommen hat, einen bestimmten Platz einnimmt, der sich von dem Platze, den ihre Eltern eingenommen hatten, wesentlich unterscheidet. Die Untersuchung hat daher zunächst diesen Unterschied der Situation zu belegen. Sie hat darüber hinaus zu zeigen, wieweit für die Jugendlichen in einer solchen Zechengemeinde besondere Lebensvoraussetzungen bestehen. Da hierzu auch die Schulen gehören, die sie besuchen oder besucht haben, ist eine Ermittlung der sozialen Zusammensetzung der Schülerschaften für die verschiedenen Volksschulen, für die Oberschule, die Mittel- und Handelsschule nach den Berufen der Väter der Jugendlichen mit einzubeziehen. Die beiden Felder, auf denen das Verhalten der Jugendlichen am engsten mit den Problemen der gegenwärtigen und zukünftigen Sozialstruktur der Gemeinde zusammenhängt, sind **die Berufsentscheidung und die sozialen Beziehungen in der Freizeit**.

Die Untersuchung der Berufsentscheidung hat Einblick zu geben in die Art und Weise, in der sich die Entscheidung vollzieht, wobei bereits einige soziale Grundlagen dieser Entscheidungen sichtbar werden.

Die Berufsentscheidung der männlichen Jugendlichen in einer solchen Gemeinde beinhaltet vor allem die Entscheidung für oder gegen den Bergmannsberuf. Die Untersuchung hat auf Grund der Stellungnahme der Jugendlichen zu zeigen, welche Wünsche vornehmlich in die eine Richtung, auf die handwerklich-gewerbliche Lehre, zielen, welche Notwendigkeiten in die andere Richtung, zum Bergmannsberuf, weisen. Sie hat die Gründe und Hintergründe sichtbar zu machen, die bei der Entscheidung für oder gegen den Bergmannsberuf mit wirksam sind: bestimmte, in der Gemeinde verbreitete soziale Wertvorstellungen über den Beruf. An Hand der Berufsentscheidungen, die seit 1945 in der Gemeinde von Schulentlassenen getroffen wurden, ist das Ergebnis festzuhalten, wohin die Berufswünsche der Jugendlichen aus den verschiedenen Gruppen der Bevölkerung zielen und was sie nach der Begegnung zwischen Wunsch und Wirklichkeit auf der Grundlage der Möglichkeiten, die ihnen die Wirtschaftsstruktur ihrer Gemeinde nunmehr bietet, erreichen; das heißt in welchen Beruf sie schließlich gingen. Der Vergleich mit den Berufsentscheidungen in einer Nachbargemeinde, die typisch unterschiedliche Züge trägt, macht das Ergebnis in der Untersuchungsgemeinde und die hier eingetretenen Wandlungen sinnfällig. Die Reihengespräche mit den Jugendlichen des dritten Lehrjahres und mit den jugendlichen Hilfsarbeitern im letzten Jahr ihrer Berufsschulpflicht zeigen sodann, wie sie in dem Berufe, in dem sie stehen, zurechtgekommen sind, und ermöglichen hiermit Feststellungen darüber, wieweit der spätere Berufsweg der Jugendlichen hier zugunsten des Bergbaus, dort zugunsten des handwerklich-gewerblichen-industriellen Bereiches ausschlägt. Die Untersuchung der Zukunftspläne, die die Jugendlichen hegen, insbesondere wieweit sie später in der Gemeinde zu bleiben wünschen oder nicht, wieweit sie sich angesichts ihrer Zukunftspläne Aussicht zusprechen, in der Gemeinde selbst bleiben zu können, weist unmittelbar auf Probleme, die an die Grenzen der gegenwärtigen Sozialstruktur der Gemeinde rühren und bereits die Frage nach der zukünftigen Sozialstruktur stellen.

Die Untersuchung der Berufsentscheidung und des Berufsweges weiblicher Jugendlicher bietet ein Beispiel dafür, wie sich ihre Situation in einer solchen Gemeinde in besonderem Maße ungünstig von der der männlichen Jugendlichen unterscheidet; sie haben sich mit den Schwierigkeiten auseinanderzusetzen, daß in einer Gemeinde, die ihre schwerindustrielle Prägung nicht verloren hat, der erwünschte Berufsraum für sie gering geblieben ist und auch grundlegende Änderungen in dieser Richtung nicht eingetreten sind. In diesem Zusammenhange ist die mit vielen Vorurteilen belastete Frage „Was tun denn die Bergmannstöchter?" kritisch mitzuprüfen. Sie berührt wesentliche Probleme der Sozialstruktur der Gemeinde sowohl von seiten der Bergmannstöchter und ihrer Familien als auch auf seiten der wirklichen und möglichen Arbeitgeber und Arbeitgeberinnen.

Auf dem Felde der sozialen Beziehungen in der Freizeit sind zu untersuchen die Umgangsbeziehungen, die sich zwischen den Jugendlichen aus der Gesellung zu zweien oder zu mehreren in einer kleinen persönlichen Gruppe knüpfen, und die Verbindungen, die sich aus der Teilnahme an einer Jugendgruppe ergeben, die Glied einer Jugendorganisation oder Teil eines allgemeinen, auch Erwachsene umfassenden Vereins ist. Bei den Umgangsbeziehungen ist vor allem in Betracht zu ziehen der soziale Status der jeweils beteiligten Jugendlichen und der Kreis aller Beteiligten. Bei den 14- bis 15jährigen, ob sie nun Volksschüler, Mittelschüler, Handels- oder Oberschüler sind, ist der soziale Status der Familie mit allen Merkmalen, die ihn in einer solchen Gemeinde kennzeichnen, zugrunde zu legen. Bei den 17- bis 19jährigen fällt darüber hinaus ins Gewicht, ob sie selber Lehrling oder Hilfsarbeiter sind und welchen Berufsbereichen sie angehören, ob sie Mittelschüler oder Oberschüler sind.

Besondere Beachtung verdient bei den Jugendlichen auch die Prüfung der Einflüsse aus dem Wohnbereich. Bei den Jugendgrupen ist der Kreis derer, die sich beteiligen, und ähnlich wie bei den Vereinen der Erwachsenen das in der Gemeinde bestehende Angebot an Gruppen und Vereinen, der soziale Ort der jeweiligen Gruppe im Rahmen der Sozialstruktur der Gemeinde und ihr räumlicher Bereich zu bestimmen.

Auch hier ist allgemein das Maß zu ermitteln, in dem sich Jugendliche überhaupt an Jugendgruppen und wieweit sich Jugendliche aus bestimmten Kategorien an den unterschiedlich gearteten Vereinigungen beteiligen. Mit der Untersuchung sind zwangsläufig Feststellungen darüber verbunden, wieviel Freizeit den Jugendlichen der Gemeinde überhaupt zur Verfügung steht und in welcher Art und Weise sie ihre Freizeit zu verbringen pflegen. Die Fragestellung ist darauf gerichtet, ob sich in den Umgangsbeziehungen der Jugendlichen und in ihrer Teilnahme an Jugendgruppen und Vereinen alte Trennungen und gegebene Begrenzungen erhalten und wieweit sich auf neuen Wegen früher nicht gelebte Gemeinsamkeiten ausbreiten.

Nach ähnlichen Gesichtspunkten sind auch die Aussagen zu prüfen, die die Jugendlichen in den Reihengesprächen über Gruppen und Schichten in der Sozialstruktur der Gemeinde trafen. Bei den weiblichen Jugendlichen, bei denen sich die sozialen Beziehungen allgemein in einem engeren persönlichen Rahmen halten, schließt die Untersuchung der Einstellung der Älteren zum sozialen Status eines künftigen Ehemannes Urteile über die Sozialstruktur der Gemeinde ein.

Der Kreis, den die Untersuchung zu durchmessen hat, schließt sich in der eingehenden Darstellung der Führung und Aufgaben der politischen Gemeinde. In der Art, wie diese sich selbst verwaltet und wie sie die Aufgaben löst, die ihr die Entwicklung stellt, kommen die mannigfachen lebendigen Kräfte zur Geltung, die in der Sozialstruktur der Gemeinde sichtbar geworden sind. Es ist zu schildern, wie alte und vornehmlich neue Kräfte ihren Anteil wahren in der Parteienbildung und in der Wahl, in der Zahl und bei den Persönlichkeiten der Gemeindeverordneten, und wie sich bei der realen Zusammenarbeit in der Gemeindevertretung und in der Leitung der Gemeinde die auf dem Boden einer solchen Gemeinde erreichbare Vereinigung der Kräfte vollzieht.

Zu den wichtigsten Angelegenheiten der Gemeinde, deren Bewältigung dargestellt wird, gehören mit dem Wohnungsbau, den Entscheidungen über die Schulen und der Sorge für die kulturellen Bemühungen diejenigen Aufgaben, bei denen aus der gegenwärtigen Sozialstruktur der Gemeinde äußere und innere Grundlagen für ihre künftige Entwicklung gewonnen werden müssen. Im ganzen ergibt sich, daß erst allmählich die Gemeinde zur Einheit zusammenwächst, und zwar nicht so sehr unter Beseitigung der alten, wohl aber entscheidend auf der Grundlage der neuen Kräfte, die, durch die Industrialisierung in die Gemeinde hineingeführt, nun auch in ihr ein Heimatrecht besitzen.

Eine Gemeindeuntersuchung kann die Vorteile nutzen, die aus ihrer festen Bindung an das hic et nunc der Untersuchungsgemeinde zu gewinnen sind. Sie versucht, diese Bindung mit dem Blick auf die größeren Zusammenhänge zu vereinen, die nicht nur in die Gemeinde hineinwirken, sondern zu deren tieferer Erkenntnis sie von ihrer Stelle aus beitragen will. Eine Untersuchung auf dem Boden einer Zechengemeinde im nördlichen Ruhrgebiet hat die Aufgabe, in diesem Sinne einen Beitrag zu leisten für die Erkenntnis des umfassenden sozialen Strukturwandels, der sich unter dem Einfluß der vorwärtsdringenden industriellen Gesellschaft vollzieht.

Anmerkungen

[1] Die Ergebnisse dieser betriebssoziologischen Untersuchung sind niedergelegt in: Bergmann und Zeche, in Verbindung mit W. Kleiber, O. Neuloh, H. Paul, R. Schmitz, bearbeitet von *Carl Jantke*, Tübingen 1953.

[2] Außer der zeitweiligen Anwesenheit des Forschungsgruppenleiters waren die beiden Hauptmitarbeiter 1¾ Jahre lang, eine Mitarbeiterin und ein Mitarbeiter ¾ Jahre in der Gemeinde tätig. — Die Untersuchungen wurden im späteren Verlauf wesentlich durch deutsche amtliche und nichtamtliche Stellen gefördert.

[3] Siehe jetzt *Conrad M. Arensberg*, The Community-Study Method, in: The American Journal of Sociology, vol. LX (1954), S. 115 ff. Aus einigen Erfahrungen der hier behandelten Gemeindeuntersuchung *K. Utermann*, Aufgaben und Methoden der gemeindlichen Sozialforschung, in: Beiträge zur Soziologie der industriellen Gesellschaft, hrsg. von *Walther G. Hoffmann*, Dortmund 1952, S. 33 ff.

⁴ Über die Formen und Techniken der wissenschaftlichen Beobachtung s. *René König*, Herausg., Beobachtung und Experiment in der Sozialforschung (Praktische Sozialforschung II), Köln 1956, S. 30—40.

⁵ Zur Wohnform des Bergmannes siehe: Die Wohnwünsche der Bergarbeiter. Soziologische Erhebung, Deutung und Kritik der Wohnvorstellungen eines Berufes, in Verbindung mit G. Ipsen und H. Popitz bearbeitet von *E. Pfeil*, Tübingen 1954.

⁶ „Der Wandel von einer Kleinbauern- zu einer Pendlergemeinde" liegt der Unesco-Untersuchung: Das Dorf im Spannungsfeld industrieller Entwicklung von *G. Wurzbacher* unter Mitarbeit von *R. Pflaum* (Stuttgart 1954) zugrunde.

⁷ *H. Croon*, Bearbeiter dieser Aufgabe, hat die hierbei gemachten Erfahrungen niedergelegt in dem Aufsatz: Methoden der Erforschung der gemeindlichen Sozialgeschichte des 19. und 20. Jahrhunderts, in: Westfälische Forschungen, Band 8 (1955).

IV. Teil: Literaturberichte und Diskussionen

UNTERSUCHUNGEN KLEINER GEMEINDEN IN SCHWEDEN

Von Harald Swedner

I

In den letzten Jahren ist es üblich geworden, die „community studies" nicht mehr als einen besonderen Zweig der Soziologie zu betrachten [1]. Es wird dabei die Ansicht vertreten, daß die Merkmale von Gemeinden und ihrer Struktur nicht nur für die Soziologen, sondern auch für die Geographen, Historiker, Ökonomen usw. von Interesse seien. Man hält es deshalb für richtiger, die Gemeinde als eine Art von besonders geeignetem Laboratorium zu betrachten, um Hypothesen aus einer Reihe verschiedener Wissenschaften und Disziplinen zu überprüfen. Sollte jedoch diese Ansicht allzu ernst genommen werden, so würde dies bedeuten, daß wir darauf verzichten, die Gemeinden (als Wesenheiten oder Ganzheiten) zu beschreiben und zu vergleichen [2].

Ich glaube nicht, daß viele Soziologen, die sich mit Gemeindestudien befaßt haben, die obige Konsequenz aus diesem extremen Standpunkt akzeptieren würden. Hingegen dürften wohl viele mit der Feststellung einverstanden sein, daß die Gemeindestudien um so erfolgreicher und zuverlässiger gewesen sind, je mehr sie sich darauf konzentriert haben, Hypothesen über bestimmte Gegenstände wie Persönlichkeit, Ehe, Familie, Gang usw. zu verifizieren. Solche Gegenstände können in dem ausgezeichneten Laboratorium, wie es die verschiedenen Typen von Gemeinden darstellen, aufs beste untersucht werden. Aus mindestens zwei Gründen ist es hingegen schwieriger, Hypothesen über Gemeinden (als soziale Gebilde) zu verifizieren oder zu widerlegen. 1. Bisher ist es, wenn überhaupt, nur sehr selten möglich gewesen, soviel Material über eine Anzahl von Gemeinden zu sammeln, daß der Forscher statistisch signifikante Ergebnisse erzielen konnte, die seine Hypothesen bewiesen oder widerlegten. — 2. Selbst wenn es möglich ist, Informationen über eine große Zahl von Gemeinden zu erhalten, so ist doch kaum anzunehmen, daß der Forscher all die Variablen kennt, die für das untersuchte Problem relevant sein können und die beim Versuch, die Hypothesen zu überprüfen, kontrolliert werden müssen. Die einzelnen Gemeinden weisen meist keine großen Ähnlichkeiten auf.

Es scheint leichter zu sein, Material über solche Gegenstände wie die Persönlichkeit zu sammeln als über Gemeinden. Besonders die weitverbreitete (und wichtige) Technik der Materialerhebung mit Hilfe von Fragebogen-Interviews ist für die Untersuchung eines repräsentativen Samples von Persönlichkeiten ganz brauchbar, doch eignet sie sich nicht sonderlich für die Untersuchung repräsentativer Samples von Gemeinden. Mit dieser unangenehmen Tatsache muß sich jedermann auseinandersetzen, der Gemeinden als Ganzheiten untersucht; bisher standen nur wenigen Forschern die (wirtschaftlichen u. a.) Mittel zur Verfügung, um mit dieser frustrierenden Situation fertig zu werden.

Um dem Problem der Repräsentativität zu entgehen, hat man im allgemeinen Daten über eine oder vielleicht zwei oder drei Gemeinden gesammelt und behauptet, diese seien für eine gewisse Art von Gemeinden irgendwie „typisch". Es gibt gegen diese Methode nichts einzuwenden, denn sie war in der gegebenen Situation die einzig mögliche. Die Kritik muß hingegen dann einsetzen, wenn der Forscher versucht, seine Wahl der Gemeinde (oder Gemeinden) mit der Behauptung zu begründen, sie sei (seien) für einen besonderen Gemeindetypus (in einem strengeren Sinne dieses Wortes) repräsentativ. Dies wird zwar selten ausdrücklich gesagt, was immerhin auch vorkommt, öfters jedoch im Text einfach impliziert[3]. Dies ist bedauerlich, weil es den Gemeindestudien in den Augen anderer Fachleute — etwa der Persönlichkeits- oder Familienforscher — schadet, welche strengere Maßstäbe anlegen, um ihre Hypothesen zu beweisen oder zu widerlegen.

In Schweden wuchs das Interesse an Gemeindestudien während der letzten 20 Jahre beträchtlich. Manche Forschungen der letzten Zeit haben vor allem Hypothesen über die Familie, die Persönlichkeit usw. erfolgreich überprüft, andere haben, wenn auch nicht ausschließlich, versucht, Hypothesen über die Eigenschaften von Gemeinden zu verifizieren. In diesem Bericht will ich mich auf den zuletzt genannten Aspekt beschränken.

II

Manche Schwierigkeiten, die bei Gemeindestudien auftauchen, hängen mit dem Problem einer Definition des Begriffes „Gemeinde" zusammen. Begriffe für soziale Gruppen wie „Spielgruppe", „Familie", „Nachbarschaft" sind im Vergleich zum Begriff Gemeinde relativ leicht zu definieren. In der Umgangssprache bedeutet „Gemeinde" eine große Zahl verschiedenartiger und durch verschiedene Merkmale charakterisierter menschlicher Gruppen — von kleinen Jagdgemeinschaften bis zu großen Städten wie London oder New York. Die von den Soziologen und anderen Wissenschaftlern vorgeschlagenen Definitionen unterscheiden sich beträchtlich voneinander, doch hat man immerhin zum Teil versucht, das Gemeinsame aller oder wenigstens der meisten dieser Definitionen zu finden. Persönlich halte ich es für unmöglich, eine Definition aufzustellen, die sowohl mit der landläufigen Verwendung des Ausdrucks übereinstimmt als auch von allen Forschern auf diesem Gebiet akzeptiert wird [4].

Wenn wir allerdings den Begriff „Gemeinde" in einem wissenschaftlichen Rahmen verwenden wollen — und ich sehe *keinen* Grund, dies *nicht* zu tun —, so muß jedermann, der sich des genannten Begriffs bedient, eine bestimmte Definition festlegen, die der jeweiligen Art seiner Untersuchungen angemessen ist [5].

Im Rahmen des allgemeinen Begriffs Gemeinde scheint es nötig zu sein, verschiedene Typen von Gemeinden auseinanderzuhalten. Unterscheidungen müssen im Hinblick auf eine große Zahl von Variablen gemacht werden, wie zum Beispiel Bevölkerungszahl, Alter der Gemeinde, Art der Kultur, welche den Gemeindemitgliedern gemeinsam ist, Funktionen der Gemeinde usw. Manche der Unterarten, die durch ausdrücklich festgelegte Werte für ausgewählte Variablen definiert werden, sind besonders wichtig, weil sie eine große Zahl tatsächlich bestehender Gemeinden bezeichnen. Zu diesen Unterarten rechnet man etwa den Weiler, das Dorf, das Handelszentrum (den Marktflecken), die Metropolis usw. Es scheint, als müßte man die grobe Unterscheidung zwischen ländlichen und städtischen Gemeinden, die bisher für Gemeindestudien sehr wichtig gewesen ist, durch eine strengere Klassifizierung der Gemeindetypen ersetzt werden, die durch eine bestimmte Gruppe von Werten für ausgewählte Variablen, das heißt durch bestimmte Syndrome gekennzeichnet sind, im genau gleichen Sinne wie die verschiedenen Persönlichkeitstypen — etwa der introvertierte und der extravertierte.

In diesem Bericht wollen wir uns auf Untersuchungen *kleiner Gemeinden* in Schweden beschränken. Schwedische Sozialwissenschaftler haben etwa ein Dutzend Untersuchungen veröffentlicht, die man als Gemeindestudien betrachten kann. Welche von diesen Untersuchungen beziehen sich nun auf *kleine Gemeinden?* Es ist nicht leicht, diese Frage zu beantworten. Die eine beschäftigt sich mit einem Eisenbahnknotenpunkt und dessen Umgebung (der Kirchgemeinde) mit etwa 1200 Einwohnern; eine andere mit einem Gemeindebezirk, in dem sich drei oder vier Agglomerationen mit insgesamt etwa 4000 Einwohnern befinden; eine dritte mit einem kleinen Dorf von etwa 200 Einwohnern. Bei allen handelt es sich im Vergleich mit den umliegenden Städten um kleine Gemeinden, doch sind die zwischen ihnen bestehenden Unterschiede hinsichtlich solcher Variablen wie Bevölkerungszahl, Bodenfläche und Bevölkerungsdichte verhältnismäßig groß. Es scheint keinen anderen Grund dafür zu geben, daß man diese Gemeinden unter einem Titel zusammen betrachtet, als die Tatsache, daß man sie in bestimmten Beziehungen als kleine Gemeinden bezeichnen kann.

III

An der ersten in Schweden veröffentlichten und etwas umfassenderen Gemeindestudie waren keine Soziologen beteiligt. Sie wurde nämlich unternommen noch lange bevor man die Soziologie zu einem Lehrfach an schwedischen Universitäten erhoben hatte (dies war erst Mitte der 40er Jahre der Fall), und zwar von einer Reihe von Ethnologen und Sozialanthropologen, die sich mit einem Gebiete befaßten, das man in Schweden „folklivsforskning" (Volkskunde) nennt und das vor allem an historischem Material interessiert ist. Das große Forschungsprojekt über das Dorf „Gruddbo" auf der Insel Sollerön im See Siljan in Dalarna (Mittelschweden) wurde von *Sigurd Erixon*[6] in Gang gebracht. Der Bericht enthält viel ethnologisches Material, doch wenig von wirklich soziologischem Interesse. Was über den Charakter der Nachbarschaften und die gegenseitige Hilfe während des 19. Jahrhunderts in dem Kapitel von *John Granlund* gesagt wird, stellt jedoch eine wertvolle Informationsquelle für denjenigen dar, der nach Material für vergleichende Untersuchungen auf diesem Gebiet sucht. Der Bericht über ingroup- und outgroup-Gefühle in dem Kapitel von *Sölve Nettelbladt* berührt ebenfalls soziologische Probleme, wenn auch die Terminologie keinen Einfluß von soziologischen Werken zeigt.

IV

Die erste schwedische Gemeindestudie, in der die Forscher eine umfassende Beschreibung der gegenwärtigen Struktur und des Charakters der untersuchten Gemeinde anstrebten, wurde im Jahre 1943 veröffentlicht (*Lynds* „Middletown" erschien 1929). An der Spitze der Forschergruppe standen *Martin S. Allwood* und *Inga-Britt Ranemark*. Im Vorwort bemerken sie, daß sie sich bei ihrer Arbeit wenigstens zum Teil von den beiden Untersuchungen über „Middletown" inspirieren ließen, was auch aus der Wahl des Titels, nämlich „Medelby"[7], hervorgeht.

Man sollte dieses Buch als Versuch (leider ein ziemlich schwacher) betrachten, neue Methoden und neuartiges Material in die schwedischen Sozialwissenschaften einzuführen. Die Forscher sammelten eine Menge Informationen durch teilnehmende Beobachtung in Schulklassen, beim Gottesdienst und bei den Zusammenkünften verschiedenartiger Vereinigungen. Die meisten Daten wurden aber offensichtlich durch informelle Interviews mit Schlüsselpersonen gewonnen. Ausgearbeitete Fragebogen wurden nur in beschränktem Maße verwendet, zum Beispiel im Zusammenhang mit einer kleinen Fabrikuntersuchung. Das verwendete Material enthält auch einige Aufsätze von Kindern einer Medelby Schule. In einigen Hinsichten fußt der Bericht zwar auf offiziellen Statistiken und historischen Dokumenten, jedoch scheinen die Forscher im großen ganzen an einer sorgfältigen Analyse der Informationen, die aus solchen Quellen gewonnen werden können, nicht sehr interessiert gewesen zu sein. Die beiden Kapitel über theoretische und methodologische Probleme verraten eine völlige Unkenntnis der Methoden, die sich damals in der Ökologie und Demographie, bei der Untersuchung von Wanderungsbewegungen und in der Wirtschaftsgeschichte entwickelten.

Es fällt leicht, fast jede Seite und fast jede Feststellung in diesem ziemlich unsorgfältig gemachten Buche zu kritisieren, doch will ich dafür nicht zuviel Raum verwenden. Ich würde das Buch als einen Bericht von Journalisten bezeichnen, die sich ein paar Monate in einem kleinen Dorf aufhielten, würden die Autoren damit nicht viel mehr Prätentionen verbinden. In bezug auf die Frage, ob Medelby für einen schwedischen Eisenbahnknotenpunkt (schwedisch: „stationsamhällen") repräsentativ sei oder nicht, versuchen die Autoren zu beweisen, daß Medelby in einem Sinne, welcher der Bedeutung von *Max Webers* Begriff des „Idealtypus" nahe kommt, repräsentativ sei. Jedoch ist Medelby natürlich, so wie es beschrieben wird, kein „Idealtypus" im Max Weberschen Sinne, denn es ist kein Begriff, sondern eine künstliche Bezeichnung für ein kleines Dorf in Südschweden. Dieses Dorf ist zwar wahrscheinlich anderen Eisenbahnknotenpunkten in Südschweden sehr ähnlich, in anderer Hinsicht aber ohne Zweifel wiederum sehr verschieden. Eine Beschreibung Medelbys, selbst wenn dieses Dorf zum verbreitetsten Typus gehören sollte, vermittelt kein richtiges Bild von der großen Vielfältigkeit der Eisenbahnknotenpunkte Südschwedens — gerade so, wie es unmöglich ist, aus dem TAT-Test eines einzigen Schweden Folgerungen über die Persönlichkeitsstruktur aller Schweden zu ziehen (selbst wenn dieser eine Schwede zum mäßig extravertierten Typus gehört).

Doch muß hervorgehoben werden, daß *Martin Allwood* und *Inga-Britt Ranemark* die ersten waren, welche die Fragebogentechnik für Gemeindestudien verwendeten. Abgesehen von der Fabrikuntersuchung interviewten sie ein kleines Sample der Bevölkerung — 41 Personen von etwa 1000 erwachsenen Einwohnern — mit Hilfe eines Fragebogens, der 35 Fragen verschiedener Art enthielt. Durch einige der Fragen versuchten die Forscher zu erfahren, was die Einwohner über ihre eigene Gemeinde wußten (zum Beispiel: „Wieviel Einwohner hat Medelby?"), das heißt einige der Fragen können als ein Wissenstest betrachtet werden. Durch andere wiederum versuchten sie, die Einstellungen der Bewohner gegenüber dem Krieg, der Religion, verschiedenen moralischen Standards und gegenüber dem städtischen und ländlichen Leben festzustellen. Leider waren die Fragen wenig sorgfältig formuliert, und da das Problem der Repräsentativität des kleinen Samples nicht eigentlich diskutiert wird, können die Verteilungen der Anworten nicht als sehr zuverlässig bezeichnet werden.

V

Eine Untersuchung derselben Art wie die von Medelby wurde im Jahre 1947 von *Göran Lindahl* und *Allan Lundberg* veröffentlicht; die untersuchte Gemeinde erhielt in dem Buch den Namen „Dala"[8]. Sie hatte etwa 1200 Einwohner, die sich auf zehn Dörfer und Weiler verteilten. Finanziell wurde die Untersuchung vom schwedischen Zweig des Guttemplerordens (IOGT) unterstützt; in der besagten Gemeinde gab es eine IOGT-Vereinigung (das heißt eine Loge), mit etwa 250 Mitgliedern, welche also etwa ein Fünftel der Bewohner umfaßte, was im Vergleich mit den meisten anderen schwedischen Gemeinden einen sehr hohen Prozentsatz darstellt. Die Forscher bedienten sich derselben Methoden wie *Allwood* und *Ranemark*, doch bemühten sie sich, wenigstens einige der von diesen begangenen Fehler zu vermeiden. Ihre beiden Fragebogen sind besser durchdacht als die von Medelby (und schlossen keinen Wissenstest ein, sondern versuchten in etwas konsequenterer Weise verbalisierte Einstellungen oder Tatsachen über persönliche Gewohnheiten zu erfahren). Einer der beiden Fragebogen wurde einem 25 %igen Sample der Guttempler in der Gemeinde vorgelegt, der andere einem 5 %igen Sample der Nicht-Guttempler. Die Gesamtzahl der Fragebogen-Interviews belief sich auf etwa 100, und in bezug auf Alter, Geschlecht und Berufsgruppe wird Anspruch auf Repräsentativität erhoben.

Der größte Teil des Berichtes enthält eine Beschreibung zahlreicher wirtschaftlicher, politischer, religiöser und erzieherischer Vereinigungen und von deren Tätigkeiten. Im letzten Teil des Buches stellen die Verfasser die Frage, ob die Mitglieder der Guttempler-Loge am kulturellen Leben aktiver teilnehmen als die übrige Bevölkerung. Sie bejahen diese Frage, jedoch ist diese Folgerung mehr in Eindrücken aus der teilnehmenden Beobachtung als in der Analyse der Antworten auf den Fragebogen begründet. Es wird nicht versucht zu erklären, *warum* die IOGT-Mitglieder aktiver zu sein scheinen als die Nicht-Mitglieder.

VI

Eine neue Art Gemeindestudie, die sich von „Medelby" und „Dala" stark unterscheidet, wurde von *Jan Wallander* im Zusammenhang mit der Untersuchung von Migrationsproblemen in einem schwedischen Walddistrikt (entlang dem Fluß Klarälven in Värmland) durchgeführt[9]. Diese Untersuchung wurde durch die ständige Abwanderung von Menschen aus diesem Distrikt in die Städte und nach anderen Teilen Schwedens veranlaßt. Man wollte die Ursachen dafür feststellen und — wenn möglich — Mittel finden, um die für die Forstwirtschaft nötigen Leute zum Bleiben zu bewegen. Ein Teil des Buches gibt Überblick über die Lage in dem genannten Distrikt (von etwa 4000 Einwohnern), wobei es sich auf offizielle Statistiken stützt. Ein anderer und der vom soziologischen Standpunkt interessanteste Teil beschäftigt sich mit Fallstudien von drei Kirchgemeinden, die zu diesem Distrikt gehören. Diese Gemeinden wurden deshalb ausgewählt, weil sie ganz verschiedene Arten von Lebensbedingungen vertreten. Um die Ursachen der Wanderung festzustellen, verglich *Jan Wallander* die Wanderer mit den Nicht-Wanderern, und zwar mit Bezug auf Alter, Geburtsort, frühere Wanderungen, Wanderungen der Familienmitglieder, die mehr oder weniger zentrale Lage des Wohnorts vor der Wanderung, die Anzahl der Kinobesuche, Tanzvergnügungen und die Teilnahmen an Veranstaltungen religiöser Organisationen usw., die Berufsgruppen, Schulzeugnisse, den mehr oder weniger landwirtschaftlichen, bzw. industriellen Charakter der Nachbarschaft usw.. *Wallander* bediente sich der Fragebogen-Methode, um Daten zu erhalten, die in der offiziellen Statistik fehlten (die gewünschten Informationen stammten von 255 Haushaltungen und 893 Einzelpersonen, zum Teil aus Interviews mit anderen als den untersuchten Mitgliedern eines Haushaltes). Eine an die interviewten Personen direkt gerichtete Frage über die Ursachen der Wanderung förderte höchst verschiedenartige Antworten zutage, die nicht sorgfältig analysiert werden konnten, vor allem weil die befragten Personen nicht zwischen der eigentlichen Ursache (oder den Ursachen) ihrer Wanderung und den mehr oder weniger bewußten Motiven dieser Wanderung unterscheiden konnten.

Die Anzahl der jährlich abwandernden Personen war in einer der untersuchten Kirchgemeinden (Norra Ny) bedeutend niedriger als in den anderen; dort war dann auch die Einstellung gegenüber dem Verbleiben in der Gemeinde viel positiver. Norra Ny unterschied sich deutlich von den beiden anderen Gemeinden (Sunnemo und Gustav Adolv), indem in Norra Ny ein viel größerer Teil der Bevölkerung auf eigenen Bauernhöfen lebte. In den beiden anderen Gemeinden gehörte das meiste Land der Industrie. *Wallander* ist aber der Ansicht, daß die Ursache für das Verbleiben der Leute in Norra Ly weniger dem Eigentum an Boden zu verdanken sei als der Tatsache, daß in Gegenden, in denen die Bauernhöfe Eigentum der Bewohner sind, der Lebensstandard höher ist. Er stellte ferner fest, daß mit der Entfernung des Wohnortes vom Zentrum die Neigung zur Abwanderung stärker wurde, vor allem bei den Frauen. Er bringt den Unterschied zwischen Männern und Frauen in dieser Hinsicht mit der Tatsache in Zusammenhang, daß die Arbeitsbedingungen der Frauen in höherem Maße von der Lage des Wohnortes abhängen, als dies bei ihren Männern der Fall ist.

Was hier von den Ergebnissen dieser Untersuchung erwähnt worden ist, weist auf die Anwendung viel feinerer Methoden und auf eine klare und eigentlich wissenschaftliche Denkart hin, etwas, was in den Berichten über „Medelby" und „Dala" weitgehend fehlte. Der Verfasser bewältigte sein großes statistisches Material mit Geschick und Vorsicht, und obwohl die Untersuchung nicht in erster Linie eine Gemeindestudie darstellt, enthält sie doch Informationen über die drei Gemeinden, welche für den an Gemeinden interessierten Forscher von großem Interesse sein können.

VII

Untersuchungen größerer Bezirke, wie etwa von Handelszentren mit deren Hinterland, bieten notwendigerweise Material über kleine Gemeinden verschiedener Art. In einer Monographie über die kleine Hafenstadt Simrishamn an der Südspitze von Scania wurde von einer Gruppe von Sozialgeographen, die der Universität Lund angehörten, im Jahre 1948 eine große Menge wertvoller Informationen zusammengetragen, die sich auf Fragen der Demographie, der Wirtschaftsgeographie und der Ökologie bezogen; die Angaben stammten vor allem aus historischen Quellen des 19. und 20. Jahrhunderts [10]. Einige der Aufsätze dieses Bandes sind ohne Zweifel von großem soziologischem Interesse, jedoch bestand das Ziel der Forscher nicht in erster Linie darin, Daten über kleine Gemeinden als solche zu sammeln, weshalb eine kritische Besprechung dieser Arbeit nicht in den Rahmen unseres Berichtes gehört. Dasselbe gilt für eine Reihe anderer Untersuchungen von Regionen und Distrikten, wie zum Beispiel „Österlen", von *Börje Hanssen* (1952), eine Untersuchung, die auf historischem Material des 17. und 18. Jahrhunderts beruht und in der unter anderem festzustellen versucht wird, ob damals in dem betreffenden Distrikt ein Unterschied zwischen einem städtischen und einem ländlichen „Lebensmuster" bestand [11].

VIII

Einige der schwedischen Gemeindestudien sollen hier nicht besprochen werden, weil sie sich nicht mit *kleinen* Gemeinden befassen. Dazu gehört *Torgny Segerstedts* und *Agne Lundquists* Untersuchung zweier Industriestädte in Südschweden, Huskvarna und Katrineholm. Diese Untersuchung ist zweifellos die größte und wichtigste aller schwedischen Gemeindestudien, die bis heute unternommen worden ist; sie konnte dank der finanziellen Unterstützung durch industrielle Organisationen durchgeführt werden. Huskvarna ist ein altes Industriezentrum, dessen Geschichte als Stadt bis ins 16. Jahrhundert zurückgeht, während Katrineholm eine junge Stadt, ein Produkt der industriellen Entwicklung im 19. Jahrhundert darstellt. *Segerstedt* und *Lundquist* stellten höchst interessante Unterschiede in den Einstellungen und Gewohnheiten der Industriebevölkerung beider Städte fest. Ihr Material besteht aus den Antworten auf ungefähr 2000 umfassende Interviews. Einige der Unterschiede stimmten mit der allgemeinen Hypothese überein, wonach Arbeitsanpassung und Arbeitsbefriedigung in der alten Gemeinde mit ihrer längeren Tradition und besseren Integration am größten sind. Für andere Unterschiede traf dies jedoch nicht zu, und nach Ansicht der Verfasser scheint es klar zu sein, daß die historischen Faktoren keinen (oder nicht mehr einen) großen Einfluß auf die gegenwärtige Arbeitsanpassung und -befriedigung ausübten. Diese Untersuchung begann im Jahre 1948 und wurde in 2 Bänden (1952 und 1955) veröffentlicht[12].

Eine andere von der UNESCO unterstützte Gemeindestudie, die wir nur kurz erwähnen wollen, ist *Edmund Dahlströms* „Trivsel i Söderort"; diese Arbeit beruht hauptsächlich auf offiziellen Statistiken und sechs Reihen von Interviews mit im ganzen etwa 1500 Befragten[13]. *Dahlström* interessierte sich vor allem für die Zufriedenheit mit der Gemeinde („Pinehill", eine Vorstadt von Stockholm) als einem Ort zum Leben, doch behandelt er auch andere Probleme wie die Notwendigkeit von Zentren für Dienstleistungen und den Grad der ingroup-Orientierung bei den Bewohnern. Er legt das Gewicht sehr stark auf statistische Methoden und verläßt sich in hohem Maß auf offizielle Statistiken; die soziologische Theorie interessiert ihn weniger.

Mit diesen beiden Untersuchungen wurde ein neuer Typus der Gemeindestudie in Schweden eingeführt; beide geben Beispiele für einen sorgfältig aufgebauten theoretischen Hintergrund und für verfeinerte statistische Methoden der Analyse. Eine parallele, wenn auch nicht so deutlich zum Ausdruck kommende Entwicklung ist auch bei der Erforschung *kleiner* Gemeinden nachzuweisen; so gibt es wenigstens zwei Untersuchungen, für die sich eine detaillierte Besprechung lohnt, wenn sich auch keine von beiden mit der Untersuchung von *Segerstedt* und *Lundquist* vergleichen läßt.

IX

Die erste dieser beiden Untersuchungen ist diejenige von *Bengt Rundblad* über „Forestville", die eine Parallele zu der bereits erwähnten Arbeit von *Dahlström* über einen Vorort von Stockholm darstellt. Auch diese Untersuchung, die zwischen 1945 und 1951 durchgeführt wurde, fand Unterstützung bei der UNESCO und ist in einem umfangreichen vervielfältigten Band zusammengefaßt worden[14]. Der Forschergruppe gehörten auch Psychologen an, deren Ergebnisse anderswo dargestellt sind[15] und die wir hier nicht berücksichtigen wollen.

Während *Dahlström* seine Darstellung von Pinehill vor allem auf statistische Quellen und die Ergebnisse von Interviewreihen gründete, stützt sich *Rundblad* in „Forestville" auf eine größere Vielfalt von Quellen, wie zum Beispiel teilnehmende Beobachtung wirklicher Situationen des Lebens, Gruppendiskussionen, die auf Band aufgenommen wurden, soziometrische Teste, Feldexperimente in der Form von Aktivitäten eines Jugendklubs, der von den Forschern begründet wurde, psychologische Teste über die Beziehungen zwischen Eltern und Kindern, TAT- und Rorschach-Teste. Unter einem allgemeinen Gesichtspunkt gesehen sind seine Forschungsmethoden mit denjenigen von *Lucien Bernot* und *René Blancard* in ihrer Arbeit über „Nouville" (Normandie) [16] verwandt. *Rundblad* selbst weist im Vorwort auf den Einfluß des englischen Agrarsoziologen *Adam Curle* hin, und allgemein kann man sagen, daß er die meisten Ergebnisse dadurch erhalten hat, daß er die Methode der teilnehmenden Beobachtung, wie sie von den Anthropologen verwendet wird, mit verschiedenen soziometrischen Testen und der Information über Einstellungen auf Grund von Fragebogeninterviews verband. Das untersuchte Dorf war mit seinen ca. 200 Einwohnern ziemlich klein; da jedoch das Gebiet nicht mit einem Verwaltungsbezirk zusammenfiel, hatte die Gruppe große Schwierigkeiten, verläßliche Angaben über die Veränderungen in der Bevölkerung, die Wanderungen usw. zu erhalten. Das Gebiet wurde als Beispiel eines ländlichen Bezirks mit vorwiegend kleinem Grundbesitz gewählt, ein Gebiet, das vor kurzem einen großen Teil seiner Bevölkerung durch Abwanderung verloren hatte. Viele Bauern waren nur zum Teil landwirtschaftlich tätig und arbeiteten den größten Teil des Jahres in den Wäldern, was in jenem Teil Nordschwedens, in dem Forestville liegt, üblich ist.

Die wichtigste Hypothese der Untersuchung lautet, daß Forestville eine kleine ländliche Gemeinde darstellt, die *„durch den Wanderungsprozeß aus dem Gleichgewicht geworfen worden ist"*. Sie „war nicht in der Lage, neue gesellschaftliche Beziehungen im Innern zu schaffen oder mit der äußeren Welt anzuknüpfen, Beziehungen, welche die Verluste innerhalb der Gemeinde aufgewogen hätten; als Folge davon haben sich in der Gemeinde Spannungen entwickelt" [17]. *Rundblad* führt eine Reihe von Tatsachen an, die auf starke Spannungen zwischen verschiedenen Gruppen oder Cliquen innerhalb der Gemeinde schließen lassen, wie wirtschaftliche Auseinandersetzungen, Streik und Mißtrauen; er verfügt jedoch über kein vergleichbares Material von Dörfern, die „nicht aus dem Gleichgewicht geworfen" worden sind, weshalb es schwierig ist zu beurteilen, bis zu welchem Grad die genannte Hypothese durch diese Beobachtungen gerechtfertigt ist. Außerdem ist es unmöglich festzustellen, ob diese Spannungen von der durch die Wanderung verursachten Entvölkerung des Dorfes oder von etwas anderem herrühren. Das von *Rundblad* gezeichnete Bild erinnert in gewissem Sinne an „Nouville" und „Hilltown" in den Untersuchungen von *D. L. Hutch* und *C. C. Zimmermann*, die *George C. Homans* in „The Human Group" besprochen hat [18].

Doch selbst wenn wir nicht mit der Feststellung übereinstimmen, wonach Forestville die Stufe der „Anomie" (im Sinne von *Homans*) erreicht habe, müssen wir doch zugeben, daß das Dorf viele seiner früheren Funktionen verloren hat. Ein großer Teil dieser Funktionen ist von dem nahe gelegenen Handelszentrum „Smalltown" übernommen worden, und es scheint, daß sich Forestville sehr bald in einen Satelliten von „Smalltown" verwandeln wird (die Entfernung beträgt nur etwa 2 englische Meilen), insbesondere auch deshalb, weil die Kinder von Forestville neuerdings die Schulen von „Smalltown" besuchen. Die wachsende Zahl von Autos und Motorrädern wird diese Entwicklung wahrscheinlich noch beschleunigen; in Wahrheit gab es allerdings dort zur Zeit der Untersuchung nur sehr wenige Autos.

Andere Funktionen, wie das Bedürfnis nach psychischer Unterstützung, gegenseitiger Hilfe usw., die nach *Rundblad* früher von der ganzen Gemeinde ausgeübt wurden, sind von kleinen Verwandtschafts- und Nachbarschaftsgruppen übernommen worden, die beide eine sehr wichtige Rolle im täglichen Leben von Forestville spielen. Doch scheint es mir fraglich zu sein, ob diese Funktionen wirklich jemals von der ganzen Gemeinde erfüllt wurden, wie *Rundblad* zu beweisen versucht, indem er Beispiele für eine besonders gute Zusammenarbeit zwischen den Dorfbewohnern in den 20er und 30er Jahren anführt.

Der Bericht vermittelt ein sehr detailliertes Bild über das Geschehen in dem kleinen Dorf, und da es sich dabei um ein ländliches Dorf inmitten der großen Walddistrikte handelt, ergänzt er in vorzüglicher Weise die umfangreichere und bereits erwähnte Arbeit von *Jan Wallander*. Zwar wird das statistische Material aus den offiziellen Quellen und werden auch die Ergebnisse der soziometrischen Teste mit wenig Raffinesse behandelt, doch mag sich dies durch die kurz bemessene Zeit erklären, die dem Verfasser für die Abfassung des Berichtes zur Verfügung stand.

X

Das Leben in den ländlichen Gemeinden Schwedens wurde in den letzten Jahren durch eine Änderung im Umfang der Verwaltungsbezirke der schwedischen Gemeinden stark beeinflußt. Bis 1951 waren die ländlichen Bezirke Schwedens zur Hauptsache in sehr kleine Gemeinden aufgeteilt (mit etwa 500 bis 2000 Einwohnern), die über eine relativ große Autonomie hinsichtlich der Organisation der Schulen, der sozialen Wohlfahrt usw. verfügten. Da die diesbezüglichen Ansprüche in den letzten Jahren zusehends größer wurden, sahen sich jedoch die kleinen Gemeinden außerstande, derartige Aufgaben in angemessener Weise zu erfüllen; zum Teil standen ihnen nicht genügend finanzielle Mittel zur Verfügung; deshalb wurde nach langen Verhandlungen zwischen allen Beteiligten im Jahre 1952 eine neue Gemeindeorganisation eingeführt. Meistens wurden zwei oder drei alte Gemeinden zusammengelegt, und so entstanden neue Gebilde mit etwa 3000 bis 6000 Einwohnern, einer Bevölkerung, die man für groß genug hielt, um die Probleme der sozialen Wohlfahrt, der Schule usw. zu lösen. In vielen dieser „großen Gemeinden" traten Spannungen auf, wenn etwa über die Lage einer neuen Schule oder des Gemeindezentrums entschieden werden mußte; auch das unterschiedliche wirtschaftliche Gleichgewicht in den Gemeindeangelegenheiten führte zu Meinungsverschiedenheiten zwischen den Vertretern der verschiedenen Teile der neuen Gemeinde. Von einem soziologischen Gesichtspunkt aus gesehen ist es natürlich sehr interessant, die Einstellungen der Bevölkerung gegenüber diesen Änderungen in der traditionellen Lebensweise zu untersuchen. Dieses Problem kommt in der letzten Untersuchung zur Sprache, welche wir anführen wollen, nämlich in der Arbeit von *Lennart Anderberg* über Vollsjö, eine der neuen Gemeinden, die sich aus drei alten (Frenninge, Vollsjö und Brandstad) zusammensetzt und die in einem landwirtschaftlichen Bezirk in Scania liegt [19].

Diese Untersuchung beruht auf zwei Reihen von Interviews, von denen die erste im Jahre 1951, die zweite im Jahre 1955 durchgeführt wurde. Beide Reihen erfassen etwas mehr als 10 % der erwachsenen Bevölkerung dieses Gebietes, die etwa 3000 Einwohner zählt. Die Samples sind hinsichtlich der geographischen Verteilung, des Geschlechtes, des Alters, der Berufsgruppen und der Einkommen ziemlich repräsentativ. Die verwendeten Fragebogen enthalten Angaben, die sich auf viele verschiedene Aspekte des Landlebens beziehen und nach denen im allgemeinen in Untersuchungen dieser Art gefragt wird; der Bericht ist hauptsächlich beschreibend. Der Autor zeigt zum Beispiel, daß sowohl im Jahre 1951 als auch im Jahre 1955 die Bewohner des Zentrums der neuen Gemeinde (wozu das Handelszentrum, der Bahnhof und das neue Zentrum der Gemeindebehörden gehören) mit der Änderung zufriedener sind als die Bewohner der Satellitendörfer. Von 1951 bis 1955 hat sich hierin wenig geändert.

In einem mehr theoretischen Kapitel, das sich mit den Begriffen „Gemeinde", „städtische Gemeinde", „ländliche Gemeinde" und „halb städtische, halb ländliche Gemeinde" befaßt, begründet der Autor seine Meinung, daß die drei ehemaligen Gemeinden — die in bezug auf die Kirchenverwaltung noch immer selbständig sind — nach seiner eigenen (ziemlich komplizierten) Definition der Gemeinde als Gemeinden anzusprechen sind. Frenning und Brandstad sind *ländliche* Gemeinden, während Vollsjö als Handelszentrum eine halb ländliche, halb städtische Gemeinde darstellt, in der die Nachbarschaften nicht mehr als soziale Gruppen funktionieren. Zum Schluß stellt er fest, daß Begriffe wie „Gemeinde", „Nachbarschaft" usw. schwierig zu verwenden sind, wenn man es mit modernen ländlichen Lebensmustern zu tun hat. Definiert man diese Begriffe sehr streng, so kann man sie oft nicht anwenden, weil sie der Situation nicht angemessen sind, jedenfalls nicht der heutigen Situation im ländlichen Schweden.

Neben diesen theoretischen Darlegungen enthält *Lennart Anderbergs* Untersuchung eine Menge Angaben über die Gewohnheiten und Einstellungen der untersuchten Bevölkerung. Die Darstellung leidet allerdings darunter, daß hinter der Befragung kein Leitgedanke steht und daß nicht zu erklären versucht wird, wie und warum die gefundenen Einstellungen in der Bevölkerung entstanden sind. Das statistische Material wird in dieser Veröffentlichung nicht eingehend analysiert und sagt daher nicht viel aus.

Projekte für die Untersuchung kleiner Gemeinden, die sich auf spezielle Probleme konzentrieren, werden augenblicklich an den Universitäten Uppsala und Lund durchgeführt; doch sind noch keine Ergebnisse veröffentlicht worden. Erwähnung verdient vor allem die Arbeit, die *Ulf Himmelstrand* in Uppsala leitet und von der ein paar interessante Einzelheiten in der Zeitschrift „Perspektiv" erschienen sind[20].

Zum Schluß soll gesagt werden, daß die Untersuchung kleiner Gemeinden in Schweden einen aufwärtsstrebenden Trend zeigt, von den früheren Untersuchungen nach der Art „Medelbys" bis zu der theoretischen Klarheit und Reife von „Forestville". Doch bleibt noch viel Raum für größere Feinheit und Klarheit und vor allem auch für eine bessere Koordination der von Soziologen und Psychologen eingeführten Methoden und denjenigen, die am meisten von Anthropologen, Volkskundlern, Oekologen, Sozialgeographen, Historikern und Demographen verwendet werden.

Anmerkungen

[1] Diese Meinung kommt — mit einem besonderen Hinweis auf die städtischen Gemeindestudien — in Urban Sociology, in: Current Sociology, Bd. IV, 1; Paris 1955, S. 15, zum Ausdruck.

[2] Über das Problem, Gemeinden als Wesenheiten zu betrachten, vgl. *Robert Redfield*, The Little Community, Uppsala 1955, S. 1 ff. — In diesem Zusammenhang möchte ich ein interessantes Buch erwähnen, das den Gemeindestudien einen neuen Weg weist: *Robert J. Holloway*, A City Is more than People. A Study of Fifteen Minnesota Communities, Minneapolis 1954.

[3] *Robert S. Lynd* und *Helen Murell Lynd*, Middletown, S. 7—9. *Martin S. Allwood* und *Inga-Britt Ranemark*, Medelby, Stockholm 1943, S. 15—16, 353—355. Die künstlichen Namen, die den beiden untersuchten Gemeinden gegeben wurden, sind etwas gefährlich, weil sie auf so etwas wie „statistischer Mittelwert" hindeuten, doch verteidigen sich die Verfasser gegen eine solche Unterstellung. Dessenungeachtet sind sie in ihren Feststellungen nicht immer genügend sorgfältig.

[4] *George A. Hillery jr.*, Definition of Community: Areas of Agreement, in: Rural Sociology, Bd. 20, 2, 1955 S. 111—123.

[5] Über den Unterschied zwischen der jeweils festgelegten, *gesetzten* (stipulative) und *berichtenden* (reportative) Definition vgl. *John Hospers*, An Introduction to Philosophical Analysis, New York 1953, S. 51—52.

[6] *Gösta Berg* und *Sigfrid Svensson*, Herausgeber, Gruddbo på Sollerön. Stockholm 1938.

[7] *Martin S. Allwood* und *Inga-Britt Ranemark*, a. a. O.

[8] *Göran Lindahl* und *Allan Lundberg*, Möte på torsdag, Stockholm 1947.

[9] *Jan Wallander*, Flykten från skogsbygden, Uppsala 1948.

[10] *Helge Nilsson* und andere, Simrishamn med omland, Lund 1949.

[11] *Börje Hansson*, Österlen, Stockholm 1952.

[12] *Torgny T. Segerstedt* und *Agne Lundquist*, Människan i industrisamhället, 1. Teil, Stockholm 1952, 2. Teil, Stockholm 1955.
[13] *Edmund Dahlström*, Trivsel i Söderort, Stockholm 1951.
[14] *Bengt Rundblad*, Forestville, vervielfältigt, Uppsala 1951.
[15] *Eskil Björklund* und *Joachim Israel*, The Authoritarian Ideology of Upbringing, vervielfältigt, Uppsala 1951.
[16] *Lucien Bernot* und *René Blancard*, Nouville, un village français, Paris 1953. Vgl. dazu die Besprechung im gleichen Heft dieser Zeitschrift.
[17] *Bengt Rundblad*, a. a. O., S. 42.
[18] *George C. Homans*, The Human Group, New York 1950, S. 334—368.
[19] *Lennart Anderberg*, En deskritiv sociologisk undersökning av en storkommun, vervielfältigt, Lund 1955.
[20] *Kurt Göran Hector, Ulf Himmelstrand* und *Lars Kebbén*, Så tycker man i Rasbo, in: Perspektiv 1954, 5, Stockholm 1954; *Nils Lindahl*, Hembygdskänslan in bilepoken, in Perspektiv, 1955, 4, Stockholm 1955.

DIE DARMSTADT-STUDIE — EIN INFORMELLER RÜCKBLICK

Von Nels Anderson

I

Zwei Jahre sind etwa vergangen, seit die neunte und letzte Monographie der Darmstadt-Studie erschien — rund neun Jahre sind es her, daß dieses Projekt angenommen wurde. Demnach scheint es nicht zu früh zu sein, um einige der Höhepunkte in diesem Abenteuer auf dem Gebiete der Forschung herauszugreifen und wenigstens ein paar der bedeutsamsten Tatsachen für die Zukunft festzuhalten.

Der Verfasser stand von Anfang bis Ende in engem Kontakt mit der Darmstadt-Studie. Er entwarf 1948 den ursprünglichen Plan des Projektes und war verantwortlich dafür, die notwendigen finanziellen Mittel zur Durchführung der Arbeit zu beschaffen. Da das Projekt viel früher hätte abgeschlossen sein sollen, als es tatsächlich der Fall war, fiel es schon nicht leicht, das Geld für das dritte Arbeitsjahr zu finden, und noch viel schwieriger, es für das vierte aufzutreiben. Es gehörte zu den Aufgaben des Verfassers, verschiedene Rechnungsführer und nicht-wissenschaftliche Verwaltungsbeamte davon zu überzeugen, daß dieses Geld nutzbringend angewandt wurde.

Der ursprüngliche Forschungsplan unterschied sich wesentlich vom späteren Projekt, was an sich schon eine interessante Feststellung sein dürfte. Ursprünglich sollten mit dieser Studie soziale Probleme der Arbeiterschaft in einer Anzahl von Städten untersucht werden, um die jungen Gewerkschaftsfunktionäre mit den Sorgen der Arbeiter vertraut zu machen. Damals entstanden die Gewerkschaften nach Jahren der Unterdrückung von neuem, und man hoffte, daß diese Art sozialer Untersuchungen den jungen Gewerkschaftsfunktionären die Orientierung erleichtern würde.

In Frankfurt wurde ein Ausschuß zusammengestellt, dem der Präsident des Arbeitsgerichtes, der Redakteur einer Gewerkschaftszeitung und drei hohe Gewerkschaftsfunktionäre angehörten. Dieser Ausschuß stand dem Forschungsplan positiv gegenüber. In drei Ausschußsitzungen wurde jede Einzelheit des Planes durchgesprochen und eine Reihe von Änderungen vorgeschlagen. Die wichtigste Änderung — die sich als durchaus bedacht herausstellte — bestand darin, den ursprünglichen Plan, nach dem an vielen Orten ‚sample studies' durchgeführt werden sollten, aufzugeben und dafür lieber eine umfassende und grundlegende Untersuchung in einer einzigen Gemeinde zu unternehmen. Dem Stab sollten ausschließlich Sozialwissenschaftler und keine Gewerkschaftler angehören.

An Stelle einer größeren Anzahl kleiner Studien zog der Ausschuß eine umfassende Gemeindeuntersuchung vor. Die früher auszusuchende Gemeinde sollte eine mittelgroße Industriestadt sein, vorzugsweise eine schwer bombengeschädigte Stadt, da man u. a. auch den Wiederaufbau einer solchen Stadt in der Nachkriegszeit untersuchen wollte. Ferner durfte diese Stadt kein bloßer Vorort einer größeren Stadt, sondern sollte selbst ein Zentrum mit eigener Tradition sein. Außerdem sollte die zu wählende Gemeinde eine derartige Untersuchung begrüßen.

Der Ausschuß schlug ebenfalls vor, die Untersuchung über die Grenzen der Gemeinde hinaus auszudehnen und die Stadt mit ihrem unmittelbaren Hinterland als ein geschlossenes soziales und wirtschaftliches Ganzes zu betrachten. Dieser Vorschlag wurde deshalb gemacht, weil man wußte, daß viele im Krieg evakuierte Einwohner einer stark bombardierten Stadt sich noch in der weiteren Umgebung befanden und, erst wenn der Aufbau der Stadt weiter fortgeschritten war, dorthin zurückkehren würden.

In der Wahl der zu untersuchenden Stadt war der Ausschuß mehr oder weniger auf die amerikanische Besatzungszone beschränkt, da 1948 die Zonengrenzen noch deutliche Trennungsmauern darstellten. Von den zwei Städten, auf die man sich schließlich als mögliche Forschungsobjekte einigte, war Darmstadt die erste Wahl. Glücklicherweise standen die städtischen Behörden in Darmstadt dem Projekt aufgeschlossen gegenüber und arbeiteten bis zum Ende bereitwillig mit. Die gleiche Unterstützung erhielt das Projekt während seiner Dauer von allen organisierten Gruppen und Verbänden in Darmstadt.

II

Sämtliche Kosten des Projektes wurden aus amerikanischen Mitteln bezahlt. Der erste große Betrag wurde noch während der militärischen Besetzung gewährt, drei weitere Beträge kamen später von der U. S. High Commission. An Bargeld überstiegen die Kosten des Projektes 400 000,— DM. Als weitere, in dieser Summe nicht enthaltene Leistungen wurden Büroräume, Licht und Heizung, Büroausstattungen, Telefondienst, ein Wagen mit Fahrer und manchmal sogar ein Autobus kostenlos zur Verfügung gestellt; der letztere diente dazu, außerhalb von Darmstadt gelegene Untersuchungsorte zu erreichen.

Nach dem Forschungsplan sollten neben den deutschen Beratern auch amerikanische Soziologen für technische Fragen beigezogen werden. Diese amerikanische Beratungshilfe belief sich im ganzen auf 56 Arbeitsmonate, welche in Dollars bezahlt wurden und nicht in dem oben erwähnten DM-Betrag einbezogen sind. Der Verfasser, damals Zivilbeamter der Militärregierung und später des Office of Labor Affairs der U. S. High Commission, war der Verbindungsmann zwischen diesen Stellen und dem erwähnten sowie anderen Projekten; die meiste Zeit verwendete er allerdings für die Darmstadt-Studie. Auch diese Leistung wurde extra bezahlt.

Das Projekt stand während der ganzen Zeit unter deutscher Leitung. Der Ausschuß hatte die Akademie der Arbeit in Frankfurt als verantwortlich für das Projekt erklärt, und die gesamten Beträge wurden an die Akademie bezahlt. Die amerikanischen Berater beschränkten sich auf ihre beratende Funktion, nahmen zwar an der Arbeit, jedoch nicht an der Leitung teil; diese verblieb in den Händen der Akademie. Als das Projekt in das Stadium der Analyse und schriftlichen Berichterstattung eintrat, wurden zwei deutsche Professoren zur Beratung bei der Abfassung der Monographien verpflichtet. Die amerikanischen Soziologen nahmen am Entwerfen der Monographien nicht teil, außer wenn sie direkt um Rat angegangen wurden.

Bei der Wahl des Forschungsstabes bemühte man sich, junge, an der Sozialforschung interessierte Mitarbeiter zu gewinnen. Eine Anzahl von vor dem Doktorexamen stehenden Kandidaten gehörten dazu, und einige der Monographien wurden vor der Veröffentlichung als Dissertation angenommen. Unter den schließlich ausgewählten Mitgliedern des Forschungsstabes befand sich nicht ein einziger, der mit dieser Art empirischer Sozialforschung vertraut war. Dagegen waren allen Mitgliedern die theoretischen Aspekte der Sozialwissenschaften bekannt. Doch erwies sich gerade dies manchmal als ein Hindernis, dann nämlich, wenn die Forscher ihre Soziologie auf die Straße, in die Häuser und zu den einzelnen Darmstädtern tragen mußten.

III

So begann das Projekt in einer Atmosphäre des Experimentierens, wobei über die Ziele einer solchen Gemeindestudie einige Unklarheit bestand. Berichte über andere Gemeindestudien halfen wenigstens in den ersten Monaten nicht viel; gegen Ende der Untersuchung änderte sich dies allerdings. In den ersten Monaten wurde die meiste Zeit darauf verwendet, Informationen *über* Darmstadt und seine Einwohner zusammenzutragen. Nur langsam begann man zu verstehen, daß der eigentliche Zweck der Untersuchung im Sammeln von lebendem und beschreibendem Material über die tatsächliche Situation bestand.

Als sich das Schwergewicht der Untersuchung mehr und mehr auf empirische Forschungsmethoden verlegte, auf Interviews von Einwohnern und die Vorbereitung systematischer Fragebogen, nahm das Projekt einen demonstrativen Charakter an. Der Forschungsstab betrachtete seine Arbeit mit der Zeit als etwas wirklich Neuartiges. Das Projekt zog immer mehr auch Besucher an, was durchaus unterstützt wurde. Einige dieser Besucher standen im Begriff, ähnliche Untersuchungen durchzuführen, und interessierten sich vor allem für methodologische Fragen. Mehrfach wurden auch Mitglieder des Darmstädter Forschungsstabes zur Besichtigung anderer Projekte eingeladen, um über die Methodologie zu diskutieren. So schien das Darmstadtprojekt tatsächlich die Bedeutung einer Demonstration empirischer Forschung zu gewinnen.

Die Frage, ob die Darmstadt-Studie als Demonstrationsprojekt eine positive Aufgabe für Deutschland erfüllte, kann hier nicht beantwortet werden. Wenn sie als Demonstration einen Einfluß ausübte — wie man wohl hoffte —, so kann dies als ein Nebenprodukt betrachtet werden. Sicher ist, daß die Untersuchung, ob sie nun wirkungsvoll war oder nicht, wenigstens Gelegenheit bot, schon anderswo verwendete Forschungsmethoden auch in Deutschland auszuprobieren. Nachdem sich die Mitarbeiter des Projektes mit verschiedenen dieser Methoden etwas vertrauter gemacht hatten, glaubten sie sogar, einige davon verbessern zu können. Sie brachten es zum Beispiel zu einer gewissen Fertigkeit im Formulieren von Fragebogen, indem sie Fragen aufnahmen, die besser auf die deutsche Situation abgestimmt waren. Auf diesem Gebiet gesellten sich ihre Bemühungen zu den übrigen Experimenten, die in Deutschland besonders seit 1951 im Formulieren von Fragen unternommen wurden.

Das Projekt besaß, wie man sieht, einen Ausbildungszweck und verschaffte einer Anzahl junger Sozialwissenschaftler die Gelegenheit, an allen Phasen einer Untersuchung teilzunehmen. Es begann mit dem Interviewen von Leuten im Zusammenhang mit dem Entwerfen der Fragebogen, worauf das Ausprobieren der Fragebogen, die systematische Feldarbeit und schließlich das Analysieren und Schreiben folgte. Während dieses Lernprozesses blieb der Mitarbeiterstab fast ganz sich selbst überlassen; er sollte seinen Weg allein finden. Wohl stand Rat jederzeit zur Verfügung, doch gab es keine feste Anleitung und keine Überwachung. Selbstverständlich war diese Art des Lernens teurer als eine bis ins letzte geplante Forschung, denn anfangs ging es nur sehr langsam voran: später allerdings gewann der Lernprozeß sowohl an Schnelligkeit als auch an Überzeugungskraft.

IV

Der Zweck des Projektes bestand darin, das gesammelte Material zu einer Anzahl von Monographien zu verarbeiten, denen ein zusammenfassender Band folgen sollte. Auf diesen Band werden wir noch zurückkommen. Das Niederschreiben der neun Monographien diente dem Ausbildungszweck der Studie und ebnete gleichzeitig dem abschließenden Bericht den Weg. Die Monographien erlaubten außerdem, bestimmtes Material detaillierter darzustellen, als dies in einem einzigen zusammenfassenden Bericht möglich gewesen wäre. Da dieser Band jedoch nie geschrieben wurde, kann das Projekt heute nur auf Grund der neun Sonderstudien bewertet werden, vorausgesetzt, daß man diese Monographien überhaupt als zusammenhängend betrachtet.

Es ist hier nicht unsere Absicht, den Inhalt der Monographien zu besprechen — die Bücher liegen den Rezensenten vor —, doch mag es angebracht sein, einige allgemeine Bemerkungen zu den Monographien zu machen. Vor allem muß man sich immer wieder vergegenwärtigen, wer die Verfasser waren, nämlich Studenten der Sozialwissenschaften, die anfangs weder in der empirischen Forschung noch im Schreiben Erfahrung besaßen. Sie sahen sich mit einem Mal vor die Aufgabe gestellt, konkretes Material zu handhaben und darzustellen. Eine solche Darstellung erfordert eine gewisse Geschicklichkeit im Schreiben, die sich manche leichter aneignen als andere. Auch gewannen die einen schneller ein gewisses Selbstvertrauen als die anderen.

Die Autoren der Monographien waren sich der Neuartigkeit ihrer Aufgabe deutlich bewußt. Einige schrieben, als würden ihnen die alten Meister des Fachs andauernd über die Schulter sehen, und wenn sie auch ihres Materials sicher waren, so waren sie sich doch beim Schreiben nicht so sicher. In einigen Monographien kommt dies deutlich in der Art und Weise zum Ausdruck, wie sich der Verfasser an einen einzigen, durch eine Reihe statistischer Tabellen illustrierten Gedankengang klammert, ohne es jemals zu wagen, auch nur mit einem einzigen abweichenden Satz neues Gebiet zu erkunden. Viel interessantes und aufschlußreiches Material, das die Monographien bereichert haben könnte, wurde so leider nicht benutzt. Allerdings vermindert dies den Wert des verwendeten Materials in keiner Weise.

Ganz abgesehen von den Befürchtungen der Autoren im Hinblick auf die spätere Kritik, bestanden die Sorgen, die sie sich darüber machten, was die großen Meister wohl sagen würden, nicht nur in der Phantasie der einzelnen Verfasser. Eine Anzahl angesehener Wissenschaftler beschäftigte sich mit dem Projekt und schien zum Teil die Meinung zu vertreten, daß Forschung dieser Art nicht Sozialwissenschaft genannt werden könne. Ein- oder zweimal wurden derartige Ansichten ganz offen ausgedrückt, was uns hilft, die übergroße Vorsicht in den Monographien zu erklären.

Das in den Monographien dargestellte Material ist gut. Vielleicht wurde niemals zuvor in einer Gemeindestudie soviel Material zusammengetragen wie hier, viel mehr als später benutzt wurde. Was aber verwendet wurde, ist durchaus lehrreich, außerdem ist viel davon neu, und sein Wert wird mit der Zeit eher steigen. Diese Untersuchung stellt wahrscheinlich die erste Gemeindeuntersuchung dar, in der eine Stadt und ihr Hinterland als Einheit untersucht wurden. Es vermindert den Wert der in den Monographien enthaltenen Substanz durchaus nicht, wenn wir hervorheben, daß sie reichhaltiger und von größerem menschlichem Interesse hätten sein können, wenn andere Teile des zur Verfügung stehenden Materials ebenfalls benutzt worden wären.

V

Wir wollen noch ein paar Worte über den letzten, zusammenfassenden Band sagen, der als Abschluß nach Fertigstellung der Monographien geplant war. Doch dauerte das Projekt über ein Jahr länger als vorgesehen, was in der Sozialforschung immer der Fall zu sein scheint. Der Verfasser selber wurde bei den meisten Mitarbeitern mit der Zeit sehr unbeliebt, weil es seine Aufgabe war, auf Fertigstellung der Arbeit zu drängen, ehe die vorhandenen Mittel ausgingen. Zu Anfang des Projektes hatte man es für möglich gehalten, die Monographien und wenigstens den größten Teil des abschließenden Bandes innerhalb der gegebenen zeitlichen und finanziellen Grenzen fertigzustellen. Doch haben Wissenschaftler eine besondere Art, sich keine Sorgen über praktische Grenzen zu machen, bis diese Grenzen tatsächlich erreicht sind. So blieb schließlich kein Geld mehr übrig, den zusammenfassenden Band auch nur zu beginnen.

Daraufhin wurde vorgeschlagen, daß die amerikanischen Berater den letzten Band in den Vereinigten Staaten zusammenstellen sollten. Abschriften allen Grundmaterials wurden ihnen zugesandt, und eine amerikanische Stiftung stellte einen Geldbetrag zur Verfügung. Als man mit der Arbeit beginnen wollte, stellte sich heraus, daß man ein solches Buch nur in Darmstadt, nicht aber in New York schreiben konnte. Der übriggebliebene Geldbetrag wurde der Stiftung zurückerstattet.

Einzeln genommen, befassen sich die neun Monographien nur mit ausgewählten besonderen Phasen des Gemeindelebens in Darmstadt und seinem Hinterland. Auch wenn man die Monographien als eine Gruppe betrachtet, vermitteln sie kein vollständiges Bild. Die nichtbehandelten Aspekte würden mehrere zusätzliche Monographien erfordern. Themen wie das Arbeitsleben der Bevölkerung, die Freizeitbeschäftigungen, die kulturelle Seite des Gemeindelebens und die Beziehungen der Bevölkerung zu organisierten Gruppen und Verbänden gehören zu den nichtbehandelten Aspekten, doch wären sie im abschließenden Band zur Sprache gekommen. Die Geschichte der Bombardierung der Stadt, der Zerstreuung und späteren Rückkehr der Bevölkerung ist zwar geschrieben, doch gehörte auch sie in den letzten Band. Dieser hätte ebenfalls eine kurze Sozialgeschichte der Stadt und ihrer Umgebung enthalten müssen.

Natürlich wäre es auch jetzt noch nicht zu spät, diesen Bericht zusammenzustellen; vielleicht wäre es sogar von Vorteil, wenn dies erst zehn Jahre später geschehen würde. In diesem Falle müßte allerdings zusätzliches Material beigebracht werden, vor allem über die Rückkehr der Evakuierten und den Wiederaufbau der Stadt. Diese Arbeit sollte schon um der Vollständigkeit der Berichterstattung willen gemacht werden.

Nach dem Krieg wurden in Belgien, England, Frankreich, Norwegen und Schweden Gemeindestudien durchgeführt. Das Darmstadtprojekt war die erste Gemeindestudie in Deutschland. Sie unterschied sich von allen anderen dadurch, daß die untersuchte Gemeinde eine mittelgroße Stadt war, deren Hinterland mituntersucht wurde. Die Darmstadt-Studie war breiter angelegt als irgendeine andere Gemeindestudie, sogar breiter als die Untersuchung der bekannten amerikanischen Community „Yankee City", über die ebenfalls in einer Reihe von Monographien berichtet wurde.

In England wurden kleine Städte untersucht, doch galt das Interesse vor allem der Städteplanung. Die Gemeindestudie von Bristol ist eine auf lange Dauer berechnete Untersuchung bestimmter sozialer Probleme, die gemeinsam mit den Einwohnern geprüft und gelöst werden sollen. Wenn man alle diese Gemeindeuntersuchungen vergleicht, so bleibt die Darmstadt-Studie die einzige, in der eine Stadt von mehr als 100 000 Einwohnern untersucht wurde.

Ferner ist die Darmstadt-Studie auch deshalb einzigartig, weil damit zum ersten Male in Deutschland eine derartige Forschungsaufgabe durchgeführt wurde. Im Laufe der Untersuchung bemühte man sich, das Interesse jedes erreichbaren deutschen Wissenschaftlers zu gewinnen, dessen Ansichten und Ratschläge nützlich sein konnten. Viele Wissenschaftler besuchten das Projekt, und ihre Reaktionen schwankten zwischen höflichem Skeptizismus und aufrichtiger Kooperation. Zum Nachteil des Projektes konnte fast keine deutsche Literatur gefunden werden, die sich mit empirischer Gemeinde-Forschung befaßt, weshalb das Projekt auch oft für sehr befremdlich gehalten wurde. Ein ausgesprochener Kritiker konnte überredet werden, sich dem Projekt als Berater anzuschließen, was von großem Nutzen war.

Das wachsende Interesse europäischer Soziologen an der Gemeinde-Forschung ist kein bloßer Zufall. Man erkennt langsam, daß viele der dringendsten sozialen Probleme von heute auch Probleme des Zusammenlebens in der Gemeinde sind. Welches sind die Prozesse im Leben der modernen Gemeinde? Welche Veränderungen finden im Sozialleben der modernen Gemeinde statt, und welche Kräfte sind es, die diese Veränderungen bedingen? Viele Soziologen erkennen heute, daß die Erforschung des sozialen Phänomens Gemeinde zu lange vernachlässigt worden ist.

Zum Schluß möchte ich wiederholen, daß die Darmstadt-Studie einen doppelten Zweck verfolgte: sie sollte nämlich sowohl über die Ergebnisse der Untersuchung berichten als auch der empirischen Sozialforschung in Deutschland als Anreiz dienen. Bei der Planung des Projektes im Jahre 1948 hielt man den zweitgenannten Zweck für ebenso wichtig wie den ersten. Beide Ziele sind erreicht worden, vielleicht besser, als die einen, und vielleicht weniger gut, als die anderen, einschließlich des Verfassers, erwartet hatten.

Übersetzt aus dem Englischen von Frau Dr. Renate Mayntz

DIE GEMEINDESTUDIE DES INSTITUTS FÜR SOZIALWISSENSCHAFTLICHE FORSCHUNG, DARMSTADT

Von Christian von Ferber

Das Wort Gemeindestudie, das den in der anglo-amerikanischen Terminologie gebräuchlichen Ausdruck community-study übersetzt, verbirgt den umfassenderen soziologischen Gehalt, der community als natürlichem Wort eigen ist. Während in Deutschland die Bezeichnung Gemeinde zunächst unmittelbar Vorstellungen von politischen oder religiösen Körperschaften erweckt und erst in Verbindung mit Gemeinsamkeit, Gemeinschaft auf die weiteren Bereiche zwischenmenschlicher Beziehungen hinführt, schließt die fehlende bürokratische Vorbelastung von community eine derartige Einengung im natürlichen Sprachgebrauch von vornherein aus. Diese verschiedene terminologische Ausgangslage mag das Ihrige dazu beitragen, um die ohnehin innerhalb von Sozialanthropologie und Sozialwissenschaften umstrittene Begriffsbestimmung von community/Gemeinde als umgrenztem Objekt der Forschung noch weiter zu komplizieren.

Wir werden daher auch im Hinblick auf die Darmstadt-Studie *, die, auf Grund amerikanischer Anregung und Unterstützung erwachsen, die erste größere Gemeindeuntersuchung in Deutschland darstellt, diesen Begriff nicht

---

* Gemeindestudie des Instituts für sozialwissenschaftliche Forschung Darmstadt, Eduard Roether Verlag, Darmstadt 1952/54.
1. *Herbert Kötter*, Struktur und Funktion von Landgemeinden im Einflußbereich einer deutschen Mittelstadt.
2. *Karl-Guenther Grüneisen*, Landbevölkerung im Kraftfeld der Stadt.
3. *Gerhard Teiwes*, Der Nebenerwerbslandwirt und seine Familie im Schnittpunkt ländlicher und städtischer Lebensform.
4. *Gerhard Baumert*, Jugend der Nachkriegszeit. Lebensverhältnisse und Reaktionsweisen.
5. *Gerhard Baumert* unter Mitwirkung von *Edith Hünniger*, Deutsche Familien nach dem Kriege. Struktur, Typen und Verhalten.
6. *Irma Kuhr*, Schule und Jugend in einer ausgebombten Stadt.
7. *Giselheid Koepnick*, Mädchen einer Oberprima. Eine Gruppenstudie.
8. *Klaus A. Lindemann*, Behörde und Bürger. Das Verhältnis zwischen Verwaltung und Bevölkerung in einer deutschen Mittelstadt.
9. *Anneliese Mausolff*, Gewerkschaft und Betriebsrat im Urteil der Arbeitnehmer.
Über die Darmstadtstudie: *Anderson, Nels*, A community Survey of Darmstadt, Germany, in: International Sociological Association, World Congress 1953, Sect. III, 1; Die Darmstadt-Studie, ein informeller Rückblick, im gleichen Heft dieser Zeitschrift. *Stauffer, Ernst*, Gemeindeforschung in Deutschland (Die Darmstädter Gemeindestudien als Beispiel) in: Soziale Welt V, 1954: 133—144.
Von den im Text in Klammern gesetzten Zahlen bezieht sich die erste auf die Reihenfolge der Monographien, die zweite auf die entsprechende Seitenzahl.

strapazieren dürfen. Gleichwohl ordnen sich ihre Ergebnisse, die in Gestalt von neun Monographien inzwischen einem weiteren Kreis bekannt sind, durchaus dem systematischen Zusammenhang dieses neuen Forschungszweiges der Soziologie ein. Dies wird bereits bei einem Vergleich der Anlage dieser Studie mit den grundsätzlichen Überlegungen deutlich, die *Conrad M. Arensberg* vor einiger Zeit veröffentlichte (Conrad M. Arensberg, The Community-Study Method, in: American Journal of Sociology, Sept. 1954, LX, Nr. 2, 109—124).

Danach werden wir unter community-study/Gemeindeuntersuchung eine besondere Methode verstehen, gesellschaftliche und psychische Bedingungen in ihrer „naturgegebenen" Einbettung innerhalb eines in der Regel räumlich bestimmten zwischenmenschlichen Aktionsfeldes zu studieren. Diese mehr deskriptive als systematische Einstellung erschwert die Abgrenzung eines bestimmten Objekts, wie sie zugleich damit die Offenheit für eine Reihe weiterer Fragestellungen in einem synoptischen Sinne fördert.

Für diese Merkmale: Verschiedenartigkeit der Fragestellung gegenüber einem mehr oder weniger „ganzheitlichen" Objekt ist gerade die Darmstadt-Studie ihrer Anlage nach ein besonders typisches Beispiel. So war auch sie nicht von vornherein auf eine bestimmte Fragerichtung festgelegt, sondern, ausgehend von den allgemeinen sozialökonomischen Grunddaten über die Zusammensetzung der Bevölkerung im Raum von Darmstadt, spezialisierte sie sich erst im Verlauf der Untersuchung, wie es die Sache und die zur Verfügung stehenden Mitarbeiter mit sich brachten.

Auswahl des Objekts und Fragestellung der Untersuchung

Die Absicht der amerikanischen Militärregierung, durch ein Erhebung über die Lebensverhältnisse der Industriearbeiter den Wiederaufbau der deutschen Gewerkschaftsorganisationen zu fördern, gab den Anstoß. Sie wurde von den hinzugezogenen deutschen Wissenschaftlern dahin erweitert, sich nicht auf dieses spezielle Problem zu beschränken, sondern in Anknüpfung an amerikanische Vorbilder (Middletown, Yankee City, Elmtown's Youth u. a.) „die soziologische Totale einer schwer bombengeschädigten, im übrigen typischen deutschen mittleren Stadt zu entwerfen". Hierfür erschien Darmstadt das geeignete Objekt.

Dabei wurde vor allem auch die Einbeziehung des Hinterlandes in die Untersuchung für wichtig erachtet. Denn über die normale Verbindung, die der Güteraustausch zwischen der Stadt und den sie umgebenden Landgebieten schafft, hatten im Raum von Darmstadt die Evakuierung einer großen Zahl Ausgebombter und die Ostflüchtlinge diese Beziehungen besonders intensiv gestaltet. Wie auch sonst in Westdeutschland in den ersten Jahren nach dem

Kriege war für die Mehrzahl der früheren Bewohner trotz starker Zerstörung die Stadt Mittelpunkt der Interessen geblieben. Von ihrem Wiederaufbau erhofften sie Arbeitsplatz und Rückkehr in die früheren Wohnverhältnisse. Eine Vorstellung von der Größe dieses „Bevölkerungsgefälles" geben die Wanderungsstatistik und z. T. die Zahlen über die Pendelwanderung. (Die Bevölkerungszahl in Darmstadt sank von 110 000 Personen im Jahre 1939 auf 67 000 im Jahre 1945. Im Sommer 1951 zählte Darmstadt bereits wieder 100 000 Einwohner. Von 45 000 in Darmstadt Beschäftigten sind 30 % Pendelwanderer.) Aber auch für die Landbevölkerung bedeutete der plötzliche Zuzug überwiegend städtischer Bevölkerung eine verstärkte Auseinandersetzung mit Urbanisierungstendenzen. Geht man davon aus, daß die Art der Erwerbsgrundlage ihrer Bewohner den Charakter einer Gemeinde bestimmt, so wurde mit der Zunahme des städtischen Elements durch die Kriegsfolgen in vielen Fällen auch die ländliche Eigenart des Dorfes in Frage gestellt.

Die Auswahl dieses Objektes gab dem ursprünglichen Plan, „schlechterdings alles gesellschaftlich Relevante über Darmstadt zu erheben", bereits einige Dimensionen. Die Hereinnahme der Stadt-Land-Beziehungen mußte der agrarsoziologischen Thematik zwangsläufig einen verhältnismäßig breiten Raum verschaffen. Hierfür legen die drei ersten Monographien von *H. Kötter*, *K. G. Grüneisen* und *G. Teiwes* Zeugnis ab.

Andererseits führte gerade die deskriptive Anlage in der Darmstadtstudie zu einem Ergebnis, das sie von ihren amerikanischen Vorbildern scharf unterscheidet und letztlich den lokalen Charakter der Gemeindestudie überschreitet. Hierauf macht bereits *Theodor W. Adorno* in einer seiner Einleitungen aufmerksam, wenn er davon spricht, daß die Grundströmung der amerikanischen Gemeindeuntersuchungen in ihrer gesellschaftskritischen Absicht gegenüber der beherrschenden Stellung des Provinziellen in der amerikanischen Kultur wurzelt. Dieser Impuls, der Öffentlichkeit den Schock des „Genormten" zu versetzen, fehlte der deutschen Untersuchung. Von daher ist es verständlich, daß hier gegenüber dem Interesse am Lokalkolorit — das letztlich dann in den amerikanischen community-studies ebenfalls von grundsätzlicher Bedeutung war — allgemein-soziologische Fragen im Vordergrund stehen.

Diese Verschiedenheit bei in formaler Hinsicht ähnlichem Ansatz, die aus Tiefendimensionen soziologischen Interesses herrührt, tritt am deutlichsten bei dem methodischen Grundproblem der Gemeindeuntersuchungen hervor, die nicht abzuweisenden allgemein-soziologischen Probleme auf den lokalen Hintergrund zu beziehen.

In dieser Hinsicht ist ein Vergleich der Darmstadt-Studie mit „Middletown" lehrreich, da die methodische Beziehung zu diesem Standardwerk der community-studies, das von den Darmstädter Mitarbeitern „religiously" gelesen wurde (vgl. *Nels Anderson*, a. a. O.), sehr eng ist. So setzen, zunächst rein äußerlich gesehen, beide Untersuchungen an dem Unterschied von Institutionen und Verhalten an. In der Formulierung *Adornos* umfassen erstere „die Einrichtungen des öffentlichen Lebens im weitesten Sinne … Behörden, Gewerkschaften, Schulen, Familientypen … kurz alle möglichen objektiven Einrichtungen, Tatbestände und Gegebenheiten des Sozialebens, von denen die Menschen abhängen." Letzteres „besteht aus den subjektiven Reaktionsweisen, Meinungen, Verhaltensarten der Menschen, die unter diesen Bedingungen leben".

Diese Unterscheidung, die schließlich auf die Frage des „richtigen" oder „falschen" Bewußtwerdens gesellschaftlicher Verhältnisse hinführt, ähnelt in Hypothesen wie „die bürgerliche Gesellschaft folge den sozialen Konsequenzen, die sich aus der Entwicklung der industriellen Produktionsweise ergeben, nur widerstrebend, oft nur starkem Zwang nachgebend" (4, 52) stark den abschließenden Überlegungen der *Lynds* in „Middletown". Das Wort von der „reexamination of the institutions themselves", mit denen die *Lynds* ihr Buch beschließen, entspricht der These *Baumerts*, daß „nur in einer Wandlung der gegenwärtigen Familienform und der Bildung einer neuen, der materiellen und gesellschaftlichen Realität adäquaten Form die Chance liegt, der Familie wieder eine relative Stabilität zu verschaffen" (4, 53).

Diese Formulierungen über allgemein-gesellschaftliche Strukturänderungen überschreiten, streng genommen, bereits die Absichten einer Gemeindestudie. Denn der ökologische Ansatz, der nach den Bestimmungen *Arensbergs* der community-study eigen ist, führt auf die Frage hinaus: Welche gesellschaftliche Bedeutung kommt der lokalen Einbettung zwischenmenschlicher Beziehungen zu, die in der industriellen Gesellschaft im Gegensatz zu den Modellen der cultural anthropology den Charakter eines Brennpunkts übergreifender Strukturen annimmt? Aber inwieweit in der eingehenden Behandlung allgemeinsoziologischer Probleme über die Individualität von Einzeläußerungen hinaus noch die gemeindliche Eigenart zum Ausdruck kommt, hängt entscheidend von der Art der Beobachtung und der Verarbeitung des gesammelten Materials ab. Hierin liegt u. E. der Unterschied der Darmstadtstudie zu ihren amerikanischen Vorbildern.

Während in den amerikanischen Untersuchungen Statistik und Äußerungen aus Interviews sich mit den Selbstzeugnissen aus Vereinigungen verbinden, die zwischen Privatsphäre und Öffentlichkeit stehen und damit dem Bericht das lokale Kolorit geben, vermißt man derartige vermittelnde Zwischenglieder in den Darmstadt-Monographien. Die mitgeteilten Lebensschicksale stehen entweder im intimen Raum der Familie oder werden zum quantitativen Ausdruck in statistischen Relationen. Die Klubs und Cliquen z. B., die für die Jugend wie im Berufsleben der Erwachsenen ein gut Teil des amerikanischen Gesellschaftslebens ausmachen, spielen in der Darmstadt-Studie so gut wie gar keine Rolle. Die Ratgeberin in Ehe- und Familienfragen der Tageszeitung in Middletown, die für einen Teil der Befragten der einzige Anlaß war, überhaupt die Zeitung zu lesen, wäre in Darmstadt vielleicht nur in einer Wochenzeitschrift anzutreffen, die in München so gut wie in Hamburg verbreitet ist. Diese Abstraktion des Einzelnen aus „mittleren Verbänden" (communities) mag auch zu der bevorzugten Stellung beigetragen haben, die der Verwendung psychoanalytischer Kategorien eingeräumt wurde.

Dieser Unterschied in der Perspektive erklärt sich nur zum Teil aus der Zerstörung gewachsener Beziehungen durch die Bombennacht vom 11. September 1944, die große Strecken Darmstadts völlig vernichtete und Tausende von Menschen unter den Trümmern begrub. Es ist eines der Ergebnisse der Untersuchung, daß sich trotz der starken Behinderung durch die Kriegsfolgen die alten ökologischen Verhältnisse in der Stadt weitgehend wiederherstellten. Sie ist vielleicht auch nur zum Teil durch die spezifisch deutschen Verhältnisse begründet, die zwischen Familie und bürokratischen Großorganisationen im Verhältnis zu den angelsächsischen Ländern weniger vermittelnde Zwischenglieder entwickelt haben. Dagegen spricht die Studie von *G. Wurzbacher* und *Renate Pflaum*, die für ähnliche Randzonen zwischen Stadt und Land, wie sie auch im Hinterland von Darmstadt untersucht wurden, die integrative Bedeutung von Vereinen und Nachbarschaftsbeziehungen herausarbeiteten. Vielmehr ist neben mangelndem Ausbau der Fragestellung in dieser Richtung für Darmstadt selbst wohl die starke Inanspruchnahme der Bevölkerung durch den Wiederaufbau der Stadt dafür verantwortlich, der den Einsatz aller Kräfte zunächst darauf richtete, die frühere Lebenshaltung wieder zu erreichen. So faßt *Baumert*, welcher der Einstellung von Jugendlichen gegenüber Jugendgruppen einen kurzen Abschnitt widmet, seine Ausführungen dahin zusammen: „Die Jugendlichen sind kollektivmüde geworden und haben die Tendenz zum Alleinsein. Vielleicht kann man generell von einer Art psychologischer Reprivatisierung sprechen. — Allerdings bleibt die Frage offen, ob diese Entwicklung durch die äußeren Ereignisse nur verstärkt oder erst durch sie hervorgerufen wurde" (4,168). Aus dem, was *R. Pflaum* über die gesellschaftlichen Voraussetzungen für die Bildung von Vereinen ausführt, spricht allerdings vieles dafür, daß eine entwickelte „Freizeitkultur" erst auf der Grundlage weniger angespannter Verhältnisse entsteht. Möglicherweise hätte auch die nicht in die Reihe aufgenommene Monographie über Freizeitprobleme zu dieser Frage einen Beitrag geliefert.

Diese methodischen Voraussetzungen sind für die Darstellung der Ergebnisse entscheidend geblieben. Von historischen Rückblicken auf das alte Darmstadt abgesehen, steht die monographische Behandlung von soziologischen Einzelthemen im Vordergrund, die z. T. nur noch durch statistische Relationen mit ihrem lokalen Hintergrund verknüpft sind. Neben dem bereits erwähnten agrarsoziologischen Themenkreis — er behandelt die Struktur der Landgemeinde, typische Verhaltensstrukturen der Landbevölkerung und die soziologisch interessante und besonders im Ausland beachtete Figur des Nebenerwerbslandwirts — stehen Arbeiten über Familie, Jugend und Schule. Der Anregung der Amerikanischen Militärregierung entspricht die Studie über Arbeitnehmer und Gewerkschaft, während die gemeindlichen Probleme im deutschen Sinne in der Monographie „Behörde und Bürger" dargestellt werden.

Die agrarsoziologischen Monographien

Es mag die Situation der deutschen Gemeindesoziologie kennzeichnen, daß sie entscheidende Impulse offenbar aus dem Urbanisierungsprozeß in den Landgemeinden bezieht. Nicht nur, daß die seit der Darmstadtstudie durchgeführten oder in Angriff genommenen Untersuchungen diese Fragestellung bevorzugt haben, sondern auch die drei Darmstädter Monographien, die dem „Hinterland" gewidmet sind, beschäftigen sich erst in zweiter Linie mit den Evakuierten und dem Problem der Auspendler. Vielleicht ist es der Reiz, daß die Landgemeinden, die in der gegenwärtigen Generation vom Spannungsfeld der Stadt ergriffen wurden, das Umschlagen der „überschaubaren Beziehungen" in die zweckrational geordneten Verhältnisse städtischen Lebens experimentähnlich vor Augen führen. Ein soziologischer Prozeß, den für die Entstehung der Stadt bisher der Wirtschaftshistoriker in mühsamer Quellenarbeit rekonstruierte. Vielleicht sind es auch die Grenzen der von der amerikanischen Kulturanthropologie an relativ „geschlossenen Ganzheiten" erprobten Methoden, die dieser Interessenrichtung Vorschub leisten. Das zentrale Problem dieser drei agrarsoziologischen Monographien ist jedenfalls das Vordringen städtischer Lebensformen in mehr oder weniger abgeschlossene ländliche Bezirke.

Alle drei Untersuchungen beruhen weitgehend auf dem gleichen Erhebungsmaterial. Von den 217 Gemeinden, die innerhalb des Einflußgebiets von Darmstadt liegen, wurden 4 für den Untersuchungszweck besonders geeignete ausgewählt. Für diese Auswahl waren neben der verkehrsmäßigen Entfernung von Darmstadt in erster Linie die Lage in den verschiedenen Landbauzonen um Darmstadt herum und der Gemeindetyp maßgebend. Die Unterscheidung der Gemeindetypen geschah in Anlehnung an *P. Hesse* nach Wohnsiedlung, Arbeiterwohngemeinde, Arbeiterbauerngemeinde, Bauerngemeinde. Abgesehen von der reinen Bauerngemeinde konnte für jeden der genannten Typen eine repräsentative Gemeinde ermittelt werden.

Grundlage der Untersuchungen waren neben amtlichen statistischen und historischen Quellen die Auskünfte von Schlüsselpersonen, wie Bürgermeister, Gemeinderatsmitglieder, Lehrer und Pfarrer, sowie eine umfängliche Befragung einer Auswahl von Personen und Haushaltungen, die auf Grund einer geschichteten Stichprobenauswahl getroffen wurde. Die erste Kontaktaufnahme erfolgte über die amtlichen Vertreter der Gemeinde, eine Maßnahme, die, wie wiederholt betont wird, zum reibungslosen Ablauf der Befragungsaktion besonders beitrug. Die Befragung selbst wurde in jeder Gemeinde schlagartig durchgeführt, um eine gegenseitige Beeinflussung zu verhindern. Dabei erwies sich das Wochenende als der günstigste Termin. Trotz des verhältnismäßig großen Umfangs des Fragebogens, eine Befragung dauerte in der Regel 1—4 Stunden, ist die Zahl der Verweigerer mit durchschnittlich 3 % sehr gering. Dabei mag neben einer gründlichen Vorbereitung vor allem die Tatsache mitspielen, daß die Leiter der Untersuchung wie die einzelnen Interviewer mit landwirtschaftlichen Verhältnissen durch ihr Studium vertraut waren und daher einen besonderen Zugang zu der Mentalität der ländlichen Bevölkerung besaßen.

Der Fragebogen erfaßte in einem Familienteil die persönlichen Verhältnisse des Befragten, wobei auch seine Einstellung zu Kirche und Politik, sowie seine Freizeitbeschäftigung zur Sprache kamen. Hieran schloß ein landwirtschaftlicher Teil an, der eine genaue Durchleuchtung des Betriebes, vor allem auch hinsichtlich des Arbeitsaufwandes, der Einkommensarten und der Wirtschafts- und Haushaltsausgaben gestattete.

Dieses umfangreiche Material, das in einer Art Momentaufnahme repräsentative Haushalts- und Betriebsmonographien, wie auf die photographische Platte gebannt, als Bausteine für eine weitere Verwendung enthielt, wurde in dreifacher Richtung ausgewertet.

Die Typologie der Untersuchungsgemeinden bringt in den Extremen Wohnsiedlung — Bauerngemeinde bereits ein Stadt-Landgefälle in der sozio-ökonomischen Struktur der Bevölkerung zum Ausdruck. Der Entwicklung und näheren Bestimmung dieser zunächst rein typologischen Unterschiede ist die Monographie von *H. Kötter* gewidmet. Seine Darstellung geht von der These aus, daß die relative Abgeschlossenheit von Stadt und Land, die, seit es Städte gibt, Jahrhunderte hindurch diese beiden Lebensbereiche voneinander schied, durch die umfassende Industrialisierung mehr und mehr in Auflösung begriffen ist. Die von der Stadt ausgehende Dynamik wirkt dabei auf weitgehend historisch bestimmte ländliche Strukturen ein. Der Schilderung der Agrargeschichte und der Entwicklung der Bevölkerung wird damit ein verhältnismäßig breiter Raum gewidmet. Die an zwei Beispielen über die letzten 70 Jahre zurückverfolgten Besitzveränderungen in einem Gebiet der Freiteilbarkeit spiegeln treffend die möglichen Statusänderungen in einer vom Landbesitz her bestimmten Gesellschaftsstruktur wider. Andererseits aber ist in der hier vorkommenden Größenordnung (nur in einem Dorf ist ein größerer Prozentsatz der Betriebe 20—100 ha groß) die Besitzgröße für die wirtschaftliche Leistung weniger ausschlaggebend. Auch wenn man in Rechnung stellt, daß korrekte Angaben über Einkommensverhältnisse von nicht primär geldwirtschaftlich denkenden Menschen nur in einem längeren Beobachtungszeitraum zu erhalten gewesen wären, vermittelt die vergleichende Darstellung der Einkommensverhältnisse von Landwirten, Nebenerwerbslandwirten und nicht-landwirtschaftlicher Bevölkerung, trotz der geringen Besetzungszahlen, ein eindrucksvolles Bild von den bestehenden großen Unterschieden in der Arbeitsproduktivität zuungunsten der Landwirte. Zusammen mit den Angaben über den mit der Entfernung von der Stadt abnehmenden Grad der Schulbildung der in der Landwirtschaft tätigen Personen eröffnet sich hier ein weites Feld für landwirtschaftliche Betriebsberatung und weiterführende Bildungseinrichtungen.

Neben diesen für die rein bäuerliche Bevölkerung aufschlußreichen Problemen liegt das Schwergewicht der Analyse auf der Durchsetzung der Landgemeinden mit städtischen Elementen, die allein schon durch das Überwiegen der nicht-landwirtschaftlichen Erwerbspersonen zum Ausdruck kommt. Die Vermischung zweier, in den bisherigen gesellschaftlichen Denkschemata getrennter Lebensbereiche verlockt zu einer prognostischen Deutung einer sich abzeichnenden Synthese von Stadt und Land. Dazu leisten die Antworten auf die Fragen, „wo würden Sie lieber wohnen" und „wo würden Sie lieber arbeiten?" Vorschub. Obwohl sich 27—63 % der Bewohner in den einzelnen Gemeinden für einen Arbeitsplatz in der Stadt entscheiden, möchten nur 24—31 % ihren jetzigen Wohnort mit der Stadt vertauschen. Angesichts eines Flüchtlingsanteils von 17—23 % ist die Neigung, in die Stadt zu ziehen, offenbar gering. Man wird in dieser Einstellung die Auswirkungen des Krieges und die Versorgungsschwierigkeiten der Nachkriegszeit nicht unterschätzen dürfen. Andererseits kommt sie aber der allgemeinen Tendenz nach Auflockerung städtischer Agglomeration entgegen. Es ist daher *Kötter* durchaus zuzustimmen, wenn er auf die Bedeutung dieser Einstellung unter der Bevölkerung für die Raumplanung hinweist. Ob man allerdings so weit gehen sollte, von der Dezentralisierung eine Rückkehr „überschaubarer Verhältnisse" zu erhoffen (S. 30), mag dahingestellt sein. Eine Idealisierung dieser „Mischformen" ist letztlich ebenso unnatürlich wie die Rede von der Krise des Landvolkes oder der Entfremdung der Großstadtmenschen.

Einer Überschätzung dieser Synthese von Stadt und Land wirkt bereits die intensive Durchleuchtung der Figur des Nebenerwerbslandwirts von *G. Teiwes* entgegen. Diese Untersuchung, die am gleichen Fragebogenmaterial orientiert ist, geht der Rentabilität und volkswirtschaftlichen Produktivität der landwirtschaftlichen Nebenerwerbsbetriebe nach und versucht die gesellschaftliche Position dieser doppelberuflichen Struktur idealtypisch zu bestimmen, was sehr interessante Fragen aufrollt.

Bei der Entstehung der Nebenerwerbsbetriebe haben historisch gesehen mehrere Ursachen mitgewirkt. Im Realteilungsgebiet hat neben der beruflichen Differenzierung in der ländlichen Gesellschaft selbst (Dorfhandwerker und Händler) die Stadtnähe durch die Pendelwanderung eine Familiengründung auf nicht ausreichender Ackernahrung ermöglicht, während im Gebiet des Anerbenrechts meist familienfremde Arbeitskräfte überwiegend auf Pachtland seßhaft wurden. Für die Besitzgröße dieser Betriebe ist wahrscheinlich außer den Entstehungsgründen auch der Einfluß von Familiengröße, gewerblicher Arbeitszeit der Betriebsbesitzer und die Einstellung zur landwirtschaftlichen Arbeit maßgebend. Doch ließ der Umfang des Materials generelle Feststellungen in dieser Hinsicht nicht zu.

Die Rentabilität der Betriebe beleuchtet *Teiwes* eindrucksvoll, indem er die optimale Arbeitskapazität den tatsächlich geleisteten Arbeitsstunden gegenüberstellt. Voraussetzung seiner Überlegungen ist, daß die familienwirtschaftliche Betriebsform arbeitswirtschaftliche Reserven erfassen kann, die in der marktwirtschaftlichen Arbeitsteilung brachliegen. Wie es bei der unterschiedlichen Beweglichkeit der Hauptbestimmungsfaktoren in dieser Rechnung, Familien- und Besitzgröße, zu erwarten stand, ist die Übereinstimmung zwischen optimaler Arbeits-Kapazität und erbrachter Leistung verhältnismäßig gering. Dieses pessimistisch stimmende Ergebnis wird noch dadurch verstärkt, daß auch „der günstigste Wirtschaftserfolg pro ha mit den hinsichtlich der Arbeitswirtschaft gefundenen Betriebsgrößen nicht zusammenfällt". Das Fazit seiner Überlegungen ist, „daß die Erreichung des günstigsten Wirtschaftserfolges nicht in erster Linie erstrebt wird ... Das hartnäckige Festhalten am ererbten Besitz ist das stärkste verharrende Moment" (3, 65).

Gegenüber dieser an Bedeutung nicht zu unterschätzenden ökonomischen Unangepaßtheit findet *Teiwes* m. E. keine überzeugenden Gegengewichte in der gesellschaftlichen Position des Nebenerwerbslandwirts. Wenn überhaupt, so ist eine einheitliche Position dieser Bevölkerungsgruppe nur im Hinblick auf ihre Besitzverhältnisse zu bestimmen. Der Versuch einer anderen Klassifikation, etwa vom Hauptberuf her, zeigt eine verzweigte Differenzierung über alle Wirtschaftszweige, wie über landwirtschaftsnahe und -ferne Berufe. Die verschiedenen Gruppen, die an Hand repräsentativer Einzelfälle eingehend geschildert werden, lassen als gemeinsame Tendenz nur ein Bewußtsein der Selbständigkeit erkennen, das sie weniger zum Radikalismus geneigt macht und zugleich in ihrem geringeren Interesse an Gewerkschaft und Betriebsrat zum Ausdruck kommt.

Ihre „Krisenfestigkeit" erscheint unter den 1949 noch stark nachwirkenden Ernährungssorgen der jüngsten Vergangenheit zu stark hervorgehoben. Angesichts der deutlich hervortretenden Arbeitsüberlastung und einer spürbaren Abneigung der jüngeren Generation gegenüber der Landarbeit wäre es vielleicht zweckmäßig gewesen, anstatt einseitig von „Krisenfestigkeit", von einer der allgemeinen Konjunktur gegenläufigen Stabilität zu reden. Denn gerade bei den „Existenzen zwischen Stadt und Land" wird sich ein Einfluß der Stadt mit den gewerblichen Hochkonjunkturen ebenso verstärken, wie die Krise den Gedanken der Selbstversorgung fördert. Gänzlich abwegig aber erscheint das Argument, daß die „natürliche, wechselartige Tätigkeit" des Nebenerwerbslandwirts „als ein Gegengewicht zur abstumpfenden und geisttötenden Beschäftigung der industriellen Arbeitsprozeßzerlegung anzusehen ist" (3, 130). Diese nicht immer überzeugende Argumentation in der Verteidigung der von bestimmten sozialpolitischen Zielsetzungen her durchaus zu begrüßenden Erscheinung des „krisenfesten, nicht radikal gesinnten, verwurzelten" Arbeitnehmers schadet der methodisch korrekten Darstellung.

Findet sich bereits in den beiden besprochenen Monographien eine Reihe von Hinweisen darauf, daß der Gegensatz von Stadt und Land stark relativiert ist und Typen ländlicher und städtischer Lebensweisen sich schwerlich in der Wirklichkeit rein abbilden, wird das damit gestellte Problem der Verhaltensstruktur der Bevölkerung in den Landgemeinden noch einmal ausdrücklich in der dritten agrarsoziologischen Arbeit von *K. G. Grüneisen* behandelt. Diese Untersuchung muß allerdings für sich in Anspruch nehmen, daß sie ein Material benutzen mußte, das nicht von vornherein auf eine solche Fragestellung zugeschnitten war. Ausgehend von einigen Fragen des Familienteils des Fragebogens (siehe oben), die durch eine Erhebung unter dem Sammelbegriff „öffentliche Meinung" ergänzt wurde, stellte *Grüneisen* die Antworten unter der Alternative „modern" und „konservativ" zusammen. Beide Gesichtspunkte sind wegen der begrenzten Aussagefähigkeit des Materials in einem bewußt oberflächenhaften Sinne genommen. Die Einsicht, daß eine progressive Haltung auf den verschiedenen Lebensbereichen, in denen heute ein Mensch steht, eine gesonderte Bedeutung haben kann und keineswegs den ganzen Menschen auszuzeichnen braucht, wird hier eingeklammert. Statt dessen wird „modern" und „konservativ" genommen, wie es sich aus dem zugrunde liegenden Material anbietet. So zum Beispiel Befürworten oder Ablehnen der Einrichtung von Industriebetrieben auf dem Lande; Bevorzugen von Monarchie oder Republik als beste Regierungsform, usw. Die Prüfung der Konsistenz der Antworten auf die einzelnen Fragen, sowie eine eingehende Untersuchung von Einzelfällen bestätigen weitgehend die immanente Richtigkeit der Arbeitshypothese. Ein Vergleich mit den weiteren Angaben über derzeitigen Beruf, soziale Stellung,

Schulbildung, Geburtsort zeigt, daß — neben der Berufsangabe — Schulbildung und Berufsort die deutlichsten Unterschiede zwischen „modernen" und „konservativen" Gruppen aufweisen. Unter den Landwirten und Forstleuten besteht die stärkste „konservative" Tendenz, während die Berufe aus Handel und Verkehr sowie öffentliche und private Dienste die „modernere" Einstellung aufweisen. Es gelang nicht, innerhalb dieser Gruppierungen ausschließlich „moderne" und „konservative" Untergruppen zu bilden. „Die Gruppenbildung, die den Verstädterungsgrad ausdrückt, geht vielmehr durch alle Berufsgruppen, sozialen Schichten usw. hindurch" (2, 88).

Grüneisen sieht damit — im Zusammenhang mit den Ergebnissen der beiden anderen Untersuchungen — die These von der „Unveränderlichkeit der Landmenschen" widerlegt. Er glaubt, mit gewissen Vorbehalten sagen zu können, „daß sich der Grad der Resistenz (gegen städtischen Einfluß) ungefähr mit dem Grad der konservativen Grundhaltung deckt" (2, 64). Hierbei wird man unter „städtischem Einfluß" nicht mehr verstehen dürfen als ohne planendes Zutun wirkende Kräfte. Inwieweit die konservative Grundhaltung etwa eine Sperre gegen Betriebsberatung und Berufsschulwesen bedeutet, bleibt offen. Diese Unbestimmtheit wie die Widerlegung der stark überpointierten These vom „Landmenschen" weisen darauf hin, wie stark der methodische Wert dieser Monographie im Vordergrund steht.

Die Monographien über Jugend- und Familienfragen

Einen zweiten größeren Komplex innerhalb der Darmstadt-Studie nehmen die Monographien über Jugend, Schule und Familie ein. Das Grundthema der Untersuchung, das subjektive Verhalten zu der es umgebenden objektiven Realität beschreibend zu konfrontieren, wendet sich damit Fragen zu, die mit dem Prozeß der Vergesellschaftung (socialization) auf das engste zusammenhängen. Bilden in den agrarsoziologischen Arbeiten gleichsam die langwelligen gesellschaftlichen Veränderungen im Verhältnis von Stadt und Land den Ansatz für die spezielle Fragestellung, so steht hier das Heranbilden einer neuen Generation, die sich durch katastrophenartige Ereignisse und allgemeingesellschaftliche Veränderungen vor neue Situationen gestellt sieht, im Blickpunkt. Das Einrichten der Frage auf diesen Reifungsprozeß gab auch dem in der Untersuchung verwendeten Begriff „der objektiven Realität" eine andere Wendung. Es gehört zu den Ergebnissen der Untersuchung, daß den Kindern und Jugendlichen vieles, was in der Vorstellungswelt der Erwachsenen auch als objektive Realität gewußt wird, noch vollkommen fremd ist, während sich in den Schilderungen über ihre „objektive" Umgebung Phantasie und Beschreibung noch fast untrennbar verbinden.

Methodisch beruhen diese Untersuchungen neben sekundärstatistischem Material auf zwei sich ergänzenden Verfahren. Außer Fragebogen, die dem jeweiligen Untersuchungsobjekt (Altersstufen der Schulkinder, Familie) angemessen waren, wurden von den Schülern auch freie Niederschriften zu bestimmten Themen angefertigt. Um gerade dieses in mancher Hinsicht sehr aufschlußreiche Material unter einigermaßen vergleichbaren Bedingungen zu erheben, wurde dieser Teil der Untersuchung von einem Bearbeiter allein durchgeführt. Mögliche gegenseitige Beeinflussung minderte den Aussagewert dieser Selbstzeugnisse weniger als die Ungleichheit der Instruktionen, die zu den einzelnen Themen mitgegeben wurden. Auch erwies sich die im Verhältnis zur Zahl der Schüler zu große Zahl der Themen bei der quantitativen Auswertung als störend.

Grundschema der Jugendstudien war eine Einteilung in Altersstufen. Die jüngste umfaßte die Kinder der letzten Grundschuljahre, das letzte gemeinsame Schuljahr aller schulpflichtigen Kinder. Die nächste Gruppe bildeten die Jugendlichen des letzten Volksschuljahres, für die bereits die Frage des zukünftigen Berufs akut wird, und die gleichaltrigen Oberschüler der Untertertia. Mit der letzten Stufe wurden der Abiturientenjahrgang der Oberschule und die Schüler des 3. Berufsschuljahres in die Untersuchung einbezogen. Der Umfang des Samples zu der Gesamtzahl war in dieser Untersuchung verhältnismäßig groß (zum Teil bis zu 80 %).

Die in den Darmstadt-Studien allgemein angewandte Methode, das Schwergewicht der Erhebung gleichsam in die Momentaufnahme zu verlegen und das durch Fragebogen oder ähnlich fixierte Zeugnisse geförderte Material in der „Dunkelkammer" statistischer Auswertung aufzubereiten, stellt an den Bearbeiter besondere Anforderungen. Inwieweit es ihm gelingt, die zunächst in verhältnismäßig grober Form anfallenden soziographischen Daten plastisch zu gestalten, hängt dabei von seiner Fähigkeit ab, die Beziehungen zu einschlägigen allgemeinen Fragestellungen herzustellen oder die Beschreibung durch eingehende Beobachtung zu verfeinern. Während die statistische Typologie in den agrarsoziologischen Arbeiten dank monographischer Detailbeschreibung am Einzelfall ergänzt und verfeinert wird, ist in den Studien, die sich speziell den Jugendfragen zuwenden, darauf verzichtet worden. Möglicherweise deswegen, weil die verwendete Typologie der Altersklassen und Schulformen einer Exemplifikation am Einzelfall zu enge Grenzen setzte. Die Gruppenstudie „Mädchen einer Oberprima" vermag diesen Mangel wegen ihrer auf intimere Verhältnisse zugeschnittenen Anlage nur bedingt auszugleichen.

Daher gewinnt die Darstellung von G. *Baumert* „Jugend der Nachkriegszeit", die erste in der Reihe dieser Monographien, besonders durch den Vergleich mit ähnlichen Untersuchungen und die weitgehende Ausschöpfung der im Material liegenden Interpretationsmöglichkeiten. In einem ersten Teil werden die Lebensverhältnisse, das heißt im einzelnen die Wohnbedingungen, die Familienverhältnisse und die Erziehungseinrichtungen behandelt. Ihnen schließt ein zweiter Teil „Reaktionsweisen" an. Er ist der Einstellung der Jugendlichen zu ihrer näheren Umwelt, sowie ihren Interessen und Zukunftserwartungen gewidmet. Allgemeine Probleme des Verhältnisses zu Eltern und Geschwistern, die Entwicklung jugendlichen Bewußtseins von Privilegierung und gesellschaftlicher Differenzierung spielen dabei eine gleichbedeutende Rolle wie die Auseinandersetzung mit spezifischen Folgen des letzten Krieges, die sich in den ungemein schwierigen Wohnbedingungen und den bedrückenden Unterrichtsverhältnissen äußern.

Die geschickte und eingehende Darstellung macht diesen Teil der Arbeit besonders wertvoll. Sie bietet daher für ähnliche Untersuchungen mannigfache Anregungen. Eine Darlegung einzelner Ergebnisse ist im Rahmen dieser Besprechung nicht möglich. Grundsätzlich aber zeigt sich die besondere Bedeutung von Klassenunterschieden im Aufwuchsmilieu der untersuchten Jugendlichen. Sieht man im Prozeß der Vergesellschaftung nicht nur einen Vorgang des Erlernens gesellschaftlich sanktionierten Verhaltens, sondern zugleich die Distribution gebotener Chancen an eine weitgehend unstrukturierte und daher mobile Bevölkerung, gewinnen die frühen Stadien gesellschaftlicher Differenzierung, wie sie bereits im Schulsystem angelegt sind, unter dem Aspekt klassenmäßiger Begünstigung erhöhtes Interesse. Wenn auch nicht als These explizit formuliert, so steht im Hintergrund der Analyse die Auffassung, es gebe eine vom familiären Milieu unabhängige Anlage, die durch überindividuelle Faktoren schrittweise in die eine oder andere Richtung gedrängt wird. In diesem Sinne wird beispielsweise die Problematik der „höheren" Schule gesehen. „Solange nicht eine kollektive Institution die Familie von allen Lasten befreit, die die gehobene Ausbildung eines Kindes mit sich bringt, solange werden begabte Kinder aus Arbeiterfamilien zurückstehen müssen gegenüber Kindern aus bürgerlichen Familien, solange ist höhere Schulbildung nicht nur eine Angelegenheit der Begabung und charakterlichen Veranlagung eines Kindes, sondern ebensosehr oder noch mehr eine Frage der ökonomischen Grundlage seiner Familie" (4, 105). Diese Behauptung hängt zusammen mit dem Aufweis von Unterschieden hinsichtlich Wohndichte, Schlafverhältnissen, Kriegsdienst und Verlust des Vaters, die auf Grund des Familienstatus (Arbeiter, Angestellter, Beamter, Selbständiger) die Situation der Kinder begünstigen oder erschweren. Inwieweit mit den statistischen Differenzen zwischen diesen Gruppen auch Klassenunterschiede im soziologischen Sinne getroffen sind, wird, abgesehen von einer solchen Interpretation selbst, nur durch Äußerungen jugendlichen Privilegierungsbewußtseins belegt. *Baumert* glaubt, ein Empfinden für Klassenunterschiede spätestens im

Alter von 10 Jahren feststellen zu können. Dabei wirkt sich im Verhältnis der Jugendlichen zueinander offenbar die unterschiedliche Schulbildung stärker aus als historisch-traditionelle Bindungen. Prognostisch meint *Baumert*, daß „sich gerade unter der Jugend ganz unverkennbar eine starke Tendenz zeigt, die alten Vorstellungen zu überwinden, aber noch fehlt ihr die Kraft, den restaurativen Neigungen der Nachkriegsgesellschaft entscheidend entgegenzutreten" (4, 157).

Aus diesem Ergebnis wird bereits die besondere Bedeutung der Schule für die jugendliche Vorstellungswelt deutlich. Der speziellen Problematik des Verhältnisses von Schule und Jugend gehen die Monographien von *Irma Kuhr* und *Giselheid Koepnick* nach. Beide Arbeiten ergänzen sich insofern, als die verhältnismäßig breite Anlage der Schuluntersuchung in erster Linie nach Altersstufen und Schultypen differenziert und auf die speziellen Verhältnisse einzelner Schulklassen, die von einem bestimmten Alter an für die Kinder eine gesonderte Bedeutung erlangen, nur sehr summarisch eingeht. So ist der Bericht einer früheren Schülerin aus einer Darmstädter Oberschule über Gruppenbildung und Gruppenbeziehungen in ihrer Klasse eine wertvolle, wenn auch nicht für alle untersuchten Schulen repräsentative Illustration zu der umfassenden Schuluntersuchung von *Irma Kuhr*.

Letztere Arbeit beruht im wesentlichen auf dem gleichen Erhebungsmaterial wie die eben besprochene Jugendstudie; doch sind die Schwierigkeiten der Bearbeitung hier sehr viel größer, da die speziellere Fragestellung die Möglichkeiten der Auswertung stark beschränkte. Überdies fehlt es an vergleichbaren Arbeiten zur Schulsoziologie, auf die die Ergebnisse hätten bezogen werden können. In methodischer Hinsicht wirkt sich vor allem die mangelnde Einbeziehung der Lehrkräfte in den Kreis der Untersuchung ungünstig aus. Denn wie sich zeigte, ist „die Schule" für die Kinder in erster Linie durch die persönlichen Beziehungen zu Lehrern und Mitschülern repräsentiert. Aus diesen Gründen fehlt der Verarbeitung des statistischen Materials an vielen Stellen die weiterführende Interpretation. Abgesehen von diesen Mängeln gewährt die Studie jedoch mannigfache Einblicke in die gegenwärtige Schulpraxis.

Die Gruppenstudie „Mädchen einer Oberprima", die von einer früheren Schülerin durchgeführt wurde, hat zunächst methodisches Interesse. Sie geht neben den auch sonst in der Jugendstudie verwendeten Fragebogen auf Berichte der einzelnen Mädchen zurück. Bis auf zwei fanden sich alle früheren Schülerinnen bereit, eine kurze Charakteristik ihrer Mitschülerinnen zu entwerfen. Über die spezielle schulische Situation hinaus gibt das Material daher nur wenig her. Dagegen charakterisiert sie die typische Atmosphäre einer Schulklasse sehr treffend. Das verbindende Element ist vor allem der formelle Zwang der Ausbildung. Die informelle Gruppenbildung ist verhältnismäßig schwach entwickelt und wird von den einzelnen Mitgliedern unterschiedlich beurteilt, auch Schulfreundschaften spielen eine geringe Rolle.

Wenn auch im letzten Schuljahr und vor allem bei Schülerinnen, welche die Schule schon verlassen haben, bereits außerschulische Bindungen und berufliche Interessen in stärkerem Ausmaß den Erlebnishorizont ausfüllen als während der Schulzeit, so ist doch allgemein die Lockerheit der Beziehungen zur Schule über den reinen Ausbildungszweck hinaus bezeichnend. In wie geringem Maße aber dieses Verhältnis heute erst rationalisiert ist, dafür legen beide Schuluntersuchungen ein sprechendes Zeugnis ab. Abgesehen von den Hinweisen auf die Diskrepanz zwischen den phrasenhaften Ministerialerlassen in Schulfragen und der individuellen Erfahrung der Schulmänner, ist allerdings die „Verträumtheit" dieses gesellschaftlichen Sektors nur zwischen den Zeilen zu ahnen.

Für die Anlage der Familienstudie, die letzte der in diesem Abschnitt zu besprechenden Monographien, waren besonders zwei Gründe maßgebend. Sie ergänzt die Untersuchungen über Jugend und Schule, indem sie die für den Prozeß der Vergesellschaftung entscheidende Institution zum Thema nimmt. Darüber hinaus aber besitzt sie neben den agrarsoziologischen Monographien wohl die stärkste Aktualität, da sich das soziologische Interesse in Deutschland nach dem Kriege besonders stark diesem Gebiet zugewandt hat. Ursprünglich auf Grund der aus der Jugendstudie anfallenden Angaben geplant, erwies sich im Verlauf der Untersuchung eine Vervollständigung des Materials durch eine gesonderte Erhebung als notwendig. 470 Stadtfamilien und 518 Familien im Hinterland bildeten das sorgfältig ausgewählte Sample. Für eine weiterreichende qualitative Analyse wurden eine Reihe repräsentativer Familienberichte angefertigt. Diese umfassende Materialsammlung verzögerte den Abschluß der Untersuchung und räumte ihr zugleich eine gewisse Sonderstellung innerhalb der Darmstadt-Studie ein. Die sorgfältige Auswahl des Samples und die Berücksichtigung der ökonomischen Verhältnisse stellen auch hier die Beziehung zur Darmstadt-Region her; doch ist die Darstellung in dieser Monographie noch stärker als in den übrigen ins Grundsätzliche gewendet.

Ihrem formalen Aufbau nach entspricht sie durchaus den anderen Untersuchungen. Auf eine Darstellung der statistisch bedeutsamen Strukturdaten (Bevölkerungsgliederung, -bewegung, Eheschließungen, -scheidungen, Zusammensetzung und Einkommen der Familien, Größe und Ausstattung der Wohnungen) folgt eine soziologische Analyse der innerfamilialen Beziehungen und der Familie als gesellschaftlicher Institution. Bietet der sozialstatistische Teil auch manche wertvolle Aufschlüsse über allgemein-gesellschaftliche Trends in der Veränderung der Ehescheidungsziffer oder der Familiengröße und beleuchtet er treffend die schlechten Wohn- und Einkommensverhältnisse der Nachkriegszeit, so liegt der entscheidende Wert dieser Untersuchung doch in seinem Beitrag zu den Fragen von Autorität und Familie sowie der Rolle der Familie in der modernen Gesellschaft.

Entscheidend ist danach für die Tendenz zur „Gleichrangigkeit der Ehepartner" die Berufstätigkeit der Ehefrau, während die „Dominanz des Ehemannes" sich mit zunehmendem Einkommen stärker durchsetzt. Mit der Wirksamkeit dieser Faktoren stimmt auch die Beobachtung überein, daß, historisch gesehen, bürgerlicher Besitz zusammen mit der Entlastung der Hausfrau von Haushaltspflichten eine Familienform begünstigt hat, die dem Manne ein so starkes Übergewicht einräumte, wie es, idealtypisch gesehen, der bäuerlichen Familie wegen der Arbeitsteilung zwischen Mann und Frau fremd geblieben ist. Bei dem Versuch, die Zahl der Familien mit „Dominanz des Mannes" und „grundsätzlicher Gleichrangigkeit der Partner" quantitativ zu bestimmen, kommt *Baumert* jedoch zu einer Feststellung, welche die These von der Partnerschaftsfamilie historisch relativiert; nämlich, „daß die Familien in unserem Untersuchungsgebiet ganz überwiegend durch eine mehr oder weniger intensive Dominanz des Mannes gekennzeichnet sind, die allerdings nur in der geringeren Zahl der Fälle noch Ähnlichkeit mit der früheren Autorität und Macht des Vaters in der bürgerlich-patriarchalischen Familie zeigt" (5, 167).

Ferner äußert sich *Baumert* auf Grund seines Materials skeptisch zu den von *Schelsky* vertretenen Thesen über die Stabilität der Familie und ihre progressive Stellung in der modernen Gesellschaft. Er ist der Meinung, daß in diesen Behauptungen eine Überschätzung besonderer Nachkriegsverhältnisse zum Ausdruck kommt, der überdies noch ein nicht repräsentatives Ausgangsmaterial Vorschub leistete.

Die Verwaltungsmonographie

Die relativ späte Anlage ist der Monographie über „Behörde und Bürger" von *K. A. Lindemann,* die vorletzte in der Darmstädter Reihe, mit der Familienstudie gemeinsam. Während diese aber dadurch einen besseren Start für eine gesonderte Familienerhebung bekam, gestatteten hier die Mittel keine Ergänzung des bereits unter anderem Aspekt gesammelten, zum Teil in dieser Form einmaligen Materials über Verfahrensweisen der Bürokratie. Der Untersuchung sind daher bereits vom Material her enge Grenzen gesetzt. Vor allem für den subjektiven Aspekt, die Einstellung der Bürger, standen praktisch nur die Beantwortung zweier Fragen im Rahmen einer allgemeinen Befragung über „Öffentliche Meinung" von der HICOG zur Verfügung. Wenn daher in mancher Hinsicht der Wert dieser Monographie hauptsächlich im Methodischen liegt, gewährt doch die überlegte Ausschöpfung der vorhandenen Quellen einen guten

Einblick in die Problematik des Verhältnisses von Öffentlichkeit und Privatheit. Die Untersuchung teilt sich in drei Abschnitte auf, von denen der erste einen Überblick über die in Darmstadt vorhandenen Behörden, ihre Unterbringung vor und nach der Zerstörung der Stadt, sowie über das Ausmaß ihres Publikumsverkehrs gibt. Ein zweiter Teil ist der Analyse einzelner Verwaltungsverfahren mit Bezug auf einige konkrete Amtsbereiche gewidmet, während abschließend eine Besprechung und Deutung der Reaktionsweisen der Bevölkerung gegeben werden. Auffällig ist, daß hier, ähnlich wie bei der Schulstudie, eine Bemühung um die konkrete Struktur der Beamtenschaft hinter der Beschreibung der Formalinstitutionen zurücktritt. Schon eine Untersuchung der gesellschaftlichen Mobilität der Beamtenschaft zum Beispiel hätte vor allem in Hinblick auf die Herkunft der nicht-akademischen Beamten Neuland gewonnen und die äußerliche Abgeschlossenheit in der Position der Beamten, wie sie in der Studie kurz berührt wird, von der Rekrutierung her relativiert.

Da bis auf die Befragung Materialerhebung und Darstellung in der Hand eines Bearbeiters lagen, zeichnet diese Untersuchung ein hohes Maß an Geschlossenheit aus. Besonderes Interesse verdient die in mühsamer Kleinarbeit zusammengestellte Übersicht über die typische Routinearbeit auf einzelnen Ämtern im Verkehr mit dem Publikum, die — das ist ein weiterer Vorzug — wegen des homogenen Charakters der Bürokratie für einen weiteren Bereich als repräsentativ gelten darf.

In dem Abschnitt über den subjektiven Aspekt, wie sich die Verwaltung in der Meinung der Bevölkerung spiegelt, unternimmt *Lindemann* über die Darstellung der ohne weiteres anfallenden statistischen Gruppierungen hinaus den Versuch, unter Zuhilfenahme *Freud*scher Theoreme die gefundenen Einstellungen von der Persönlichkeitsstruktur der Befragten her zu deuten. Wenn auch aus dem Blickwinkel neuerer Ergebnisse der Motivationsforschung (vgl. *Gordon W. Allport*) gerade der Rekurs auf *Freud* etwas veraltet erscheint, so bieten die Ergebnisse doch wertvolle Aufschlüsse für das, was in der neueren Forschung unter dem Gesichtspunkt des „Deferred-Gratification-Pattern" zur Sprache kommt, zumal hier die *Freud*sche Theorie nicht mehr als eine weitere Illustration aus dem Material selbstgewonnener Gesichtspunkte liefern kann. Ähnlich wie *Grüneisen* für die Landbevölkerung, entwickelt *Lindemann* aus den Antworten, die zu einigen Schlüsselfragen (Kirche, Erziehungsziele, sexuelle Aufklärung, Ehe usw.) gegeben werden, typische Persönlichkeitsbilder „gebundener", „indifferenter" und „ungebundener" Personen, die sich in ihrer Einstellung zum öffentlichen Leben nach der Fähigkeit voneinander unterscheiden, von Erfahrungen mit Ämtern und Behörden einen sachlichen Gebrauch zu machen (vergröbernd gesprochen: „ungebunden" = unvoreingenommen). Die eingehende Ausführung dieser drei Typen gibt wertvolle Hinweise für die

Soziologie der Politik. Es ist daher zu bedauern, daß dieser Teil der Untersuchung nicht durch monographische Einzelstudien (ähnlich wie bei G. *Teiwes*) ergänzt werden konnte.

Gewerkschaft und Betriebsrat im Urteil der Arbeitnehmer

Von der Geschichte der Darmstadt-Studie her hätte die letzte Monographie in der Reihe eigentlich an den Anfang gehört, da die Anregung zu einer Untersuchung von Gewerkschaftsproblemen den Anlaß zu dem ganzen Projekt bildete. Nicht nur dieser Sonderstellung, sondern auch ihrer inhaltlichen Abgerundetheit wegen ist sie allerdings durchaus geeignet, die Reihe zu beschließen. Das für die Untersuchung verwendete Material ist besonders vielseitig. Sie „stützt sich methodisch auf teilnehmende Beobachtungen, auf Gruppendiskussionen mit Arbeitnehmer- und Arbeitgebervertretungen, auf Experten-Interviews und Fallstudien, sekundärstatistische Unterlagen, Geschäftsberichte und Veröffentlichungen Darmstädter Institutionen, sowie Presseberichte und auf die Ergebnisse einer Befragung an Hand eines Fragebogens" (9, 2). Insgesamt wurde ein weitgehend repräsentatives Sample von 432 Personen befragt. Die Mannigfaltigkeit der hierin bereits angelegten Aspekte wird in der Darstellung voll entwickelt und kommt gerade einem von Haus aus kontroversen Thema zugute.

Als frühere Residenz und Sitz vieler Behörden scheint Darmstadt zunächst für eine Untersuchung von Gewerkschaftsproblemen nicht besonders geeignet. Doch hat die nach dem Krieg einsetzende Industrialisierung den Anteil der Industriearbeiterschaft stark erhöht. Wegen der Mehrschichtigkeit des für die Untersuchung in Betracht kommenden Personenkreises, die sowohl hinsichtlich der sozialen Stellung als auch den verschiedenen Betriebsgrößen nach besteht, können aber alle sich hieraus ergebenden einschlägigen Probleme angeschnitten werden, wie zum Beispiel die Organisierbarkeit der Beamten und Angestellten, die Gewerkschaftsarbeit in Klein- und Handwerksbetrieben usw..

Dem Schema der Studie entsprechend folgt auf eine Charakteristik der Interessenvertretungen der Arbeitnehmer in Darmstadt eine Analyse der Einstellungen zu Gewerkschaft und Betriebsrat. Von besonderem Interesse ist hierbei die Zusammenstellung der für die Zugehörigkeit zur Gewerkschaft wesentlichen Faktoren. Danach unterscheiden sich Organisierte und Unorganisierte wie folgt: Erstere Gruppe „besteht überwiegend ... aus Männern, und die Mehrheit der Gewerkschaftsmitglieder ist verheiratet. Mehr als die Hälfte ist 40 Jahre und älter. Die meisten Gewerkschaftsmitglieder haben Volksschulbildung, sind Arbeiter, haben ein mittleres Einkommen und sind fast zur Hälfte in Großbetrieben" (9, 39). Darüber hinaus ist bei den organisierten Arbeitern ein etwas stärkeres politisches Interesse festzustellen. Obwohl die Aufnahme in die

Gewerkschaft zum Teil „automatisch" mit dem Eintritt in den Betrieb verbunden ist, bleibt an dieser Charakteristik auffällig, daß Gewerkschaftszugehörigkeit offensichtlich mit der Herausbildung langfristiger privater Interessen (Familiengründung) zusammengeht. Der stärkere Anteil unter Arbeitern in Großbetrieben ist neben der ohnehin schwierigeren Organisierbarkeit der in Kleinbetrieben Beschäftigten auf die vorwiegende Konzentrierung der gewerkschaftlichen Werbung in größeren Betrieben zurückzuführen. Trotz der im allgemeinen positiven Einstellung der Arbeitnehmer zu Gewerkschaft und Betriebsrat, wird von Gewerkschaftsfunktionären ein Mangel an „Einsatzbereitschaft" beklagt. Dies kommt durch die geringere Teilnahme an Gewerkschaftsveranstaltungen und die zum Teil bestehenden Schwierigkeiten, Kandidaten für den Betriebsrat zu finden, zum Ausdruck.

*

Schaut man abschließend auf diese stattliche Monographienreihe zurück, so ist man verwundert, kaum ein Wort zu dem Wiederaufbau einer so stark vom Krieg heimgesuchten Stadt zu finden. Diese Beobachtung steht ganz im Gegensatz zu dem Aufschwung, den die Gemeindesoziologie innerhalb und außerhalb Deutschlands der Planung neuer Städte oder ihrem Wiederaufbau verdankt. Während auch in den agrarsoziologischen Monographien, zum Beispiel in der Untersuchung über den Nebenerwerbslandwirt ein politisches Moment mitschwingt, vermißt man dies in den mehr auf die Stadt beschränkten Studien fast völlig. Nur die Arbeit von *Lindemann* geht im Zusammenhang mit der Unterbringung der Behörden kurz auf diese Fragen ein. Zwar spricht manches dafür, daß der noch zögernde Wiederaufbau zum Zeitpunkt der Materialerhebung die Hereinnahme derartiger Gesichtspunkte verhinderte, andererseits aber hätte die seit Kriegsende verstärkte Industrialisierung der Stadt, die ihr den Charakter der Beamtenstadt nahm, gerade auf eine solche Fragestellung hindrängen müssen.

Ließe sich daher mit einem gewissen Recht von einem Mangel an unmittelbar der Praxis zugewandten Bezügen der Untersuchung sprechen, so steht dem doch ein nicht zu unterschätzendes Aktivum gegenüber. Bei der Besprechung einzelner Monographien wurde bereits betont, daß ihr Beitrag vorwiegend in der Erarbeitung der Methode liegt. Dies gilt nicht nur in sachlicher Hinsicht, sondern es gehörte zur Zielsetzung des gesamten Projekts, „jungen Sozialwissenschaftlern die Möglichkeit einer Ausbildung in den Methoden der sozialwissenschaftlichen Untersuchungen zu geben". Die wissenschaftspolitische Bedeutung dieser Maßnahme steht außer Zweifel. Denn der an den deutschen Hochschulen noch junge Zweig der Wirtschafts- und Sozialwissenschaften war durch das totalitäre Dritte Reich besonders empfindlich getroffen. Nur ein Teil der emigrierten Wissenschaftler kehrte nach dem Kriege nach Deutschland zurück. Es ist das Verdienst von *Nels Anderson*, gemeinsam mit der Akademie der Arbeit in Frankfurt, durch die Einrichtung eines Instituts für Sozialwissenschaftliche Forschung in Darmstadt die Ausbildung junger Wissenschaftler in der empirischen Sozialforschung gefördert zu haben. Die enge Zusammenarbeit mit einer Reihe namhafter amerikanischer Wissenschaftler sorgte außerdem für eine frühe Auseinandersetzung mit den im Ausland unter anderen Bedingungen entwickelten und erprobten Verfahren.

Betrachtet man die jeder Monographie beigefügte Liste der Mitarbeiter und die für die Bearbeiter der Monographien mitgeteilten Lebensläufe unter einem wissenschaftspolitischen Aspekt, so fallen zwei Dinge auf, die offenbar für die „junge Generation" der Sozialwissenschaftler bezeichnend sind. Der hohe weibliche Anteil spiegelt nicht nur das sozialpolitische Moment wider, das den Sozialwissenschaften in Deutschland traditionsgemäß eigen ist, sondern hängt offenbar auch damit zusammen, daß sich in den „jüngeren" Wissenschaften die für die deutsche Hochschule sonst geltende „männliche Dominanz" in geringerem Maße durchzusetzen vermag. Ferner zeigen die verschiedenartigen Studienrichtungen: Landwirtschaft, Rechtswissenschaft, Philosophie, Volkswirtschaftslehre, mit der die einzelnen Mitarbeiter ihr Studium begonnen oder bereits abgeschlossen hatten, ehe sie dem Sozialwissenschaftlichen Institut in Darmstadt beitraten, in wie geringem Maße das sozialwissenschaftliche Studium in Deutschland erst institutionell eingefangen ist. In sachlicher wie in personeller Hinsicht können wir daher mit Recht von einer „Pionierarbeit" dieses Projekts für die sozialwissenschaftliche Forschung in Deutschland sprechen.

DIE GEMEINDESTUDIE DES DEUTSCHEN
UNESCO-INSTITUTES *

Von René König

Ganz unangesehen der gelegentlich schwankenden Bewertung der allgemeinsoziologischen Tragweite von Gemeindestudien, sind sich wohl heute alle Beteiligten einig über die dringliche Notwendigkeit, immer mehr Untersuchungen dieser Art anzustellen. Darum war es auch in jeder Hinsicht zu begrüßen, wenn das von UNESCO gegründete Institut für Sozialwissenschaften in Köln als eine seiner ersten Forschungsaufgaben eine Gemeindeuntersuchung in Angriff nahm, deren Ergebnisse jetzt in einem stattlichen und wohlorganisierten Bande vorliegen, der noch durch den Umstand an Wert gewinnt, daß *Conrad M. Arensberg*, der ursprüngliche Initiator dieses Projekts, ein wichtiges Nachwort beigesteuert hat, das die Ergebnisse der vorliegenden Untersuchung durch Vergleich mit anderen, europäischen und außereuropäischen Untersuchungen erst richtig profiliert. Damit ist für die deutsche Soziologie ein bedeutendes Werk gewonnen, von dem man hoffen darf, daß es weitere Anregungen ausstrahlen wird, die sowohl für den soziologischen Unterricht wie für die weitere Forschung, für die allgemein-soziologische Systematik und schließlich für die Kenntnis der deutschen Gesellschaft der Gegenwart fruchtbar sein werden. Wir möchten auch hervorheben, daß sich bereits insofern eine gewisse Tradition abzuzeichnen beginnt, als *Nels Anderson*, der die zeitlich vorausgehende umfangreiche Darmstädter Gemeindestudie leitete (die an anderem Ort dieses Heftes eingehend dargestellt ist), nun auch an dieser Arbeit einen wichtigen Anteil nahm. So darf man durchaus sagen, daß manche Themen, die dort schon aufgegriffen wurden, hier nochmals diskutiert werden (z. B. in bezug auf die Familienstruktur oder auf die Entwicklung des bäuerlichen Kleinbesitzes unter dem Einfluß neuer Umweltreize u. ähnl.), was neben einer rein quantitativen Vermehrung unserer Kenntnisse gleichzeitig eine teilweise bedeutende Vertiefung der älteren Forschungsergebnisse erlaubt hat. So möchten wir dem Wunsche Ausdruck geben, daß diese Untersuchung nicht nur von möglichst vielen angehenden und fertigen Soziologen und Sozialwissenschaftlern, sondern auch von

---

* *Gerhard Wurzbacher*, Das Dorf im Spannungsfeld industrieller Entwicklung. Untersuchung an den 45 Dörfern und Weilern einer westdeutschen ländlichen Gemeinde. Unter Mitarbeit von *Renate Pflaum*, u. a. mit einem internationalen Vergleich von *Conrad M. Arensberg* (Columbia University). Ferdinand Enke-Verlag, Stuttgart 1954. XII, 307 Seiten. Preis geh. 15,80 DM, geb. 18,— DM.

weiteren Kreisen der deutschen Öffentlichkeit gelesen werden möge, wo sie ein gutes Bild von der heutigen Arbeitsweise der soziologischen Forschung vermitteln kann.

Nach diesen einleitenden Feststellungen scheint es müßig, weitere kritische Erörterungen an diese Arbeit zu knüpfen; wir möchten aber dennoch drei Punkte hervorheben, die uns gerade angesichts des durchaus geglückten Unternehmens wichtig erscheinen, um daraus neue Direktiven für weitere zukünftige Arbeit zu gewinnen. Wir nehmen einen Punkt voraus, der mehr organisatorischer Natur ist und weder mit der Anlage der vorliegenden Untersuchung noch mit ihren Ergebnissen etwas zu tun hat. Es liegt auf der Hand, daß Untersuchungen dieser Art kaum jemals durch einen einzigen Forscher, sondern nur mit Hilfe einer Reihe von wissenschaftlichen Mitarbeitern bewältigt werden können. Dies kann nun zunächst im akademischen Rahmen in Zusammenarbeit eines Seminars- oder Institutsleiters mit seinen Studenten geschehen, die sowohl in der Erhebung wie in der Auswertung des Materials ihre mehr theoretische Ausbildung in Vorlesungen und Seminarien praktisch erproben lernen. Es folgt natürlicherweise aus dieser Konstellation, daß die meiste Arbeit unbesoldet und im Rahmen des normalen Studienganges erfolgt, wobei es selbstverständlich ist, daß alle Sachauslagen ersetzt werden. Davon wesentlich verschieden ist die Arbeitsweise von Instituten wie dem hier verantwortlich zeichnenden UNESCO-Institut für Sozialforschung. Da es außerhalb des akademischen Rahmens steht, ist es für jeden Schritt der Untersuchung auf besoldete Mitarbeiter angewiesen, so daß die Kosten notwendigerweise diejenigen, mit denen ein Universitätsinstitut eine solche Untersuchung durchführen würde, um ein Vielfaches übertreffen müssen. Dies wirft eine Reihe von Fragen auf, die eigentlich wissenschaftspolitischer Natur sind. Da diese Probleme jedoch zu kompliziert sind, um mit einer kurzen Bemerkung abgetan werden zu können, möchten wir ihre Behandlung auf später zurückstellen und uns im vorliegenden Zusammenhang mit ihrer bloßen Erwähnung begnügen.

Unsere weiteren Bemerkungen sind mehr sachlicher Natur und beziehen sich zunächst auf methodologische Fragen, in zweiter Linie auf die verwendete Begriffssystematik und die weiteren Folgerungen, die sich aus ihrer Anwendung auf den vorliegenden Fall ziehen lassen. Über diese beiden Punkte gibt zunächst das erste Kapitel von *Gerhard Wurzbacher* Auskunft. Es liegt aber in der Natur der Sache, daß die wesentlichen Äußerungen zu diesen beiden Problemkreisen das ganze Werk durchziehen müssen, abgesehen davon, daß *Wurzbacher* im (neunten) Schlußkapitel eine klare und gestraffte Zusammenfassung der verwendeten systematischen Leitgedanken gibt und sie auf ihren allgemeinen Gehalt für eine soziologische Gegenwartserkenntnis auswertet. Zwischen diesem ersten und dem letzten Kapitel werden dann in wohlgeordneter und übersichtlicher Weise zunächst von *Renate Pflaum* (Kapitel 2) die allgemeinen historischen und soziographischen Voraussetzungen gegeben und das Hauptthema nach den Folgen der sozialen Differenzierung angeschlagen; darauf folgen von *Wurzbacher* die Untersuchungen über die berufliche Gliederung der Gemeinde im sozialen Wandel (Kapitel 3), über die Familie als Faktor der sozialen Eingliederung (Kapitel 4) und über die Nachbarschaft als Integrationsfaktor (Kapitel 5); die folgenden Abschnitte bringen dann von *Renate Pflaum* eine eingehende Untersuchung der Vereine (Kapitel 6), der Kirche (Kapitel 7) und der politischen Beteiligung als Ausdruck gemeindlicher Selbstgestaltung (Kapitel 8). Der Rahmen dieser Arbeit ist in der Tat sehr weit gespannt. Aber wir möchten betonen, daß dies keineswegs auf Kosten der Durchdringung des gebotenen Stoffes geschieht. Es ist im Gegenteil höchst erfreulich zu sehen, in welch gleichbleibender Dichte der ursprüngliche Ansatz durchgehalten wird, so daß die Lektüre des Buches den interessierten Leser wirklich ganz gefangen nimmt. Wir möchten dies vorausschicken, damit die folgenden kritischen Bemerkungen nicht im Sinne bloßer Einwendungen, sondern vielmehr als Anbahnung eines Gesprächs angesehen werden möchten, dessen zentraler Inhalt die Fruktifizierung der hier vorgelegten Ergebnisse sowohl für die Methodik der Forschung wie für die soziologische Systematik und die soziologische Gegenwartserkenntnis darstellt.

Als ersten Einwand möchten wir hervorheben, *daß der Begriff der Gemeinde nicht definiert wird,* oder wenigstens nicht derart, daß dies als soziologisch befriedigend angesehen werden könnte. Dies hat im übrigen zur Folge, daß man in der Auswahl der Untersuchungsgemeinde entsprechend unsicher sein mußte, was zu einem später zu besprechenden recht störenden Mißstand führte, den man bei vorheriger Aufstellung einer Definition des Begriffs Gemeinde hätte vermeiden können. Statt sich nämlich an den *soziologischen Tatbestand Gemeinde* zu halten, verlor man sich völlig kritiklos an den *Verwaltungsbegriff Gemeinde,* was sowohl die genaue Begrenzung des zu untersuchenden Objekts wie vor allem seine Auswahl in entscheidender Weise beeinträchtigte. In dieser Hinsicht erwies sich die deutsche „Forschungsgesellschaft für Agrarpolitik und Agrarsoziologie" als wesentlich vorsichtiger; statt sich dem zwei- (und mehr-) deutigen Wort Gemeinde auszuliefern, sprach man hier ganz eindeutig von „Dörfern" [1]. Damit war der Ortschaftscharakter der Untersuchungsobjekte gebührend unterstrichen, wie umgekehrt die Darmstadt-Studie nicht nur die Stadtgemeinde, sondern überdies ihr Hinterland mit in die Erwägung einbezogen hatte, so daß bewußt eine Mehrheit von Gemeinden als Mehrheit von (großen und kleinen) Ortschaften gemeint war [2]. Im vorliegenden Falle hebt dagegen *Wurzbacher* hervor, daß „die Verwaltungseinheit der politischen Gemeinde der Untersuchung zugrunde gelegt werden" sollte, „da die politische Willensbildung wie ihre Äußerung in der gemeindlichen Selbstverwaltung ein wichtiges Gebiet sozialer Integration darstellt" (S. 3). Dabei wird ohne weiteres vorausgesetzt, daß die politische Integration der Gemeinde den durch die Verwaltung festgelegten Umrissen des betreffenden sozialen Körpers folgen müsse, die selbst von den Kommunalwissenschaften als „künstlich" angesehen werden. Insbesondere in Norddeutschland gab es gewiß schon lange sogenannte „Samtgemeinden", d. h. Zusammenschlüsse mehrerer Einzelgemeinden, die insbesondere am Niederrhein zu „Honschaften" mit teils herrschaftlichem, teils aber auch genossenschaftlichem Charakter wurden und teilweise seit dem 10. Jahrhundert echte Gemeindegewalt ausübten. In diesem Falle kann man durchaus sagen, daß ein solcher Zusammenschluß mehrerer Gemeinden Ausdruck der selbst vollzogenen und gewollten politischen Integration ist. Die spätere Einführung des französischen Mairierechts vom Anfang des 19. Jahrhunderts, die sich im Rheinland am längsten hielt, hat aber den Zusammenschluß mehrerer Gemeinden zu einer Mairie rein nach verwaltungsmäßiger Zweckmäßigkeit vollzogen und damit die Selbstverwaltung vernichtet. In der späteren Gemeindeordnung von 1845 wurden dann die Samtgemeinden als Bürgermeistereien eingerichtet, wobei man im ernannten Bürgermeister nur eine Konsequenz erweiterter staatlicher Verwaltungsmaßnahmen erblickte, also eine Maßnahme „zur Hebung der Verwaltungskraft leistungsschwacher Gemeinden"[3], welche im übrigen, da sie weitgehend die von den Gemeindeversammlungen vertretenen und beschlossenen Angelegenheiten ausführten, die Selbstverwaltung der Gemeinden nicht wesentlich beeinträchtigten. Die ausgesuchte Gemeinde stellt nun deutlich eine solche künstliche Verwaltungseinheit dar, wie auch aus einem gelegentlichen Hinweis auf die „Honschaft" (S. 138) hervorgeht. Es wird dann aber sofort unterstellt (und in Anmerkung 9 der gleichen Seite bekräftigt), daß man darin „einen aus der Vergangenheit herkommenden starken nachbarlichen Zwang" erblicken könne. Dies würde nun in der Tat auf einen gleichsam „natürlichen", d. h. rein sozial bedingten Zusammenschluß schließen lassen. Wenn wir uns jedoch die eigentümliche physisch-geographische, wirtschaftliche, soziale und kulturelle Gestalt dieses Gemeindeverbandes, der aus völlig heterogenen Elementen besteht, genauer ansehen, möchten wir doch eher einen künstlichen und rein verwaltungsmäßig bedingten Zusammenschluß annehmen. Hier wäre eine sachliche Vertiefung des Gemeindebegriffs von Nutzen gewesen. Besser aber hätte man zweifellos getan, einfach eine andere Gemeinde und keinen Gemeindeverband zu wählen, was solche Kontroversen von vornherein ausgeschlossen hätte.

Im großen und ganzen scheint uns die Wahl der Untersuchungsgemeinde noch aus anderen Gründen recht zufällig erfolgt zu sein. Dies bezeugt auch der seltsame Untertitel von „45 Dörfern und Weilern einer westdeutschen ländlichen

Gemeinde", der eher an eine Gebietsuntersuchung als an eine Gemeindestudie denken läßt. Auch die beigefügte, sehr schematische Karte (auf S. 27) bringt darüber keine hinreichende Aufklärung; selbst bei eifrigstem Zählen konnten wir entweder nur zehn größere Einheiten oder nur 28 Untereinheiten zählen. Eine Luftaufnahme, wie sie etwa von den Franzosen in solchen Fällen gern verwendet würde [4], oder wenigstens eine richtige detaillierte Karte hätte hier zweifellos sehr genützt. Am besten wäre sogar eine Reihe von Karten gewesen, die auch die historischen Hintergründe des Zusammenschlusses dieses Gemeindeverbandes angegeben hätte [5]. Dann würde vor allem klar geworden sein, ob die verschiedenen Teile dieses Gemeindeverbandes wirklich eine soziale Einheit bilden. Die geographische Lage läßt das jedenfalls nicht unbedingt nötig erscheinen, da der Hauptort unten im Tal liegt, jeweils zwei Gruppen von zugehörigen Ortschaften auf einer nördlichen und einer südlichen Höhe. Von der nördlichen heißt es zudem, daß kein Autobus dorthin fahre und „der Fußweg ... lang und beschwerlich" (S. 28) sei. Es erscheint uns höchst fragwürdig, allein auf Grund dieses einen Umstandes, ob man hier wirklich von „nachbarlichem Zwang" sprechen kann. Genau das Gegenteil scheint vielmehr der Fall zu sein, nämlich ein ausschließlich verwaltungsmäßiger Zwang, der sich über die Beziehungen tatsächlich vorhandener oder nichtvorhandener Nachbarschaft rücksichtslos hinwegsetzt. Diese Vermutung, auf die wir noch zurückkommen werden, wird im übrigen durch andere Umstände unterstützt. So sind einmal die verschiedenen Höhenortschaften, nördlich und südlich, an den von *Paul Hesse* aufgestellten Gemeindetypen gemessen [6], sehr verschieden vom Hauptort. Insbesondere scheinen die drei nördlichsten Dörfer, ausgesprochene Kleinbauerndörfer, eine Sache für sich zu sein, wie auch die verschiedenen Komplexe der nördlichen Höhe dadurch ausgezeichnet sind, daß sie im Gegensatz zum Hauptort und auch zum konfessionellen Gesamtdurchschnitt des Gemeindeverbandes (im Jahre 1951: kath. 31,3 %, prot. 67,3 %) „rein katholisch" sind (S. 183). Die südliche Höhe ist in dieser Hinsicht völlig verschieden, indem bei ihr nur ca. 20 % Katholiken ca. 80 % Protestanten gegenüberstehen. Allein hieraus wird wohl schon klar, daß sozial, kulturell und wirtschaftlich heterogene Gebilde nach rein verwaltungsmäßigen Gesichtspunkten künstlich zu einer Einheit zusammengefügt worden sind, was eigentlich den Sozialforscher davon abhalten sollte, eine solche Gemeinde als Untersuchungsgemeinde zu wählen, falls man nicht gerade an kultureller Differenzierung interessiert ist. Übrigens verlangte im Jahre 1867 eines der Dörfer im Tal, aus dem Gemeindeverband ausgegliedert zu werden. Diese Streitigkeiten, die bis vor das Reichsgericht kamen, zogen sich 45 Jahre hin bis 1912 (S. 242). Es erscheint uns etwas gewagt, angesichts solcher Verhältnisse von einem Zwang der Nachbarschaft zu sprechen. Hier dürfte ein Wunschbild der Gemeinschaft die Beurteilung der Lage wohl etwas getrübt haben.

Es gäbe nur einen Grund, der für die Wahl einer solchen Untersuchungsgemeinde hätte ausschlaggebend sein dürfen, und das wäre die am Anfang des ersten Kapitels erwähnte Absicht auf einen „Vergleich von Gemeinden unterschiedlicher Größe" abgesehen vom Vergleich nach „unterschiedlicher nationaler Kultur" gewesen (S. 1). Während *Arensberg* in seinem Schlußkapitel einige wesentliche Schritte in Richtung eines solchen internationalen und kulturellen Vergleichs unternimmt, ist die erste Absicht offensichtlich im Laufe der Arbeit zurückgetreten. Gewiß werden gelegentlich einige Unterschiede zwischen den verschiedenen Ortschaften und Gemeinden hervorgehoben, aber nur nebenher und ohne methodische Ausgestaltung. Dies tritt insbesondere in einigen anderen methodologischen Eigenheiten der vorliegenden Arbeit zutage, deren Betrachtung wir uns nunmehr zuwenden wollen.

Bevor wir unsere kritischen Bemerkungen entwickeln, möchten wir einen Umstand rückhaltlos anerkennen, der ebenfalls von großer methodologischer Bedeutung ist, und *das ist die geübte Kombination mehrerer Erhebungsmethoden, die einander teils ergänzen, teils kontrollieren. Vor allem wurde der noch immer weitverbreitete Fehler vermieden, allein aus einer Befragung oder Meinungsanalyse bestimmte Schlüsse zu ziehen; vielmehr wurde diese Technik mit sehr eingehender teilnehmender Beobachtung des Verhaltens vereint, abgesehen von der Auswertung bereits vorhandenen statistischen Materials, behördlicher Akten und anderer Dokumente und der Befragung von besonders gut informierten Gewährsleuten.*

Unabhängig von diesem Ausgangspunkt, den wir nur bejahen können, steht aber nun die Behandlung des vorliegenden Gemeindeverbandes als Einheit, was als die Konsequenz der ungenügenden Definition des Gemeindebegriffs und seiner Verwechslung mit dem Verwaltungsbegriff angesehen werden muß. Dies geschah vor allem in dem angewandten Sample, das als reines Random-Sample aus der Einwohnerkartei durchgeführt wurde, und zwar an einem Teil der erwachsenen Bevölkerung von 6,3 %. Die Ausfälle waren nicht höher als gewöhnlich, so daß diese Auswahl als einigermaßen befriedigend gelöst angesprochen werden darf, wenn auch die Zahl der Interviews ruhig höher hätte gewählt werden können, um einen geringeren Auswahlfehler zu erreichen. Aber nicht das soll im Augenblick diskutiert werden, vielmehr die Frage, ob man einen Gemeindeverband, der aus sachlich so verschiedenen Einheiten zusammengesetzt ist, überhaupt einem einfachen Random-Sample unterwerfen darf. *Wenn überhaupt, so hätte in diesem Falle wohl ein geschichtetes Sample (stratified random sample) durchgeführt werden müssen, bei dem allein die relative Selbständigkeit der Untergruppen hätte gewahrt werden können.* Dies hätte übrigens die Zahl der durchzuführenden Interviews beträchtlich erhöht, dafür aber einen internen Vergleich der einzelnen Untereinheiten erlaubt und damit die wirklichen Artikulationen der Meinungsstruktur in dem untersuchten Gemeindeverband zum Ausdruck gebracht. Dagegen scheint bei der Untersuchungsleitung kein Bewußtsein über die Probleme des Sampling vorhanden gewesen zu sein, wie auch die spärlichen Angaben zum Auswahlverfahren lehren. Nebenbei muß als grober Kunstfehler moniert werden, daß man es versäumt hat, den benutzten Fragebogen abzudrucken. Auch scheint über das Problem der Verschlüsselung keine zureichende Kenntnis vorhanden zu sein, oder wenigstens keine genügende Praxis, wie die oftmals recht willkürlichen Skalierungen beweisen, auf die noch zurückzukommen sein wird.

Wir bemerken ausdrücklich, daß die Verwendung eines anderen Sampletyps nicht notwendig zu anderen Ergebnissen führen muß; *dies kann, muß aber nicht die Folge sein*. Wichtiger ist aber, *daß die Ergebnisse dann auf eine methodisch einwandfreie Weise gewonnen worden wären, als es jetzt der Fall ist.* Im übrigen ist der hier begangene Fehler so wichtig, daß wir noch einen Moment dabei verweilen wollen, insbesondere als er auch in der Industrie- und Betriebssoziologie seine Parallele hat. Noch immer sieht man nämlich, daß Erhebungen durchgeführt werden, die die Belegschaft eines Betriebes als Einheit behandeln, während man in Wahrheit nur jede einzelne Abteilung als Einheit behandeln dürfte. So spricht man auch von Meinungen, welche die ganze Belegschaft eines Betriebes haben soll, ohne sich zu überlegen, ob dies wirklich der Fall ist. Natürlich gibt es gesamtbetriebliche Fragen, die alle angehen und über die alle eine Meinung haben. Dies sind aber erstens nur wenige und zweitens nur sehr allgemeine Fragen. Sowie wir soziologisch konkret werden, müssen wir uns auf die Untereinheiten des Betriebes stützen, welche den unmittelbaren Untersuchungsgegenstand darstellen, genau wie bei der Untersuchung eines Gemeindeverbands. Sonst laufen wir Gefahr, genauso oberflächlich zu prozedieren, wie die Meinungsforschungsinstitute gemeinhin tun. *Die sachlogisch bestimmte Strategie der Forschung verlangt, daß das in jedem Fall verwandte statistische Modell auch der Wirklichkeitskonstellation entspricht. Die tatsächlich vorhandenen außerordentlichen Verschiedenheiten der einzelnen Ortschaften sind in diesem Falle aber weder in Rechnung gestellt noch berücksichtigt worden*, wie oben schon angedeutet. Dies muß aber notwendigerweise eine gewisse Skepsis gegen die Validität der Ergebnisse erzeugen.

Diese Skepsis muß übrigens noch ergänzt werden durch eine weitere Frage nach der Legitimität der Auswahl unserer Untersuchungsgemeinde. Ist doch diese, die in gewisser Weise typisch für ländliche Gemeinden der Westdeutschen Bundesrepublik sein soll, seit „den Jahrzehnten vor der Jahrhundertwende" in ihrem Zentralort ein Fremdenverkehrsplatz geworden (S. 21 u. ö.). Damit siedelte sich hier eine dorffremde Oberschicht an, der schon früher fremde Jagdpächter vorausgegangen waren. Dieser Umstand ist wohl wesentlich verantwortlich für die eigenartige Bevölkerungszusammensetzung des Hauptortes, über die wir leider zu wenig erfahren (vgl. etwa S. 19). Vor allem fällt auf, daß *Wurzbacher* in seiner beruflichen Gliederung der erwerbstätigen Gemeindebevölkerung die selbständigen Berufslosen ausläßt (S. 30, Anmerkung 1); denn hier dürften wohl viele der ansässig gewordenen ehemaligen Kurgäste zu finden sein. Dazu erfährt man dann noch, und auch das hätte die Zahl der selbständigen Berufslosen zweifellos erhöht, daß sich „ein Landerziehungsheim für Kinder aus vermögenden Kreisen der damaligen deutschen Gesellschaft wie des Auslandes" in unserer Gemeinde befunden hat (S. 41 u. ö.). Wir möchten hier doch stark bezweifeln, ob die Wahl der Untersuchungsgemeinde richtig war, wenn sie in irgendeiner Weise Aussagen über andere deutsche ländliche Gemeinden erlauben soll. Wir scheinen hier in Wahrheit vor einem sehr speziellen Fall zu stehen, was auch in vielen Ergebnissen der Untersuchung zum Ausdruck kommt, z. B. die sehr verschiedene Familienstruktur im Zentralort und im Rest der Gemeinde (siehe dazu etwa die Tabelle auf S. 78). Damit werden wir aber wiederum auf die eingangs schon eingehend erörterte Tatsache der großen Verschiedenheit der einzelnen Ortschaften in unserem Gemeindeverband hingewiesen, der wir noch in einigen Einzelheiten nachgehen wollen. Wir betonen auch, daß es in Fällen wie dem vorliegenden wesentlich dazugehört, nur eine solche Gemeinde auszuwählen, die keine lokalen Eigentümlichkeiten aufweist, um eine leidliche Repräsentativität zu sichern. Auch dieser Grundsatz ist nicht respektiert worden.

Wenn etwa die Scheidungsproblematik in der Gemeinde besprochen wird, so zeigt sich deutlich die Unzulänglichkeit der Erhebung, die alles in einen Topf warf. So scheint es etwa, daß nur rund 17 % keine Scheidungsgründe anerkennen, denen auch rund 17 % entsprechen, die die Scheidung überhaupt ablehnen ohne bestimmte Begründung (vgl. die Tabellen auf S. 107 und 108). Aus dem Verhältnis dieser Antworten zu den anderen wird dann geschlossen, daß „eine weitverbreitete Anerkennung der Scheidung als Institution im Grundsätzlichen" als Folge der sich wandelnden Struktur der Ehe eingetreten sei (S. 108). Diese Auffassung scheint uns nun nach allem, was wir über die verschiedene konfessionelle Struktur der Gemeinde wissen, viel zu oberflächlich und ein typisches Ergebnis der undifferenzierten Meinungsforschung billigsten Stils zu sein. Wir möchten dagegen folgende komplexe Hypothese stellen: während die „rein" katholischen Dörfer von Kleinbauern auf der nördlichen Höhe sicher einen um ein vielfaches höheren Prozentsatz der Aussagen *gegen* die Ehescheidung aufweisen dürften als der Gesamtdurchschnitt (vgl. auch die Bemerkungen S. 225 unten), muß entsprechend die Lage im Hauptort ganz anders sein, nämlich eine wesentlich höhere Toleranz gegenüber der Scheidung aufweisen, als in den angeführten Mittelwerten zum Ausdruck kommt. Problematisch ist hierbei insbesondere die Frage, wie sich die Dinge bei den auspendelnden katholischen Arbeitern auf der nördlichen Höhe im Verhältnis zu den Kleinbauern verhalten. Auf der südlichen Höhe müssen wir aber auch bei den katholischen Arbeitern insofern eine verschiedene Einstellung annehmen, als die Wahrscheinlichkeit wächst, daß sie als katholische Diasporagemeinde stärkstens auf ihrem Glauben beharren, da sie Minorität sind. Dies wird auch bezeugt durch den starken Konservatismus des Kirchenvorstandes, über den berichtet wird (S. 197/198). Dagegen ist die Sache bei den Protestanten unklar, wenn wir bedenken, daß wir hier vor allem die mittleren Landwirte finden, bei denen die Scheidungshäufigkeit an und für sich niedrig ist. Auf die kleine Baptistengruppe, die sich daneben findet, wird überhaupt nicht wesentlich eingegangen; es wird nur hervorgehoben, daß sie außerordentlich strenge Moralgrundsätze beweist. Insgesamt bleibt aber als Ergebnis der vorgehenden Überlegungen, *daß die genannten Zahlenwerte überhaupt keine Aussagekraft haben, sowie wir sie auf die tatsächlichen Verhältnisse projizieren*. Dies darf — nebenbei gesagt — in keiner Weise als Argument gegen die statistische Auswertung von Erhebungsmaterialien genommen werden, *sondern nur als Abweisung methodologisch unzulänglicher Arbeitsweisen*. Die völlige Vernachlässigung des kulturellen Faktors mag auf den einseitig wirtschaftlichen Ansatz des benutzten Klassifikationsschemas zurückzuführen sein. Was aber auch die Ursache dafür sein mag, so wirkt dies Verfahren doch bei näherer Betrachtung recht untragbar. Dies wird auch dadurch nicht ausgeglichen, daß gelegentlich auf die verschiedene Struktur der einzelnen Orte in bestimmten Beziehungen hingewiesen wird, wie z. B. bei der Besprechung der völlig verschiedenartigen Stellung des Pfarrers in beiden Konfessionen (so etwa S. 186/187, 196 ff.). Auch an anderen Stellen tritt hervor, wieviel bei einer Differenzierung zwischen den einzelnen Ortschaften an genaueren Einsichten gewonnen worden wäre. Dies zeigt sich etwa bei der Analyse des Nachbarschaftsverhaltens (S. 116), bei der Wahl des Ehepartners aus der Nachbarschaft oder aus der Ferne (S. 148), bei der verschiedenen Beteiligung an den Vereinen (S. 157, 160, 178); am empfindlichsten wird jedoch dieser Mangel spürbar bei den Ausführungen über das religiöse Leben der Gemeinde, wobei wir nochmals hervorheben, daß wir die zahlreichen Hinweise dieser Art aus dem Text entnehmen. Die Differenzen müssen offensichtlich so stark gewesen sein, daß sie sich trotz des undifferenzierten Ansatzes im Untersuchungsplan von selbst aufdrängten.

Diese Situation hat aber noch weitere Konsequenzen subtilerer Natur. Nehmen wir als Beispiel etwa die Herkunft der Ehepartner. Wenn man innerhalb des Gemeindeverbandes nach den verschiedenen Kulturgruppen differenziert hätte, wäre man sicher auf ein sehr verschiedenes Verhalten in dieser Hinsicht sowohl in den verschiedenen Ortschaften wie den verschiedenen Berufsklassen gestoßen. Das hätte dann den Gedanken nahegelegt, diese Verhältnisse insgesamt mit anderen zu vergleichen, etwa in der Stadt. Da viele, insbesondere amerikanische Untersuchungen gezeigt haben, in welchem Ausmaß auch in der Stadt der Ehepartner aus der Nachbarschaft gewählt wird, kann man den Begriff der nachbarschaftlichen Integration allein nicht mehr als reines Spezifikum der ländlichen Gesellschaft ansehen, sondern höchstens in Kombination mit anderen Merkmalen. Im übrigen läßt sich zeigen, daß zwar einerseits Zugewanderte noch nach Jahrzehnten als „Fremde" angesehen werden, daß aber auch andererseits rührige Persönlichkeiten unverhältnismäßig schnell akzeptiert werden. So heißt es, daß die „überdurchschnittlich sozial Interessierten und Aktiven", die auch Flüchtlinge oder Evakuierte sein können, in die Führungsgruppe der Gemeinde vordringen können (S. 284). Dabei erhebt sich generell die Frage, wie lange es eigentlich dauert, bis eine „Überlieferung" entsteht. Bei Besprechung der Maifeier und ihrer Modifikation durch den Nationalsozialismus wird z. B. erwähnt, daß diese Modifikation „ohne jede Erinnerungen an nationalsozialistische Vorstellungen als ‚überliefertes' nachbarschaftliches Brauchtum" nach 1945 aufrechterhalten wurde, obwohl sie erst nach 1933 eingeführt worden war (S. 127). So genügen also 12 Jahre, um eine „Überlieferung" zu schaffen und vergessen zu machen, daß es sich dabei gar nicht um autonomes Kulturgut, sondern um rein städtische Importware handelt. Dies mag auch für die Eingelebtheit von Zuwanderern zutreffen, die teils unverhältnismäßig schnell, teils gar nicht adoptiert werden.

Abgesehen von diesen methodologischen Erörterungen muß jedoch gesagt werden, daß der Begriffsrahmen, auf dem die ganze Untersuchung ruht, sehr vorsichtig gewählt ist. Es hätte nahegelegen, einzig die desorganisatorischen Folgen der wachsenden Differenzierung hervorzuheben, wie wir das oft in der durchschnittlich sentimentalen Behandlung der Dorfproblematik erleben. Sehr richtig weist hier *Wurzbacher* in Ablehnung der Auffassung von *Ferd. Tönnies* darauf hin, daß „eine solche an den Formen und Worten früherer gemeinschaftlicher Verbundenheit ausgerichtete Sicht ... die positive, gesellschaftsintegrierende, zukunftsbildende Seite der gleichen Prozesse" (S. 283) übersieht. Dies hat er später an anderem Orte weiter ausgeführt[7]. Trotzdem klingen aber gewisse Restbestände dieser Konzeption noch immer an, und zwar einmal in einer dauernden Überschätzung des „Gemeinschafts"-Charakters von früher und auch des „Gemeinschafts"-Bedürfnisses von heute in der nachbarschaftlichen, der klassenmäßigen oder der politischen Ordnung. Wir können dies nicht mehr in allen Einzelheiten ausführen, so muß es bei Andeutungen bleiben. Aber es ist doch auffällig, wie stark immer wieder die früher bestehende Einheit, ja Homogenität betont wird, wo doch die angeführten Tatsachen sehr oft das Gegenteil zeigen, nämlich einmal eine Herrschaft der Bauern über die „kleinen

Leute", dann die Entstehung einer städtischen Bildungs- und Wohlstandsschicht, schließlich heute die weit überrepräsentative Vertretung der Landwirte im Gemeinderat und in vielen anderen politisch-sozial-kulturellen Schlüsselstellungen, wodurch die Arbeiter völlig an die Wand gedrängt werden. Dies alles weist eher in Richtung einer sehr einseitigen Herrschaftsordnung, in der trotz der Überlegenheit der auspendelnden Arbeiter und trotz entgegengesetzter Äußerungen der Verfasser, kleine Cliquen eine unbeschränkte Herrschaft ausüben. Bezeichnend ist hierfür insbesondere eine Bemerkung (S. 272), nach der es keine Cliquenbildung geben soll, während wenige Zeilen weiter gesagt wird, daß sich „die Führungsgruppen der einzelnen Bereiche stark überschneiden", so daß „das Ausmaß der tatsächlich vorhandenen Überschneidung .. eine in sich zusammenhängende, in sich verzahnte Gruppe" ergibt. Daneben stehen dann noch die inoffiziellen Autoritäten. Da wir an anderem Orte eingehend auf diese Frage wie die der Ausgestaltung sozialer Klassen in der Gemeinde eingegangen sind[8], verzichten wir hier auf eine weitere Diskussion. Hingegen möchten wir einen anderen Punkt hervorheben, der uns erlaubt, die Herrschaftsstruktur der Vergangenheit vielleicht in Zukunft etwas klarer in den Blick zu bekommen. Vielfach zeigen sich nämlich Anzeichen, daß die Integration der älteren Gemeinde im Grunde nur aus der sehr einseitigen Herrschaft der Vollbauern entsprang, während die auch früher schon vorhandenen „kleinen Leute" gleichzeitig an den Rand gedrängt und ihre Existenz mehr oder weniger verschwiegen wurde; oft waren sie auch minderen Rechtes. Es zeigt sich nun, daß die Familien dieser Gruppen oftmals viele Merkmale aufwiesen, die man erst für die moderne Gesellschaft als bezeichnend ansieht, sofern sie überhaupt — wegen ihrer Armut — heiraten konnten und nicht einfach Massen von isolierten Atomen waren. Dabei muß hervorgehoben werden, daß dies völlig unabhängig von der Industrialisierung sein kann; im Gegenteil: man könnte vielleicht sagen, daß die Industrialisierung diesen Zustand vorfand und von ihm Gebrauch machte[9]. Entwicklungen dieser Art sind jüngstens öfters untersucht worden, vor allem auch in sogen. „unterentwickelten" Gemeinden. Andererseits sind aber diese Gruppen, die in der Gemeinde nur einen sehr geringen Familienrückhalt hatten und daher von vornherein auf das Leben außerhalb der Gemeinde viel ansprechbarer sein mußten, von Anfang an in einer ungünstigen Lage, was die Chance einer wirksamen Teilnahme an den Gemeindegeschäften betrifft. So deutet sich von hier aus ein Gefälle an für die Ausbildung einer internen Machtordnung, und das völlig unabhängig noch von der Verwaltungsordnung und ihr gleichsam vorgelagert, so daß schließlich eine Tradition einseitiger Machtausübung sich anbahnen kann, in der zunächst der Landbesitz den Ausschlag gibt. Dies ist dann auch ein weiterer Hinweis in Richtung einer nur teilweisen Integration der Gemeinde.

Aber jenseits dieser Weiterungen möchten wir doch nochmals hervorheben, daß unsere kritischen Bemerkungen nicht als Einwände, sondern nur als Weiterentwicklung der angeschlagenen Problematik auf Grund des Erreichten aufgefaßt werden dürfen, wobei dieses Ergebnis das Verdienst der beiden Hauptverfasser dieser Studie darstellt. Gleichzeitig möchten wir aber nochmals unterstreichen, daß viele Schwierigkeiten in einem zentralen Punkte zusammenzulaufen scheinen, nämlich des noch immer ungeklärten Verhältnisses von Materialerhebung und Hypothesenbildung einerseits und der methodisch einwandfrei gesicherten Auswertung des Materials andererseits. Es will uns noch allzu häufig dünken, daß die Mittel der Auswertung, insbesondere die Skalierungen, nicht nur recht primitiv und hilflos aufgestellt sind, sondern auch das nicht beweisen, was sie beweisen sollen. Dies wird teilweise auch mitverursacht durch den falschen Ansatz des Samples. Daneben finden wir aber eine Menge höchst interessanter Darlegungen, die ganz unmittelbar aus teilnehmender Beobachtung gewonnen worden sind oder auch ohne jegliche Materialerhebung irgendwelcher Art hätten angestellt werden können. In Zukunft wird insbesondere in dieser Hinsicht eine größere methodologische Bewußtheit angebahnt werden müssen, um ein besseres Gleichgewicht zwischen Materialerhebung und Theorienbildung zu sichern. Aber auch unangesehen dessen scheint uns das Erreichte aller Beachtung wert, wie es sicher auch künftig interessante Auseinandersetzungen auszulösen verspricht.

Anmerkungen

[1] Vgl. *C. von Dietze, M. Rolfes, G. Weippert*, Lebensverhältnisse in kleinbürgerlichen Dörfern. Ergebnisse einer Untersuchung in der Bundesrepublik 1952, Hamburg und Berlin 1953.

[2] Vgl. in diesem Heft *Christian von Ferber*, Die Darmstädter Gemeindestudie.

[3] *Erich Becker*, Entwicklung der deutschen Gemeinden und Gemeindeverbände im Hinblick auf die Gegenwart, in: *Hans Peters*, Herausg., Handbuch der kommunalen Wissenschaft und Praxis, Band I, Berlin 1956, S. 93 ff.

[4] Vgl. dazu *P. H. Chombart de Lauwe*, Découverte aérienne du monde, Paris 1949; Photographies aériennes. L'etude de l'homme sur la terre, Paris 1951.

[5] So etwa bei *Hansjürg Beck*, Der Kulturzusammenstoß zwischen Stadt und Land in einer Vorortgemeinde, Zürich 1952.

[6] Vgl. *Paul Hesse*, Grundprobleme der Agrarverfassung, Stuttgart 1949. Allerdings treten hierbei einzig wirtschaftliche Gesichtspunkte in den Vordergrund, während die kulturellen vernachlässigt werden, wie schon andernorts hervorgehoben bei *R. König*, Die Gemeinde im Blickfeld der Soziologie, in: *Hans Peters*, a. a. O., S. 37 f. Dies hat vielleicht mitveranlaßt, daß man in der vorliegenden Untersuchung die konfessionellen Differenzen unterschätzt hat, obwohl das eigentlich nach der ganzen durch *Max Weber* ausgelösten Diskussion, die sich bis in unsere Tage fortgesetzt hat, nicht geschehen sollte.

[7] Vgl. *G. Wurzbacher*, Beobachtungen zum Anwendungsbereich der Tönniesschen Kategorien Gemeinschaft und Gesellschaft. in: Köln. Ztschft. f. Soz. u. Soz.psych. VII, 3.

[8] Vgl. *R. König*, Die Gemeinde im Blickfeld der Soziologie, in: a. a. O., S. 41 ff.

[9] Vgl. dazu neuerdings *R. König*, Changes in the Western Familiy, in: Transactions of the World Congress of Sociology, London 1956.

V. Teil: Literaturbesprechungen

ZUR BEGRIFFSANALYSE DER GEMEINDE-SOZIOLOGIE

René König hat im „Handbuch der kommunalen Wissenschaft und Praxis" (hg. v. Prof. Dr. *H. Peters*, I. Bd.: Kommunalverfassung, Springer-Verlag, Berlin/Göttingen/Heidelberg, 1956) eine Abhandlung „Die Gemeinde im Blickfeld der Soziologie" veröffentlicht (ebd. S. 18—50), auf die an dieser Stelle aufmerksam zu machen wohl die erste Pflicht des Rezensenten ist.

Sie enthält eine für die empirische und theoretische Soziologie der Gemeinde so wichtige Diskussion und Klärung der Grundbegriffe, daß es bedauerlich wäre, wenn sie durch ihr Erscheinen in einem kommunalwissenschaftlichen Handbuch möglicherweise der Aufmerksamkeit des soziologisch interessierten Publikums etwas entginge. Sie bietet weiterhin in gedrängter Form einen nahezu vollständigen Überblick über die wichtigen empirischen Untersuchungen und theoretischen Arbeiten zur Gemeindesoziologie in den letzten Jahrzehnten. So zeigt die Abhandlung wieder einmal, wie aufschließend rein definitorische Bemühungen oder wenigstens theoretisch exakte Strukturbegriffe für die Problemstellungen der empirischen und angewandten Forschung sein können und wie notwendig sie dieser vorauszusetzen sind.

König beginnt damit, daß er die Gemeinde als ein soziales Gebilde mit sozialem Eigenleben definiert, also die Auffassung der Gemeinde als eine Verwaltungseinheit von vornherein als einen sekundären Aspekt erkennt. Sie ist sogar in Geschichte und Gegenwart eine soziologisch eminent wichtige soziale Einheit, weil sie eins der wenigen dauerhaften sozialen Gebilde darstellt, in denen fast alle wesentlichen sozialen Funktionsebenen in irgendeiner Form vorhanden sind, d. h. eine Totalität oder umfassende Integration verschiedenartigster sozialer Beziehungen besteht. K. diskutiert für diese Einheiten, zu denen man unterhalb der Gemeinde wohl vor allem die Familie, oberhalb das Volk rechnen müßte, die Begriffe der „Vollgruppe" und (von *G. Gurvitch* übernommen) der „globalen Gesellschaft" und entschließt sich zur Verwendung des letzteren; man könnte, auf den gleichen Tatbestand zielend, noch andere Formeln dafür vorschlagen: *R. Redfield* (The Little Community, 1955) spricht in diesem Zusammenhange von „integralen Ganzheiten" und beginnt ihre Reihenfolge sogar bei der Person; ähnlich *Gehlen*, dessen Begriff der „Viel-" oder „Mehrzweck-Institutionen" (Sozialpsychologische Probleme i. d. industr. Gesellsch., 1949) auch auf die Gemeinde anzuwenden, von vornherein den Vorteil hätte, auf die in Vergangenheit und Gegenwart dauernd wechselnden Funktions- und Zweckzusammenhänge und -dominanzen in den verschiedenen Formen der „Gemeinde" hinzuweisen.

Mit all diesen Begriffen hat man jedenfalls einen neutralen Oberbegriff der Siedlungsgemeinde über all ihre verschiedenen Formen vom nahezu autarken Dorf bis zur Großstadt oder Metropole gewonnen. Um die Neutralität dieses Oberbegriffes zu sichern, gilt es vor allem, ihn von verfälschenden Nebenbedeutungen frei zu halten; in diesem Zusammenhange weist K. mit Recht jede Identifikation des Begriffes der Gemeinde mit dem der Gemeinschaft zurück. Die vielfältigen Bedeutungen der „Gemeinschaft" können immer nur zeitliche oder strukturelle Einzelaspekte der Siedlungsgemeinde treffen, ja an ihr kann man vielleicht am deutlichsten nachweisen, daß das vermeintliche Gegensatzpaar von „Gemeinschaft" und „Gesellschaft" nur „korrelative Strukturelemente" *(Geiger)* des gleichen sozialen Gebildes trifft. Damit entfallen auch die mit diesem Gegensatz zusammenhängenden Kategorien wie „organisch gewachsen" und „künstlich organisiert" oder das Ausmaß der Autarkie als Primärkennzeichen der Gemeinde, ja letzthin werden sogar die Begriffe „Dorf" und „Stadt" als Strukturbegriffe auf eine rein praktische Nützlichkeit ihrer Verwendung relativiert.

Als Grundprinzip liegt der Entstehung und dem Bestand der Gemeinde natürlich eine Gesellung zugrunde, die aus einem örtlich gemeinsamen Siedeln und Wohnen stammt, also die „Nachbarschaft". Aber K. weist mit Recht sofort darauf hin, daß „Nachbarschaft' im abstrakten Sinne eines Prinzips der Gesellung verstanden" auf das sorgfältigste von der „Nachbarschaft" als Gruppe oder Teilgruppe der Gemeinde geschieden werden müsse. Nur in Frühzuständen oder Restbeständen kleingruppenhafter Siedlungsweisen fällt das Prinzip der gemeindlichen Gesellung mit der „konkreten oder faktischen Nachbarschaft" so weit zusammen, daß ihre begriffliche Trennung überflüssig wird; für eine moderne Gemeindesoziologie ist die Unterscheidung dieser Bedeutungen geradezu eine konstituierende Voraussetzung. Auch für die moderne Gemeinde, z. B. eine Großstadt, ist das Prinzip der Nachbarschaft, der lokalen Gesellung durch Siedlung, nach wie vor fundamental; „Nachbarschaften" im konkret-faktischen Gruppensinne sind jedoch zu fast privat gewordenen Formen des allernächsten Kontaktes von Wohnungs- oder Siedlungsnachbarn reduziert, deren Herstellung außerdem noch der privaten Wahlmöglichkeit unterliegt.

Damit ist das Thema der Strukturveränderung der Gemeinde in der Entwicklung der Gesellschaft angeschlagen; K. weist darauf hin, daß die Gemeinde in der modernen westlichen Zivilisation a) sehr viel ursprünglich gemeindliche Tätigkeiten an höhere, lokal umfassendere „globale Gesellschaften" (Provinzen, Nation, Staat) abgegeben habe, b) die verbleibenden gemeindlichen Tätigkeiten wirtschaftlicher, politischer, geselliger und kultureller Art eine schärfere Profilierung zum Kommunalen, also spezifisch „Siedlungsgemeindehaften" erfahren haben und c) schließlich jene schon erwähnte „Intimisierung" der konkreten Nachbarschaft gegenüber dem Gesamtleben der Gemeinde eingetreten ist. Dem Familiensoziologen König wird es nicht entgangen sein (obwohl er es nicht ausdrücklich erwähnt), daß hier strukturell parallele Vorgänge zur Wandlung der Familie in der modernen Gesellschaft vorliegen: die „Intimisierung" des Grundprinzips zur „Privatheit", die Spezialisierung der verbleibenden Funktionen gesamtgesellschaftlicher Art (bei der Familie ihre Betonung der Personal-Gemeinschaft und Nachwuchs - Aufzucht - Funktionen) und schließlich der beiden gemeinsame breite Funktionsverlust an übergeordnete Einrichtungen der industriell-bürokratischen Gesellschaft. Ohne diese strukturelle Parallelität des Wandels „globaler Gesellschaften" in der modernen technisch-großräumigen Zivilisation überfolgern zu wollen, läßt sich doch hier eine gemeinsame Veränderungsgesetzlichkeit ahnen, die über Familie und Gemeinde hinaus wohl auch für „integrale Ganzheiten" wie den Stamm, die Nation und vielleicht auch für die „Person" in der modernen Gesellschaft gelten oder gelten werden.

Der Begriff der Nachbarschaft wird weiter unterschieden von einem Grundbegriff der Sozialökologie der Gemeinde: den „natural areas", worunter K. „Teilgebiete einer Gemeinde von quartiermäßigem Charakter (versteht), in denen sich eine spezifische Bevölkerung von einigermaßen homogenem Charakter angesiedelt hat". Es handelt sich also zumeist um städtische Siedlungsteile mit spezifischem

Klassen-Charakter (Elendsquartiere, Arbeiterviertel, Mittelstandsbezirke usw.) oder spezifischem Funktions-Charakter (Geschäftsviertel, Regierungsviertel, Vergnügungsviertel); allerdings weist K. mit Recht darauf hin, daß diese anscheinend homogenen Charakteristiken der Bezirke zumeist nur statistische Durchschnittsergebnisse darstellen und eingehendere Analysen innerhalb dieser Viertel meist große Unterschiede der Kleinstruktur herausstellen. Da diese „natural areas" nicht nur in Städten, sondern heute ebenso in Dörfern zu finden sind, könnte man sie am besten mit dem Begriff der „sozialtypischen Gemeindebezirke" übersetzen; dagegen spricht vielleicht die Tatsache, auf die K. ausdrücklich hinweist, daß sich solche sozialtypischen Siedlungsräume häufig gerade an den Stadträndern und damit die eigentlichen Gemeindegrenzen übergreifend bilden. Allerdings muß man fragen, ob sich hier nicht die Gemeindesoziologie von der Verwaltungsgrenze der Stadt lösen und diese Einzugsbereiche mit in den soziologischen Begriff der Gemeinde hineinnehmen muß. Auf der anderen Seite können diese so gefaßten „natural areas" in der Tat auf übergemeindliche sozialtypische Siedlungsregionen hinweisen, womit sie sich dem Begriff der „Soziallandschaften" nähern, wenn man darunter Erscheinungen wie z. B. Erholungs- und Fremdenverkehrsräume, industrielle Ballungen usw. versteht.

Neben diesen wichtigen definitorischen Bemühungen bietet die Abhandlung *Königs* weiterhin eine Systematik der Struktur- und Funktionsanalyse von Gemeinden, die den Fächer der gemeindesoziologischen Problemstellungen und Sachanliegen weiter auffaltet. Im Anschluß an *A. B. Hollingshead* teilt er die Betrachtungsweisen der Gemeindesoziologie in den ökologischen, typologischen und strukturanalytischen Gesichtspunkt ein. Während die Sozialökologie der Gemeinde sich, wie bereits erwähnt, vor allem mit der Erforschung der sozialtypisch-regionalen Binnenstruktur der Gemeinde befaßt, beruht die Sozialtypologie der Gemeinde vor allem auf dem Vergleich der Gemeinden untereinander. *König* sieht, daß die Hauptgruppe der typologischen Klassifikationsversuche der Gemeinden sich an ökonomischen Gesichtspunkten ausrichtet: Wirtschafts- und Beschäftigungsstruktur oder deren Dominanzen werden zu den leitenden Unterscheidungsmerkmalen dieser Typologien, wie es an den Gemeindeklassifikationen von *Hesse, Finke, Schwind* und auch noch *E. Pfeil* zu erkennen ist. Daneben gibt es immer wieder Versuche, auch die kulturelle Struktur der Gemeinde in die Typologie einzubeziehen, sozusagen nach gemeindlichen „Lebensstilen" zu klassifizieren. Aber über die Grobstruktur eines „städtischen" und eines „dörflichen" Kulturstiles — dessen Unterscheidung außerdem gegenwärtig immer fragwürdiger wird — sind diese typologischen Versuche eigentlich nie weit hinaus gelangt. Dies scheint mir darauf zu beruhen, daß im Grunde hier bereits das Problem einer differenzierteren Struktur- oder Funktionsanalyse der Gemeinde vorliegt, das sich nicht mehr zu der einfachen Überzeugungskraft typologischer Merkmale reduzieren läßt.

Dieser für den Soziologen sicherlich interessantesten und ergiebigsten sozialwissenschaftlichen Betrachtungsweise der Gemeinde, der strukturellen, ist eine Einsicht *Königs* vorauszustellen (die allerdings bei ihm systematisch an anderer Stelle steht): daß die Funktionskreise des gemeindlichen Lebens in ihrem Zusammenhang und damit auch in ihren Strukturen außerordentlich variabel sind, innerhalb der gleichen Gemeinde in verschiedenen Zeitphasen wechseln können und es daher keine für alle Gemeinden gültige Schematik der Funktionskreise und ihres strukturellen Zusammenhanges gibt; „die Konstellation entscheidet jeweils darüber, was in den Mittelpunkt gerückt wird" *(König*, S. 30). Daher bleibt auch die richtige Einsicht *Robert C. Angells*, daß das gemeindliche Leben sich nur dort befriedigend entwickelt und strukturell klar ausprägt, „wo gemeinsame Werte da sind, die das Leben bestimmen", also der Gesichtspunkt einer „moralischen Integration" als oberster Strukturbegriff, zunächst im Formalen hängen und bedarf seiner Konkretisierung in jedem Einzelfall je nach „Konstellation" der Gemeinde. Eine Klassifizierung der Gemeinden nach dem Grad der „moralischen Integration" scheint mir das Wesentliche der unter diesem Begriff gewonnenen Struktureinsichten wieder aufzuheben. Zu den wichtigen formalen Kategorien einer solchen Strukturanalyse gehört zweifellos „die Scheidung (des gemeindlichen Lebens) in mehr formelle und mehr informelle Funktionskreise", wobei *König* mit Recht sofort darauf hinweist, daß die wesentlichen materiellen Funktionsbereiche der Gemeinde (Wirtschaft, Verwaltung, Kirche, Schule usw.) immer zugleich, wenn auch in verschiedenem Ausmaß, beide Aspekte bieten.

Die Abhandlung führt noch in einige strukturelle Analysen „der alltäglichen Gegenwärtigkeit des Gemeindelebens" ein. Dabei läßt K. die „formellen" Funktionskreise zunächst beiseite, da ihre Analyse entlang den speziellen Organisationen kommunaler Art selbstverständlich erscheint, und wendet sich insbesondere dem informellen Gruppenleben und den informellen Führungsaktivitäten in der Gemeinde zu. Hier müssen nun für die Gemeindeanalyse die schon genannten Gesichtspunkte des Funktionswechsels und der Einheit formeller und informeller Aktivitäten beachtet werden: formelle Organisation wie z. B. Vereine, Schützengilden, Feuerwehr usw., ja darüber hinaus Kirchen, Betriebe u. a. haben in der Gemeinde zumeist über ihren Organisationszweck hinaus noch „soziale Nebenfunktionen" der politischen Meinungsbildung, der repräsentativen Geselligkeit, also allgemein gesagt der sozialen Kontrolle (Social Control), ja, von hier aus baut sich neben der Verwaltungshierarchie der Gemeinde diese noch einmal als ein herrschaftliches Gebilde, ein „Machtgebilde", wie K. sagt, auf, „in dem bestimmte Personen bei bestimmten anderen Gehorsam finden". Die Hintergründe dieser Machtordnung der Gemeinde führen über die geselligen und formell-informellen Cliquen hinaus auf die soziale Schichtung der Gemeinde in Klassen und Kasten. Vielleicht erweist sich der Begriff der „Klasse" oder besser noch der „Kaste", der für die Struktur- und Schichtungsanalyse der Gesamtgesellschaft so prekär geworden ist, in der Tat in der Gemeindesoziologie noch am realitätsgesättigsten, insofern hier, im informellen Leben der Gemeinde, das durch keine Verwaltungsorganisation auf Sachstrukturen und -spannungen reduziert wird, sich klassen- oder kastenhafte Werteinstellungen, Selbst- und Fremdeinschätzungen noch am ungehemmtesten entfalten können. So werden von K. die sozialen Spannungen des gemeindlichen Lebens vor allem auf den Zusammenstoß von Gruppennormen dieser Art zurückgeführt: moderne Gemeindeuntersuchungen wie z. B. die bekannte von *R. und H. Lynd* „Middletown in Transition" (1937), aber auch die deutschen Untersuchungen über den Einfluß der Heimatvertriebenen und Evakuierten in den Gemeinden haben daher mit Recht dem Wandel solcher gruppenhaften Wertsysteme die größte Aufmerksamkeit geschenkt*.

So wie hier von *König* der — vorwiegend informelle — Einfluß anderer sozialer Gebilde (Verein, Betrieb, Klasse usw.) auf das gemeindliche Leben als eine wichtige Aufgabe der Strukturanalyse der Gemeinde herausgestellt worden ist, so müßte natürlich auch die umgekehrte Wirkungsrichtung, der Einfluß des formellen und informellen Gemeindelebens, des Gemeindetypus und der Gemeindegliederung auf andere soziale Gebilde ebenso systematisch erforscht werden, um die ganze Möglichkeit einer struktu-

---

* Wobei an dieser Stelle noch die Nennung einiger deutscher Gemeindeuntersuchungen nachzuholen wäre, auf die König nicht hinweist, z. B. die Berichte von *E. Lemberg* u. *L. Krecker* über ihre Flüchtlings-Dorfuntersuchungen in „Die Entstehung eines neuen Volkes aus Binnendeutschen und Ostvertriebenen", Marburg 1950; *F. Rudolph*, Strukturwandel eines Dorfes, Friedewalder Beiträge z. sozialen Frage, Bd. 6, Berlin 1955, vor allem aber die dafür und für viele andere der berührten Fragen reichlich Material bietenden Dorfuntersuchungen der Forschungsgesellschaft für Agrarpolitik u. Agrarsoziologie, hg. unter dem Titel „Lebensverhältnisse in kleinbäuerlichen Dörfern" und „Dorfuntersuchungen" als Sonderheft 157, 160 u. 162 der „Berichte über Landwirtschaft", 1953-55.

rellen Betrachtung der Gemeinde auszuschöpfen. Hierher gehörten etwa die Fragen des Einflusses der Gemeindestrukturen auf die Familienverfassung, ein schon weitgehend abgeklärtes Thema (im Amerikanischen bes. die Arbeiten *Svend Riemers*, The Modern City, 1952, u. a.); der gemeindlichen Bestimmungsfaktoren in der Sozialverfassung der Betriebe, denen einige amerikanische Gemeindeuntersuchungen näher nachgegangen sind; der Bedeutung der Siedlungsgemeinde für die kirchliche Gemeindebildung, eins der drängendsten Probleme moderner Religionssoziologie; der Rolle des gemeinlichen Lebens für die überkommunalen politischen Gebilde wie Parteien, Staatsverwaltung, Interessenverbände usw. Wird die strukturelle Betrachtung „der alltäglichen Gegenwärtigkeit des Gemeindelebens" so systematisch nach beiden Seiten getrieben, auf das soziale Eigenleben der Gemeinde hin wie umgekehrt auf ihre Kräfteausstrahlungen in das Eigenleben anderer Sozialgebilde, so kann die Gemeindesoziologie in der Tat zu einem theoretischen und vor allem zu einem empirisch-methodischen Schlüssel zur Erkenntnis der Gesamtgesellschaft und der Kultur werden, wie es vor allem immer wieder *Conrad M. Arensberg* gefordert und kürzlich für die amerikanische Gemeindeforschung programmatisch skizziert hat (American Communities, in: American Anthropologist, Vol. 57, 6, 1955).

Wir möchten es für einen Gewinn halten, wenn *R. König* diese Begriffsanalyse und Systematik der Gemeindesoziologie, vielleicht in umfassender und an einigen Stellen ergänzter Form, noch einmal als eine selbständige Schrift vorlegte. Für diesen hoffentlich eintretenden Fall sei noch ein Desiderat genannt: die Ausdehnung der Analyse auf die sozialen Bedingungen und Zusammenhänge des technisch-baulich-planerischen Gemeindelebens. Gemeindeplanung in jeder Form, angefangen von der Planung der einzelnen Wohnungen und ihrer Typen bis zur ganzheitlichen Stadt- und Raumplanung, bildet eine gegenwärtig so eminent wichtige praktische Aufgabe der Gemeinden und ist zugleich so vielfältig und durchdringend soziologisch mitbestimmt, daß eine Gesamtdarstellung der „Gemeinde im Blickfeld der Soziologie" heute daran nicht vorbeigehen sollte. Dies um so mehr, da wir einerseits, auch in Deutschland, zu diesen Fragen schon bedeutsame soziologische Untersuchungen vorliegen haben*, andererseits eine soziologisch-realistische Kritik der sozial unsachlichen und utopischen Vorstellungen so mancher Städtebauer und „Nachbarschaften"-Planer dringend erforderlich zu sein scheint**.

* Vgl. z. B. *Elisabeth Pfeil* in Verbindung mit *G. Ipsen* und *H. Popitz*, Die Wohnwünsche der Bergarbeiter, Soziologische Erhebung, Deutung u. Kritik der Wohnvorstellungen eines Berufes, Tübingen 1954; *E. Pfeil*, Neue Städte auch in Deutschland, Monographien z. Politik, Nr. 3, hg. v. Forschungsinstitut für Sozial- u. Verwaltungswissenschaften a. d. Univ. Köln, Göttingen 1954 u. a.

** *König* weist bei einer kurzen Erwähnung *Lewis Mumfords* selbst auf die „vielfach utopisch-planerischen Gesichtspunkte" hin (S. 40). Erneut sind sie uns durch die Herausgabe der gesammelten Schriften *S. Giedions*, Architektur und Gemeinschaft (in „rowohlts deutsche enzyklopädie", Bd. 18, Hamburg 1956) wieder vor Augen geführt worden; der darin enthaltenen emphatischen Kritik der Ignoranz und des Banausentums der Verwaltungen in künstlerischen und architektonischen Dingen entspricht leider eine ebenso naiv vorgetragene Ignoranz und romantisch-unrealistische Kritiklosigkeit einer Reihe von Architekten oder wenigstens des Verfassers gegenüber den sozialen Zusammenhängen modernen Gemeindelebens. So wird z. B. mit der architektonisch-stadtplanerischen Konzeption der „Nachbarschafts-Einheit" zumeist sozialutopisch die Vorstellung verbunden, man könnte durch geeignete, weitgehend autark wirkende Gliederung der Stadtviertel wieder ein sozial intimeres, „gemeinschaftliches" Verhalten der darin wohnenden Bevölkerung erzeugen. Abgesehen davon, daß hier genau die Begriffe der „Nachbarschaft", „Gemeinschaft" usw. vermischt werden, auf deren Klärung K. drängt, zeigt auch schon die einfachste empirische Untersuchung solcher „nachbarschaftlich" geplanten Siedlungseinheiten andere Entwicklungsgesetze des sozialen Verhaltens. Wir konnten in Hamburg die soziale Entwicklung zweier solcher im „Nachbarschafts-" oder „Gemeinschafts-" Sinne kurz nach dem 1. Weltkrieg gegründe-

In diesem Zusammenhange könnte auch auf ein sozialwissenschaftliches Material zur Gemeindeforschung verwiesen werden, dessen Erwähnung ich in einer sonst so umfassend in die neuere Literatur und Untersuchungen dieser Disziplin einführenden Abhandlung doch vermisse: auf die Arbeiten der Raumforschung und Landesplanung, die insbesondere in der seit 1937 erscheinenden Zeitschrift „Raumforschung und Raumordnung", in ihren „Kreisbeschreibungen" und sonstigen Berichten ein reiches Material, vor allem auch zur typologischen Betrachtung der Gemeinden, bieten.

Schließlich sei an dieser Stelle noch darauf hingewiesen, daß der vorliegende I. Band des „Handbuches der kommunalen Wissenschaft und Praxis" noch weitere Abhandlungen enthält, die den Soziologen interessieren dürften. Sowohl die allgemeinen Abhandlungen über die Entwicklung der deutschen Gemeinden und Gemeindeverbände (von *E. Becker*/Speyer) und über die Rechtsform und die Selbstverwaltung der Gemeinden (von *A. Köttgen*/Göttingen) als auch die eindringlichen Darstellungen des Gemeinderechtes in den einzelnen deutschen Ländern sollten bei jeder soziologischen Gemeindeuntersuchung vorher gekannt werden, damit der soziologische „Feldarbeiter" über

ten Siedlungen verfolgen; es zeigte sich, daß der in den ersten Jahren nach Bau der Siedlungen tatsächlich vorhandene intimere Charakter des sozialen Zusammenlebens ganz von den in die Siedlung mit hineingebrachten spezifischen Gemeinschaftsimpulsen — es waren Siedlungen von jugendbewegten und politisch-sozial organisierten Gruppen — abhing und nach kurzer Zeit mit Abtreten und Überlastung der vorgegebenen „Sozialaktivisten" verfiel. Heute gehen die gewünschten sozialen Beziehungen fast systematisch nach „außen" und das siedlungshafte Aufeinanderangewiesensein wird als eine großstädtisch unangemessene Belastung empfunden. Vgl. *Helmut Klages*, Der Neighborhood-Unit Plan, Empirische Untersuchungen über die Realisierbarkeit der mit ihm verbundenen Hoffnungen auf eine Beeinflussung des Sozialverhaltens, Hambg. Diss. 1955; *H. Schelsky*, Ist der Großstädter wirklich einsam?, in „Magnum", Jg. II, 9 (1956) S. 33 f.

die „formelle" Struktur seines Gegenstandes angemessen informiert ist, wenn er versucht, die Fülle des „informellen" sozialen Lebens, das in diesem Rahmen verläuft, verständnisvoll zu erfassen.

Helmuth Schelsky

EINE GEBIETS- UND EINE GEMEINDESTUDIE AUS DER HOLLÄNDISCHEN PROVINZ DRENTHE

H. J. Prakke, Deining* in Drenthe, Historisch-Soziografische Speurtocht door de „Olde Lantschap". 2. Auflage, Verlag van Gorcum, Assen 1955, Preis geb. hfl. 7,90.

Die vorliegende Arbeit des Autors und Verlegers *Prakke*, die den beispielhaften wirtschaftlichen, sozialen und kulturellen Aufschwung in der einst unterentwickelten holländischen Provinz Drenthe behandelt, ist keine Gemeindestudie im engeren Sinne. Wie der Titel andeutet, beschäftigt sich das Werk mit dem Geschehen in einer ganzen Provinz, nämlich Drenthe, der südlichsten von den drei nördlichen der Niederlande. Dieses Geschehen ist sehr breit ausgesponnen; historische, politische, wirtschaftliche, kulturelle, traditionelle und soziologische Tatsachen bilden das Rohmaterial.

Die „olde Lantschap", wie Drenthe auch genannt wird, ist ein Gebiet mit unfruchtbarem Sandboden, das von Hochmooren eingeschlossen ist und geographisch mit dem Burtangermoor und dem Emsgebiet eine Einheit bildet. Diese landschaftlichen Besonderheiten stellen den Grund für die jahrhundertelange Isolierung der Provinz dar. Die Sandgebiete waren nur dünn, die Moore überhaupt nicht be-

---

* „Deining" bedeutet wörtlich Dünung. Dieser aus der Seefahrt übernommene Begriff hat aber im Niederländischen einen eigenen Inhalt bekommen, für den es in der deutschen Sprache keinen entsprechenden Ausdruck gibt. Man könnte etwa, um dies an einem Beispiel zu erläutern, die Reaktion des Premierenpublikums insgesamt nach einer Erstaufführung, die teilweise begeisterte Zustimmung, teilweise eisige Ablehnung und teilweise eine abwartende Haltung ausgelöst hat, mit „deining" bezeichnen.

wohnt. So war es möglich, daß sich bestimmte Rechte, Sitten und Gebräuche sehr lange erhalten konnten und zum Teil noch heute bestehen.

Seit dem Jahre 1412, in dem das Recht Drenthes kodifiziert wurde, waren die Bauern alleinige Besitzer und Eigentümer des gesamten Bodens, der in Gemarkungen eingeteilt war, die der Bauernschaft zur freien und gemeinsamen Nutzung zur Verfügung standen. Diese Universitas Terre (nicht „Terrae") Threntie stellte eine bäuerliche gemeinnützige Staatsform dar, die bereits im 13. Jahrhundert bestand und die in ihrer Art einmalig ist. Daran änderte sich auch nichts, als sich im Laufe der Zeit der Ständestaat entwickelte, da es nur einen Stand gab, nämlich den des Bauern. Als dann in der französischen Zeit (nach der Französischen Revolution) das Gebiet zur „achten" niederländischen Provinz gemacht wurde, wurde es von Immigranten aus den anderen Provinzen überströmt. Allerdings hatten schon im Mittelalter Amsterdamer Kaufleute Teile ihres Kapitals in Drenthe angelegt, indem sie unbebautes Land und Moore kauften und urbar machten.

Bis zur „französischen Zeit" wurde das Land nur von Autochthonen bewohnt mit Ausnahme einiger „Herren", die sich in den Städten niedergelassen hatten, unter denen Assen eine besondere Stellung einnimmt. Ein wenig übertrieben, wenn auch nicht ganz unberechtigt, nannte sich Assen die „Stadt der Paläste" und wäre etwa mit den Residenzen der kleinen deutschen Fürstentümer zu vergleichen. Die französische Zeit bedeutete einen wesentlichen Abschnitt in der Geschichte Drenthes. Bis dahin war die Größe der autochthonen Bevölkerung durch Geburtenregelung und teilweisen Verzicht auf Eheschließung etwa konstant geblieben. Von 1795—1899 nahm dann die Bevölkerung um 274 % zu, ohne daß in der Provinz irgendwelche Industrien vorhanden gewesen wären. Den Anlaß dazu bot nicht eine veränderte Lebensweise der autochthonen Bevölkerung, sondern die andere Lebensweise der in den Moorgebieten angesiedelten Menschen. Diese setzten sich nämlich aus Armen, Waisen, Sträflingen, Landstreichern usw. zusammen, die im Rahmen eines großen Sozialplanes zur Linderung der Not von General *van den Bosch* (Krise um 1810) auf den Fennen (Mooren) angesiedelt worden waren. Diese Ansiedlung auf unfreiwilliger und freiwilliger Basis war für die Entwicklung und die damit auftretenden sozialen Spannungen von grundlegender Bedeutung. Der Autor richtet deswegen sein Augenmerk besonders auf dieses soziologisch interessante Problem (S. 185 ff.).

Schon zu Anfang sagt Prakke, daß ihm die Arbeiten von *B. Malinowski* und *P. J. Bouman* angeregt haben. Soziale Spannungen und „culture change" seien von den Geschichtsschreibern nicht oder zu wenig berücksichtigt worden. Ganz im Sinne *Malinowskis* wird dann die historische Entwicklung nicht vom Standpunkt des Außenstehenden, sondern von dem des Autochthonen aus betrachtet. Die Geschichte Drenthes ist die einer jahrhundertelangen stabilen Ordnung, die dann plötzlich in Bewegung gerät, wobei sich der Autochthone anpaßt und wandelt, wenn auch mancher Brauch folkloristischer Art bis in unsere Zeit lebendig geblieben ist. Es wird an einer Reihe von Beispielen gezeigt, wie sich die autochtone Bevölkerung über Staatsgewalt und geltendes Recht hinwegsetzt, um eine eigene Gerichtsbarkeit durchzusetzen, die auf das ursprüngliche bäuerliche Recht zurückzuführen ist.

Die soziale Struktur*, das heißt der große Verband von zusammenlebenden Gruppen, den die staatlichen und kulturellen Traditionen, die sozialen Normen und die wirtschaftlichen (ökonomischen) Zweckmäßigkeiten zusammenhalten, wird durch viele Einflüsse aus dem Gleichgewicht gebracht, oder es entsteht sogar ein kultureller Wandel. Die soziale Struktur der Autochthonen war stabil und durch gemeinsame Gemarkungen, Bauernschaft und Naturalwirtschaft gekennzeichnet. Die Nachbarschaftshilfe hatte eine besondere Bedeutung, weil sie eine gesetzliche

* Vgl. *P. J. Bouman*, Sociale Spanningen. Vortrag vor der Ryksuniversiteit Groningen, 25. Mai 1946.

Pflicht darstellte. Obwohl um 1800 die Eigentumsverteilung von Grund und Boden de jure durchgeführt wurde, war bis Ende des 19. Jahrhunderts das alte Recht gebräuchlich und blieben die gemeinnützigen Gemarkungen zum größten Teil bestehen.

In den Moorgebieten setzte sich die Bevölkerung aus Zugewanderten aus den übrigen Provinzen zusammen. Ihre Lebensweise war derjenigen der autochthonen Bevölkerung diametral entgegengesetzt. Die große Spannung, die sich daraus ergab, war die zwischen „Sand" und „Moor" und in geringerem Maße die zwischen „Herren" und „Bauern", sowie später zwischen „Herren" und „Arbeitern". Dies zeigte sich deutlich in den Krisenjahren von 1878—1895. Die soziale Not machte sich bei den Autochthonen in viel geringerem Maße bemerkbar als bei der Stadt- und Moorbevölkerung, weil die alten Normen, wie zum Beispiel Nachbarschaftshilfe und Naturalentlohnung, noch immer galten. Von besonderer Bedeutung für die Wiederherstellung des Gleichgewichts zwischen der autochthonen und der übrigen Bevölkerung scheint dem Verfasser der Einfluß der Presse zu sein.

Das vorliegende Buch ist zwar kein rein soziologisches Buch, es zeigt aber, welch geschlossenes Bild man erhält, wenn man die Soziologie bei der Geschichtsschreibung zu Rate zieht. Hans Driessen

John Y. Keur and *Dorothy L. Keur*, The Deeply Rooted. A Study of a Drents Community in the Netherlands. Meet en woord vooraf von Prof. Dr. P. J. Bouman. Verlag van Gorkum u. Co. N. V., Assen 1955. 208 Seiten, br. hfl. 9,50; geb. hfl. 11,25.

Auch diese Arbeit ist wie die vorhergehend besprochene unter dem Einfluß des Groninger Soziologen Prof. *P. J. Bouman* entstanden, dessen ausgezeichnete Einleitung in die Soziologie in deutscher Sprache erschienen ist und weiteren Kreisen bekannt sein dürfte. In seinem Vorwort schreibt er sehr richtig, daß eigentlich das beste Team für Forschungsarbeit ein Ehepaar sei, das die Aufgaben unter sich aufteilt. In der Tat haben wir viele Beispiele solcher erfolgreichen Zusammenarbeit in der Sozialforschung; wir erwähnen hier nur das deutsche Forscherehepaar *Richard* und *Hilde Thurnwald*. Da dem alleinarbeitenden Manne oftmals ganze Lebenskreise mehr oder weniger verborgen bleiben, z. B. die Welt der Frau, ist eine solche Arbeitsteilung außerordentlich vielversprechend. Zugleich darf gesagt werden, daß in dem vorliegenden Falle zwei hauptamtliche Mitarbeiter völlig zureichend waren, da es sich um eine winzig kleine Dorfgemeinde in der Provinz Drenthe von nur 280 Einwohnern handelt; es war also durchaus zu bewältigen, mit allen Einwohnern in Kontakt zu kommen. *Im übrigen handelt es sich dabei wohl um die erste Untersuchung einer kleinen Gemeinde in Europa*, die eine gute Parallele darstellt zu dem Buch von *James West*, Plainville, USA (New York, zuerst 1945). Wir heben noch besonders hervor, daß das Ehepaar *Keur* in den Vereinigten Staaten lebt und wohl dort auch beheimatet ist, obwohl sie ursprünglich aus Holland stammen, wie die Tatsache vermuten läßt, daß sie den lokalen Dialekt beherrschen.

Wie der Titel andeutet, handelt es sich hier um eine intensiv traditional gestimmte kleine Gemeinde in einer an und für sich schon stark traditionalen Landschaft, die früher sehr unterentwickelt war und auch vom übrigen Holland als recht schwer beweglich angesehen wurde. Unsere Gemeinde ist noch speziell isoliert und abgelegen, so daß sie ein gutes Bild von unverhältnismäßig wenig gestörten ländlichen Verhältnissen gibt. Das Ehepaar *Keur* lebte insgesamt 10 Monate in dieser Gemeinde (September 1951 bis Juni 1952), und obwohl die Bewohner als besonders mißtrauisch gegenüber Fremden, ja geradezu als scheu bekannt sind, wurden der „amerikanische Professor und seine Frau" bald aufgenommen und schließlich sehr herzlich behandelt. Die verwendete Methode war einzig und allein die der teilnehmenden Beobachtung, was bei der Kleinheit der Gemeinde sicher als angemessen betrachtet werden darf.

Der erste Teil der Arbeit befaßt sich mit der Oekologie der Gemeinde, wie mit einem nicht ganz korrekten Wortgebrauch gesagt wird; besser hätte man einfach gesagt: die geographischen und wirtschaftlichen Gegebenheiten von Anderen und Umgebung. Hier wird reichlich vorhandene Literatur zu einer knappen und guten Übersicht aufgearbeitet, die alle wesentlichen Angaben über die sehr eigenartige Kulturlandschaft enthält, in der sich die Untersuchungsgemeinde befindet. Viel wichtiger als dieser erste ist indessen der zweite Teil, der rund zwei Drittel des Buches umfaßt und die speziell den Soziologen interessierenden Probleme behandelt, also den Lebenszyklus (Empfängnis, Geburt, Kindheit, Sozialisierung vom Vorschulalter bis zu den Berufsschulen, Soziale Reifung, Verlöbnis und Heirat, die Familiengruppe, das Alter, Tod und Begräbnis), die Auseinandersetzung zwischen Tradition und sozialem Wandel, das Kalenderjahr mit den wiederkehrenden Festen, Gruppenaktivitäten, Klassenschichtung, Gruppeneinheit und Isolierung, Charakterstruktur und Persönlichkeit.

Ohne auf alle Einzelheiten eingehen zu können, möchten wir hier insbesondere die Punkte hervorheben, die uns besonders wichtig erscheinen und allgemein für die Gemeindeforschung förderlich sein mögen. Da steht vor allem die Bemerkung, daß von Beginn des Lebens an der Gruppencharakter der Gemeinde in Erscheinung tritt, was sich insbesondere in der Nachbarschaftshilfe bei der Geburt zeigt. Dabei ist hier Nachbarschaft, wie auch an anderen Stellen des Buches hervortritt, nicht ein vager und unbestimmter Begriff; *vielmehr scheinen die Verpflichtungen der Nachbarschaft höchst differenziert zu sein.* So schauen, wenn die Wehen einsetzen, die räumlich nächsten Nachbarn (rechts und links) nach der Mutter, die zweiten Nachbarn (wiederum auf beiden Seiten) müssen für die vorhandenen Kinder sorgen, so daß im Prinzip alle Aufgaben in gegenseitiger Hilfe erledigt werden können. Nach der Geburt wurde früher regelmäßig ein großes Brot geschickt (heute seltener), dagegen erfolgt noch immer ein kurzer Besuch der Nachbarn und Verwandten bei der Wöchnerin, wobei die Gäste auf holländische Art mit Kaffee und Keksen, auch mit stärkeren Getränken bewirtet werden. Jeder Gast gibt der jungen Mutter etwas Geld, wie übrigens auch beim Begräbnis, was die Verf. als eine Art von „Aufnahme" in die Gemeinde deuten. Sehr interessant ist der berichtete Umstand, daß gelegentlich die Kinder sehr lange an der Brust genährt werden, um — wie die Leute erklären — eine neue Schwangerschaft zu verhüten (bis zu zwei und drei Jahren). Dies erinnert an Bräuche bei manchen Primitiven. Im übrigen erscheint das Gruppenleben der Familie derart dicht, daß von einem Sonderleben der Kinder kaum gesprochen werden kann, was zu später noch zu erwähnenden Mißständen führt, die eine typische „Überorganisation" der Familie anzeigen. Wie die Erwachsenen ein intensives Interesse an den Kindern bezeugen, so schauen auch die älteren Kinder nach den jüngeren. Da das Kind kaum jemals ein Eigenleben hat, geht auch der Übergang in die Erwachsenenwelt ohne Schock vor sich; alle Übergänge sind gleitend. Was hier zunächst eine außerordentliche Sicherheit des Lebens schafft, hat aber auch seine Kehrseite, da die Kinder in dieser dichten Familienatmosphäre eine ausgesprochene „Entwicklungsverspätung" (S. 100 ff.) erleben, indem sie selbst am Ende der zwanziger Jahre oftmals noch immer recht jugendlich wirken. So wird der Zustand kindlicher Abhängigkeit häufig zu einem Dauerzustand, während umgekehrt gewisse Anzeichen für einen Zustand der Spannung und der Unzufriedenheit bei manchen jüngeren Leuten da sind, die sich aus dieser Situation zu emanzipieren suchen (man vgl. zu dieser speziellen Situation in Ost-Holland *E. W. Hofstee and G. A. Kooy*, Traditional Household and Neighbourhood Group; Survivals of the Genealogical-Territorial Societal Pattern in Eastern Parts of the Netherlands, in: Transactions of the Third World Congress of Sociology, London 1956). Trotz dieses starken Traditionalismus ist aber — wie oft in rein ländlichen Gebieten — das

Geschlechtsleben der Jugendlichen außerordentlich frei; vorehelicher Geschlechtsverkehr ist weitverbreitet, dementsprechend auch voreheliche Schwangerschaft (im Januar 1952 erwies sich, daß 51 % aller erstgeborenen Kinder weniger als neun Monate nach der Eheschließung zur Welt kamen). Dies entspricht alter bäuerlicher Mentalität; zur Erklärung wird angegeben, daß sich der Bauer vor der Heirat versichern will, ob seine Frau wirklich Kinder bekommt. Umgekehrt wird Kinderlosigkeit nicht gern gesehen; die einzige kinderlose verheiratete Frau des Dorfes wird sowohl von den anderen etwas schief angesehen, wie sie sich selber unsicher aufführt (S. 108/9).

Es entspricht weiter der starken Geschlossenheit der Familie in Anderen, wenn das junge Ehepaar zuerst mit einer der Schwiegerfamilien zusammenlebt, obwohl eine Tendenz nach größerer Freiheit heute zutage tritt, die allerdings wegen der Wohnungsverknappung nach dem Kriege wieder rückläufig geworden ist. Von den 60 Haushaltungen unserer Gemeinde bilden 18 typische Drei-Generationen-Familien, von denen 10 patrilokal und 8 matrilokal sind. Unverheiratete Personen sind selten, sie werden ebenfalls schief angesehen, vor allem die Männer. Die Verfasser heben hier hervor, daß diese wenigen Fälle gewöhnlich eine starke Mutterbindung aufweisen. So wird die an und für sich stark integrierte Familie in Holland noch stärker integriert in unserer Gemeinde, wobei die moralische Bindung durch das wirtschaftliche enge Zusammenarbeiten verstärkt wird. Die Herrschaftsstruktur dieser Familie kommt übrigens nur sehr indirekt zum Ausdruck. Wie wir noch sehen werden, heißt eine stehende Redensart: „Hier sind wir alle gleich". Trotzdem bestehen aber klare Autoritäten, meist der alten Männer, nur ausnahmsweise der älteren Frauen, wie etwa die Sitzordnung beweist, wenn Besuch erscheint. Zu dieser starken Familienordnung kommen übrigens — trotz der Kleinheit der Gemeinde — zahlreiche Vereine, welche die Integration der Gemeinde noch stärker verflechten, dann aber auch ein weitläufig geregeltes System von gegenseitigen Besuchen, bei denen neben der Bedeutung der Familie auch die Einheit der Gemeinde als Gruppe immer neu dokumentiert wird.

Von größter Bedeutung für das Verhältnis der Struktur von Gemeinden insgesamt sind aber die Ausführungen über das Klassenbewußtsein (S. 148 ff.). Obwohl einerseits betont wird, daß „alle gleich seien", und obwohl hervorgehoben wird, daß in anderen (größeren) Nachbargemeinden oder auch in der Stadt Groningen die Klassenschichtungen viel schärfer seien, muß doch zugestanden werden, *daß unsere Gemeinde trotz ihrer Kleinheit eine ausgesprochene Klassenschichtung aufweist, die sogar nach dem Urteil der Historiker und der Einwohner selber früher noch viel starrer und bindender gewesen ist.* Üblicherweise besteht eine tiefe Kluft zwischen selbständigen Bauern mit größerem Landbesitz, der schon seit einiger Zeit in der Familie ist, und zwischen Pächtern. Von diesen beiden Gruppen unterscheiden sich die Landarbeiter und die wenigen „Honoratioren". Selbst wenn immer wieder die Gleichheit aller beteuert wird, so trennen sich doch diese Gruppen bei jeder Gelegenheit, wie auch die Jungen beiderlei Geschlechts nur unter Klassengleichen einen Ehepartner suchen (S. 102), während sie vor der Pubertät alle miteinander spielen. Man erkennt hier nochmals, wie sehr man sich vor sentimentalen Bildern des Landlebens wie auch vor rationalisierenden Selbstbeurteilungen aller Art hüten muß. Es gehört wesentlich zur Gemeinde, daß sie auch ein Herrschaftsverband ist. Während des Krieges und danach wurde übrigens die Gemeindeintegrität noch belastet durch die Auseinandersetzung zwischen den Mitgliedern der holländischen nationalsozialistischen Partei und den anderen. Umgekehrt brachten auch während des Krieges Evakuierte die Vorstellungen eines anderen Lebens ins Dorf, an dem man vor allem über das Radio Anteil nimmt, aber auch über Presse und illustrierte Zeitschriften.

Die Wirkung dieses ungemein geschlossenen Gemeindegefüges, das auch den Titel des Buches veranlaßt hat, ist eine tiefe

Bindung an das Dorf und geradezu Furcht bei der Vorstellung, es verlassen zu müssen. Obwohl die Leute von Anderen gerne Ausflüge in die Umgebung machen, gibt es doch viele Einwohner, die nicht einmal eine Nacht auswärts verbracht haben. Die Isolierung von der Umwelt ist noch immer denkbar stark, obwohl 1952 nur zwei Haushaltungen kein Radio hatten. Dieser Gruppencharakter der Gemeinde, der sich in einer intensiven sozialen Kontrolle kundtut, bestimmt natürlich auch das Verhalten der Einzelperson, das ganz auf Konformismus ausgerichtet ist. Individuelle Führung tritt fast völlig zurück, entsprechend auch Einbildungskraft und Initiative (S. 162). Ein merkwürdiger Zug ist noch, daß manche Dinge nie direkt angegangen werden, sondern nur auf Umwegen, was auch den Eindruck der Langsamkeit erweckt. So werden alle Spannungen sorgsam verdrängt, was insgesamt als Bremse auf alle gefühlsmäßigen Beziehungen wirken muß.

Die liebevolle und eindringliche Schilderung dieses echten „Mikrokosmos" gibt ein ausgezeichnetes Beispiel für eine methodisch einwandfreie und unvoreingenommene Analyse einer kleinen Gemeinde. Wieder zeigt sich, daß sich in den Untersuchungen dieser Art nicht nur ein aufschlußreicher Einblick gewinnen läßt in ein Stückchen Menschheit mit ihrer unglaublichen Vielgestalt, sondern daß gleichzeitig wichtige Erkenntnisse für die allgemeine Soziologie wie für manche spezielle Soziologien (etwa der Familie oder der bäuerlichen Gesellschaft) gewonnen werden können. Wir heben noch als besonders fruchtbar hervor, daß die Verfasser im wesentlichen als Kulturanthropologen arbeiten, indem sie an ihre Untersuchungsgemeinde herantreten, als befänden sie sich vor einer völlig fremden Kultur, über die alles erst durch methodisch gelenkte Beobachtung herauszubringen ist. *René König*

EIN TSCHECHE IN HOLLAND

I. Gadourek, A Dutch Community. Social and Cultural Structure and Process in a Bulb-Growing Region in the Netherlands. Verlag H. E. Stenfert Kroese N. V., Leiden 1956. XVI, 555 Seiten. Preis 25,50 hfl.

Die vorliegende Untersuchung ist ein gutes Beispiel dafür, in welchem Ausmaß gelegentlich eine Gemeindestudie zu einem wichtigen Erkenntnismittel der Struktur einer ganzen Gesellschaft werden kann. Obwohl es eigentlich naheliegt, eine einzelne Gemeinde als „repräsentativ" für eine Zone, eine Region oder ein größeres Gebiet anzusehen, gibt es bis heute gar nicht so viel Studien, die sich dies als bewußtes Ziel setzten. Zumeist beschränken sie sich entweder auf die Erkenntnis eines Typs, der sich in verschiedenen Zonen oder Regionen findet, oder auf die genaue Umschreibung der kulturellen Eigentümlichkeiten der vorliegenden Gemeinde, die sie von anderen ähnlichen Gebilden unterscheiden. *Gadourek* versucht ganz eindeutig, seine Gemeinde als Weg zur Erkenntnis des holländischen Gemeindelebens überhaupt zu nehmen, ohne darum die Einzigartigkeit seiner Gemeinde zu vernachlässigen (S. 259). Dabei weiß er es ausdrücklich zu begründen, warum er trotz seines Interesses am holländischen Gemeindeleben insgesamt, keine Erhebung über das gesamte Land veranstaltet, sondern sich auf eine Gemeindeuntersuchung beschränkt. Zunächst will er sich eher an geschlossene soziale Strukturen halten statt an abstrakte Individuen, wie sie notwendigerweise bei nationalen Erhebungen hervortreten müssen. Außerdem läuft man dabei Gefahr, bei einer sozialpsychologischen Analyse die gleichen Merkmale auf Personen aus verschiedenen Zusammenhängen anzuwenden. Wenn also etwa von „Gemeindebeteiligung" gesprochen wird, so kann dies niemals allgemein, sondern immer nur in Bezug auf die Gruppen und Vereine an einem ganz bestimmten Ort geschehen, wobei berücksichtigt werden muß, ob die Mitgliedschaft in diesen Gruppen allen in gleicher Weise offensteht. Diese Überlegungen kennzeichnen die ganz außerordentliche methodische Gewissenhaftigkeit der vorliegenden Untersuchung, die darin in höchst erfreulicher Weise von dem abstiht, was man durchschnittlich auf diesem Gebiet zu sehen bekommt.

Als zweiten wichtigen Punkt allgemeinerer Natur möchten wir hervorheben, daß das Werk von einem tschechischen Flüchtling verfaßt worden ist, der also weder der Gesamtgesellschaft, in welche die untersuchte Gemeinde sich einordnet, noch dieser selbst angehört. Er steht beidem also als relativ „Fremder" gegenüber, womit ein ganz bestimmter Weg der Erkenntnis versperrt ist, nämlich die Selbstanalyse bei Gelegenheit der Analyse eines gegebenen sozialen Gebildes. Damit wird seine Einstellung der des Anthropologen ähnlich, der sich einer völlig fremden Kultur gegenübersieht. Gewiß verschließt diese Einstellung nahezu alle Möglichkeiten des unmittelbaren existenziellen Nachvollzugs gegebener Verhaltensweisen, Einstellungen und Wertungen. Dafür aber wächst mit der Distanz die Fähigkeit zur Vergegenständlichung des Erfahrenen in ganz außerordentlichem Maße. Ja, man könnte geradezu sagen, daß einzig auf diesem Wege eine Vergegenständlichung überhaupt möglich wird, die sich von den Versuchungen des „Verstehens" fernhält, das nur allzu häufig die persönlichen Reaktionen des Beobachters angesichts einer gegebenen Situation mit den Motiven der faktisch Beteiligten verwechselt und damit eigentlich dem Gegenstand ein Netz überwirft, in dem dieser unauflösbar mit vielerlei bewußten und unbewußten Einstellungen des Betrachters verschwimmt. Er wird damit recht eigentlich zu einem „okkasionellen" Umstand, der eine bestimmte Reihe von Reaktionen auslöst, wobei diese auf die Dauer wichtiger werden als die ursprünglich auslösende Erfahrung. Damit beginnt dann auch die Ideologisierung der Erkenntnis.

In unserem Falle werden alle diese Versuchungen dadurch vermieden, daß der Forscher bewußt ein Fremder ist und bleibt und all sein Bemühen auf Schärfung der Erkenntnistechniken konzentriert, mit denen er an seinen Gegenstand herangeht. Es stellt dem Stand der empirischen Sozialforschung ein hohes Zeugnis aus, wenn man sieht, wieviel bei dieser Einstellung an positiver Erkenntnis herauskommt. Es ist unmöglich, in einer Besprechung ein Bild vom Reichtum dieses Buches zu geben; wir müssen den interessierten Leser schon auf die Lektüre verweisen. Hier sollen nur einige grundsätzliche Erörterungen darüber angestellt werden, wie dies Werk einzuordnen ist, das sicher einige Zeit benötigen wird, bis es in seiner ganzen Tragweite durchdrungen ist und die daraus resultierenden Konsequenzen sichtbar werden. Man darf auch neugierig sein zu sehen, wie die holländischen Soziologen auf dieses Werk reagieren werden.

Die untersuchte Gemeinde *Sassenheim* befindet sich mitten im Gebiet der Blumenzwiebelzucht zwischen den Haag und Haarlem und zählte zur Zeit der Erhebung über 7 100 Einwohner. Zwar hat die Gemeinde insgesamt besehen einen stark landwirtschaftlichen Charakter; dieser unterscheidet sich aber doch zentral von der kleinen ostholländischen Gemeinde Anderen, wie sie das Ehepaar *John* und *Dorothy Keur* untersucht, da die in Sassenheim eine große Rolle spielende Zucht von Blumenzwiebeln eine unmittelbare Verbindung mit dem Weltmarkt herstellt und auch eine Reihe von Risiken einschließt, die im traditionalistischen Lebenskreise jener Gemeinde ganz unbekannt sind. Dies wird einerseits bedingt durch den stark spekulativen Charakter der Kultur von Blumenzwiebeln, dann aber auch durch andere Eigentümlichkeiten dieser Schlüsselindustrie, welche ihre Erzeuger in der toten Saison im Herbst und Winter als Vertreter über die hauptsächlichsten Länder, die beliefert werden, schickt, so z.B. nach Westdeutschland und England, aber auch nach Skandinavien, Canada und vor allem nach den Vereinigten Staaten (vergl. S. 119 ff.).

Es ist nun besonders interessant zu sehen, wie die Gemeinde Sassenheim trotz ihrer weltwirtschaftlichen Ausrichtung, die sie wegen der Besonderheit ihres Hauptexportgutes außerordentlich konjunkturempfindlich macht, Außeneinflüssen gegenüber ungewöhnlich wenig aufgeschlossen ist und somit stark ausgeprägte Züge aufweist, wie sie im allgemeinen für das holländische Gemeindeleben bezeichnend sind. Dies wird zunächst in einem ersten rein beschreibenden Teil entwickelt. Im zweiten theoretischen Teil wird sodann das begriffliche Schema zur Entwicklung kausaler Erklärungsreihen vorgelegt, das dann im dritten Teil praktisch zur Auswertung des Materials angewendet wird. Der Verfasser befolgt also ganz bewußt einen *methodischen Pluralismus*, durch den er die Ergebnisse verschiedener Erhebungsarten aneinander und gegenseitig kontrolliert (S. 490). Allerdings beschränkt er sich dabei im wesentlichen auf die Erklärung des Verhaltens durch sozial-kulturelle Variable, die in verschiedenen Konfigurationen untersucht werden. Ein solches Vorgehen schaltet naturgemäß jegliche ökologische Analyse aus. So erklärt es sich auch, daß dem Buche keine Karte der Gemeinde beigegeben ist, wie auch der geographische Gesichtspunkt völlig in den Hintergrund tritt. Damit wollen wir auch eine Kritik andeuten, die allerdings nur teilweise trifft, da der Verfasser selber bemerkt, und zwar mehrfach, daß die vorliegende Untersuchung nur ein Anfang sein kann. Es mutet aber trotzdem eigenartig an, wenn er — bei seinem Interesse an „Konfigurationen" von Kausalfaktoren — ausgerechnet den Faktor Raum außer Acht läßt. Die wenigen Bemerkungen auf Seite 264 sind wirklich ganz unzureichend. Gerade bei seinem Hauptergebnis, nach dem die Gemeinde auf Grund ihrer Zergliederung in drei religiöse Hauptgruppen (Katholiken, Holländische Reformkirche und Calvinisten) nicht zu einer eigentlichen Einheit kommt, wäre wohl die Frage aufzurollen gewesen, ob nun etwa diese Gruppen auch ökologisch auseinanderfallen. Gerade das geschieht aber nicht. Dies ist um so mehr zu bedauern, als dadurch das zentrale Argument des Verfassers entweder eine weitere Bestätigung oder vielleicht auch eine gewisse Beeinträchtigung erhalten hätte. Die Ausführungen des dritten Teils sind nämlich in ihrer Tragweite wesentlich von einer Beantwortung dieser Frage abhängig. Andererseits ist aber die befolgte Methode, auch in ihren statistischen Einzelheiten, an und für sich so interessant und originell, daß man dafür gern eine gewisse Einseitigkeit in Kauf nimmt.

Außer der unmittelbar teilnehmenden Beobachtung wurde mit einem außerordentlich umfangreichen und planmäßig durchdachten Fragebogen von 158 Fragen ein Sample von 492 Personen befragt, das nach den üblichen „Verlusten" verschiedener Art schließlich 404 weitgehend beantwortete Fragebogen einbrachte (S. 294). In der Auswertung wurden nun einmal die Beziehungen zwischen den Variablen mit Hilfe des Chi-Quadrat-Testes kontrolliert, sodann ein Kontingenzkoeffizient gebildet. Außerdem aber — und das ist methodisch vielleicht der interessanteste Teil der vorliegenden Untersuchung — wurde mit Hilfe der Matrixanalyse versucht, die auf die erste Art erhaltenen, recht unübersichtlichen und umfangreichen Ergebnisreihen, bei denen überdies sehr häufig ein „vektorieller" Charakter hervortrat, auf eine augenfälligere Weise zu ordnen (S. 330 ff.). Diese Technik hat sich schon in der Soziometrie außerordentlich bewährt. Außerdem mußte sich diese Technik dem Verfasser geradezu aufzwingen, da ja sein Interesse — wie oben erwähnt — vorwiegend auf die Darstellung des Verhaltens in verschiedenen „Konfigurationen" ausgerichtet war. Dabei führte ihn gleichzeitig seine Vorstellung von der multikausalen Determination sozialer Erscheinungen zur Verwendung der mit sich selber multiplizierten oder potenzierten Matrix als quadrierter oder kubierter Matrix. Wie diese Technik in der Soziometrie dazu dient, „Ketten" von Beziehungen sichtbar zu machen, so verrät sie in diesem Falle bestimmte Häufungen von Beziehungen (cluster). Man kann hier zum Vergleich heranziehen die Abhandlung von *Jiri Nehnevajsa*, Soziometrische Analyse von Gruppen, Anhang II: Analyse der Soziomatrix, in Köln. Ztschft. f. Soz. u. Soz. psych., VII, 2, S. 291 ff. Damit wird dann die eigentliche Kausalanalyse eingeleitet, welche im dritten Teil in extenso ausgeführt wird.

Es ist hier nicht der Ort, auf die Einzelheiten der analytischen Technik und ihre Ergebnisse einzutreten. Das würde viel zu viel Raum beanspruchen. Wir möchten nur soviel festhalten, daß in der Tat die im ersten Teil rein beobachtend gewonnene Hypothese von der strukturdeterminierenden Kraft der Religion in der Gemeinde bestätigt wird. Dazu kommen nun aber eine Reihe weiterer Ergebnisse, die für die Gemeindesoziologie im allgemeinen wie für die holländische Gemeinde im besonderen von größter Bedeutung sind. Da heute grundsätzlich mehrere Konfessionen (in unserem Falle drei) vorhanden sind, die sehr verschiedene Kulturmuster entwickeln, ist mit der genannten religiösen Hauptdeterminante auch entschieden, *daß die Gemeinde keine integrale Einheit mehr bilden kann*. Religion wird also einerseits integrativer Faktor für die menschliche Person und andererseits eine Ursache der sozialen Differenzierung (bis hinein in die Differenzierung nach sozialen Klassen). Von hier aus werden drei Möglichkeiten sichtbar: 1. Die Majorität hat die Tendenz, jeweils monistisch nur die eigene Konfession als wahre Religion anzusehen und die anderen abzulehnen; 2. Einige wenige wissen, daß verschiedene Wege gleichzeitig zu Gott führen; 3. Die gleichzeitige Existenz mehrerer Kirchen, die alle mit den gleichen Absolutheitsanspruch auftreten, erzeugt eine allgemeine Skepsis gegen die Religion überhaupt. Auch diese Einstellung fand sich bei einigen Personen in Sassenheim. Von diesen drei Möglichkeiten scheint dem Verfasser die zweite von besonderer Wichtigkeit, wenn sie auch die bedeutenden Schwierigkeiten zeigt, die sich heute der integrativen Wirkung der Religion in Sassenheim und — wie wir wohl erweitern dürfen — in Holland insgesamt entgegenstellen. Personell läßt sich in der Toleranz leicht eine befriedigende Lösung des durch die Mehrheit der Denominationen angebahnten Religionsstreites finden. Aber in der sozialen Dimension ist die Sache wesentlich schwieriger. Die Frage erhebt sich, ob eine neutrale Dimension aus einer Sphäre jenseits der Religion gefunden werden kann. Während sich in der Gemeinde die Religion im wesentlichen als differenzierender Faktor auswirkt, könnte ein neutraler Boden wohl nur in dem sich auch in Holland immer mehr durchsetzenden gouvernementalen Zentralismus gefunden werden. Das würde aber eine stärkere Trennung von Religion und Politik voraussetzen, als heute vorhanden ist. Selbst wenn etwa die holländische Sozialdemokratie den politischen Konformismus der verschiedenen Denominationen zu durchbrechen suchte, so liegt doch eine rationale Lösung dieser Fragen noch in weiter Zukunft. All das sind aber nur einige wenige Gedanken, die das ungemein interessante Buch von Gadourek uns stellt. Es ist sicher, daß es eine weit reichende Diskussion hervorrufen wird, von der im Rahmen einer Besprechung nur eine kleine Andeutung gegeben werden konnte.

René König

EIN HOLLÄNDER IN FRANKREICH

Baudet, H.: Mijn Dorp in Frankrijk. Assen: Verlag van Gorcum 1955. Mit einem Briefwechsel zwischen *H. Baudet* und *A. Siegfried*, sowie einem Vorwort von *P. J. Bouman.* 119 S., Kart. 3.90 fl.

Vorweg sei bemerkt, daß der Verfasser ausdrücklich keine soziographische Gemeindestudie geben will, da ihm die Zeit dazu gefehlt habe. Vielleicht ist deshalb keine übliche Gemeindestudie entstanden, und kann die vorliegende Arbeit nicht den Anspruch erheben, eine solche zu sein.

Baudet zeigt aber, wieviel man über eine Gemeinde und darüber hinaus sogar über ein ganzes Land erfahren kann, wenn man eine gute Beobachtungsgabe hat und die historische und kulturelle Entwicklung des Gegenstandes kennt (Baudet ist bikulturell erzogen worden). Er zeigt ferner, daß man ein sehr aufschlußreiches Bild von einer Gemeinde mit allen ihren Bindungen auch nach außen geben kann, ohne es zahlenmäßig in Tabellen festzulegen. Der kleine Band enthält nur 3—4 Tabellen, welche die historische Entwicklung illustrieren sollen.

Das Dorf, das untersucht worden ist, liegt nur 35 km von Paris entfernt. In mancher Hinsicht könnten es auch 3500 km sein, wie der Verfasser bemerkt, so vollkommen ländlich ist die Gemeinde und sind ihre Bewohner. Obwohl Frankreich schon seit über 200 Jahren zentral regiert wird, ist es einer ganzen Reihe von Provinzen gelungen, einen markanten, eigenen Zug zu bewahren. Die Brie, das Gebiet zwischen der Champagne und der Ile de France, in dem das Dorf liegt, ist so eine Gegend mit ausgesprochen eigenem Charakter. Der Verkehr und die Technik haben eine « fatalité des lieux » geschaffen. In Zahlen ausgedrückt würden die „Weiten" kaum als solche gelten, obwohl sie es in Wirklichkeit sind. Gleichzeitig sind die Ansprüche und der Bedarf gestiegen, während die erforderlichen Mittel meist fehlen. Das gilt für die ganze Gegend, deren Herz die Stadt Meaux ist.

Das Dorf selber ist im Vergleich zu vielen Nachbardörfern als fortschrittlich zu bezeichnen. Mit viel Liebe widmet sich der Verfasser dem dörflichen Alltag. Seit dem ersten Weltkrieg hat sich viel geändert. Allerdings werden die Häuser und Straßen — wie seit eh und je — nur auf das Notdürftigste repariert. Moderne und primitive Ausrüstung stehen in scharfem Kontrast zueinander. Die Mentalität hat sich stark gewandelt. Die Menschen sind politisch desinteressiert und lehnen den Beamtenapparat, durch den Frankreich regiert wird, ab. Der Ort macht den Eindruck, von einer chinesischen Mauer umgeben zu sein, hinter der man in Ruhe gelassen sein möchte.

Der Verfasser hat weder Fragebogen noch sonst ein festes Schema verwendet, um die oben erwähnten Veränderungen festzustellen. Er spricht von einer Revolution, durch welche die alte ländliche oder auch wohl „bodenständige" Moral durch eine neue Gesellschaftsmoral ersetzt worden sei. Die alte „ruraux" im Sinne der ehemaligen Dorfgemeinschaft geht dabei allmählich verloren. Die Zahl der Landarbeiter ist genau wie die Gesamtzahl der Einwohner seit über zwanzig Jahren nahezu gleich geblieben. Mehr als die Hälfte der 650 Einwohner sind unqualifizierte Landarbeiter. Sie bestimmen zusammen mit den Kleinbauern das Gemeindebild.

Das Dorf hat keine Industrie. Die Industriearbeiter, die hier wohnen, müssen täglich drei bis vier Stunden fahren, um zur Arbeitsstelle zu gelangen. Obwohl die Möglichkeit bestünde, den Wohnort zu wechseln, bleiben sie mit ihren Familien in ihrem Heimatdorf wohnen, was für die landwirtschaftliche Bevölkerung Frankreichs überhaupt kennzeichnend ist.

Beim Landarbeiter, der seine Situation ständig mit der des Industriearbeiters vergleicht, besteht ein „passiver Minderwertigkeitskomplex". Er ist nicht organisiert und fühlt sich zurückgestellt, was er der antiagrarischen Einstellung der Regierung zuschreibt. Der Hang zur Spezialisierung ist beim Landarbeiter in starkem Maße vorhanden. Hat er aber einmal einen Beruf erlernt, wie zum Beispiel Drescher oder Mäher, dann ist er nicht mehr Landarbeiter, sondern Spezialist und tritt aus dem alten Verband des Bauernhofes aus.

Der Einfluß der „neuen Zeit" auf die Dorfbevölkerung ist in allen Bereichen sehr groß. Der Konflikt zwischen der Tradition und der durch die Mechanisierung und Technisierung veränderten Moral ist deshalb auch unausbleiblich. In Frankreich ist aber die Tradition nicht formell, wie zum Beispiel in England, sondern sie ist zu einer essentiellen Moral geworden. Der arbeitende Franzose, ob Land- oder Industriearbeiter oder angestellter Handwerker, fühlt sich als Selbständiger, als kleiner Unternehmer; er war und ist noch immer ein „artisan". Mit einigen Ausnahmen fehlt ihm das Erfolgsstreben; er sucht keinen Mittelweg zwischen maximal wirtschaftlichem und maximal qualitativem Erfolg.

Der Begriff der „efficiency" findet nur geringen Anklang, am meisten noch beim Industriearbeiter. Diese „efficiency" hat aber eher eine demoralisierende Wirkung, als daß sie ein neues Selbstbewußtsein schafft. Der kleine selbständige Handwerker neigt eher dazu, dem

Konkurrenzkampf aus dem Wege zu gehen, indem er seinen Betrieb nicht ausdehnt und keine fremden Hilfskräfte einstellt, als daß er versucht, durch größere Anstrengungen einen größeren materiellen Erfolg zu erzielen.

Kennzeichnend für Frankreich ist, daß man den Familienbesitz, wie klein er auch sein mag, dem Sohn oder Enkel überlassen möchte; die Familie ist eine kleine Dynastie. Diese Familientradition ist zur Tugend erhoben worden, zu einer nationalen Tugend. Der Verfasser betont, daß diese Feststellungen für ganz Frankreich repräsentativ seien, da er sie auch in anderen Teilen des Landes immer wieder machen konnte. Der Familienclan ist wohl die Wurzel allen Verhaltens in wirtschaftlicher und beruflicher Hinsicht. Die „loi morale" umfaßt die Neigung zu einer strengen Hierarchie innerhalb der Familie. Die Ablehnung und äußerst kritische Haltung des Franzosen gegenüber den Beamten und Regierungen deutet der Verfasser als eine Folge dieser starken Familienbildung; die absolute Priorität der Familie wird von dieser Seite aus bedroht.

Die Verbundenheit mit dem Katholizismus mag auf Grund verwandter Prinzipien so groß sein, obwohl es kaum noch als Regel gilt, daß jemand praktizierender Katholik ist. Die Zahl der Kirchenbesucher ist sehr gering. Noch vor hundert Jahren war die Frömmigkeit dieser Gegend sprichwörtlich. Über den Katholizismus als Religion wird jedoch nicht diskutiert, wohl aber über die Würdenträger, ihre Fehler und Schwächen, die wiederum äußerst scharf kritisiert werden.

Vor allem im Schlußteil beschäftigt sich der Autor mit den Verhältnissen, wie sie in ganz Frankreich bestehen, und blendet dann auf sein Dorf und die unmittelbare Umgebung zurück, während er in den ersten Abschnitten gerade umgekehrt vorgegangen ist. Dadurch bekommt man nicht nur Einblick in die Verhältnisse auf dem Dorfe, sondern darüber hinaus einen sehr guten Eindruck von den Strömungen, welche die Bevölkerung Frankreichs bewegen.

Hans Driessen

EINE IM ERSCHEINEN BEGRIFFENE BELGISCHE GEMEINDEUNTERSUCHUNG

Etudes d'agglomérations, Tome I: Mont-Saint-Guibert, Volume I. Editions de l'Institut de Sociologie Solvay, Bruxelles 1955. 145 Seiten.

Der vorliegende schmale Band kündigt sich an als erster einer ganzen Serie, die aus der im Vorwort (von *Arthur Doucy* und *Georges Smets*) geäußerten Absicht erwachsen ist, nicht nur „soziographisch", sondern „soziologisch" vorzugehen. Dementsprechend sollen in den folgenden Bänden das Berufsleben (II), die Familie (III) und die sozialen Beziehungen wie die Schichtung (IV) besprochen werden, während sich der vorliegende erste Band mit Geographie, Geschichte und Demographie der Gemeinde beschäftigt. Angesichts dieser Lage kann heute noch nicht Stellung bezogen werden zu dieser Untersuchung, obwohl wir die interessierten Kreise schon jetzt auf sie aufmerksam machen möchten, da die ganze Anlage äußerst vielversprechend erscheint. Wir werden im übrigen nach Abschluß der Publikation eingehend auf das ganze Werk zurückkommen*.

Die Anregung zu dieser Arbeit ging, wie manche anderen Untersuchungen in Europa, im wesentlichen von amerikanischen Vorbildern aus, dann auch von einigen französischen Beispielen. Dabei ist die Eindeutigkeit hervorzuheben, mit der die systematische Absicht der Untersuchung unterstrichen wird. Die Autoren sind also im wesentlichen interessiert an der Analyse der „soziologischen Konstanten, welche die Beziehungen zwischen den Individuen und größeren wie auch kohärenteren Komplexen" erklären können. Dabei fällt übrigens auch die besondere Sorgfalt auf, die man bei der

---

* Wer sich vorher noch etwas eingehender über diese Studie orientieren möchte, sei auf folgende Veröffentlichungen hingewiesen: *A. Doncy*, Buts et méthodes d'une enquête sociologique; *Jean Morsa*, Notes sur la famille dans une localité du Brabant-Wallon; beides in: Recherches sur la famille. Institut UNESCO des Sciences sociales à Cologne, Tübingen 1956.

Auswahl der Untersuchungsgemeinde anwandte. Die Studie sollte nicht von Anfang an durch besondere Eigentümlichkeiten von nur lokaler Bedeutung belastet werden, um in gewissem Ausmaß den repräsentativen Charakter der Arbeit zu sichern. Auch sollte die Untersuchungsgemeinde nicht zu groß sein, so daß man auf eine Sample-Erhebung verzichten und vielmehr die Mitarbeiter in alle Haushaltungen schicken konnte, um dort die notwendigen Informationen zu sammeln. Damit war die oberste Grenze auf rund 2000 Einwohner festgelegt. Trotzdem mußte aber gleichzeitig eine ziemliche Differenzierung da sein, damit möglichst viele Aktivitäten untersucht werden konnten. So waren eigentliche Landgemeinden ausgeschlossen. Schließlich fiel die Wahl auf Mont-Saint-Guibert im Wallonischen Brabant, eine hinreichend entwickelte Gemeinde von 1700 Einwohnern.

Die befolgte Methode war neben der teilnehmenden Beobachtung die Ausarbeitung eines Fragebogens, der in allen Haushaltungen angewendet wurde. Dies hatte auch die indirekte Folge, das anfängliche Mißtrauen der Einwohner zu zerstreuen, die sich bald an die Mitarbeiter dieser Untersuchung gewöhnten. Diese wohnten und arbeiteten übrigens auf dem Gebiete der Gemeinde in einem eigens zu diesem Zwecke gemieteten Hause. Die Ergebnisse versprechen, außerordentlich aufschlußreich zu werden, da sich gezeigt hat, daß diese Gemeinde in gewisser Weise stagniert. Während schon viele reine Dorfgemeinden oder industrialisierte Gemeinden untersucht wurden, auch eigentliche unterentwickelte oder im Übergang befindliche Gemeinden, ist dies — in Europa wenigstens — einer der ersten Fälle, in denen eine Gemeinde untersucht wird, *die nach erfolgter Industrialisierung stehen bleibt oder sich sogar zurückzuentwickeln droht*, wie schon die in dem vorliegenden Bande mitgeteilten demographischen Gegebenheiten erkennen lassen. Mont-Saint-Guibert erinnert in dieser Hinsicht etwas an die von *George C. Homans* beschriebene Gemeinde „Hilltown" (vgl. The Human Group, London 1951, S. 334—368). Wir verweisen auch auf die nächste Besprechung und die dort angegebene Literatur. Die außerordentliche Sorgfalt und Umsicht, mit der der erste im Druck vorliegende Teil durchgeführt ist, läßt uns mit größten Erwartungen der Publikation der weiteren Bände entgegensehen.

René König

EINE AMERIKANISCHE GEMEINDEUNTERSUCHUNG IN BELGIEN

Harry Holbert Turney-High, Château Gérard. The Life and Times of a Walloon Village. University of South Carolina Press, Columbia 1953. XV, 297 Seiten. Preis geb. 5,50 Dollar.

Die Entstehungsgeschichte dieses Buches ist genauso ungewöhnlich wie das Buch selber. Als der Verfasser eines Nachts im Granathagel der deutschen Ardennenoffensive im Winter 1944/45 zu schlafen versuchte, kam es ihm in den Sinn, sich eines Tages unter erfreulicheren Umständen und mit anderen Mitteln eingehender mit dem Leben der Wallonen zu befassen. So kam er 1949/50 nach Belgien zurück und führte in einer kleinen Gemeinde von 877 Einwohnern des wallonischen Condroz, unweit von Liège, dem kulturellen Zentrum der wallonischen Kulturtradition, seine Feldarbeit durch. Damit ordnet sich dies Buch in die stattliche Reihe jener Untersuchungen ein, welche die amerikanischen Soziologen schon früh in mannigfaltigen Teilen Europas durchführten. Während sie sich aber früher vorwiegend an eigentliche Emigrationsländer hielten, um die heimischen Verhältnisse der zukünftigen Amerikaner besser kennenzulernen, tritt dies Interesse im vorliegenden Falle ganz zurück. Dagegen ist es bezeichnend, daß der Verfasser von Haus aus Anthropologe ist, der vorwiegend an kulturellen Zügen interessiert ist und sich der zu untersuchenden Gemeinde auf eine Weise nähert, als wisse er gar nichts von ihr, und als sei auch ihr Lebensstil von dem seinen völlig verschieden. Darum verzichtete er auch darauf, eine eigentliche Erhebung mittels Fragebogen durchzuführen, die zuviel von seinem eigenen kulturellen Erbe in die Erhebungsinstrumente hineingetragen hätte. Abgesehen von eingehender Beobachtung und informellen Interviews benutzte er als Ausgangspunkt vor allem ein ostwallonisches Dialektlexikon, an Hand dessen er eine Liste von kulturellen Zügen (traits) aufstellte, wobei die wesentliche Leistung dieses Wörterbuches darin liegt, daß es einerseits die Subkulturen in dem weiteren Gebiet von Liège zu isolieren erlaubt (wie das Condroz), andererseits aber auch die örtliche Mundart der Untersuchungsgemeinde im Gegensatz zum weiteren Einzugsgebiet des Condroz. Wir kennen eigentlich nur eine Untersuchung, die bei einer Gemeinde aus fortgeschrittenen Gesellschaften derart das mundartliche und sprachliche Element in den Vordergrund stellt und als Leitfaden zur Aufstellung sozialkultureller Grundzüge benützt, das ist das Buch des Engländers *J. A. Pitt-Rivers* über die kleine andalusische Gemeinde Alcalá (The People of the Sierra, London 1954). Im übrigen möchten wir darauf hinweisen, daß ähnliche Hilfsmittel wie in Belgien auch in den verschiedenen Mundartwörterbüchern der Schweiz bereitstehen, die — im Gegensatz etwa zu deutschen Sprachatlanten — durch Erhebung der Sprachformen an Ort und Stelle (und zwar in Einzeldörfern oder noch kleineren Gruppen) aufgestellt wurden und nicht nur reine Lautforschung, sondern gleichzeitig Wort- und Sachforschung betreiben. Allerdings hat die schweizerische Sozialforschung bis heute noch keinerlei Gebrauch gemacht von den unermeßlichen Schätzen, die z. T. schon recht lange in den deutschschweizerischen, welschen, italienischen und romanischen Glossaren bereitliegen.

Der linguistische Ansatz von Turney-High wird — wie nicht anders zu erwarten — durch eine weit ausholende historische Einleitung vertieft, in der die Bewohner des Condroz zunächst als romanisierte Kelten gezeigt werden, dann aber auch als Vertreter einer eigenartigen Subkultur, die erst unter dem Templer-Orden, dann unter dem Malteser-Orden — trotz ihrer Verlorenheit in den Wäldern der Ardennen — immer eine europäisch-weltweite Ausrichtung gehabt und ihre Selbständigkeit auf eine ungewöhnliche Weise erhalten haben. In der Tat war die Bauernschaft von Château-Gérard immer sehr frei gewesen, so daß sie im Jahre 1789 nur ideologische und keine realen Gründe hatte, sich an der Revolution zu beteiligen. So hielt sich die Subkultur von Château-Gérard mit ungewöhnlicher Kontinuität durch allen Wandel hindurch, wobei der Verfasser in seine Definition der Gemeinde neben der Bestimmung einer lokalen Wirtschaftseinheit noch die Tatsache der Existenz einer eigenen Kultur mit aufnimmt (46/7), die er vorwiegend durch die Sprache hindurch studiert (man vgl. dazu das ungewöhnlich interessante Kapitel 4).

Die Analyse der Bevölkerungsbewegung von Château-Gérard zeigt, soweit man sehen kann (bis 1645), eine recht konstante Entwicklung, die sich für Jahrhunderte um die Zahl 1000 bewegt. In jüngster Zeit zeigt sich allerdings eine beträchtliche Überalterung, was die Frage nach dem allmählichen Absterben dieser kleinen Landgemeinde aufwirft. Turney-High selber wagt nicht, diese Frage zu beantworten. Wir möchten aber darauf hinweisen, daß andere belgische Untersuchungen der jüngsten Zeit ganz ähnliche Entwicklungen aufweisen wie etwa Mont-Saint-Guibert (vgl. die Besprechung in diesem Heft) und Anthisnes (*H. Hourant*, L'évolution démographique dans une commune du Condroz Liègeois, in: Travaux du Séminaire de sociologie de la Faculté de droit de Liège, 1949). Bezeichnend für Turney-High ist aber die kulturanthropologische Auswertung dieser demographischen Entwicklung, indem er zeigt, wie sich die ursprüngliche wallonische Sprache in einen Dialekt verwandelt, nachdem sich die alten Eliten entweder nach Paris ausrichten oder in die anderen belgischen Städte auswandern und als solche verschwinden, und nur noch die unteren Schichten die alte Sprache weitertragen. Mit dieser Schichtscheidung in Gebildete und Ungebildete verändert sich nicht nur die soziale Struktur, sondern die Subkultur insgesamt, die zumindest in dem größeren Ganzen des Condroz oder des Liègeois aufgeht und damit alle die Ferneinflüsse erfährt, denen diese Regionen unterworfen sind.

Seinen Höhepunkt erreicht das Buch zweifellos in seiner sehr differenzierten Schichtanalyse, in der es dem Verfasser gelingt, an Hand von Kriterien, über die sich seine belgischen Gewährsleute einig sind, fast die gesamte Einwohnerschaft einzuordnen (mit einem unklassifizierbaren Rest von nur 4,84%). Dies Klassenbild ist an Durchdachtheit und Konsequenz der Durchführung nur mit dem von *Lloyd Warner* zu vergleichen, mit dem es einige Verwandtschaft hat (auch daß beide Autoren ursprünglich Anthropologen sind). Dabei erweist sich auch eine Kombination der Klassenmerkmale mit ethnischen Merkmalen als sehr aufschlußreich, indem die Flamen im Herzen Walloniens vorwiegend in den verschiedenen Unterklassen in Erscheinung treten. Von besonderem Interesse sind auch die Ausführungen über Klasse und Clique, die gleichzeitig die Kraftzentren der untersuchten Gemeinde deutlich erkennen lassen.

Die weitere Analyse hält sich zunächst an die vorwaltenden wirtschaftlichen Betätigungsarten in Landwirtschaft und nichtlandwirtschaftlichen Erwerbszweigen, wobei die typisch belgische Eigenart auffällt, trotz industrieller Beschäftigung den Wohnsitz in der Landgemeinde nicht aufzugeben, was durch ein kompliziertes System lokaler Eisenbahn- und Autobusverbindungen begünstigt wird; diese Eigentümlichkeit untersuchte übrigens schon vor Jahrzehnten der bedeutende belgische Sozialwissenschaftler und Sozialpolitiker *Ernest Mahaim* (Les abonnements ouvriers sur les chemins de fer belges, Bruxelles 1910). Weitere Kapitel behandeln sodann die Freizeitgestaltung, Politik und Familie, die das außerordentlich eindringliche Bild abrunden helfen. In einem letzten zusammenfassenden Kapitel werden die magisch-religiösen Vorstellungen, also das eigentliche Folklore, untersucht, wobei der linguistische Ausgangspunkt in der Analyse der verschiedenen lokalen Glaubensvorstellungen seinen logischen Abschluß erfährt. Die Schlußausführungen erheben nochmals die Frage nach der weiteren Lebensfähigkeit dieser Gemeinde, wobei ein eigenartiger soziologischer Begriff von der „Seneszenz" einer Gemeinde gebildet wird, der teils mit dem Kulturbegriff, teils mit dem Schichtungsbild verbunden ist. Während die alleroberste Klasse im Sinne des Absentismus Château-Gérard nie wesentlich berührt hat, stirbt der Rest der Oberklasse allmählich aus, so daß auch die kulturellen Integrationskräfte abnehmen müssen, während die unteren Mittelklassen und die Unterklassen im benachbarten Industriegebiet von Seraing einem weitreichenden Akkulturationsprozeß unterworfen sind, der eher gesamt-belgisch als regional ausgerichtet ist. Damit wird der Abschied des Verfassers von Château-Gerard überschattet durch die Vorstellung vom nahenden Ende einer bereits jetzt innerlich ausgehöhlten Sonderkultur.

Wir stehen nicht an, diese Untersuchung von Turney-High als eine der besten Gemeindeuntersuchungen zu bezeichnen, die uns in den letzten Jahren in die Hände gekommen sind (und es waren viele). Dabei will uns von besonderer Wichtigkeit scheinen, daß mit dem kulturanthropologischen Ausgangspunkt Ernst gemacht wird, der eine dem Beobachter von Haus aus unvertraute Kultur mit dem unverminderten Gewicht der Fremdheit auf den Betrachter zukommen läßt, so daß gewissermaßen jede einzelne, auch die mindeste Äußerung, Geste, Verhaltensweise, Unterlassung, sozial-moralische Entscheidung und Bewertung sorgfältigsten auf ihre offene oder verdeckte Bedeutung und Funktion im gegebenen Zusammenhang abgehorcht werden muß. Dies setzt nicht nur ein außerordentliches Maß an Phantasie und eigentlicher menschlicher Bildung voraus, sondern gleichzeitig auch die Fähigkeit, diese Bedeutungen sprachlich bis in ihre feinsten Nuancierungen hinein auszugestalten. Daß Turney-High, wie übrigens viele amerikanische Soziologen und Anthropologen, überdies auch noch ein ausgezeichneter Schriftsteller ist, stellt nicht das geringste von seinen Verdiensten dar. René König

ZWEI NEUE FRANZÖSISCHE GEMEINDEUNTERSUCHUNGEN

a) *Lucien Bernot et René Blancard*, Nouville, un village français. Publié avec le concours de l'UNESCO, Paris 1953, Institut d'Ethnologie. VII, 440 Seiten. Preis ffrcs. 2000.—, US-Dollars 7.00.

b) *Michel Quoist*, La ville et l'homme, Rouen: Etude sociologique d'un secteur prolétarien, suivie de conclusions pour l'action. Préface de *Gabriel LeBras*. Les Editions Ouvrières: Economie et Humanisme, Paris 1952. 295 Seiten.

Auch in Frankreich löste unmittelbar nach dem Kriege das amerikanische Beispiel starke Impulse auf die soziologische Forschung, insbesondere auf dem Gebiete der Gemeindeuntersuchungen aus. Diese wurden um so begieriger aufgenommen, als sie zum Teil an empirische Vorarbeiten anknüpfen konnten, die aus den verschiedensten Richtungen kamen. Schon *E. Durkheim* hatte den Siedlungsformen große Aufmerksamkeit geschenkt; aus dieser Anregung entwickelte sich später die Sozialmorphologie, für die uns etwa *Maurice Halbwachs* ein gutes Beispiel bietet. Dabei kann man in diesem Falle sagen, daß die Fragen der methodologischen Bewältigung empirischer Forschung in Frankreich schon auf eine lange Tradition zurückblicken können, die bis auf *Fr. Le Play* und seine weitverzweigte Schule zurückläuft. Von hier stammen mindestens drei wichtige methodologische Errungenschaften: einmal die monographische Arbeitsweise, dann die quantitative Auswertung qualitativer Gegebenheiten und schließlich die Einsicht, daß die für die Erhebung ausgewählten Einheiten in irgendeiner Weise „repräsentativ" zu sein haben, wenn sie die soziologische Erkenntnis fördern sollen. Diese Einsichten wirkten sich seit den achtziger Jahren des vorigen Jahrhunderts zunächst in England, danach aber auch in den Vereinigten Staaten von Amerika aus. Wenn also nach 1945 amerikanische Einflüsse auf die französische Soziologie, und zwar speziell auf dem Gebiete der Gemeindeuntersuchungen ausstrahlten, so darf man sagen, daß damit etwas nach Frankreich zurückkehrte, das um die Mitte des vorigen Jahrhunderts einmal dort seinen Anfang genommen hatte.

Darüber hinaus wirken noch andere Einflüsse mit, dies von außen geweckte Interesse zu stärken. Dazu möchten wir vor allem die französische Anthropogeographie rechnen, die „géographie humaine", die nicht nur zahlreiche Regionalmonographien in der Schule des genialen *P. Vidal de la Blache* geschaffen hat, die man als Vorläufer der heutigen Gebietsuntersuchungen bezeichnen kann (area studies), sondern auch in der Kombination von Geographie und Geschichte eine sehr fruchtbare Betrachtung der menschlichen Siedlungsweisen angebahnt hat, für die heute *Lucien Febvre* das beste Beispiel darstellt. Welche außerordentlichen Möglichkeiten in diesen Hintergründen verborgen sind, kam eklatant bei der zweiten vom *Centre d'Etudes sociologiques* in Paris im Jahre 1951 unter dem Titel „Villes et Campagnes" veranstalteten Semaine Sociologique zum Ausdruck (vgl. dazu *Georges Friedmann*, éditeur, Villes et Campagnes. Civilisation urbaine et civilisation rurale en France, Paris 1953). Hier wurde speziell das Problem der Stadt-Land-Beziehungen untersucht; aber überall meldet sich das Interesse für Gebietsuntersuchungen und Gemeindeuntersuchungen zu Wort, welche die Materialien für die theoretische Diskussion herbeischaffen. Im übrigen muß hier noch der Rolle der Volkskunde gedacht werden, deren hervorragender Vertreter *André Varagnac* ebenfalls Wesentliches getan hat, das Interesse an diesen Fragen zu wecken.

Angesichts dieser Situation, die hier nur in wenigen Strichen angedeutet werden konnte, kann es uns nicht wundern, wenn das eben schon genannte *Centre d'Etudes sociologiques* schon im November 1947 die Initiative für eine ausgebaute Gemeindeuntersuchung ergriff, die bis Februar 1950 abgeschlossen war. *Lucien Febvre* hob mit vollem Rechte die große Bedeutung der Einsichten hervor, die *Charles Bettelheim* in seiner Untersuchung zutage gefördert hatte (vgl. *Ch. Bettelheim et Suzanne Frère*, Une ville française moyenne: Auxerre en 1950. Etude de structure sociale et urbaine, Paris 1950), während *Bettelheim* selber in seinen Schlußworten die Notwendigkeit unterstrich (a. a. O. S. 265), daß weitere Arbeiten dieser Art unternommen werden möchten, um die gefundenen Ergebnisse zu kontrollieren und neue Fragen aufzurollen. Schon hier trat übrigens neben den demographischen, ökonomischen, familiensoziologischen und ökologischen Fragen das kulturelle Interesse stark hervor, das in zwei neueren Gemeindeuntersuchungen durchaus im Vordergrunde steht.

a) Wie in Deutschland, so veranlaßte auch in Frankreich UNESCO eine großangelegte Gemeindeuntersuchung eines französischen Dorfes an der geographischen, geschichtlichen, sprachlichen, sozialen, wirtschaftlichen, geistig-kulturellen und administrativen Grenze zwischen der Picardie und der Normandie. Im Hintergrunde wirkte der amerikanische Sozialpsychologe *Otto Klineberg* als Ratgeber wie bei der deutschen Untersuchung des UNESCO-Institutes in Köln *Conrad M. Arensberg*. Die Erhebungen in Nouville wurden von Juli 1949 bis zum März 1950 durchgeführt. Zur Zeit der Erhebung hatte das Dorf 594 Einwohner, man kann also diese Studie anderen Untersuchungen zuordnen, die sich mit ausgesprochen *kleinen Gemeinden* befassen, wie die von *James West* in Plainville mit 275 Einwohnern oder noch die des Ehepaares *John* und *Dorothy Keur* in Anderen mit 280 Einwohnern (vgl. unsere Besprechung im gleichen Heft). Dieser Umstand ist hier sogar von ganz besonderer Bedeutung, wie das sachliche Hauptthema des Buches beweist. Während in den beiden anderen Untersuchungen kleiner Gemeinden gezeigt wird, daß sie trotz ihrer Kleinheit und trotz ihrer Beteuerung, daß „alle gleich sind", ausgesprochene soziale Klassen ausbilden, erweist sich in dem französischen Beispiel, auf Grund sehr besonderer Verhältnisse, die noch beschrieben werden sollen, daß es trotz der Kleinheit und relativen Übersichtlichkeit der Gemeinde *zu keiner eigentlichen Gemeindeintegration kommt*. Gleichzeitig läßt die historische Betrachtung erkennen, daß diese Situation schon lange bestanden haben muß, und zwar seit nahezu zwei Jahrhunderten. Zwei zutiefst verschiedene Kulturen, Sozialformen und Wirtschaftstypen stoßen hier aufeinander, nämlich Arbeiter und Bauern, die in keiner Weise zusammenkommen können. Dies ist natürlich zunächst einmal räumlich (ökologisch) bedingt. Nouville zerfällt in vier Teile: 1. Am Bahnhof eine Arbeitersiedlung neben einer Glasfabrik; 2. Das eigentliche ländliche Zentrum in Form eines langhingezogenen Zeilendorfes; 3. Ein kleiner rein ländlicher Weiler von nur wenigen Häusern; 4. Eine zweite Arbeitersiedlung neben einer anderen Glasfabrik. Darüber hinaus verfolgten aber die Autoren, die neben teilnehmender Beobachtung auch mit Fragebogenerhebungen arbeiteten, die aufgerollten Probleme noch mit allen Mitteln der Sozialpsychologie, wobei sie auch verschiedene Teste anwendeten (Rorschach, Murray, Raven u. a., vgl. Pièces annexes, S. 435 ff. und im Text insbes. 212 ff., 390 ff.); da allerdings die Anwendungen der Teste nicht immer in genügender Anzahl erfolgen konnte, sind die Ergebnisse manchmal etwas unklar, wie die Autoren selber zugeben (S. 400). Unangesehen dessen gehört aber die Analyse der Wertideen der beiden Hauptgruppen in Nouville, ja die Analyse ihrer Weltvorstellung insgesamt mit einer tiefgreifenden Gegenüberstellung der beiden Systeme von Raum-Zeit-Vorstellungen zum Faszinierendsten, was wir in dieser Hinsicht seit langem gelesen haben. Selbstverständlich werden auch die geographischen, historischen, demographischen und wirtschaftlichen Gegebenheiten, dann auch der Lebenszyklus von der Geburt bis zum Tode untersucht; aber das Hauptgewicht liegt doch auf der kulturellen Analyse, wobei das Kapitel XII über Raum und Zeit zweifellos den Höhepunkt des Werkes darstellt.

Der Mangel an eigentlicher Gemeindeintegration („absence de groupe ... désagrégation de la vie sociale", S. 390) wird durch verschiedene Umstände bedingt, von denen wir nur einige behandeln wollen. Wir heben übrigens als einzigartig hervor, daß neben einer in dauerndem Wandel befindlichen Bevölkerung die Machtstruktur insofern sehr einheitlich ist, als lange Zeit hindurch (fast ein Jahrhundert) die Bürgermeister aus der gleichen Familie stammten; wir konnten selber in einer Gemeindeuntersuchung in der Saarpfalz genau die gleiche Beobachtung machen (vgl. Kölner Diss. *Manfred Sieben*, Die Prüfung der Validität von Untersuchungsmethoden zur Analyse von Genossenschaften, 1955). Zwei entscheidende Punkte begründen die eigenartige Fluidität eines Teils der Bevölkerung von Nouville: zunächst wird bereits 1776 die erste Glasfabrik gegründet, 1887 die zweite (S. 27/28); dies bedingt in Konjunkturzeiten eine dauernde Einwanderung von Arbeitern, die nicht nur aus der Nähe, sondern sogar aus der Bretagne kommen. Zweitens befindet sich aber in Nouville seit der Mitte des 18. bis zur Mitte des 19. Jahrhunderts ein Waisenhaus für uneheliche und ausgesetzte Kinder aus Paris und Rouen. Damit kommen dauernd völlig Fremde aus den verschiedensten Richtungen in die Gemeinde, was auch später noch anhält, indem man mit Vorliebe Kinder in den Glasfabriken beschäftigt. Dies bedingt übrigens bei vielen Arbeitern eine ausgesprochen unglückliche Jugend, was beim Verständnis ihrer eigenartig apathischen und sich selber isolierenden Mentalität in Rechnung gestellt werden muß. Auf der anderen Seite stehen dann die Bauern, die typischerweise auch im Gemeinderat stark überrepräsentiert sind, während sich ihnen gegenüber die Arbeiter nicht zusammenzuschließen vermögen (S. 242/44). So kann es uns nicht wundern, daß die Gemeinschaft in Nouville mehr durch Opposition als durch Kooperation gekennzeichnet ist („une communauté caractérisée davantage par des oppositions entre ses membres que par des coopérations", S. 46). Dabei ist übrigens auch die Bauernschaft außerordentlich mobil, da 75% des Bodens Gemeindefremden gehören (S. 69/70), also nur gepachtet sind; es ergibt sich regelmäßig die Situation, daß die Pächter einen Hof nur für wenige Jahre übernehmen, ihn so stark wie möglich ausnutzen, um dann einen neuen Pachtvertrag auf einem größeren Hof abzuschließen.

Wir können nun nicht auf alle Einzelheiten der ungewöhnlich interessanten Darstellung eingehen; wir heben nur hervor, daß in jeder Einzelheit sich insofern eine tiefe Schichtung zwischen Arbeitern und Bauern zeigt, als die Arbeiter apathisch sind und der alten Routine folgen, die Bauern dagegen vielseitiger interessiert und unternehmungslustiger sind; sie sind auch stärker integriert in der regionalen Kultur. So unterscheiden auch die Autoren zwischen einer „morale utilitaire" bei den Glasarbeitern, die am Nächstliegenden haftet, und einer „morale autoritaire" bei den Bauern (S. 299), die auch in der strengen Reglementierung (S. 113) des Lebens in der Familie zum Ausdruck kommt. Von hier aus werden dann die Vorstellungen von Raum und Zeit bei beiden Gruppen entwickelt, worauf wir vorher schon aufmerksam machten. Für den Bauern, der in Generationen denkt, ist die Zeit zunächst viel kontinuierlicher als für den Glasarbeiter (323 ff.), der oftmals seinen Vater nicht kennt und über die nächste Zukunft unmittelbar und ohne weiterreichende Planung zur „Situation" kommt. Während der Kalender des Bauern, und zwar sowohl beim Eigentümer-Bauern wie beim Pächter, im Jahresrhythmus läuft, wobei es bestimmte herausgehobene Punkte gibt, ist der Kalender der Arbeiter eine Folge immer gleicher Tage, die nur durch die Sonntage unterbrochen wird. Diese Differenzen äußern sich auch in verschiedenen Raumvorstellungen und in verschiedenem Verhalten in den einzelnen Räumen, vor allem denen der unmittelbaren Umgebung (S. 333 ff.). So versteckt der Arbeiter nichts in der unmittelbaren Umgebung; er sagt freimütig, was er verdient. Der Pächter versteckt alles, vor allem seinen Verdienst. Der Arbeiter erhält regelmäßig immer den gleichen Lohn, der Pächter äußert sich höchst nebulos über sein Einkommen. Dementsprechend ist auch der Arbeiter eher zum Klagen geneigt, während Bauern und Pächter seelenruhig die Agrarstatistiken fälschen. So steht der Arbeiter Fremden in seiner Nachbarschaftszone offener gegenüber als der Pächter, obwohl letzterer die Gegend besser kennt als ersterer. Am aufdringlichsten werden jedoch diese Unterschiede, sowie beide bei sich „zu Hause" sind. Zu Hause heißt für den Arbeiter seine Wohnung in der Siedlung. Der kleine Garten dahinter ist nur durch ein Drahtgitter abgesperrt, das ihm nicht erlaubt, für sich zu sein, weil man ihn von überall her beobachtet. Zu Hause heißt also letztlich für ihn „in seinen vier Wänden". Außerhalb dieser hat er nur noch seinen Arbeitsplatz, wo er ganz für sich ist. Anders der Bauer. Er ist „bei sich", solange er auf seinem Grundstück ist. Von hier aus sieht er die anderen als Nachbarn, während der Arbeiter nur Nebenwohner hat, und zwar in dem Sinne wie man im Amerikanischen zwischen neighbourhood und nigh dwelling unterschieden hat.

Es ist bei allen diesen Analysen ungemein aufschlußreich zu sehen, in welcher Weise Differenziertheit, ja Feinnervigkeit der Ausdeutung Hand in Hand zu gehen vermag mit einer strengen methodischen Kontrolle. In dieser Hinsicht stellt die Untersuchung von Nouville zweifellos einen wichtigen Beitrag nicht nur zur Gemeindeforschung dar, sondern sie bereichert auch sonst unser Wissen über die Stellung der Industriearbeiterschaft auf dem Dorfe ganz beträchtlich.

b) Die Untersuchung von *Michel Quoist* unterscheidet sich in mehreren Hinsichten von der vorgenannten. Zunächst untersucht sie weder eine Stadt noch eine Dorfgemeinde, sondern nur einen Stadtteil von Rouen, der ein eigentliches Armutsviertel, im strengen Sinne einen Slum darstellt. Darüber hinaus will er natürlich zunächst auch einmal informieren, indem er zeigt, welche sozialen Desorganisationserscheinungen aus überfüllten Wohnungen, hygienisch unterentwickelten Straßen und Baulichkeiten usf. resultieren. Aber dies ist keineswegs seine letzte Absicht. Ähnlich den englischen „muckrackers" vom Ende des vorigen Jahrhunderts zeichnet er die Armut nur, um zu einer Aktion gegen sie aufzurufen. So heißt auch sein letztes Kapitel „Conclusions pour l'action", was bei einem Vertreter der sehr rührigen Gruppe „Economie et Humanisme" nicht verwundern wird. Der gleiche Ton klingt aus dem Vorwort des bedeutenden Religionssoziologen *Gabriel Le Bras*, wobei vor allem die Beziehung zwischen Armut und Irreligiosität hervorgehoben wird.

Die befolgte Methode war auch in diesem Falle zunächst teilnehmende Beobachtung und freie Gespräche. Daneben arbeitete der Autor aber auch mit der kartographischen Methode; 27 beigelegte Karten, die auf durchsichtiges Papier gedruckt sind, erlauben dem Leser, selber auf Entdeckungen auszugehen, indem er die Verteilungsmuster einzelner Merkmale übereinander legt und schnell gewisse Häufungen entdeckt. In Frankreich ist unserer Tage diese ökologische Darstellungstechnik insbesondere von *P. Chombart de Lauwe* in seinem zweibändigen Werk über Paris (1952) verwendet worden, auch da mit vollem Erfolge. Aber *Quoist* beschränkt sich keineswegs auf diese eine Technik, vielmehr mobilisiert er alle Informationsquellen, derer er habhaft werden kann. Dabei interessieren ihn besonders die Zusammensetzung der Bevölkerung, die auch in diesem Falle wie dem von *Bettelheim* beschriebenen äußerst gemischt ist; die Mobilität weist sehr hohe Grade auf mit den entsprechenden Konsequenzen. Ähnlich wird die Wohnfrage behandelt, danach die Vitalstatistik mit einem Blick auf die Kriminalität. Die weiteren Kapitel geben die geschäftliche, kulturelle, administrative, arbeitsmarktmäßige, freizeitliche, verkehrsmäßige, kirchliche usw. Ausrüstung des betreffenden Stadtteils. Die spezifisch soziologische Analyse sucht nun nach den Artikulationen und Strukturen dieses komplexen Ganzen, wobei zugleich der Übergang zur Praxis gewonnen wird. Im Verfolg seiner Untersuchungen entdeckt der Autor nicht nur, daß der betreffende Stadtteil wieder in einzelne Quartiere verschiedener Atmosphäre zerfällt, sondern daß sich in ihnen ausgesprochene „Beziehungsnetze" zwischen den Menschen feststellen lassen, auch „Ballungen", von denen jeweils eine besondere (positive oder negative) Aktivität ausgeht. Sein Verfahren ist hier gewissermaßen das einer *topographischen*

Soziometrie, wie wir sagen möchten, wobei er dann die „Funktionen" der einzelnen Quartiere in diesem Zusammenhang auszumachen sucht (vgl. S. 211—216). Damit werden die eigentlichen sozialen Probleme sichtbar, die über die Tatsache, gemeinsam in einem Armutsquartier zu leben, hinausgehen. So gibt es Massierungen von Dockern einerseits und solche von kleinen Angestellten andererseits, die sich sorgsam von den ersten zu isolieren suchen. Es gibt aber auch Spielgruppen auf der Straße und Nachbarschaften, die selber wiederum sehr differenziert sind, dann auch Banden von Jugendlichen, die sich von denen der Kinder abheben. Alle diese Gruppen tragen nicht nur wesentlich dazu bei, den Menschen zu formen, wie vor allem die Familie, sie geben ihm auch Sicherheit in seinem Verhalten. So schält sich allmählich die praktische Aufgabe heraus, die materielle Umgebung derart zu gestalten, daß sie optimale Bedingungen für die Entstehung und Entwicklung solcher Gruppen herstellt.

Wenn auch die menschliche Intensität nicht zu leugnen ist, mit der die Probleme des ausgesuchten Stadtteils im alten Rouen angegangen werden, so möchten wir doch warnen vor einer allzu großen Annäherung theoretischer Forschungsprobleme und der Fragen der Sozialpolitik. Dies ist nicht in dem Sinne gesagt, als sollten alle praktischen Rücksichten beiseite geschoben werden; das würde auch nicht der Tradition der Gemeindeuntersuchungen entsprechen, die ja ursprünglich wichtige Mittel der Sozialpolitik waren, wie auch die verschiedenen Enquêten des Deutschen Vereins für Sozialpolitik. Aber die allzu frühzeitige Ausrichtung auf die Praxis hat gelegentlich zur Folge, daß man den Wunsch zum Vater des Gedankens werden läßt und einerseits bestimmte positive Möglichkeiten überschätzt, andererseits die Determinationskraft unterschätzt, die von bestimmten materiellen Gegebenheiten ausgeht. In diesem Sinne scheint uns der Optimismus, mit dem der Autor an der Idee der „missionierenden Pfarre" hängt, vielleicht etwas verfrüht, wenn auch auf der anderen Seite sein Satz restlos akzeptiert werden kann: „Voir juste pour agir avec efficacité", richtig sehen, um wirksam zu handeln. Ein solches Bemühen wird aber unter Umständen den Augenblick für den Einsatz der Handlung noch etwas hinausschieben, ohne daß darum die letztlich praktische Ausrichtung aller soziologischen Forschung geleugnet würde.   René König

DREI UNTERSUCHUNGEN AUS DEM GEOGRAPHISCHEN INSTITUT DER UNIVERSITÄT STRASSBOURG

a) *Jean Tricart* (et un groupe de chercheurs du laboratoire), Roquebrune-Cap-Martin (Alpes Maritimes). Etude de la transformation d'une commune rurale par le tourisme et la villégiature. Centre de Documentation Universitaire, Paris 1954. 22 Seiten.

b) *R. Specklin*, Altkirch. Type de petite ville. Centre de Documentation Universitaire, Paris 1954. 87 Seiten.

c) *Pierre Michel*, Pfaffenhoffen. L'évolution des rapports fonctionnels entre un petit centre urbain et la campagne voisine. Centre de Documentation Universitaire, Paris 1954. 143 Seiten.

Es ist schon in anderem Zusammenhang erwähnt worden (vergl. die vorhergehende Besprechung), daß die französische Tradition der „géographie humaine" dem Interesse an eigentlichen Gemeindestudien stark entgegengekommen ist. So wird es uns nicht wundern, wenn Produktionen aus diesem Kreise auftreten, die von eigentlich soziologischen Gemeindeuntersuchungen kaum zu unterscheiden sind. Das Straßburger *Laboratoire de Géographie* veröffentlichte vor kurzem gleich drei kleine Arbeiten dieser Art, die sich mit verschiedenen Themen befassen bei Gelegenheit der Analyse von mehr oder weniger großen Gemeinden, zwei im Elsaß, eine an der Côte d'Azur. Dabei ist die Betrachtungsweise ungemein komplex; außer dem eigentlich geographischen Gesichtspunkt werden historische, speziell wirtschaftsgeschichtliche, administrative, agrarwissenschaftliche und siedlungsgeschichtliche, schließlich auch ausgesprochen soziologische Gesichtspunkte aktualisiert, um eine gegebene Gemeinde zu analysieren. Wenn der große französische Geograph *Maximilien Sorre* einmal gesagt hat, die Karte und die Landschaft seien das A und O der Geographie (vgl. dazu: Les Fondements de la géographie humaine, Tome II: Les Fondements techniques (I), Paris 1948, S. 6), so weiß er doch gleichzeitig, daß die Entfaltung der Oekumene von der Aktivität des Menschen nicht getrennt werden kann, und diese Aktivität entfaltet sich immer nur in Gruppen der verschiedensten Strukturen. So darf man gleichsam sagen, daß die géographie humaine den gleichen Gegenstand in seiner räumlichen Einordnung oder Streuung sieht, den die Soziologie in seinen spezifischen Strukturen zu erfassen sucht. Geographie und Soziologie sind also völlig untrennbar voneinander.

Andererseits aber zeigt sich gleichzeitig die Verschiedenheit der Orientierung in einer soziologischen und einer geographischen Gemeindeuntersuchung sehr deutlich. Die Geographie versucht jene Strukturelemente sichtbar zu machen, die sich gleichzeitig in der geschichtlichen Gewordenheit und der räumlichen Ordnung heranbilden; die Soziologie ist zunächst auch daran interessiert, geht dann aber unmittelbar zur Behandlung der inneren Ordnung einer solchen Gruppe über, wie sie sich etwa in Klassen- oder Kastenordnungen, Herrschaftsstrukturen mehr horizontal gelagerten Vereinen und informellen Vereinigungen, Funktionskreisen wie Schulen, Kirchen und Behörden darstellt. Wir möchten jedoch betonen, daß bei aller Selbständigkeit der spezifisch soziologischen Analyse, diese dennoch niemals auf die geographischen Voraussetzungen verzichten kann. Dies ist in Frankreich schon unverhältnismäßig früh erkannt worden, so daß die Zusammenarbeit beider Disziplinen heute völlig zwanglos und selbstverständlich geworden ist, wofür die drei angeführten Abhandlungen ein gutes Zeugnis ablegen.

a) *Jean Tricart* verfolgt mit seinen Mitarbeitern die historische Entwicklung einer kleinen Gemeinde zwischen Menton und Monte Carlo von einer rein landwirtschaftlichen Gemeinde (vor 1860) zu einer Vorortgemeinde (banlieue), die nur indirekt von der Entwicklung des „aristokratischen Tourismus" betroffen wird, der sich in der Periode von 1860—1900 entfaltet, indem viele Angestellte der Luxus-Fremdenindustrie in den benachbarten großen Badeorten in die kleine Gemeinde einziehen. Die dritte Periode steht schließlich im Zeichen des „bürgerlichen Tourismus", der vor allem das bauliche Bild völlig verändert, indem viele kleine Ferienhäuschen gebaut werden. Diese Welle des Tourismus benötigt nicht so viele Hilfskräfte wie der aristokratische, dagegen zieht sie den Kleinhandel an und auch manche gewerblichen Handwerke.

Bezeichnenderweise wird nun jedoch diese Entwicklung nicht ins eigentliche Strukturelle weiter verfolgt und etwa die kulturelle Reaktion der alten Bevölkerung auf diese verschiedenen Außeneinflüsse oder umgekehrt die Anpassung oder Nichtanpassung der Dauerzuwanderer oder Saisonwanderer an die traditionale Ordnung, der gegenseitige Verkehr, die bestehenden Schranken zwischen den Bevölkerungen und ähnliches untersucht, sondern der Verfasser beschränkt sich ganz entschieden darauf, den Reflex dieser Entwicklung im „paysage urbain actuel" nachzuzeichnen. Damit erweist sich diese Arbeit als rein geographischer Natur; andererseits aber könnte der Soziologe ohne genaue Kenntnis aller dieser Voraussetzungen nicht auskommen, weshalb wir auch die Kenntnis von solchen Arbeiten als eine wichtige Hilfe für den Soziologen ansprechen möchten, der speziell am Problem der Gemeinde interessiert ist.

b) Die Untersuchung über das Städtchen Altkirch, die von *R. Specklin* ebenfalls unter der Leitung von *Jean Tricart* durchgeführt wurde, bietet insofern eine sehr eigenartige Problemstellung, als die Stadt auf Grund besonderer Umstände zunächst seit dem 13. Jahrhundert als Militärzentrum und Festung wirkt, um dann zu einem ausgesprochenen Administrationszentrum zu werden, das sie in schweren Kämpfen gegen das benachbarte Mulhouse zu schützen sucht. Aber nach 1850 ist es definitiv entschieden, daß sich der Industriebezirk als stärkerer Anziehungspunkt für die Administration auswirkt als das relativ isolierte Altkirch. Die Verwaltung und das Gericht gehen, der Sundgau wird von Mulhouse aus verwaltet. Sowohl unter der deutschen Verwaltung nach 1870 wie unter der französischen nach 1945 versucht man, die große Wunde der Altkirchener zu heilen durch ein weitgehend politisch bedingtes Entgegenkommen; es bleibt aber im wesentlichen dabei, daß die Anziehungskraft des Industriezentrums auf die Dauer stärker ist.

Die wirtschaftsgeschichtliche Entwicklung zeigt deutlich, wie mit dem Rückgang der administrativen Bedeutung auch die wirtschaftliche einen entsprechenden Verlauf nimmt. Anstelle der großen Messen (Vieh und Getreide) tritt mehr und mehr ein bloßer „Krammarkt". Darunter leiden natürlich auch der Kleinhandel und das Gewerbe, während nur das Gastgewerbe mit seinen viel zu vielen „bistrots" noch eine Erinnerung an alte Zeiten bewahrt. Dem können auch die kleinen traditionalen Lokalindustrien nicht entgegenwirken. Der Einzug neuerer Industrien (Textil seit Anfang des 19. Jahrhunderts und Eisen seit 1919) hat hingegen einzig dahin gewirkt, daß die letzten Reste der alten Ordnung zusammenbrachen, ohne daß etwas neues bisher an ihre Stelle getreten wäre. Es bleibt nur eine starke Spannung zwischen der herrschenden Klasse und der Arbeiterklasse. Diese ganze Entwicklung wird insbesondere mit Bezug auf die Besitzordnung und ihre Umgestaltung sehr eingehend verfolgt, wobei vor allem das Verschwinden der kleinen Bauern seit Ende des 18. Jahrhunderts hervorgehoben wird. Altkirch ist definitiv zu einer Stadt geworden. Nun kommt aber der eigentliche große Schlag: 1856 geht die Verwaltung nach Mulhouse, das Gericht folgt 1859. In den zwei Jahrzehnten zwischen 1850 und 1870 fällt die Einwohnerschaft von 3 500 auf 2 900! Das zeigt sich auch sonst in der Bevölkerungsentwicklung, indem auf Grund mehrerer Epidemien 1854 und 1855, dann 1861, 1865 und 1869 die Todesfälle die Geburten beträchtlich überschreiten. Damit hört auch die Bautätigkeit auf, die Krise erreicht 1870 ihren Höhepunkt, der gleichzeitig ein Wendepunkt ist. Allerdings geht die neue Entwicklungsphase ungemein langsam vor sich.

In dieser Entwicklung, die bis in die Gegenwart weiterwirkt, zeigt sich einerseits das interne Selbstgefühl der Altkirchener gegenüber der Landschaft, andererseits ihre offensichtliche Unterlegenheit im Vergleich mit der Umgebung, vor allem den großen Städten Mulhouse und Basel. Die innere Struktur wird weitgehend durch eine patriarchalische Unternehmerkaste bestimmt, die jedoch durch die Krise nach 1929 eine starke Schwächung erfährt, ohne darum zu verschwinden. Im wesentlichen bleibt jedoch Altkirch auf dem absteigenden Ast. Daß aber auch diese Arbeit im wesentlichen geographisch ausgerichtet ist, wird vor allem dadurch bezeugt, daß der Verfasser die Entwicklung in zahlreichen Karten festzuhalten sucht, welche auch die von ferne her wirkenden Kräfte sichtbar machen und damit eine Reihe von Umlagerungen im Rahmen eines weiterreichenden Gebietes erkennen lassen, welche die Gemeinde Altkirch zunehmend in ihrem Einflußbereich zurückschneiden.

c) In ähnlicher Weise greift *Pierre Michel*, ebenfalls unter dem Einfluß von *Jean Tricart*, das Problem der funktionellen Beziehungen zwischen einem kleinen städtischen Zentrum und der umgebenden Landwirtschaft auf. Im Gegensatz zu Altkirch zeigt die Gemeinde Pfaffenhoffen starke positive Entwicklungsimpulse, indem sie gewissermaßen in jeder wirtschaftshistorischen Phase ihren Wirkungsbereich ausdehnt. In diesem Falle überwiegen übrigens die rein wirtschaftsgeographischen Interessen derart, daß der soziologische Gesichtspunkt in den Hintergrund tritt. Immerhin werden auch trotz dieser gewissen Einseitigkeit noch zahlreiche Materialien zusammengetragen, welche als Ausgangspunkt für Analysen mehr struktureller Natur dienen könnten. Dies betrifft vor allem die eingehende Untersuchung der langsamen Umformung der Landschaft. Die in die

Stadt einpendelnden Arbeiter-Kleinbauern vernachlässigen zunehmend die Landwirtschaft, die sich bald zu einer reinen Subsistenzwirtschaft zurückentwickelt, indem die Marktproduktion den „Nebenerwerbslandwirten" aus rein zeitlichen Gründen gar nicht mehr möglich ist. Die wenigen Großbesitzer bestehen dagegen wachsend auf Güterzusammenlegung, womit die alte Agrarverfassung restlos verschwindet, weil sie der Industrialisierung der Landwirtschaft im Wege steht, während sich manche Gemeinden der Umgebung zunehmend in Arbeiter-Schlafdörfer verwandeln. Diese Arbeit ist insbesondere unter einem Gesichtspunkt besonders beachtenswert: während man früher vor allem den Einfluß großer und mittlerer Städte auf die Landwirtschaft im Auge hatte, zeigt sich an diesem Beispiel höchst deutlich, daß selbst eine unverhältnismäßig kleine Stadt eine starke Umformung ihres Einzugsbereiches bewirken kann. Damit bestätigt sich wiederum, daß die eigentlichen Prozesse der Verstädterung heute viel mehr zwischen den kleinen Zentren der Landschaft als zwischen Stadt und Land im alten Sinne spielen. Man möchte wünschen, daß noch kleinere Zentren ähnlicher Art untersucht würden, damit wir endlich eingehenderes über Sinn, Mechanismus und Erscheinungsformen der sich wandelnden Landgesellschaft erfahren. Die vorliegende Arbeit von *Pierre Michel* stellt einen wichtigen Schritt auf dieser Linie dar. *René König*

EINE ENGLISCHE GEMEINDEUNTERSUCHUNG IN SPANIEN

J. A. Pitt-Rivers, The People of the Sierra. Introduction by Prof. E. E. Evans-Pritchard. Verlag Weidenfeld & Nicolson, London 1954. XVI, 232 Seiten.

Es handelt sich um eine anthropologische Studie eines andalusischen Dorfes von ca. 2000 Einwohnern, das im Gebirge zwischen Ronda und Cádiz gelegen ist. Dabei besteht einer der Hauptgesichtspunkte in der Analyse der Spannungen, die sich aus dem Zusammenstoß zwischen dem „pueblo" und den von außen, insbesondere von der Zentralregierung ausstrahlenden Einflüssen ergeben. Diese Einflüsse werden vor allem mit Hilfe des Patronagesystem weitgehend verwandelt und durch ein kollektives Schweigen häufig sogar völlig wirkungslos gemacht.

Die hier untersuchte Dorfgesellschaft kennt keine eigentliche Klassenschichtung; die verschiedensten sozialen Kategorien laufen vielmehr durcheinander, ohne daß irgendein Kriterium den tief verwurzelten Egalitarismus des Gemeindevolkes dauerhaft durchbrechen könnte. Das schließt natürlich nicht aus, daß namentlich die Geschlechtskategorien durch Betonung von Werten, die sich zum großen Teil gegenseitig widersprechen, stark voneinander abgehoben sind, was jedoch nicht verhindert, daß dort, wo die entsprechende Arbeitsteilung zwischen den Geschlechtern gelegentlich nicht eingehalten wird, trotzdem kein eigentlicher Prestigeverlust der betreffenden Personen eintritt. Die entscheidende ingroup stellt das Gemeindevolk dar, das, obwohl zum großen Teil landwirtschaftlich tätig, ausgesprochen urbane Züge aufweist, nicht zuletzt auch im unpersönlichen Verhalten zum landwirtschaftlich genutzten Boden. Damit stimmt auch die Tatsache überein, daß die Kernfamilie keine klanartige Ausdehnung erfährt, daß vielmehr außer ihr und abgesehen von einer gewissen Bindung an die Familie der Frau unter den Primärbeziehungen nur noch die Freundschaft und die von ihr durch Dauerhaftigkeit unterschiedene enge Beziehung zwischen dem Paten und den Eltern des Patenkindes, das „compadrazgo", das weit wichtiger ist als sonstige Verwandtschaftsbeziehungen, stark hervorstechen.

Die soziale Kontrolle wird nur zum geringen Teil durch den offiziellen Behördenapparat ausgeübt, an den zu appellieren gegen die lokale Norm verstößt, sondern hauptsächlich durch das Volk selbst, wobei durch die verschiedensten Mittel das Schamgefühl (gleich „vergüenza") aktiviert wird, dem auszuweichen nur dadurch möglich ist, daß man aus dem Dorf auswandert. Offene und direkte Formen der Aggression sind stark verpönt, dagegen wird die Form des gegenseitigen

Sich-meidens allgemein als Ausdruck der Feindschaft respektiert. Dabei ist interessant festzustellen, daß die Gesellschaft selbst zwei Institutionen, nämlich den „corredor" und den „hombre bueno", zur Verfügung stellt, welche es dem einzelnen erlauben, beim Verkauf von Kapitalgütern und bei Streitigkeiten das Gesicht zu wahren, auch wenn er durch seine Handlungen gegen gewisse Normen des männlichen Moralkodexes verstößt.

Erfreulicherweise geht der Autor auch auf die anarchistische Bewegung in Spanien und insbesondere in Andalusien vor und während des Spanischen Bürgerkrieges (1936—1939) ein, wobei er zum Schluß kommt, daß der Anarchismus tatsächlich mit einer Reihe, wenn auch nicht mit allen vorherrschenden Werten dieser Gesellschaft übereinstimmt, vor allem natürlich mit dem entschiedenen Abwehrwillen gegen alle Interventionen der Zentralregierung und mit der Verherrlichung des Banditen und Schmugglers, die einst sehr zahlreich das Gebirge von Ronda bevölkerten.

Diese in ihrer Art einzigartige Studie eines spanischen Dorfes bedient sich vor allem der klassischen Methode des Anthropologen, nämlich der teilnehmenden Beobachtung, bei der auf eine systematische Kontrolle der Beobachtung verzichtet wird. Dieser Nachteil fällt vermutlich auch hier etwas ins Gewicht, da der Autor offensichtlich und verständlicherweise dem unwiederholbaren Charme Andalusiens zum Teil erlegen ist.

Peter Heintz

EIN ENGLISCHES DORF

W. M. Williams, The Sociology of an English Village: Gosforth. International Library of Sociology and Social Reconstruction. Founded by Karl Mannheim, Editor: *W. J. H. Sprott*. Routledge and Kegan Paul Ltd., London 1956. 246 Seiten, Preis geb. 25 sh.

Die englische Gemeindesoziologie von heute zeigt gegenüber früher eine deutlich verschobene Problemstellung. Während die ältesten englischen Gemeindeuntersuchungen vom Ende des 19. Jahrhunderts unter dem Einfluß von *F. Le Play* vor allem sozialpolitisch ausgerichtet waren (bei *Ch. Booth, P. Geddes, V. Branford* bis zu *B. S. Rowntree*), rückte später — insbesondere unter dem Einfluß von *L. Mumford* — eine ganz besondere Variante der Sozialpolitik in den Vordergrund, nämlich die *städteplanerische*, die bis in jüngste Publikationen hinein noch deutlich nachklingt, so etwa bei *Ruth Glass* (The Social Background of a Plan: A Study of Middlesborough, London 1948) oder *Harold Orlans* (Stevenage. A Sociological Study of a New Town, London 1952). Man vergleiche dazu auch die aufschlußreiche bibliographische Studie von *Ruth Glass*, Urban Sociology (Research in Great Britain), in: Current Sociology IV, 4 (1955). Demgegenüber tritt uns in dem anzukündigenden Buch von *W. M. Williams* ein neuer Geist entgegen, den wir als spezifisch *soziologisch* bezeichnen möchten; er deckt sich übrigens teilweise mit dem, was *Ruth Glass* als „sozialanthropologisch" kennzeichnet (a. a. O., S. 12). Wir wollen damit nicht sagen, daß die verschiedenen Vorläufer, insbesondere gerade *Ruth Glass*, keinerlei soziologische Erkenntnisse produziert hätten; wohl aber wissen wir in der Tat, daß diese nicht annähernd im gleichen Maße im Zentrum gestanden haben wie bei der Gemeindestudie von *Williams*, die sich ein mittleres Dorf in West Cumberland zum Vorwurf nimmt (723 Einwohner).

Von besonderem Interesse scheint uns an diesem Buch vor allem die Untersuchung des zwar oft erwähnten, aber selten kontrollierten Bewußtseins für die *Grenze* der Gemeinde im Raum und gegenüber anderen Gemeinden. Dies wird im Falle von Gosforth insofern zu einem Problem, als die Gesamtgemeinde aus zwei deutlich voneinander geschiedenen Teilen besteht, einem eigentlichen Dorfkern und den darum herum gestreuten Bauernhöfen (teils selbständige Bauern, teils Pächter). Trotzdem zeigt sich auf Grund der Untersuchung, daß Gosforth wirklich eine soziale und nicht nur eine administrative Einheit ist — dies übrigens ein Gesichtspunkt, der in den deutschen Gemeindeuntersuchungen meist sehr vernachlässigt wird (Kap. VIII). Deutlich tritt dies insbesondere in dem Grenzbewußtsein der Einwohner zutage. Jedermann kennt den Verlauf der Gemeindegrenze, und man macht einen Unterschied zwischen den Leuten, die diesseits und jenseits der Grenze wohnen, selbst wenn die Entfernung nur wenige Meter beträgt. Es gibt einige Farmen, die gerade noch innerhalb der Gemeindegrenzen liegen; die Bewohner machen vollen Gebrauch von den Einrichtungen des Dorfkerns, obwohl sie andere Zentren viel leichter erreichen könnten (S. 168). Die Einstellung ist also ausgesprochen zentripetal, so daß im strengen soziologischen Sinne von einer „Grenze" gesprochen werden darf, die sich ja immer vom Zentrum her konstituiert.

Innerhalb dieser Grenzen tut sich nun eine Mikrowelt auf, die nicht nur in bezug auf ihre individuelle Eigenheit und regionale Verflechtung, sondern gleichzeitig auch als kleines Abbild englischen Landlebens überhaupt untersucht wird. Der bedeutendste Teil der Analyse ist zweifellos die Entwicklung des Klassensystems, das in gewisser Analogie zu *Lloyd Warner* dargestellt wird, wobei es dem Verfasser — auf Grund der Kleinheit der Gemeinde — gelingt, eine eindeutige Zuordnung fast aller Einwohner vorzunehmen (man vgl. dazu den Appendix V, Tab. 1—5 u. das Kap. V). Sehr typisch englisch kennzeichnet sich die obere Oberklasse durch Abstammung, Reichtum und Erziehung; letzteres drückt sich unter anderem auch in der Sprache aus, die sich vom Lokaldialekt deutlich unterscheidet. Damit wird zugleich die innere Einheit dieser Klasse wie ihre Differenz zu den anderen dokumentiert. Die Art der Beschäftigung tritt dagegen zurück, wie es das Beispiel der beiden Ärzte zeigt: ihrem Beruf nach müßten beide zur Oberklasse gehören, aber andere Umstände beschränken den einen auf die untere Oberklasse. Während die obere Oberklasse außerordentlich homogen ist, trifft dies für die untere Oberklasse nicht zu. Sie besteht aus einer Reihe von Familien, die hoch angesehen sind auf Grund verschiedener Umstände, aber eben nicht hoch genug, um zur obersten Klasse gerechnet zu werden. Interessanterweise unterscheidet der Verfasser zwischen den beiden Ober- und den drei Mittelklassen eine „Zwischenklasse". Bezeichnend ist auch die allgemeine Einstellung zur Unterklasse, deren Mitglieder meist in sehr diffamierender Weise apostrophiert werden. Da diese Klasse nichts besitzt, kann sie nur durch ihr Benehmen charakterisiert werden. Im übrigen sind sich die Mitglieder dieser Klasse völlig klar über ihren Ruf, was sie zu entsprechend aggressiven Reaktionen oder gelegentlich geradezu obszönen Redeweisen führt.

Zur weiteren Begründung seiner Ausführungen gibt der Verfasser noch eine Reihe von Soziogrammen einzelner Personen, bei denen deutlich die starke Homogenität der oberen Oberklasse gegenüber den folgenden hervortritt (S. 101). Da das Klassensystem abgelesen wurde an den typischen gegenseitigen Beurteilungen der einzelnen Gruppen, gibt er in einer ungemein interessanten Tabelle ein konsequent durchgeführtes Beispiel für die vorherrschenden Formen der verbalen Klassendefinitionen von allen Klassen gegenüber allen anderen (S. 107—109), worin das herrschende Wertsystem besonders eindringlich zum Ausdruck kommt.

Ein weiteres Verdienst des vorliegenden Buches ist sodann die ungemein weit getriebene Analyse der Vereine und informellen Organisationen in Gosforth, wobei deutlich hervortritt, wie die Klassenordnung und die Art der Teilnahme an diesen Vereinigungen sich gegenseitig bedingen, indem die Stellung im Klassensystem zu bestimmten Ämtern in den Vereinen prädisponiert, während umgekehrt die Stellung im Verein entsprechend prestigefördernd ist. In einer Tabelle wird nun die Streuung der Mitglieder von insgesamt 23 Vereinen über die verschiedenen Klassen dargestellt (S. 123) und in einer anderen die Klassenzugehörigkeit der einzelnen Funktionäre (S. 125). Bei der ersten zeigt sich, daß es relativ wenig Vereine gibt, deren Mitglieder aus nur einer oder aus nur einigen wenigen Klassen stammen. Nur zwei Vereine haben Mitglieder in nur drei Klassen; umgekehrt gibt es aber ebenfalls nur zwei, die Mitglieder in allen sieben Klassen haben. Anders erscheint jedoch das Bild, wenn wir die Führungsstruktur der Vereine betrachten. Dann zeigt sich, daß mit einer einzigen Ausnahme alle Präsidenten der oberen Oberklasse angehören. Die einzige Ausnahme ist der Präsident des Theatervereins, der bezeichnenderweise der zentralen Mittelklasse angehört. Die Unterklasse erscheint hier völlig ausgeschaltet; wir finden nur zwei Personen aus dieser Gruppe insgesamt, die Mitglieder irgendwelcher Komitees sind, darüber hinaus haben sie keinerlei weitergehende Funktionen. Angesichts dieses Bildes mögen einem manche frommen Wünsche von der integrativen Wirkung des Vereinslebens recht fragwürdig erscheinen.

Mit gleicher Nüchternheit und Präzision wird auch das Problem der Nachbarschaft angegangen, wobei vorausnehmend festgestellt wird, daß räumliche Nähe vielleicht eine Voraussetzung, aber sicher keine Determinante der Intensität des sozialen Verkehrs ist (S. 140, 144). So bemerkt der Verfasser, daß etwa das Ausleihen irgendwelcher Kleinigkeiten keineswegs an und für sich ein Zeichen für nachbarliche Verbundenheit sein muß. Viele Sachen werden praktisch ganz wahllos von jedermann ausgeliehen, selbst von Leuten, die man als Nachbarn gar nicht schätzt. Auch werden Leute aufgesucht, die entweder über bestimmte Fertigkeiten oder bestimmte Werkzeuge verfügen, mit denen man sonst nie verkehren würde, wie z. B. der Lehrer, der Schmied oder eine Frau, die ein Geheimmittel gegen Kopfschmerzen kennt. Am besten kann die Funktion der Nachbarschaft in eigentlichen Krisensituationen erfahren werden, worin gleichzeitig eine Art von Dorfsolidarität zum Ausdruck kommt. Im übrigen zeigt sich interessanterweise eine intensivere Nachbarschaftshilfe bei den räumlich zerstreut wohnenden Farmern, als bei den dicht zusammenwohnenden Dörflern.

Die anderen Abschnitte wie etwa die über die Familie und Verwandtschaft (Kap. II und IV) oder über das religiöse Leben (Kap. X) stehen alle auf dem gleichen Niveau, so daß sich das Buch von *Williams* im ganzen als eine für mehrere Gebiete der Soziologie gleichermaßen förderliche Untersuchung darstellt, deren Wert vor allem darin liegt, daß sie in der Analyse des Landlebens keinem der so beliebten Vorurteile erliegt und auch nichts als selbstverständlich hinnimmt.

René König

EINE SCHWEIZER VORORTGEMEINDE

Hansjürg Beck: Der Kulturzusammenstoß zwischen Stadt und Land in einer Vorortgemeinde. Beiträge zur Soziologie und Sozialphilosophie, Band 6, herausgegeben von Prof. Dr. René König, Regio Verlag, Zürich 1952. 189 Seiten.

Hansjürg Beck untersucht auf Grund empirischer Beobachtung den Kulturzusammenstoß zwischen der bäuerlichen Vorortgemeinde Witikon und der Stadt Zürich, der schließlich zur Eingemeindung des Dorfes in die Stadt führt. Obgleich diese gut geschriebene Arbeit, die sich z. T. spannend liest wie ein Roman, schon 1952 publiziert wurde und eines der brennenden Probleme unserer Gegenwartsgesellschaft, die Stadt-Landbeziehungen, am Ort ihres unmittelbaren Zusammenpralls scharf beobachtend beschreibt, fand die Arbeit leider bis jetzt noch nicht die ihr eigentlich zustehende Würdigung. Das mag zu einem großen Teil darin begründet sein, daß diese Studie eine der ersten dieser Art in Europa überhaupt ist (die Haupterhebungen wurden 1945 durchgeführt), und daß in der kontinentalen Soziologie, die sich oft in rein theoretischer Erörterung im Kreise dreht, der Blick nicht auf die empirische Forschung gerichtet ist, durch welche man hindurchgehen muß, um einigermaßen fruchtbar in theoretischen Erörterungen Standpunkte gegeneinander abwägen zu können.

Beck wollte mit seiner Studie kein Modell schaffen; auch ist an seiner Methode sicher einiges auszusetzen. Doch wünschte man sich, daß die Zahl von solchen Arbeiten zunähme, um endlich Vergleiche in größerem Maße möglich zu machen.

Beck bringt dabei eine wesentliche Voraussetzung für alle empirischen Untersuchungen mit: er hat ein enges Kontaktverhältnis zu seinem Forschungsobjekt. Er ist selbst in der Gemeinde Witikon aufgewachsen und hat in reger Anteilnahme die Entwicklung der selbständigen Gemeinde zu einem Vorort von Zürich erlebt. Das impliziert natürlich wiederum eine andere große Gefahr, nämlich nicht über den Dingen zu stehen. Mit dem Bewußtsein für diese Gefahr hat er jedoch während seiner Beschäftigung mit dem Gegenstand die nötige innere Objektivität zu entwickeln gesucht.

So führt uns Beck seinen Gegenstand in drei verschiedenen Teilen vor. In einer geschichtlichen Zusammenschau zeigt er uns den historischen Ablauf und versieht uns in den Präliminarien zur Eingemeindung mit einer übersichtlichen Zusammenstellung des Materials, das für die Entwicklung höchst aufschlußreich ist. Im zweiten Teil seiner Arbeit beschreibt er die örtlichen Institutionen und ihre Reaktionen in jedem einzelnen Fall auf die Wandlung der gesamten sozialen Struktur. Und schließlich folgt eine Darstellung der wissenschaftlichen Ergebnisse. Wir wollen hier kurz auf seine ersten Darlegungen eingehen, bei denen uns folgendes sehr interessant erscheint.

Durch die wirtschaftliche Unfähigkeit des vorerst bäuerlichen Dorfes, Wasser- und Kraftversorgung sicherzustellen sowie größere Anlagen wie den Schulbau zu finanzieren, kommt es zu einem Entschluß der Gemeinde, sich selbst in die Hand der großen Stadt zu begeben. Dieser nur äußere Grund hat aber seine Wurzeln in einer strukturellen Veränderung, deren Geschichte äußerst differenziert ist. Im wesentlichen ist sie dadurch zu erklären, daß schließlich, durch die Stadtnähe bedingt, Siedler in den isolierten Ort dringen, deren neue Bedürfnisse andere Verhältnisse schaffen. Bei dem Eindringen dieser Siedler sind mehrere Siedlungsstöße zu unterscheiden. Nach einer gewissen Periode der Landspekulation erwarben kleinere Angestellte und Arbeiter mit erspartem Vermögen Land und bauten sich Häuser in Witikon. Beck nennt diese ersten Ansiedler die Pioniersiedler 1. Ordnung. Im Gegensatz zu ihnen, die anspruchslose, anpassungsfähige Idealisten aus städtischen Verhältnissen waren, treten etwa von 1934—1936 sogenannte stadtmüde Fluchtsiedler auf. Sie sind Vertreter einer Berufsschicht, die gänzlich auf städtische Bedürfnisse abgestellt, gar nicht die Absicht haben, sich zu assimilieren. Sie geben den letzten Anstoß zur Wandlung.

Nun entwickelt sich alles sehr folgerichtig. In einer Wechselbeziehung, wobei die Stadt schließlich die Stärkere ist, wird die Wandlung immer weiter vorwärts getrieben. Daran ändert auch die Periode des Krieges nichts, in der die Integration der Neuwitikoner mit den Altwitikonern stark war, da die agrarische Produktion einerseits und das gemeinsame Los andererseits eng aneinander band. Die wahren Zusammenhänge wurden nach dem Kriege wieder sofort deutlich. Ein neuer Strom von Neusiedlern verstärkte das städtische Element, und der Einfluß der städtischen Kreise wurde überwältigend.

Es versteht sich immer mehr, je weiter man Beck in die Einzelheiten und feinen Zusammenhänge der Entwicklung folgt, daß dieser Kulturzusammenstoß zwischen Witikon und der Stadt Zürich kein Ereignis ist, dessen Anfang und Ende eindeutig umschrieben werden könnte. „Wenigstens", so sagt Beck selbst, „übersteigt das die Vorstellungskraft eines Menschen. Er ist aber ein Zusammenspiel von Kräften, die sich in der Dimension der Zeit und in einem stabilen Raum bewegen und innerhalb dieser Zeit die Tendenz der Resultanten (die faktischen Lebensbedingungen und -verhältnisse) völlig verändert und den Lebensverhältnissen der Stadt Zürich näher gebracht haben, ohne daß darum der alte Lebensstil verschwunden wäre." Dieser letzte Satz ist wichtig. Es bildete sich aus der Gemeinde ein Quartier mit einer eigenen Lokalstruktur und einer lokalen Solidarität. Die alte Wirklichkeit des Dorfes ist als Ganzes zwar nicht mehr sichtbar, sie bleibt aber stückweise auch in den neuen Verhältnissen bestehen und verbindet sich mit den städtischen Elementen.

Als Ergebnis der Untersuchung finden wir neben der Aufdeckung vieler Einzelzüge eines solchen Wandlungsprozesses eine Problematik der „Banlieusation", die wahrscheinlich bei jeder Gemeinde auftritt, die unter den Einfluß einer expansiven Stadt gerät. Diese Problematik besteht darin, daß eine Bevölkerungsgruppe mit bestimmten Bedürfnissen und Lebensvoraussetzungen nicht eine Gruppe in sich aufnehmen kann, deren Bedürfnisse sich auf gänzlich verschiedene Gebiete erstrecken, und deren Befriedigung öffentliche Mittel voraussetzen, die die ansässige Gruppe nicht aufbringen kann. Mit anderen Worten, die Siedler der Stadt, die sich am Rande der Stadt in einer ländlich strukturierten Gemeinde niederlassen, werden diese Gemeinde zwangsläufig „verstädtern", um ihre Bedürfnisse zu befriedigen.
Wolfgang Teuscher

EINE ÖSTERREICHISCHE GROSSSTADTUNTERSUCHUNG: WOHNVERHÄLTNISSE IN WIEN

Gustav Krall, Leopold Rosenmayr, Anton Schimka, Hans Strotzka, ... wohnen in Wien. Ergebnisse und Folgerungen aus einer Untersuchung von Wiener Wohnverhältnissen, Wohnwünschen und städtischer Umwelt. Im Auftrage der Abteilung für Landes- und Stadtplanung des Magistrates der Stadt Wien. Der Aufbau, Monographie 8, Juli 1956. Großformat 108 Seiten.

Hinter dem bescheidenen Titel verbirgt sich eine der interessantesten Großstadtuntersuchungen, die der Referent in den letzten Jahren zu lesen bekam, und nach dem mehr theoretischen und die Literatur sichtenden Buch von *Elisabeth Pfeil* zweifellos die bedeutendste empirische Untersuchung von Großstadtproblemen im deutschen Sprachraum. Gewiß, Wohnverhältnisse und Wohnwünsche sind in den letzten Jahren oft behandelt worden; dies geschah aber immer nur im Hinblick auf spezielle Verhältnisse, etwa „Wohnvorstellungen von Bergarbeitern" (E. Pfeil), oder im Hinblick auf speziell wirtschaftliche Aspekte und auf eine Inventur der Wohnverhältnisse insgesamt oder noch im Dienste der Planung. Was die vorliegende Veröffentlichung von diesen früheren Arbeiten unterscheidet, ist genau der Umstand, der uns zu einer Besprechung im vorliegenden Zusammenhang veranlaßt: die Frage der Wohnverhältnisse wird hier sehr eindeutig *als Teilaspekt einer Gemeindeuntersuchung* angesehen und auf die Struktur einer ganz bestimmten Bevölkerung projiziert. In diesem Sinne äußert sich *Gustav Krall* in der einleitenden Abhandlung (Grundlagenforschung für die Wiener Stadtplanung), die Forschungsgruppe habe es sich angelegen sein lassen, „die qualitative und quantitative Problematik der städtebaulichen Aufgaben zu erfassen", um „möglichst schnell und in ausreichendem Maße Aufschluß über die Wohnverhältnisse und Wohnbedürfnisse der Bevölkerung zu erhalten". Dabei „sollte eine Untersuchungsmethode entwickelt werden, die es ermöglicht, über die *soziographischen Merkmale hinaus in den Raum der Sozialpsychologie und Soziologie vorzustoßen*" (S. 12). Gerade diese Absicht führte aber die Gruppe zu einer ausgesprochenen Gemeindeuntersuchung. Wir möchten übrigens darauf hinweisen, daß an und für sich die österreichische Soziologie schon seit Jahrzehnten eine stark empirische Ader bewiesen hat; außerdem aber lag auch in den „Arbeitslosen von Marienthal" von *Marie Jahoda* und *Hans Zeisl* (1933) ein klassisches Beispiel dafür vor, wie ein solcher Teilaspekt des Lebens auf dem Hintergrund der Gemeinde untersucht werden kann. So konnte die vorliegende Untersuchung schon auf eine gewisse Tradition zurückblicken, was sich auch in der ungewöhnlichen Sicherheit, ja Originalität, ausdrückt, mit der die methodischen Probleme angepackt werden.

Da es sich im Vorliegenden um eine Großstadtuntersuchung handelt, kann der Ausgangspunkt nicht eine Gemeinde im Ganzen, sondern nur Untergruppen betreffen, die man als „Quartiere" bezeichnet. Dabei wird vorderhand die Frage zurückgestellt, ob diese in jedem Falle eine Einheit bilden müssen. Wohl aber läßt sich die Ansicht vertreten, daß die Quartiere gewissermaßen das spezifische Milieu darstellen, in dem sich die untersuchten einzelnen Bauobjekte einordnen. So wird auch die Untersuchungsmethode aufgebaut, indem man zunächst „typische Viertel" auswählt, um diese dann als „repräsentativ" für „andere, ähnlich strukturierte Gebiete aufzufassen", wie wiederum *G. Krall* schreibt. Der Ausdruck „repräsentativ" ist dabei nicht im Sinne der mathematischen Sampletheorie aufzufassen, sondern nur als „typische Auswahl", die ganz und gar von der Strategie der Forschung, d.h. von bestimmten Sachproblemen diktiert wird. Es ist für die vorliegende Untersuchung bezeichnend, daß zunächst ein solches Vorgehen eingehalten wurde. Im übrigen ist geplant, die Ergebnisse dieser Untersuchung durch ein richtiges Sample zu kontrollieren, das an Hand der Haus- und Wohnungszählung von 1951 jede 175. Wohnung in die Untersuchung einbezieht (vergl. S. 17, Anmerkung 13). Vorläufig wurden also nur 13 Blöcke ausgewählt und insgesamt 4108 Personen befragt, wobei ein Fragebogen benutzt wurde, der im postulierten Sinne neben rein wohnungsbautechnischen Fragen ausgesprochen sozialpsychologische und soziologische Probleme anzugehen erlaubt. Wir werden später noch sehen, daß man mit diesem Instrument sogar bis zu eigentlichen psychohygienischen Erwägungen vorzustoßen vermochte.

In einem stark historisch ausgerichteten Abschnitt unternimmt *Anton Schimka* (Wien, städtische Entwicklung und planerische Aufgaben) den Nachweis, daß die Stadt Wien in vielerlei Hinsichten einen sehr speziellen Fall darstellt. Natürlich spiegeln auch die Entwicklungsperioden von Wien — wie die anderer Großstädte — die großen gesellschaftlichen Entwicklungsperioden seit der römischen Ortsgründung bis zu den großen Umstürzen des 20. Jahrhunderts (1918, 1945) wider. Dazu kommen aber ein paar sehr eigentümliche Züge, die andernorts keine Parallele haben, wie auch die folgende Darstellung von *Leopold Rosenmayr* zeigt (Wohnverhältnisse und Nachbarschaftsbeziehungen). Zunächst ist ein akuter Wohnungsmangel in Wien mit wechselnden Ursachen bereits seit der Zeit der Türkenkriege endemisch geworden. Dazu kommt, daß die Stadt zur Bekämpfung dieser Situation schon früh mit Wohnungsvorratsbau beginnt. Auf Ackerland oder abgewirtschafteten Gebieten werden ausgesprochene Massenmietshäuser errichtet, was natürlich unter dem Einfluß der Industrialisierung immer mehr zunehmen muß. Der hier vorwiegende Typus der Kleinstwohnung mit einer Durchschnittsgröße von 30 Quadratmetern (!) bestimmt natürlich weitgehend noch heute die Wohnwünsche und Einstellungen der Wiener, so daß uns die durchgeführte Erhebung nicht nur Einblick in eine akute Notlage von zweifellos vorübergehendem Charakter, sondern in eine seit mehr als einem Jahrhundert andauernde Verfassung gibt, die auch den Rückschlüssen, die aus den Ergebnissen gezogen werden, eine mehr als nur ephemere Bedeutung gibt und sie damit im strengen Sinne als Strukturanalyse einer Großstadtgemeinde erscheinen läßt.

Der umfangreichste Abschnitt des vorliegenden Sammelwerkes ist soziologisch auch der ergiebigste. In ihm setzt *Leopold Rosenmayr*, Dozent für Soziologie an der Universität Wien, der auch weitgehend für diese Untersuchung verantwortlich ist, unmittelbar an den historischen Erörterungen von Schimka an, die er nun in die eigentlich sozial-kulturelle Dimension weiterverfolgt. Da Wien seit dem 14. Jahrhundert kein selbständiges Bürgertum mehr besessen hatte, das als Träger einer eigentlichen Wohnkultur hätte auftreten können, mußten auch die Wohnverhältnisse seit jener Zeit eng und beschränkt bleiben. So wurde wohl weitgehend investiert in Konsum- und Luxusgüterindustrien, aber die Wohnverhältnisse blieben vernachlässigt, wenn man etwa mit westdeutschen und süddeutschen Städten vergleicht. Schon um die Mitte des 19. Jahrhunderts finden wir hochgeschossige „Zinskasernen" oder „Wohnburgen", die sich mit Seiten-, Hof- und Hintertrakten vergrößern, so daß das zwangsweise Zusammenleben unter einem Dach und in den einzelnen Wohnungen schon früh die Regel ist. Diese lange Gewöhnung an engste Wohnverhältnisse ohne alle Vorbilder einer großzügigen Wohnkultur bildete sich mit der Zeit zu einem festen Verhaltens- und Kulturmuster aus, das sich auch in den folgenden Neubauten durchsetzte (S. 46). All dies muß vorausgesetzt werden, wenn man die heutige Reaktion der Wiener auf die Wohnverhältnisse ihrer Stadt betrachtet, wobei sich übrigens dieser Hintergrund in radikaler Weise unterscheidet von dem Wien sentimentaler Operetten und verlogener Romane.

Wir gehen nicht mehr weiter ein auf Anlage und Durchführung der Erhebung; wir möchten nur betonen, daß die große methodische Gewissenhaftigkeit, mit der auch Details angepackt sind, recht wohltuend auffällt. Wir treten auch nicht auf alle Ergebnisse im einzelnen ein. Nur soviel soll bemerkt werden, daß *Rosenmayr* sein Programm wirklich voll realisiert, jenseits der bloßen Tatsachen in die soziologischen Strukturzusammenhänge vorzustoßen. Gerade aus diesem Grunde wächst sich auch seine Abhandlung zu einer eigentlichen Gemeindeuntersuchung aus. So werden folgende Probleme untersucht: Zufriedenheit mit der Wohnung, welche Art von Wohnstätten wird gewünscht? in welcher Zone des baulichen und soziologischen Gefüges der Stadt soll der Wohnort liegen? Schon dabei kommen ungemein aufschlußreiche und auch von anderen Städten erheblich abweichende Ergebnisse zum Vorschein, vor allem eine ausgesprochen schwache Tendenz der Wiener, am Stadtrand leben zu wollen. Dies hat verschiedene Ursachen, zum Teil auch rein ökologische, indem der Wienerwald praktisch bis in die Stadt hineinragt. Interessanter sind aber die sozial-kulturellen Bedingungen. So wird das Wohnen in den Innenbezirken weitgehend als das einzig „standesgemäße" angesehen, wie auch die „kulturelle Rezeption" — ähnlich wie in Paris — noch immer im Mittelpunkt des Denkens zu stehen scheint. Darüber hinaus entwickelt *Rosenmayr* zahlreiche durch ihre Sachlichkeit bestechende Analysen der Sozialbeziehungen und Sozialkontakte in der Stadt Wien, wobei die Aufmerksamkeit vor allem der Nachbarschaft gilt. Wir müssen es uns versagen, auf alle seine Ausführungen im einzelnen einzugehen; wir können nur dringend raten, diesen Teil sehr eingehend zu lesen, um damit auch den kontinuierlichen Zugang zur letzten Abhandlung von *Hans Strotzka* über „Spannungen und Lösungsversuche in städtischer Umgebung. Psychohygienische Erwägungen zur Stadtplanung" zu finden.

Aus der Einsicht, daß die Frage der meisten technischen Voraussetzungen zur Gestaltung des Lebens in der Großstadt (wie Wasser-, Elektrizitäts- und Gasversorgung, Kanalisierung, Beleuchtung usw.) relativ befriedigend gesetzlich gelöst sind, rücken heute „die Fragen der psychischen Gesundheit in den Vordergrund des Interesses" (S. 95). Natürlich war man schon lange aufmerksam geworden auf die Schädigungen der psychischen Hygiene, die etwa aus zu engem Zusammenwohnen, Lärm, Rauch, üble Gerüche etc. resultieren. Dies aber auf empirischer Basis und methodisch zugleich einwandfrei durchgeführt zu haben ist — mindestens im Geltungsbereich der deutschen Sprache — ein durchaus neuartiges Verdienst. Abgesehen von anderen Voraussetzungen in der Psychohygiene setzt *Strotzka* dabei unter anderem Untersuchungsweisen in den Rahmen der Großstadtsoziologie hinein fort, die das „Group Dynamics Research Center" in Ann Arbor (Michigan) für die Industriesoziologie angebahnt hatte. Sehr mit Recht bemüht er sich dabei, einen Begriff von Gesundheit und Krankheit zu konzipieren, welcher der „ideologischen Färbung" möglichst entrückt ist, was bei großen Gruppen nicht ganz einfach ist, da die Lage sehr komplex ist. So wird schließlich als „krank" bezeichnet, wenn folgende Erscheinungen zunehmen: Jugendkriminalität, Alkoholismus, Selbstmorde, Ehescheidungen, Kinderlosigkeit, Arbeitslosigkeit, Wohnungsnot, Verelendung, soziale Interessenlosigkeit und Passivität, schließlich auch — im Anschluß an *Fromm* — die Furcht vor der Freiheit. Gesund ist dagegen eine Gruppe, „wenn sie ein Optimum persönlicher Freizügigkeit mit einem ebensolchen an sozialer Kooperation für das jeweilige Gruppenziel ermöglicht". Auch darin macht sich übrigens der Einfluß der Gruppenanalyse von Michigan bemerkbar. In der konkreten Analyse wird nun die „aktuelle Situation" in den Mittelpunkt gestellt, die einen wesentlichen Auslösungsfaktor für Neurosen darstellen kann. Dabei treten die massiven Einzelerlebnisse zurück und es kommt alles auf die chronische Häufung von Mikroerlebnissen an. *Strotzkas* Betrachtungsweise ist nun insofern neuartig, als sie die oft schon untersuchte Frage der Geisteskrankheiten im engeren Sinne und der Psychopathien in den Hintergrund stellt und statt dessen vielmehr die Neurosenfrage, die „sozialpolitisch schon wegen ihrer Größe" so wichtig ist, zentral behandelt.

Auch diese Arbeit zeichnet sich dadurch aus, daß sie methodisch durchaus einwandfrei nach dem Prinzip der „Kontrollgruppen" vorgeht. Das Hauptmaterial, das zur Diskussion steht, sind die oben erwähnten ca. 4 000 Interviews in den 13 Blöcken. Die Ergebnisse dieser Gruppe, die also Gesunde und Kranke gleichzeitig umfaßt, wurden verglichen mit den Ergebnissen einer analogen Befragung von 100 Patienten, die sich in ambulanter psychotherapeutischer Behandlung befanden. Außerdem wurde ein weiterer Vergleich mit 1 000 (2 x 500) Patienten des Ambulatoriums durchgeführt, um die Konstanz der Daten zu überprüfen. Dieses Vorgehen ist in der Tat etwas durchaus Neues. Die latente Hypothese lautete dann folgendermaßen, „daß man typische Unterschiede zwischen den Antworten bei den Neurosen und dem Gesamtmaterial finden" könne. Diese Hypothese hat sich durchaus bestätigt, wie die mitgeteilten Ergebnisse zeigen. Damit ist nun nicht nur bewiesen, daß Neurotiker empfindlicher sind als andere Menschen (unzufriedener, leicht störbar, mehr Krankheitszustände, schlechte soziale Beziehungen zur Umgebung usw.), sondern auch daß ein Unterschied im Reaktionsverhalten zwischen den Neurotikern und einer größeren Gruppe der Bevölkerung gegeben ist, so daß man also in kritischen Fällen „nicht berechtigt (ist), diese ganze Bevölkerung als insgesamt in der sozialen Anpassung und Entwicklung gestört (neurotisiert) zu bezeichnen" (S. 102). Dieses Ergebnis ist natürlich von zentraler Bedeutung für die Stadtplanung; denn wo alle gestört sind, sind alle Maßnahmen vergeblich, weil sie am Widerstand der Beteiligten scheitern müssen.

Wichtiger als dies ist aber die weitere Absicht, die schon mit dem methodischen Ausgangspunkt von 13 ausgewählten Blöcken gegeben war, daß man keinen Wiener Durchschnitt, „sondern Struktur und Verhalten der Bevölkerung in ganz bestimmten Regionen" erarbeiten wollte. Dabei erwies es sich als äußerst günstig, wie wir bemerken wollen, daß man von „Blöcken", also relativ kleinen Einheiten, und nicht von ganzen Quartieren ausging, weil man sich damit nicht der Fragwürdigkeit von Durchschnittszahlen aus notwendig heterogenen größeren Stadtteilen und überhaupt dem ganzen Problem der „natural areas" auslieferte. Im Gegenteil vermochte man umgekehrt sehr verschiedenartige Profile für die 13 ausgewählten Blöcke zu errechnen (vergl. S. 103/4), was nun erlaubte, neben der rein stadtplanerisch relevanten baulichen Charakteristik dieser Blöcke zusätzlich einen Einblick in ihre psychische Temperatur und Verfassung zu gewinnen. Damit gelingt *Strotzka* eine äußerst interessante und selbstständige Fortführung der von *Robert C. Angell* angebahnten, sozial-kulturellen Betrachtung einzelner Stadtgebiete und ihrer „Integration" mit Hilfe quantifizierender Methoden. Dieser Teil der Untersuchung stellt nicht nur für den deutschen Sprachbereich, sondern für Europa insgesamt etwas völlig neuartiges dar. Es wäre zu wünschen, daß weitere Untersuchungen der gleichen Art angeschlossen würden.

Wir beglückwünschen die vier Autoren

für ihre gelungene Untersuchung, von der zu hoffen ist, daß sie recht eifrig gelesen werden möge. Wir beglückwünschen aber auch die Weitsicht des Magistrates der Stadt Wien, der den Auftrag für diese Untersuchung erteilte (die im übrigen mit Geldern der Rockefeller Foundation durchgeführt wurde). Wenn *Leopold Rosenmayr* in einer Vorbemerkung zu seinem eigenen Beitrag die Hoffnung ausspricht, daß „die folgenden Ergebnisse .... den Anfang zu künftiger soziologischer Durchdringung städtischer Probleme und planerischer Aufgaben bringen möge", so kann man angesichts des bereits Geleisteten beruhigt feststellen, daß die Wiener Forschungsgruppe schon eine ganze Reihe wichtiger Schritte auf dieser Bahn zurückgelegt hat.

René König

EIN ÖSTERREICHISCHER VERSUCH ZUR TYPOLOGIE VON GEMEINDEN

Hans Bobek, Albert Hammer, Robert Ofner, Beiträge zur Ermittlung von Gemeindetypen. Im Selbstverlag der österreichischen Gesellschaft zur Förderung von Landesforschung und Landesplanung. Klagenfurth, Sterneckstraße 15, 1955. 87 Seiten und eine Gemeindetypenkarte von Kärnten.

Schon seit der Zeit, als sich nur die Geographen und Siedlungsforscher mit dem Problem der Gemeinde befaßten, gibt es Versuche zur Bildung von Gemeindetypen und ihrer Klassifizierung. Allerdings zeigt sich auch seit jener Zeit, wie schwer es ist, zu einer einigermaßen klaren und einheitlichen Linie zu kommen, sind doch schon die landschaftlichen Unterschiede so groß, daß sie die Klassifikations- und Typisierungsgesichtspunkte zu beeinflussen vermögen. So wird es unmöglich, ein System zu finden, das allen Landschaften gleichzeitig gerecht werden könnte.

Diese anfängliche Schwierigkeit erhöhte sich sehr schnell aufgrund des Umstandes, daß sich auf die Dauer keineswegs die Geographen allein an diesem Problem interessiert zeigten, sondern nach ihnen noch die Verwaltungs- und Kommunalwissenschaft, die Wirtschafts- und die Bevölkerungswissenschaft, schließlich in jüngerer Zeit auch die Soziologie. Dazu kommt heute noch die Landeskunde und die Landesplanung. Während alle diese Wissenschaften meist recht abstrakte Leitgesichtspunkte besitzen, gibt es noch die Möglichkeit einer mehr morphologischen Gliederung nach physiognomisch-kulturellen Merkmalen, die manche der obigen Gesichtspunkte mit historisch-politischen, regionalen oder kulturlandschaftlichen Anschauungen kombinieren. Diese letztere Betrachtungsweise scheint uns sogar im vorwissenschaftlichen Alltag durchaus vorzuwiegen; wie aber die Erfahrung zeigt, sind selbst wissenschaftliche Klassifikationsversuche von solchen Anschauungen abhängig, woraus eben die zu Anfang erwähnten Schwierigkeiten resultieren. Es spricht für den Realismus der vorliegenden Untersuchung, wenn *Hans Bobek* es in Zweifel stellt, ob eine „strenge Vergleichbarkeit", die über alle diese „physiognomischen Merkmale" hinausginge, so wünschenswert sie sei, wirklich unbedingt erforderlich ist (S. 37). Es erhebt sich dann allerdings die Frage, „innerhalb welchen Rahmens Vergleichbarkeit zu fordern wäre". Er selber meint, man werde sich mit Vergleichbarkeit innerhalb des gegebenen staatlichen Rahmens begnügen und auf internationale Vergleiche verzichten müssen. Angesichts der bestehenden Schwierigkeiten halten wir aber schon das für recht optimistisch und möchten im Grunde einer mehr regional ausgerichteten Systematik den Vorzug geben, also dem was man auch neutraler als Gebietsuntersuchung (area research) bezeichnen könnte. Dies führt letztlich natürlich in Richtung einer mehr sozial-kulturell ausgerichteten Gliederung, wie sie heute etwa am entschiedensten von *Conrad M. Arensberg* vertreten wird. Aber das Dilemma bleibt natürlich insofern doch bestehen, als die Notwendigkeit quantifizierender Vergleichungen und der Bildung von „Schwellenwerten" nicht von der Hand zu weisen ist. Dabei würde der innerstaatliche Vergleich wieder hervorgehoben werden müssen, weil er wenigstens auf ungefähr analoge

Erhebungsmethoden für das ganze Land zurückgreifen kann, was beim internationalen Vergleich in der Tat — vorläufig wenigstens — nicht der Fall ist — ganz abgesehen noch von der kulturell bedingten verschiedenen Bewertung bestimmter Grundgegebenheiten.

Die vorliegende Veröffentlichung weist nicht nur einen großen Realismus auf, sondern sie versucht auch, den verschiedenen Gesichtspunkten Rechnung zu tragen. In seinem Einleitungsartikel weist *Albert Hammer*, der Generalsekretär des österreichischen Gemeindebundes, auf die allgemein kommunalwissenschaftliche Bedeutung dieser Frage hin (Hinweise auf die Bedeutung der Ermittlung von Gemeindetypen für die Kommunalplanung). In einer zweiten Abhandlung entwickelt *Hans Bobek* in außerordentlich kritischer und abgewogener Weise die Probleme, die mit der Bildung solcher Typologien zusammenhängen (Bemerkungen zur Ermittlung von Gemeindetypen in Österreich), während in der letzten Abhandlung *Robert Ofner* eine eigene Typologie entwickelt und für Kärnten zur Anwendung bringt (Allgemeine Typologie der Gemeinden). Ein Gemeindeverzeichnis und eine Gemeindetypenkarte schließen den Band ab.

Wenn es wahr ist, daß jede Typologie der Gemeinden regional mitbestimmt ist, so ist es jedermann verwehrt, im einzelnen Stellung zu nehmen, der nicht ein genauer Kenner der untersuchten Region, in diesem Falle also Kärntens, ist. So wollen wir auch diese Seite der Angelegenheit den Fachleuten überlassen und uns auf die Behandlung der rein soziologischen Seite des Problems beschränken.

In dieser Hinsicht möchten wir als besonders positiv hervorheben, daß sowohl *Bobek* wie *Ofner* sich über die Bedeutung des soziologischen Gesichtspunktes bei der Analyse von Gemeinden durchaus klar sind. Sie unterscheiden sich darin — wenigstens der Forderung nach — sehr wesentlich von den meisten deutschen Untersuchungen dieser Art (*P. Hesse, M. Schwind, H. Finke, H. Linde* u.a.), bei denen der wirtschaftliche Gesichtspunkt alle anderen überschattet. *Bobek* wendet sich sogar gelegentlich gegen *Ofner*, seine Merkmale bewiesen „eine geringe innere Beziehung", so daß man mit ihrer Hilfe den Gemeindekomplex wohl jeweils von einer anderen Seite her „anleuchten", aber nicht eigentlich im Sinne der Strukturerkenntnis „durchleuchten" könne (S. 36). Dies ist zweifellos ein rein soziologisches Argument. *Ofner* seinerseits geht von einer recht soziologisch anmutenden Definition der Gemeinde aus, die er folgendermaßen sieht: „ . . . eine Bevölkerungsgruppe, die innerhalb der kleinsten Gebietseinheit des Staates wohnt, arbeitet, an der Verwaltung teilnimmt und mit allem ihrem Leben diesem Stück Land ihren Stempel aufdrückt" (S. 40). Die soziologische Orientierung kommt sodann auch darin zum Ausdruck, daß er als erstes Merkmal die Berufstätigen als typenbildendes Element nimmt, danach erst die Wirtschaftsgruppierung. Ebenfalls stark soziologisch wirkt auch die Berücksichtigung des beruflichen Pendelverkehrs als drittes typenbildendes Element. Dazu kommen dann noch (viertens) die „soziale Gliederung" und (fünftens) die Pensionisten wie die Einwohnerzahl.

Angesichts dieser Reihe und der tatsächlichen Ausführungen muß in der Tat zugestanden werden, daß *Ofner* einer soziologischen Typenlehre der Gemeinden recht nahekommt. Wenn wir aber trotzdem einige kritische Bemerkungen anschließen, so vor allem darum, weil die Absicht einer soziologischen Analyse und ihre Realisierung eben doch zwei ganz verschiedene Dinge sind. In dieser Hinsicht vermissen wir sowohl bei *Ofner* wie bei *Bobek* auch die geringste Spur, die auf eine Beschäftigung mit der eigentlichen soziologischen Lehre von der Gemeinde schließen ließe. Zwar spricht *Bobek* davon, daß „Siedlungseinheit" und „Gemeinde" nicht immer zusammenfallen (S. 17/18). Statt aber von hier aus weiter zu schließen, daß der verwaltungsmäßige Begriff der Gemeinde ganz künstlich ist und daß einzig die Siedlungseinheit den Soziologen interessiert und im strengen Sinne die Gemeinde darstellt, bleibt er dabei, daß „die Typisierung, um die es hier geht, in erster Linie den Bedürfnissen des öffentlichen Lebens gerecht werden soll" (S. 19). Dabei hätte es sehr nahe gelegen, hier einen kleinen Schritt weiterzugehen, bemerkt doch *Bobek* sehr richtig gegen H. Linde, daß man nicht auf „außerstatistische Merkmale verzichten kann". Statt aber von hier aus etwa in die Fragen der sozialen Schichtung, überhaupt der sozialen Struktur vorzustoßen, begnügt er sich mit der Erwähnung von Lagetypen (etwa Bergbauernlage) oder der Siedlungsweise (Streusiedelung, geschlossene Siedelung). Dies ist im übrigen um so bedauerlicher, als in allen seinen Ausführungen deutliche soziologische Interessen zum Ausdruck kommen. Er macht nur nicht Gebrauch von den von der Gemeindesoziologie bereits seit geraumer Zeit ausgearbeiteten Mitteln. Dies ist im übrigen eine allgemeine Crux der Agrarsoziologie im deutschen Sprachraum, die sich zwar das Wort „Soziologie" anhängt, bis heute aber noch nicht eigentlich bewiesen hat, daß sie von dieser Wissenschaft in ihrer heutigen Form wirklich Kenntnis genommen hat.

Bei *Ofner* liegt es in dieser Hinsicht um eine Nuance anders. Deutlich zeigt er in der Anordnung seiner typenbildenden Merkmale, daß er die soziologische Problematik der rein wirtschaftlichen vorordnet, ohne jedoch die letztere zu vernachlässigen. Andererseits aber bleibt er oftmals — mit Ausnahme der sehr aufschlußreich behandelten Pendlerproblematik — in älteren Kategoriensystemen hängen. So verfällt er trotz seiner Trennung des Elementes Berufstätigkeit vor der wirtschaftlichen Gruppierung doch wieder der recht simplistischen Scheidung von Land- und Forstwirtschaft, Gewerbe und Industrie und Dienstleistungsberufe (Handel und Verkehr, öffentliche Dienste und freie Berufe), was die beabsichtigte Differenzierung wieder verwischt. Ähnlich verfährt er sich bei Besprechung des Elementes „soziale Gliederung" in die höchst fragwürdige Unterscheidung von Selbständigen, mithelfenden Familienangehörigen und Unselbständigen (S. 53/4), was auch *Bobek* moniert, wenn er auch die Hauptschuld dafür der österreichischen amtlichen Statistik zuschiebt, die diesen äußerst komplexen Begriff nicht differenziert (S. 35). Wenn *Ofner* jedoch am Schluß meint, er könne mit diesem Merkmal neben der horizontalen auch die vertikale Gliederung der berufstätigen Einwohner darstellen (S. 82), so muß man ihm entschieden widersprechen. Angesichts der Komplexheit des Problems der sozialen Schichtung in der Gemeinde gibt die angeführte Scheidung nicht einmal einen vorläufigen Zugang zur tatsächlichen Situation.

Trotz eines nicht zu bestreitenden Verständnisses für die allgemeine Eigenart der soziologischen Problematik kann von dem vorliegenden Versuch nicht behauptet werden, daß er die bestehenden Schwierigkeiten gelöst hätte. Die Ursache dafür liegt vor allem in der ungenügenden Orientierung über die Möglichkeiten der modernen Gemeindesoziologie. Andererseits ist es aber ein nicht zu bestreitendes Verdienst, nach der bisherigen sehr einseitigen wirtschaftswissenschaftlichen Ausrichtung der Betrachtung den soziologischen Gesichtspunkt überhaupt hervorgehoben zu haben. Im Gegensatz zu anderen Versuchen ähnlicher Art kann man sagen, daß von hier aus der Weg in die Soziologie durchaus gefunden werden kann und nicht von vornherein verbaut ist.

René König

EINE IM ERSCHEINEN BEGRIFFENE GEMEINDE- UND ZONENUNTERSUCHUNG AUS ITALIEN

Gruppo Tecnico per il Coordinamento Urbanistico del Canavese
Umberto Toschi e Francesco Brambilla, La determinazione dell' area di influenza di Ivrea (vol. 2), Ivrea 1954. Großformat, 64 Seiten, 12 Pläne. Preis 1 000.— Lit.
Umberto Toschi, L'economia industriale nella zona di Ivrea (vol. 4), Ivrea 1954. Großformat, 70 Seiten, 6 Pläne. Preis 1 000.— Lit.
Delfino Insolera, La famiglia, il lavoro

il tempo libero a Ivrea (vol. 6), Ivrea 1954. Großformat, 71 Seiten. Preis 1 000.— Lit.

Magda Talamo, Caratteri e problemi del tempo libero a Ivrea (vol. 7), Ivrea 1954. Großformat, 77 Seiten, 13 Pläne. Preis 1 000.— Lit.

Lamberto Borghi, Le scuole e l'educazione a Ivrea (vol. 8), Ivrea 1954. Großformat, 74 Seiten, 2 Pläne. Preis 1 000.— Lit.

Man geht nicht fehl, wenn man sagt, daß die Entwicklung von Soziologie und Sozialforschung in Italien noch immer recht zu wünschen übrig läßt, selbst wenn jüngstens einige hoffnungsvolle Ansätze zu erblicken sind. Bisher fehlte aber die wirklich durchschlagende Initiative irgendwelcher Art und von irgendwelcher Seite. Von den Universitäten konnte man in dieser Hinsicht nicht viel erwarten, da sie — wenigstens in Bezug auf die Sozialwissenschaften — recht einseitig an die Rechtswissenschaft gebunden sind, die in der italienischen Tradition seit jeher eine große Rolle gespielt hat und sich dort wie anderswo als undurchdringlich für jegliche soziologische Ausweitung erwiesen hat. Damit ist aber die natürlichste Anregungsquelle für die Soziologie und Sozialforschung verstopft, und es erhebt sich die Frage, woher sonst eine Initiative dieser Art kommen könnte. Die Lage sah in der Tat bis vor kurzem recht unerfreulich aus, bis die Initiative des genialen italienischen Großindustriellen *Adriano Olivetti*, der Präsident der weltbekannten Olivetti-Werke in Ivrea (Valle Aosta), hierin eine fundamentale Änderung schuf.

Adriano Olivetti kann wohl nur mit dem belgischen Großindustriellen *Ernest Solvay* verglichen werden, der 1894 in Brüssel das nach ihm benannte Sozialforschungsinstitut begründete, dessen Einfluß auf die Entwicklung der Sozialwissenschaften in Belgien garnicht überschätzt werden kann (man vergl. dazu *Daniel Warnotte*, Ernest Solvay et l'Institut de sociologie, Bruxelles 1946). Beide sind sich auch darin ähnlich, daß sie nicht nur bedeutende Techniker, Organisatoren und Erfinder sind, sondern außerdem noch eine eigene Soziallehre entwickelt haben. Bei Solvay ist diese stark technizistisch ausgerichtet und von einer „bio-energetischen" Philosophie getragen. Bei Olivetti steht dagegen der Gedanke der Gemeinde im Zentrum seines Denkens, so daß es uns nicht Wunder nehmen kann, wenn er als Mitanreger einer großen Gemeindeuntersuchung auftritt, die sich mit dem Städtchen Ivrea, dem Sitze der Olivetti-Werke befaßt, wobei übrigens die ganze Zone mit in die Untersuchung einbezogen wird, ähnlich wie bei der Darmstadt-Untersuchung, der in diesem Hefte eine eingehende Besprechung gewidmet ist.

Ich selber lernte Adriano Olivetti 1943 in der Schweiz kennen, wohin er vor den Verfolgungen durch den radikalisierten Faschismus aus der Zeit der sogenannten „Repubblichina" in Norditalien hatte fliehen müssen. Mit der ihm eigenen Energie nutzte er aber, ohne Zeit zu verlieren, diese aufgezwungene Periode der Muße, indem er zunächst ein weitreichendes Verlagsprogramm entwarf, mit dem er an der nach dem Kriege zu erwartenden Reform in Italien mithelfen wollte, und zugleich seine eigenen Gedanken zu dieser Reform in einem umfangreichen, programmatischen Werke niederlegte *(A. Olivetti*, L'ordine politico delle Comunità. Le garanzie di libertà in uno Stato socialista, Nuove Edizioni, Ivrea 1945). Wir bemerken noch der Kuriosität halber und weil es die Umstände von damals gut charakterisiert, daß das Buch in der Schweiz ausgedruckt und dann bei Kriegsende vom Verfasser sofort nach Italien spediert wurde. Bald darauf gründete er auch eine Zeitschrift, in der er seine Ideen vor einem weiteren Publikum vertrat, und auch diese Zeitschrift trägt im Titel das Wort „Gemeinde" (Comunità. Revista Mensile del Movimento Comunità, heute im zehnten Jahrgang). Wir bemerken noch, daß er ebenfalls eine Rolle spielt in der internationalen Bewegung für Nachbarschaftsheime und auch an der internationalen Genossenschaftsbewegung (International Council for Research in the Sociology of Cooperation) intensiven Anteil nimmt.

Leider können wir hier nicht im einzelnen auf die Ideen Olivettis eingehen. Es genüge, darauf hinzuweisen, daß das, was Olivetti als „Comunità" bezeichnet, über die Ortsgemeinde (Comune) hinausgeht, ohne darum mit der im wesentlichen künstlichen Einheit einer „Präfektur" identisch zu werden. Die Comunità steht in dieser Hinsicht zwischen der Comune und der Zone oder der Region. Wir könnten darunter also das Einzugsgebiet einer oder mehrerer Ortsgemeinden verstehen, das gerade noch eine Art sozialer Einheit darstellt. Daß Olivetti an diese größeren Gebiete anknüpft, liegt unter anderem wohl auch daran, daß er vor allem an einer Reform der Staatsordnung interessiert ist und daß ihm dabei das System der schweizerischen Kantone vorschwebt, die zweifellos einen höheren Grad an Staatlichkeit aufweisen als eine Ortsgemeinde (a.a.O., S. 33). Gleichzeitig führt ihn sein Bemühen auf diese Einheit, die Staatselemente im „menschlichen Maße" zu halten, was ein Zentralbegriff bei ihm ist („la misura umana", S. 4). Aber es erscheint unmöglich, hier alle seine außerordentlich interessanten Gedanken zu entwickeln. Nur soviel sollte gesagt werden, daß die Begründung für sein Interesse an Gemeindeuntersuchungen sichtbar wird und auch die Ausdehnung solcher Untersuchungen auf mehr als eine Ortsgemeinde, nämlich auf ein mittelgroßes Einzugsgebiet, das er selber auf höchstens 100 000 Einwohner festsetzt. Eine gewisse Kritik wird dadurch bedingt, daß seine Absichten zunächst rein praktischer Natur sind; wir haben schon oft Gelegenheit gehabt hervorzuheben, daß der allzu starke Pragmatismus gelegentlich die wissenschaftliche Zulänglichkeit der Erhebungen stören kann. Andererseits aber hat es Olivetti verstanden, sich ganz ausgezeichnete Mitarbeiter zu sichern, so daß diese Gefahr nur allgemein und nicht spezifisch wirksam wird.

Die vorliegende Untersuchung wurde im Jahre 1951 beschlossen; die Felduntersuchungen erstreckten sich vom April 1952 bis September 1954. Die Frucht dieser Arbeit liegt heute in fünf Bänden vor; zehn weitere werden folgen. Dabei wird viel Raum rein planerisch relevanten Feststellungen gewidmet; aber trotzdem trägt die Serie die genauen Züge einer Gemeindeuntersuchung, die neben einer allgemeinen Charakteristik der Zone, der Land- und Industriewirtschaft und der Probleme der Gemeindeentwicklung auch eine Analyse der Familie, der Freizeitgestaltung, des Schul- und Wohnungswesens usf. bietet. Da vorläufig aber der bei weitem größere Teil des ganzen Unternehmens noch nicht gedruckt ist, vor allem auch nicht der erste Band, der über die benutzten Methoden Auskunft gibt, soll hier noch keine Darstellung und Kritik geboten, sondern nur die Entstehungsgeschichte des Ganzen skizziert werden. Andererseits erschien uns aber das ganze Unternehmen angesichts der schwachen Entwicklung der Sozialforschung in Italien so wichtig, daß wir die Aufmerksamkeit schon jetzt darauf lenken wollten. Ist doch damit in Italien ein sehr hoffnungsvoller Anfang für weitere Untersuchungen dieser Art gesetzt worden. Was von dieser ersten Initiative vorliegt, läßt uns mit Spannung auf die weiteren Bände warten. Der Name von Adriano Olivetti bürgt dafür, daß der Rest der Publikation mit der gleichen Sorgfalt durchgeführt werden wird wie die bereits vorliegenden Teile.   René König

NACHBARSCHAFT

Social Research Series, General Editor Prof. T. S. Simey: Neighbourhood and Community — Social Relationships on Housing Estates. An Enquiry conducted by the Universities of Liverpool and Sheffield; The University Press of Liverpool, 1954. 149 Seiten.

Wie es für einen Großteil der empirischen Sozialforschung in England gilt, ist auch diese Untersuchung recht pragmatisch ausgerichtet: mit dem Ziel, zukünftiger Stadtplanung durch die Feststellung von Formen und sozialen Problemen der Anpassung an neue Wohnumgebungen zu helfen, wurden hier zwei städtische Siedlungen auf die sozialen

Beziehungen hin untersucht, die zwischen den Bewohnern bestehen. Dabei handelt es sich einmal um eine Siedlung in Liverpool, die während des letzten Krieges als Notmaßnahme zur Unterbringung von aus allen Teilen Englands kommenden Arbeitern einer kriegswichtigen Industrie erbaut wurde, zum anderen um eine zwischen dem ersten und zweiten Weltkrieg in Sheffield erbaute Siedlung, die zur Unterbringung von Familien bestimmt war, welche infolge einer „slum clearance" im Zentrum der Stadt ihre Wohnungen und Häuser verloren hatten. Die Untersuchungen wurden von Sozialwissenschaftlern der Universitäten Liverpool und Sheffield durchgeführt.

Die nicht sehr umfangreichen, großenteils auf Intensiv- und Schlüsselpersoneninterviews und weniger auf Formalbefragungen aufgebauten Monographien schneiden eine Anzahl interessanter Fragen an, die von den Entstehungsbedingungen und Funktionen formaler Organisationen der Siedlungsbewohner (Residents' Association, Community Center), über den Zusammenhang zwischen sozialem Status, Beruf und einer reservierten oder kontaktfreudigen Einstellung den Anwohnern gegenüber, bis zu den „Problemfamilien" reichen. Von den Ergebnissen sei hier nur eines herausgegriffen, das mit der bei soziologischen Gemeinschaftsromantikern verbreiteten und durch den amerikanischen Begriff der Nachbarschaft als „primary group" häufig unterstützten Vorstellung aufräumt, nach der das soziale Phänomen der Nachbarschaft nicht nur allgegenwärtig, sondern auch um so positiver zu bewerten ist, je enger die nachbarschaftlichen Beziehungen geknüpft sind. Die Untersuchung der Nachbarschaftsbeziehungen in den beiden Siedlungen stellte demgegenüber ein ausgeprägtes und weitverbreitetes Bedürfnis nach der Bewahrung der Privatsphäre fest und zeigt an eindringlichen Beispielen, daß eher ein Zuviel als ein Zuwenig an nachbarschaftlichem Kontakt zu Unzuträglichkeiten, Spannungen und Unzufriedenheit führt. Die untersuchten Siedlungsbevölkerungen bemühten sich ausgesprochen, zwischen Freundschaften und Bekanntschaften scharf zu unterscheiden und Nachbarschaftsbeziehungen möglichst in den Grenzen bloßer Bekanntschaft zu halten. Als wichtigstes Motiv für dieses Bestreben erschien der Wunsch, sich die Freiheit der Wahl beim Anknüpfen sozialer Beziehungen wie auch die Möglichkeit zu erhalten, jene Beziehungen zu umgehen, die einem unerwünscht sind.

Auf die Frage nach der Existenz, Art und Größe von Nachbarschaften im Sinne von räumlich umgrenzten, durch ständige Interaktionen verbundenen Gruppen nebeneinanderwohnender Menschen, konnten die Untersuchungen dagegen keine Antwort geben. Ausgehend von der Annahme, daß es sich bei den beiden Siedlungen auf Grund ihrer Abgegrenztheit, Entstehungsgeschichte und homogenen Bevölkerung um „communities" handele, wurden in erster Linie Formen und Häufigkeit nachbarschaftlichen Verhaltens ohne Bezug auf kleinere Gruppierungen innerhalb der Siedlung untersucht. Die lose Form distanzierter Freundlichkeit, verbunden mit der latenten Bereitschaft zu Hilfeleistung in Krisenfällen wie auch zu gelegentlicher Hilfe zwischen den Hausfrauen, stellte sich dabei als die überwiegende und zugleich erwünschteste Art der Nachbarschaftsbeziehungen heraus. Lediglich die Untersuchung der Liverpool Siedlung ging näher auf die Unterschiede der Nachbarschaftsbeziehungen in drei bestimmten Straßen ein, die als Einheiten untersucht wurden. Dabei erwies sich die Straße als ein wahrscheinlich allgemein sehr wichtiger, räumlicher Bezugspunkt für soziale Aktivität.

So anspruchslos sich dieses kleine Buch auch gibt, und so sehr seine Ergebnisse auch ein Anfangsstadium darstellen, das nach Vertiefung, Bekräftigung und vor allem nach einer Erforschung der Ursachen und modifizierenden Faktoren in anderen Umgebungen ruft, so geeignet ist es doch, eine gedankliche und empirische Überprüfung der heute mit dem Begriff Nachbarschaft verbundenen Vorstellungen anzuregen. Das gilt insbesondere, da heute auch in Deutschland das Interesse an der Sozialökologie zu erwachen beginnt.

Renate Mayntz

ZWEI AMERIKANISCHE ANLEITUNGEN ZUR DURCHFÜHRUNG VON GEMEINDEUNTERSUCHUNGEN

Roland L. Warren, Studying Your Community. Russel Sage Foundation, New York 1955. XII, 385 Seiten, Preis 3.00 Dollar.

Otto G. Hoiberg, Exploring the Small Community. University of Nebraska Press, Lincoln 1955. XII, 199 Seiten, Preis 3.50 Dollar.

Bücher wie die beiden vorliegenden sind von jener Art, die die außerordentliche Bedeutung des Begriffs und der Wirklichkeit Gemeinde für die amerikanische Öffentlichkeit wieder einmal bestätigt. Zwar ist insbesondere das Buch von *Warren* vor allem gedacht als eine praktische Anleitung zur Durchführung von Gemeindeuntersuchungen; aber es läßt sich nicht vermeiden, daß man gerade angesichts der Fülle von Fragen, die berücksichtigt werden müssen, die Bedeutung des Gemeindelebens für das Gedeihen der größeren sozialen Zusammenhänge erst richtig ermessen lernt. Vor allem kommt in beiden Büchern zum Ausdruck, daß sich die Meinung immer mehr Bahn bricht, die kleine Gemeinde werde sich allen städtischen und großstädtischen Zusammenballungen zum Trotz auch in Zukunft erhalten. Allerdings gehört dazu auch ein wachsendes Bewußtsein von der Struktur und Funktionsweise von Gemeinden, was diese Bücher zu fördern suchen, wie sie umgekehrt auch ein Ausdruck sind für die starke Gemeindeorientierung des durchschnittlichen Denkens und Verhaltens in der amerikanischen Öffentlichkeit.

a) Das Buch von *Roland L. Warren* stellt sich selber dar als der unmittelbare, verbesserte und erweiterte Nachfolger des älteren Buches von *Joanna C. Colcord*, Your Community, das ebenfalls von der *Russel Sage Foundation* veröffentlicht war (New York 1939). Dieses Buch hatte seinerseits einen noch älteren Vorgänger, ein kleines Heft von *Margaret F. Byington*, What Social Workers Should Know About Their Own Communities, das die gleiche Stiftung bereits 1911 herausgebracht hatte. Kein Umstand kann wohl deutlicher als dieser die weit zurückreichende Verwurzelung dieser Problematik im amerikanischen Leben der Gegenwart beweisen, deren erstes bedeutendes Werk der ebenfalls von der Russel Sage Foundation finanzierte *Pittsburg Survey* (seit 1909) gewesen ist. Die Russel Sage Foundation hat sich übrigens seit jener Zeit denkbar intensiv mit der Entwicklung dieses Forschungszweiges befaßt (sie wurde im Jahre 1907 gegründet). Einer ihrer ersten Direktoren, *Shelby Harrison*, führte auch 1914 den sogenannten *Springfield Survey* durch, der einen großen Einfluß auf die spätere Gemeindeforschung in den Vereinigten Staaten genommen hat.

Nichts kann den Fortschritt, den man auf diesem Gebiet gemacht hat, deutlicher kennzeichnen, als wenn man diese älteren Untersuchungen, die sich auf die Analyse einiger weniger Lebenskreise beschränkten, mit der Anleitung von *Warren* vergleicht, die in nicht weniger als zwanzig Kapiteln die verschiedenen Gesichtspunkte entfaltet, wie sie bei der Untersuchung einer Gemeinde berücksichtigt werden müssen. Innerhalb der einzelnen Kapitel wird dann in insgesamt rund 1800 kommentierten Fragen der Stoff ausgebreitet, der für eine Gemeindeuntersuchung unter den verschiedenen Aspekten von geographischer Lage und geschichtlichem Hintergrund, Wirtschaft, Verwaltung und Rechtspflege, Lokalpolitik, Gemeindeplanung, Wohnfrage, Erziehung, Freizeitgestaltung, religiöses Leben, Sozialversicherung und öffentliche Fürsorge, Familienschutz und Kinderfürsorge, Gesundheitswesen, Einrichtungen für Sondergruppen (Invalide, Alte, Wanderarbeiter, DPs), Kommunikationswesen, Verhältnis zwischen den Teilgruppen, Vereinigungen, Gemeindeorganisationen usw. wichtig werden kann. Es liegt auf der Hand, daß all dies unter rein amerikanischen Voraussetzungen behandelt werden muß. Dennoch möchten wir aber auch dem europäischen und speziell auch dem deutschen Leser eine eingehende Beschäftigung mit diesem Buch empfehlen, da er daraus mindestens über die Reichhaltigkeit der Gemeindeproblematik zahllose Hinweise erhalten wird und damit geschützt sein wird vor einer unzulänglichen Vereinfachung der einschlägigen Fragen.

Der heutige Direktor der Russel Sage Foundation, *Donald Young*, ist übrigens genau wie sein Vorgänger *Harrison* denkbar intensiv an den Fragen der Gemeindeforschung und auch der Gemeindegestaltung interessiert, wovon die interessanten Publikationen dieser Stiftung Zeugnis ablegen.

b) In dem Buch von *Otto G. Hoiberg* kommt eine andere Nuance zum Ausdruck, wie auch der Titel anzeigt, bei dem das Wort „Small Community" im Mittelpunkt steht. Dazu muß aber noch einiges über die Herkunft des Verfassers gesagt werden. Dieser stammt interessanterweise von einem dänischen Einwanderer ab, der aus seiner Heimat den Glauben an die bedeutende Funktion der Volkshochschule im Rahmen der Erwachsenenbildung mitbrachte und diesen Glauben auch in Amerika in die Tat umsetzte. Bei seinem Sohn verknüpfte sich nun dieser Hintergrund mit dem Gemeindedenken, wobei die Problematik der Entwicklung kleiner Gemeinden insbesondere im Mittleren Westen schon seit langem viele Gemüter beschäftigt hatte. Heute stellen besondere Zentren dieser Art die *University of Wisconsin* und die *University of Nebraska* dar, der auch unser Autor angehört. Das vorliegende Buch ist aus einer intensiven Tätigkeit *Hoibergs* als Berater in Gemeindeangelegenheiten im Laufe einer praktischen Tätigkeit von sieben Jahren erwachsen, wobei vermerkt werden darf, daß die Universität von Nebraska ein ganzes Programm für Gemeindeförderung ausgearbeitet hatte, das dieser Tätigkeit des Verfassers zugrunde lag.*

Auch die Beschäftigung mit der „kleinen Gemeinde" hat in Amerika ihre Vorgeschichte, wie eine Reihe wichtiger Bücher beweisen, z. B. *Albert Blumenthal*, Small Town Staff, Chicago 1932, *Granville Hicks*, Small Town, New York 1946, *Jean and Jess Ogden*, Small Communities in Action, New York 1946, *Wayland J. Hayes*, The Small Community Looks Ahead, New York 1947, und schließlich das jüngstens erschienene, hochbedeutsame Werk von *Robert Redfield*, The Little Community, New York 1955. Für *Hoiberg* steht im Zentrum seines Interesses die kleine ländliche Gemeinde und ihre Anpassung an den rapiden Wandel der modernen Industriegesellschaft. Dazu gehört vor allem eine richtige Einschätzung der Situation durch die Beteiligten selber. Hierin kommt deutlich das Interesse der Erwachsenenbildung an diesen Problemen zum Vorschein, worauf wir schon zu Beginn hinwiesen. Er will damit eine Waffe schmieden gegen den Pessimismus der Bevölkerung in diesen kleinen Gemeinden, sie möchten in den umfassenden wirtschaftlichen Umstellungen der Gegenwart zum völligen Verschwinden bestimmt sein. Dabei begeht er keineswegs den Fehler, die Vergangenheit zu „vergolden", aber er läßt sich auch nicht einfangen vom Gedanken einer restlos verstädterten Gesellschaft, indem ihm bewußt bleibt, daß der kleinen Gemeinde noch viele Wege offenstehen, ihre Existenz zu sichern und zu verteidigen.

Die Gemeinde wird bei *Hoiberg* rein soziologisch und nicht administrativ bestimmt als jenes typisch amerikanische Zusammenwirken eines kleinen Zentrums von ca. 2500 Einwohnern, das verschiedene Dienste anzubieten hat, mit den umwohnenden Farmhöfen. Alles kommt für ihn auf das Gefühl der Zusammengehörigkeit an. Nun meint ein weitverbreiteter Aberglaube, die Menschen kennten ihre Gemeinde und wüßten daher, wie sie zu entwickeln sei. Dem entgegenzuwirken, unternimmt das vorliegende Buch mit viel Erfolg, indem es die Zukunftsmöglichkeiten der kleinen Gemeinde mit der alten „Grenze" vergleicht; wie jene immer wieder in Neuland vorverlegt wurde, so bedeutet auch die Entfaltung der kleinen Gemeinde eine Erweiterung des kulturellen Lebenshorizontes ihrer Bewohner, in-

---

* Wir erwähnen noch, daß diese Universität auch ein periodisches Nachrichtenblatt herausgibt: „University of Nebraska News. Community News Letter".

dem sie den Herausforderungen, die von Außen an sie ergehen, mit eigenen Mitteln der Sozialisierung begegnen lernen.

Dieses Buch ist gewiß primär nicht von rein wissenschaftlichem Interesse, obwohl sein Verfasser gewohnt ist, wissenschaftlich zu argumentieren. Dagegen stellt es ein faszinierendes Beispiel jener Bewegung dar, die durch die *Selbstanalyse von Gemeinden* die Kenntnis dieser Probleme in weiteste Kreise vorzutragen sucht, wo sie sich dann als Auslöser starker Initiativkräfte erweisen, speziell bei sogenannten „unterentwickelten" Gemeinden oder auch bei „problematischen Gemeinden" („problem areas"). Wir möchten wünschen, daß diese spezielle Bedeutung der „Community Self Survey" auch in Deutschland bekannter würde, wo sie dazu beitragen könnte, bestimmte soziale Probleme nicht nur der Bevölkerung bewußtzumachen, sondern damit auch ihre Überwindung anzubahnen mit Hilfe einer Art von sozialer Erwachsenenbildung, die unmittelbar am Leben selber ansetzt. Wieviel Schwierigkeiten hätten nicht vermieden werden können, wenn man in Deutschland ein solches Aufklärungswerk in kleinen Gemeinden mit vielen Flüchtlingen, Vertriebenen und Evakuierten angestellt hätte, von der Stellung zu den DPs erst gar nicht zu reden.

Es ist aufschlußreich, zu sehen, wie die sozialpolitische Ausrichtung der ersten Gemeindeuntersuchungen im Grunde auf allen Entwicklungsstufen dieses Forschungszweiges in verschiedenem Gewande immer wiederkehrt. In dem vorliegenden Falle kommt es zudem zu einer äußerst fruchtbaren Verbindung der so typisch dänischen Tradition der Erwachsenenbildung mit den amerikanischen Idealen der Erziehung zur Gemeinde, die dem vorliegenden Buch seinen sehr eigenen Charakter verleiht. René König

ZWEI PIONIERE DER GEMEINDEFORSCHUNG IN NEUAUSGABEN

Robert Esra Park, Human Communities. The City and Human Ecology. The Collected Papers of R. E. Park, Volume II. The Free Press. Glencoe, Illinois, 1952. 278 Seiten, Preis 4.50 Dollar.

Louis Wirth, Community Life and Social Policy. Selected Papers. Edited by Elizabeth Wirth Narvick and Albert J. Reiss, Jr. The University of Chicago Press, Chicago 1956. XI, 431 Seiten, Preis 6.00 Dollar.

Gewiß geht der ganze Forschungszweig der Gemeindeuntersuchungen ursprünglich auf Europa zurück, wo im 19. Jahrhundert zunächst die *Le Play-Schule* in Frankreich, dann aber vor allem in England in dieser Richtung arbeitete; die eigentlich entscheidenden Anstöße kamen aber erst aus Amerika, wo man sich seit dem Beginn des 20. Jahrhunderts zunehmend dieser Forschungsweise bediente. Dabei konnte es nicht ausbleiben, daß sich die allgemeine Linie zuerst in Richtung der Probleme hielt, die man schon in Europa untersucht hatte, also sich vor allem auf die Armut in der großstädtischen Gemeinde beschränkte, wie es die ersten amerikanischen Untersuchungen zeigen. Andererseits aber verselbständigte man sich sehr schnell und schloß damit die Gemeindeforschung der ganzen ungeheuren Komplexität der amerikanischen sozialen Problematik auf, wie sie sich in den großen Städten bot, wobei vor allem eine Stadt und eine Universität führend wurden, nämlich Chicago. Dort ist aber diese Forschung unmittelbar verbunden mit zwei Namen, dem von *Robert Esra Park* (1864—1944) und dem von *Louis Wirth* (1897—1952). Obwohl beide im Grunde um eine Generation verschieden sind, haben sie doch einen Zug gemeinsam, daß sie nämlich ihre Hauptleistung nicht in eigentlichen umfassenden und in sich geschlossenen Büchern mehr oder weniger systematischer Natur vollbrachten, sondern durch eine Fülle von Aufsätzen, die an zahlreichen Orten verstreut sind, ihre starken Anregungen eher in fallweiser Form und bei Gelegenheit sehr konkreter und spezifischer Probleme austeilten. So war es im Grunde für den Außenstehenden schwer, sich ein wirkliches Bild ihrer Bedeutung zu machen, vor allem in bezug auf die

Gemeindeforschung. Darum muß man dankbar sein, wenn uns heute mit wenigen Jahren Abstand ausgezeichnet ausgewählte Sammlungen ihrer Abhandlungen vorgelegt werden, an denen man erst die außerordentlichen Anregungen so richtig ermessen kann, die von diesen beiden Männern ausgegangen sind.

a) Man muß dem rührigen Verlag der *Free Press* in Glencoe (Illinois) das Verdienst zuschreiben, daß er für unsere Gegenwart die große Bedeutung von *R. E. Park* wieder sichtbar machte, indem er seine gesammelten Abhandlungen in drei Bänden herausgab, von denen der zweite den Titel trägt „Human Communities". Dabei wird — und dies ist typisch für jene Zeit — der Begriff „community" in zweifachem Sinne gebraucht, gelegentlich sogar in dreifachem Sinne. Er bedeutet 1. Gemeinde im engeren Sinne, 2. die Tatsache sozialer Verbundenheit überhaupt und 3. noch Gemeinschaft in ähnlich emphatischem Sinne wie bei *Tönnies*. Dabei bedeutet community als Gemeinde sowohl das Ganze einer Gemeinde wie Teile innerhalb ihrer, die auf irgendeine Weise sozial integrierte Einheiten darstellen. In diesem Sinne werden in dem vorliegenden Bande vor allem die Stadt (und zwar die Großstadt) nebst ihrer internen Gliederung untersucht, die sich in zahlreichen „local communities" darstellt, also einzelnen Quartierordnungen, welche die Ökologie untersucht. *Park* beschränkt seine Gemeindeuntersuchungen ausschließlich auf die Großstadt, während eine andere Gruppe amerikanischer Gemeindesoziologen sich auf die kleine ländliche Gemeinde konzentriert. In dem vorliegenden Bande werden nun alle Abhandlungen abgedruckt, mit denen er die Arbeiten seiner zahlreichen Schüler über einzelne Aspekte der Großstadtgemeinde bevorwortete, dann aber auch seine Beiträge zu dem von ihm, *Ernest W. Burgess* und *R. D. McKenzie* bereits 1925 herausgegebenen Sammelwerk über die Großstadt. Im zweiten Teil folgen dann die systematischeren Abhandlungen über Ökologie, wobei wir auch die immer noch wichtigen Darlegungen der Begriffe „Dominanz", „Sukzession" u. a. hervorheben.

Der vorliegende Band erfüllt im Grunde eine mehrfache Aufgabe: einmal läßt er uns die meisten Ausführungen von *Park* über eigentliche Gemeindesoziologie der Großstadt im Zusammenhang sehen; dann zeigt er uns den Stand der Problematik von damals, ist also historisch, wissenschaftsgeschichtlich relevant; schließlich aber erkennt man die faszinierend anregende Kraft, die von diesem unermüdlichen Forscher ausging, dessen Frische und Intensität die rund dreißig Jahre, die seit der Veröffentlichung der meisten Abhandlungen verstrichen sind, nicht zu verringern vermocht haben.

b) Ähnlich unverbraucht wirken von heute aus gesehen die gesammelten Abhandlungen von *Louis Wirth*, der allen, die mit ihm zu tun gehabt haben, unvergeßlich bleiben wird. Wirkt bei *R. E. Park* gelegentlich ein geradezu impressionistisches Vergnügen an der Mannigfaltigkeit des Großstadtlebens, so kommt bei *Wirth* mehr der Sozialpolitiker zum Vorschein, der zu Zeiten scharf anklagende, ja geradezu aggressiv-gesellschaftskritische Saiten anzuschlagen weiß. Dabei wird der innere Zusammenhang zwischen beiden dadurch mit Leichtigkeit hergestellt, daß in dem Sammelband von *Park* das Vorwort abgedruckt ist, mit dem er das Buch von *Wirth* über das Ghetto einleitete. Im übrigen zeigt die angehängte Bibliographie den Reichtum der Interessen von Wirth, die sich sowohl in Richtung der Leitung und Beeinflussung der allgemeinen Forschungspolitik, wie konkreter Probleme der Rassendiskriminierung, Segregation usw., wie schließlich der Kommunalpolitik entwickeln. In dem ersten Artikel über „The Scope and Problems of the Community" wird sehr schön klar, wie der Begriff der „Community" die unklaren Nebenbedeutungen allmählich abstreift und sich genau festlegt auf eine soziale Einheit räumlich begrenzter Natur mit einer bestimmten „inneren Kohäsion". Abgesehen von einigen anderen Abhandlungen allgemein-soziologischer Ausrichtung wie auch sein oft schon wiederabgedrucktes Vorwort zur englischen Ausgabe von *Karl Mannheim*, Ideologie und Utopie, bringt der vorliegende Band vor allem seine klassischen Abhandlungen über „Urbanism as a Way of Life", über Ökologie, über Lokalismus, Regionalismus und Zentralisation, wie auch über Stadt-Land-Probleme. Die anderen Teile des Buches bringen Abhandlungen zu Spezialfragen der amerikanischen Großstadt-Soziologie (Ghetto, Minoritätengruppen u. ä.), dazu auch die sehr bedeutsame Abhandlung über die ideologischen Aspekte der sozialen Desorganisation. Am Schluß treten dann die planerischen und kommunalpolitischen Aspekte stark in den Vordergrund. Es kann und soll nicht die Absicht sein, in diesem Zusammenhang eine Idee des Lebenswerkes von *Louis Wirth* zu geben; dazu müßte viel weiter ausgeholt werden. Wohl aber soll dieser Band allen Interessierten an der Gemeinde- und Stadtsoziologie als ein Pionierswerk ersten Ranges empfohlen werden, das nicht nur durch die vermittelten Erkenntnisse, sondern vor allem auch durch seinen Ernst und sein gelegentlich mitreißendes soziales Pathos wirkt, das aus ihm einen echten Moralisten des modernen großstädtischen Gemeindelebens macht.

René König

Soziologie:
Lehrbücher und Handbücher

Renate Mayntz, Kurt Holm, Peter Hübner
Einführung in die Methoden der empirischen Soziologie

2., neubearb. und erw. Auflage. 240 Seiten. Zahlr. Diagramme und Tab.
Kart. DM 22,–; Ln. DM 38,–

Ralf Dahrendorf
Homo Sociologicus

Ein Versuch zur Geschichte, Bedeutung und Kritik der Kategorie der sozialen Rolle
10. Auflage. 112 Seiten.
Kart. DM 7,80. UTB

Jacob L. Moreno
Die Grundlagen der Soziometrie

Who shall survive?
Aus dem Amerikanischen von Grete Leutz
2. Auflage. 464 Seiten.
Ln. DM 55,–

George Caspar Homans
Elementarformen sozialen Verhaltens

Social Behavior.
Its Elementary Forms
Aus dem Amerikanischen von Dieter Prokop
349 Seiten. Ln. DM 45,–

George Caspar Homans
Theorie der sozialen Gruppe

The Human Group
Aus dem Amerikanischen von Rolf Gruner
5. Auflage. 451 Seiten.
Ln. DM 45,–

George Caspar Homans
Was ist Sozialwissenschaft?

The Nature of Social Science
Aus dem Amerikanischen von Walther Vontin
WV-Sammlung Soziologie.
96 Seiten. Kart. DM 7,80

Niklas Luhmann
Soziologische Aufklärung

Aufsätze zur Theorie sozialer Systeme
2. Auflage. 268 Seiten.
Kart. DM 24,–

Helmut Klages
Soziologie zwischen Wirklichkeit und Möglichkeit

WV-Sammlung Soziologie.
70 Seiten. Kart. DM 7,80

Friedrich Fürstenberg
Die Sozialstruktur der Bundesrepublik Deutschland

Ein soziologischer Überblick
148 Seiten. 10 Abb. 8 Tab.
Kart. DM 12,50

Roland L. Warren
Soziologie der amerikanischen Gemeinde

The Community in America
Aus dem Amerikanischen von Detlef Affeld
Hrsg. Rainer Mackensen
254 Seiten. Kart. DM 26,50;
Ln. DM 42,–

Karlheinz Messelken
Politikbegriffe der modernen Soziologie

Eine Kritik der Systemtheorie und Konflikttheorie, begründet aus ihren Implikationen für die gesellschaftliche Praxis
2. Auflage. 223 Seiten.
Kart. DM 18,–

Wörterbuch der marxistisch-leninistischen Soziologie

Hrsg. W. Eichhorn, E. Hahn, G. Heyden, M. Puschmann, R. Schulz und H. Taubert
2. Auflage. 535 Seiten.
Kart. DM 15,80. UTB

Westdeutscher Verlag

ISBN 3-531-11130-2

© 1957 by Westdeutscher Verlag GmbH, Opladen

REDAKTIONELLE BEMERKUNGEN

Die Kölner Zeitschrift für Soziologie und Sozialpsychologie ist eine neue Folge der bis zum Jahr 1934 erschienenen Vierteljahreshefte für Soziologie. Dieser dreiundzwanzigste Jahrgang der „Zeitschrift" bildet in der Reihenfolge der „Vierteljahreshefte" den 35. Jahrgang. Alle redaktionellen Zuschriften und Sendungen bitten wir nur an die Redaktion der Kölner Zeitschrift für Soziologie und Sozialpsychologie, 5 Köln 41, Greinstraße 2, zu richten. Geschäftliche Zuschriften, Anzeigenaufträge usw. nur an den Westdeutschen Verlag, 567 Opladen, Ophovener Straße 1-3, Telefon (0 21 71) 50 31, Fernschreiber 08 515 859, erbeten. — Wir bitten, Besprechungsexemplare neu erschienener Werke der Soziologie und aus dem engeren Kreis der Nachbarwissenschaften nur an die Redaktion zu senden. Die Auswahl der Arbeiten zur Rezension behält sich die Redaktion vor. Rücksendungen unverlangter Bücher können nicht vorgenommen werden. — Vierteljährlich erscheint ein Heft; Jahrgangsumfang ca. 800 Seiten. Der Bezugspreis beträgt DM 22,— für das Einzelheft, Jahresbezugspreis DM 80,—. Die angegebenen Bezugsgebühren enthalten den gültigen Mehrwertsteuersatz von 5,21%. Das Sonderheft des laufenden Jahrgangs wird je nach Umfang berechnet und den Jahresabonnenten mit einem Nachlaß von 50% des jeweils ermittelten Ladenpreises gegen gesonderte Rechnung als Drucksache geliefert. Die Hefte sind zu beziehen durch jede Buchhandlung oder direkt vom Verlag. Bei Abbestellungen gilt eine Kündigungsfrist von 6 Wochen vor Quartalsende, bei Halbjahres- oder Jahresbezug jeweils 6 Wochen vor Halbjahres- bzw. Jahresende. — Für alle Beiträge behält sich der Verlag alle Rechte vor, auch die des Nachdrucks, der Übersetzung in fremde Sprachen sowie der fotomechanischen Wiedergabe, jedoch wird gewerblichen Unternehmen die Anfertigung einer fotomechanischen Vervielfältigung (Fotokopie, Mikrokopie) für den innerbetrieblichen Gebrauch nach Maßgabe des zwischen dem Börsenverein des Deutschen Buchhandels und dem Bundesverband der Deutschen Industrie abgeschlossenen Rahmenabkommens gestattet. Werden die Gebühren durch Wertmarken entrichtet, so ist eine Marke im Betrage von DM —,40 je Vervielfältigungsseite zu verwenden. Druck: Druckerei Dr. Friedrich Middelhauve GmbH, Opladen · Printed in Germany. Die Kölner Zeitschrift wird im Informationsdienst des *Institute for Scientific Information*, 325 Chestnut Street, Philadelphia, Pennsylvania 19106, U.S.A., erfaßt.